近现代名家传记丛书

中国化学工业的先驱：范旭东、侯德榜传

ZHONGGUO HUAXUE GONGYE DE XIANQU:
FAN XUDONG、HOU DEBANG ZHUAN

陈歆文 李祉川 著

南开大学出版社

天津

图书在版编目(CIP)数据

中国化学工业的先驱：范旭东、侯德榜传 / 陈歆文，
李祉川著. —天津：南开大学出版社，2021.1
（近现代名家传记丛书）
ISBN 978-7-310-06032-0

Ⅰ. ①中… Ⅱ. ①陈… ②李… Ⅲ. ①范旭东(
1883－1945)－传记②侯德榜(1890－1974)－传记 Ⅳ.
①K826.13

中国版本图书馆 CIP 数据核字(2020)第 272769 号

中国化学工业的先驱：范旭东、侯德榜传
ZHONGGUO HUAXUE GONGYE DE XIANQU：
FAN XUDONG 、HOU DEBANG ZHUAN

南开大学出版社出版发行
出版人：陈　敬
地址：天津市南开区卫津路 94 号　　邮政编码：300071
营销部电话：(022)23508339　营销部传真：(022)23508542
http://www.nkup.com.cn

三河市同力彩印有限公司印刷　全国各地新华书店经销
2021 年 1 月第 1 版　2021 年 1 月第 1 次印刷
240×170 毫米　16 开本　21.75 印张　4 插页　360 千字
定价：72.00 元

如遇图书印装质量问题,请与本社营销部联系调换,电话:(022)23508339

范旭东(1883—1945)

侯德榜（1890—1974）

久大精盐公司

永利制碱公司

范旭东(左二)、侯德榜(左一)、陈光甫、邹秉文、侯敬思在永利铵厂

抗战时期范旭东(左)、侯德榜(右)在重庆

永利、久大两公司同人合影。前排左六为范旭东，左七为侯德榜

1941年,侯德榜(右一)在印度塔塔公司和印方人员合影

1973年,83岁高龄的侯德榜(左三)抱病在家主持会议,讨论纯碱工业的发展

出版说明

　　本书是关于范旭东和侯德榜两位先生的传记著作。他们是我国民族化学工业的开拓者，也是爱国敬业的实业家，为我国化学工业的发展做出了卓越贡献，共同演绎了近现代史上的一段传奇。本书依据陈歆文所著《中国化学工业的奠基人——范旭东》（大连出版社 2003 年版）和李祉川、陈歆文所著《侯德榜》（南开大学出版社 1990 年初版，河北教育出版社 2001 年再版）编纂而成，并在列入出版计划后，由陈歆文先生对原书做了校订。将两书合为一书，缘由有二：一是范旭东与侯德榜有共同的事业，将二人传记糅合呈现，可以使读者了解我国碱盐化工发展的赓续脉络，并管窥从 20 世纪初到改革开放前我国老一辈实业家和科学家筚路蓝缕、披肝沥胆的奋斗历程；二是两书作者一位曾与侯德榜先生共事多年，另一位主持《纯碱化工》杂志 30 余年，两人都对传主有深入的了解，所著传记更为翔实，两书合璧，亦可相互融合。

　　本书收入我社"近现代名家传记丛书"系列，希望读者能从中受益，并对本套丛书的后续出版不吝指教。

南开大学出版社
2020 年 12 月

《中国化学工业的奠基人——范旭东》
原书序

赵匡华

　　大约 15 年前，歆文把他与李祉川先生合写的《侯德榜》（南开大学出版社出版）一书送给我。那时我从事中国化学史研究正想从古代史向近代史扩展，而当时关于中国近代化学家传记的新作非常罕见，所以颇有空谷足音之感。我很快就读了。虽然我也略知一些：20 世纪 20 年代侯德榜把索尔维制碱法首先破解公之于世，并建设了当时远东规模第一的近代纯碱厂——永利制碱公司；40 年代初他又首创新的制碱工艺，提高了食盐利用率，成功地同时生产纯碱和氯化铵双产品——侯氏制碱法，为世界制碱技术开辟了一个新纪元。而《侯德榜》对侯氏的这些业绩讲得格外翔实完整，新意盎然，既引人入胜又催人奋进。《侯德榜》对侯氏的成功道路和品格素养也有生动的阐述，更使我受益良多。读后沉思，我又深切感到，侯氏的成功除了他个人的聪明才智和艰苦奋斗外，还有一个重要的、甚至可以说是有决定意义的因素，就是在他的背后站立着一位求才心切、知人善任的伯乐——范旭东。侯德榜可以说是一位刀剑娴熟、武艺超群的将才，范旭东则可以说是一位雄才大略、运筹帷幄、可决胜于千里之外的帅才，正是这两位将帅的珠联璧合，才演出了那一出火爆壮烈的"永利传奇"。所以我就鼓励歆文再写一部《范旭东》，谁知这样一部书的腹稿他早已有了。翘首盼望已久，现在终于出版问世，可喜可贺。这将使人们对中国近代化学工业的发展和"永（永利）久（久大）黄（黄海）"的奋斗历程有一个客观公正的、全方位的了解，更可告慰在天之化工前辈诸先贤。

　　歆文在 30 多年从事《纯碱工业》编辑工作的同时，利用工作之便和业余时间对我国化学工业，当然尤其是与制碱相关的行业，从历史的沿革、创业之艰辛、发展状况、生产工艺等诸方面都曾做过调查研究；与企业界人士、工厂和研究机构的领导干部及工程技术人员又都有广泛的接触、交往，因此对我国的制碱工业掌握了较系统的第一手材料。而且他的脉搏始终与我国化工生产的起落同步，他的情绪与我国化工事业的兴衰共沉浮，他一直是以忧国忧民的拳拳之忱关注，从事我国化工史的研究。我国化工界的先贤巨子，无论是专家学者，还是民族实业家、工商业者，他们那种工业强国的抱负、创业的艰辛、发明创造的业绩、为人处世的高风亮节时时唤起他的责任心，激发他的写作热情，激励他要为他们"树碑立传"。作为一个化工史的研究学者，他总鞭策自己有责任为他们的一生讲出一个公正、客观的说法，不这样做他似乎感到愧对古人，也对不起今人和后人。所以无论是《侯德榜》，还是这本《范旭东》，都充满了他的爱戴之情并充满了浓郁的人情味，读之十分感人。这本《范旭东》文笔生动活泼，有声有色，哀乐感人，见文如见人，很像一部纪实文学作品。但它又无任何虚构，处处言之有据，当时怎么说，现在就怎么写，实事求是，并且注明史料来源，力求避免任何浮华溢美之词，真是史笔之作，难能可贵，所以更是一部严肃的、上乘的科学史专著。

　　范旭东的一生要概括为：一颗炎黄子孙的赤诚之心，只求救国兴国，从不图个人发财致富；坚忍不拔，一生"总在荆棘丛生的荒野中奋身挺进"；立志工业救国，而坚信必须以发展科学为基点；坚信事业的真正基础是人才，因此在国内外广揽人才，知人善任。对这些，本书作了透彻的介绍和总结。范旭东已经离开我们半个多世纪了，时代也沧桑巨变，但范氏的这种民族企业家的品格则丝毫没有褪色，而且今天越发显得格外璀璨夺目，清新感人，令人仰慕，发人深省。我深感今天的各级领导、各领域的企业家、科学家，乃至年轻学子都应来读读这本书。"以古为鉴可知兴替，以人为鉴可明得失"，相信大家都会从中得到教益。

　　余生也晚，既未遇到"红三角"纯碱在万国博览会上获得金奖时举国欢腾的情景，也未能见到永利车队在崎岖艰险的滇缅路上行进时的悲壮场面，当然更无缘见到旭东先生，即使想结交几位"永久黄"老人也是奢望。所以我完全没有资格来为这部书作序，频频向歆文推辞。但他一再和我讲：

永利的老人绝大部分已经作古，生前没能有机会为他们敬爱的带头人、老经理讲几句公道话；在世的职工都已是耄耋老人，记忆模糊又难以提笔，你就代他们讲几句话。情词恳切，一片至诚，所以我只好勉为其难，写了这点点读后感，也表达一下我对范公、侯公及永利人的崇敬之情。

2003 年 6 月于北京大学燕东园

时年七十一

《中国化学工业的奠基人——范旭东》
原书前言

陈歆文

　　1960 年北大化学系与中科院自然科学史研究所合作编著《化学发展史》，我有幸参与此事，在工作中初步接触到范旭东、侯德榜、吴蕴初等人的资料，深深被化工先辈们为创办中国化学工业而艰苦奋斗、鞠躬尽瘁的事迹而感动。萌发了系统搜集、整理中国化工史资料的念头。

　　由于历史的原因，这一愿望耽搁了二十年之久，未能顺利开展，但对此仍耿耿于怀。党的十一届三中全会后，学术界迎来了科学的春天，多年梦寐以求的夙愿才起步实践。

　　化工界前辈李祉川先生大力支持我的工作，前后写了几十封信，把我介绍给他的朋友和同事，使我顺利采访了众多的化工界、报界、史学界的专家，使资料搜集工作得以顺利进行，近二十年来前后整理发表过《侯德榜》等化工前辈的传记和几十篇与化工史有关的论文。而心心念念一直想写的《范旭东》，由于工作繁杂，屡起屡辍，直至退休后，才有机会伏案执笔，实现多年的夙愿。

　　在搜集资料和成书过程中得到许腾八、李祉川、刘嘉树、谢为杰、冯新泉、王季华、张荣善、石上渠、孙继商、魏文德、刘潜阳、方成、徐盈、张高峰、寿充一、赵世安、任效、张德燕、陈学勤、俞慈韵、马慧兰、刘蓉、赵晓舒、姜永波；天津碱厂档案室、化工部档案室、北京图书馆、北京大学图书馆等友善的帮助，诚致谢忱。

　　书稿初成赵匡华老师拖着衰弱的身体，精心校改，并热心为本书作序，使全书面目一新，这种深情厚谊学生是永不忘怀的。

　　由于作者水平所限，书中错、漏之处，敬请不吝指正！

2003 年 3 月 16 日于大连

《侯德榜》原书前言

李祉川

党的十一届三中全会以后，心心念念拟将我所知者——中国化学工业界的科学巨子、闻名于世的制碱专家侯德榜博士的生平事迹写出来，介绍给我国青年一代，以此促进"四化"宏业。1979 年以来，虽曾写过几篇文章，但语焉不详。由于得到化工部秦仲达、冯伯华同志，大连市魏富海同志的鼓励和支持；得到化工部大连制碱工业研究所、大连化学工业公司、天津碱厂等单位的多方协助；又得到侯博士亲属以及"永久黄"团体同人的鼓励和积极提供的资料，方如愿以偿。

侯德榜博士一生致力于化工事业，是我国化学工业奠基人之一，功勋卓著。他将"索尔维制碱法"的秘密首先公之于世，使之造福人类，也为我国争得荣誉；他无私地帮助发展中国家发展纯碱工业，成绩斐然；他为创造制碱新工艺，提高食盐利用率，成功地生产纯碱及氯化铵双产品，付出了毕生精力；他还为发展我国的化肥工业，领导开发化肥新产品碳酸氢铵，使小化肥在全国遍地开花做出了贡献。

我与侯博士共事 40 年（1934—1974），他是我的良师益友，他的言传身教、关怀培养使我没齿难忘。侯博士生活朴素，治学严谨，工作踏实，刻苦认真，坚韧不拔，矢砥于成。他热爱党，热爱祖国，热爱人民。他重视科研与科普工作，大力培养和使用人才，为提携后进不遗余力。侯博士优良的工作作风、严谨的治学态度、高尚的思想情操和爱国主义精神，感人至深，他是我治事为人的楷模。

由于搜集资料的困难和时间仓促，尤其限于本人的思想水平和文学素养，因此本书中的观点、材料等方面谬误必多，恳赐指正是幸。

在《侯德榜》一书的编写过程中，蒙梁膺庸、姜圣阶、章用中、徐盈、谢为杰、张燕刚、沈撰、李又新、王真等同志提供资料、精心校勘，我在此深表谢忱。

目 录

第一部分

范旭东篇

青少年时代 ……………………………………… 3

在日本 …………………………………………… 8

回国初期 ………………………………………… 12

久大精盐 ………………………………………… 17

永裕盐业 ………………………………………… 27

久大盐业公司大浦分厂 ………………………… 32

发起组织制碱的缘由 …………………………… 35

永利制碱公司创立 ……………………………… 39

陈调甫赴美 ……………………………………… 44

侯德榜篇

挂车攻读 ………………………………………… 48

十年寒窗 ………………………………………… 50

渡洋深造 ………………………………………… 56

第二部分

侯德榜加盟永利 ………………………………… 61

在毛病百出中摸索前进 ………………………… 66

临产前的阵痛 ···71

永利和卜内门的斗争 ·····································84

曲折的"之"字 ···90

一马平川 ···97

创办黄海化学工业研究社 ··························104

团体的喉舌《海王》 ·································111

虎口余生 ··118

再展化工一翼 ···126

难忘的 1937 ··133

初到华西 ··141

久大自贡模范食盐厂 ·································146

兴建永利川厂 ···151

路难行 ···161

范旭东香港受难 ··167

侯氏碱法 ··173

华西黄海 ··179

战后振兴中国化学工业的蓝图 ·················184

二次赴美 ··191

胜利前后 ··195

哀荣 ···207

以身作则　身体力行 ·································213

祖国　事业　科学　人才 ·························218

第三部分

勉为其难 ··233

五赴印度 ··238

啊！新中国 ··247

为了坚持真理 ···252

光荣归宿 ··258

夫妻情深 ··262

热心社团　培育人才 ……………………………………… 265

丰碑之五 ……………………………………………………… 270

鸿篇巨著 ……………………………………………………… 275

历史的巧合 …………………………………………………… 278

霜重色愈浓 …………………………………………………… 284

附录一　范旭东年表 ………………………………………… 299

附录二　侯德榜年表 ………………………………………… 314

附录三　范旭东主要著作目录 ……………………………… 324

附录四　侯德榜主要著作目录 ……………………………… 328

第一部分

青少年时代

1883 年 10 月 24 日（光绪九年九月二十四日）[①]，著名爱国实业家范旭东在湖南长沙东乡诞生。

范家世居长沙，原是小康之家。祖父曾任当时直隶大兴县知县，为官清廉，晚年息影林泉。父名琛，字彦瑜，体质素弱，以教书为业，是个好学不倦的彬彬儒者。母谢氏，勤劳贤良之妇。

范旭东原名源让，字明俊。上有哥、姐，他排行第三。哥哥范源濂字静生；姐幼名二姑，许与宁乡周氏，未婚而卒。

范源让 7 岁（1889）那年，天灾人祸接踵而至，湖南大旱，长沙、湘阴一带田地干裂，颗粒无收，穷苦缺粮断炊者不计其数，饿殍遍野。祖父、父亲相继去世，家境一落千丈，赤贫如洗。孤儿寡母既无祖上遗产，又无亲朋相助，母亲谢太夫人为生活所迫，只好拉着范源濂、范源让哥俩投靠长沙城里的慈善机构——保节堂。

在保节堂，源让一家的生活十分清苦，日用饮食全靠母亲做针线活和哥哥给人打零工维持。在饥寒的生活中，母亲始终没有放弃对孩子学业的培养，她白天让源濂跟舅舅读书，入夜自己做针线活，又把他叫到灯前督促诵读。源让则跟着姑姑学《诗经》《左传》。源濂、源让学习都十分刻苦用功。源濂不到二十岁，就去外地开馆授课，以分母劳。由于母亲家教甚严，范源让从小养成坚毅不挠的个性。[②]

---

① 《永利化学工业公司秘书处通知》，《海王》第 20 年 12 期 19 页，民国 37 年（1948）1 月 10 日。
② 李金沂：《范公生平事略》，《海王》第 18 年 17－18 期，民国 35 年（1946）3 月 20 日。

范源让自幼聪明机敏，三四岁时就能随着父亲"之乎者也"唱读《百家姓》《神童诗》。随着年龄的增长，他的求知欲也愈加强烈，慢慢地"四书五经"之类已满足不了他的兴趣，转而好读小说、游记、传记一类的书，读来常常是从早到晚手不释卷。

范源让稍长，在姑妈资助下，入长沙北乡捞刀河吴镜蓉馆学八股试帖，但他对八股文章很反感，曾说："八股文章代圣贤立言。我要自立，我有主见，应由我尽量发挥。要我伪装圣贤来说假话是不可能的。"①

19世纪末期，湖南长沙人文荟萃，当地有名的岳麓、城南、求忠三书院的执教者，注重做人。范源让虽出身寒门，却深受当地风气所陶冶。

1894年（清光绪二十）中日甲午战争爆发，清军接连受挫，湘军统帅吴大澂奉旨出关迎敌，在牛庄一战大败。日军席卷辽东半岛，北洋水师全军覆没。第二年，清政府在强权相压之下屈辱签订了《马关条约》，被迫割让台湾、澎湖列岛，先后被勒白银两万万两。消息传出，举国民众无不痛心疾首，义愤填膺。

吴大澂率师回湘后，一病不起，手谕岳麓、城南、求忠三书院诸生卧薪尝胆，发愤图强，以雪奇耻。并召集省中有志之士筹划自强之道，大家认为要自强首在培养人才，奖励学术。于是吴大澂等人将省中招贤馆改为求贤书馆，教学中西学术并重。其中，中学以宋、元、明理学为主，史、地、盐、漕、兵刑、水利为辅；西学以英文、算学为主，声、光、电、化诸学为辅。范源让为新学所吸引，常去求贤书院阅读报章杂志，参与谈论时事。

1897年，欧洲列强掀起一股瓜分中国的狂潮，民族岌岌可危，人们急切追求救国之道，有识之士或奋起革命，或提倡维新。湖南得风气之先，当时开明之士如皮鹿门、谭嗣同、唐才常、熊希龄、陈伯严及地方官吏学政江标、徐仁铸，按察司黄遵宪，巡抚陈宝箴等皆热心爱国，提倡革新。1898年创立"南学会"，兴办"时务学堂"，鼓吹变法维新。陈宝箴聘熊希龄为督学、梁启超为总教习。湘中子弟都以能受业于梁任公为幸。当时已20多岁的范源濂也弃馆应考。另有一个名叫蔡松坡（锷）的，年方16，是

---

① 任致远：《纪念范旭东先生》，《海王》第19年2期，民国35年（1946）10月4日，第9—14页。

第一班 40 名学生中年龄最小的。他俩后来成为梁任公一文一武的得意门生。

梁启超应用康有为在万木草堂的经验，通过教学活动，大力宣传变法理论，广泛地介绍西学，积极推行新政，宣传新思想，鼓励工商，对封建王朝的腐败进行了大量的揭露和抨击，把湖南的时务学堂办成了当时最负盛名的一所学校。范源濂在校半工半读，将节余下来的钱供源让继续求学，并常带些进步书刊如李提摩大所著的《列国变通兴盛记》《湘报》等给范源让阅读。①

范源让追随范源濂来往于革命者之间，耳濡目染，薰育于当时长沙的敦品励学、朴实无华的气氛中，养成他刚健笃实的气质。②后来他在回忆这段时期的史事中写道："记得辛亥革命前十几年，清政府曾一度试行新政，他们知道非废八股、设学堂，振兴工商业不能立国。所以，在戊戌维新前后一百天中，一切行政设施颇为有声有色，应有尽有。清廷严令各省奉行，尽管有些人反对，但也有些是奉行的，在各省中以湖南为最起劲。""他们的新政设施，短期间样样都做了一点，开了一个时务学堂，出版了'湘报'和'湘学报'。和民众接触的就是那空前的南学会，实行通俗演讲……那时年纪很小，住在乡下读书，只见到过一回，现在回想，与其说是听过，不如说是看过，更为恰当。那天，湖南各界名流到的不少，都是坐在台上，演讲的时候也不站起来，声音很小，又是文言，我一点不懂。记得只看见他们坐着摇扇子，仿佛还有一位抽着水烟，这一晃将近五十年过去了，诸位听了，不要笑他们腐旧，要知道那时候，凡是官府出门就要鸣锣清道，排场十足，他们这样不同流俗，降格相从和民众接近，的确是下了最大决心。如果不是真正读通了书，而且有为国为民的心，绝做不到。"③

正当湖南维新变法活动进展迅速之时，省中劣绅王先谦、叶德辉等群起攻之，指摘时务学堂离经叛道，并以暴力迫害维新人士。1898 年 9 月慈禧太后发动戊戌政变，囚光绪帝于瀛台，维新变法失败，康、梁被迫出走日本，康广仁、杨锐、林旭、刘光第、杨深秀、谭嗣同等六君子在北京菜

---

① 张同义：《范旭东传》(3)，长沙：湖南人民山版社，1987 年 12 月。
② 余啸秋：《中国化工界开路先锋——范旭东先生》，久大厂史 (2) 刊卷 5—3P。
③ 范旭东：《人必竟是人》，《海王》第 15 年 27 期，民国 32 年（1943）6 月 10 日。

市口蒙难。范源濂迫于形势向许玉屏先生借得盘缠，于1899年避居上海，与蔡松坡、唐才常一起考入南洋公学。次年应梁启超函邀东渡日本求学。

范源濂出走，深为官府所忌，常有暗探到家寻衅，使得范源让家居不得安宁。母亲因怕官府加害源让，故在亲友劝说下，又让他回吴镜蓉馆攻读古文，学雕刻和绘画。范源让说："凡难言之景，难状之情，文字所不能形容者，惟有绘画可以表出，但绘理精微非钝根人所能领悟。"可见源让天资之高。吴师令范源让赴县府应试，以为掩饰。①

戊戌政变后逃亡海外的爱国志士，在美、澳、日本均组织救国团体，以救民族危亡。海外侨胞和留学生均积极参加。庚子（1900）年革命党人在长江流域兴起活动，梁启超、唐才常等亡命日本的维新派人士，也不甘心变法的夭折，议决在长江沿岸联络各省会党和防军，起兵勤王，以刷新政治为号召。唐才常、林圭、蔡松坡、范源濂等肩负着这项重大使命，秘密潜身回国，在上海成立自立会。1900年由唐才常在汉口组织自立军，时务学堂的学生均踊跃参加。各路自立军原定8月9日同时举事，因等康有为汇款接济而延期，但秦力山未得延期通知，如期在大通起兵，结果招致失败。湖广总督张之洞勾结英国领事，将设在汉口英租界的自立军机关侦获。张之洞先发制人，封锁沿江各码头，搜抄设在英租界李顺德堂及宝顺里的自立军机关，先后逮捕唐才常等20余人，当夜二更将其中十一人秘密加害。张之洞大开杀戒，湖北维新派人士被害者达百余人。②

汉口事泄时，范源濂尚在洞庭湖舟中与湖南时务学堂师友秘密联络准备起事。及抵长沙，方知汉口事发波及湖南，湘抚俞廉三接张之洞密令，派出大批侦骑搜捕党人，源让以年幼少为人所注意而脱险。

范源濂藏身官园，见形势险恶，怕源让受株连，决定携弟再次东渡。

深秋之夜，范源濂、范源让在好友陈少芝的帮助下，藏进由黄忠治雇用赴鄂迎亲的商船舱底，从长沙经汉口转船到上海，东渡日本避难。

从上海启程东渡那天，范源让在渐渐离岸的客船甲板上，望着岸上熙熙攘攘的十里洋场和布满江面横冲直撞挂着各式外国旗的兵舰、商船，想

---

① 余啸秋：《中国化工界开路先锋——范旭东先生》，久大（2）47卷。

② 胡迅雷：《中国工业巨子范旭东》，北京：中国青年出版社，1991年。

到清政府的凶残、腐朽、黑暗以及八国联军入侵下人民惨遭屠杀，国势垂危的民族命运，心情十分沉重和悲愤。他强烈意识到应该自强不息，肩负起拯救民族危亡、富强中华的神圣责任，就此改名范锐，字旭东，下决心一辈子锐意进取，复兴中华。

在日本

范旭东初到日本进入的是清华学校。该校原系日本大同高等学校，因得华侨资助，新建校舍而更名清华学校。该校以犬养毅为名誉校长。[①]范旭东在清华学校接受的是正规严格的教育，主学日语，兼及政治、哲学和数理化知识；又因体弱，在东京武术会学习柔道、击剑、射击、马术。范旭东特别喜好骑马，每日清晨在田野纵横驰骋，无论盛夏隆冬，从不间断。为了锻炼身体和意志，他曾长时间地和同学们一起在大森体育馆袒褐而坐。

1902 年梁启超在横滨主办《新民丛报》，发表《新民说》，积极介绍西方资产阶级政治学说，抨击封建顽固派，其言论激烈。范旭东常往请教，在梁启超循循诱导下，多所启迪。1881 年日本自由党发表的宣传"组织自由政党，发挥协同一致的精神，扩大天赋自由，抑制人为权势，上以改良政治，下以推进自治"的政治主张，范旭东就是在《新民丛报》报社看到的。它曾对他产生了重大影响。1902 年末，陈少芝（曾帮助范源濂和范旭东逃离长沙的好友）、杨笃生等也来东京求学，朝夕与湘籍留日同学讨论国是，著作论文，出版发行《游学译编》，鼓吹革命，发表西方和日本人所著哲学、教育、军事、经济、外交、历史和地理等方面的译文，同时刊出对国内和国际大事的评论。范旭东为笔者之一，他还兼任地理一栏的编辑。[②]

在初到日本的三四年间，他除努力学习做种种深造的准备外，曾游历大阪、熊本、神户、横滨、东京、西冈、冈山等地，考察日本国富民强的道理，寻求振兴中华的钥匙。[③]

[①] 张同义：《范旭东传》，长沙：湖南人民出版社，1987 年。
[②] 余啸秋：《中国化工界开路先锋——范旭东先生》，久大厂史（2）卷 47。
[③] 李金沂：《范公旭东生平事略》，《海王》第 18 卷 17－18 期，民国 35 年（1946）3 月 20 日。

　　在游历过程中,范旭东广泛接触日本人民,看到日本民族振兴之势,无论城市乡村,工农业一派勃勃生机,人民丰衣足食,精力旺盛,显露出民族的尊严与自豪,深切体会到他们那种自强不息,艰苦奋斗,团结进取的精神令人起敬。这种精神的养成和三十多年前的明治维新有极大的关系。1868年前,日本的幕府统治时代,封建统治枷锁束缚日本经济政治发展,美、英、荷、俄、法等国入侵,不平等条约重重叠叠,压得日本人民喘不过气来。当时的日本,国内阶级矛盾、民族矛盾尖锐化,封建统治危机加深。农民起义、市民暴动此起彼伏,连绵不断,反对幕府统治,反对外国侵略的"尊王倒幕"运动迅速展开。1868年倒幕派的政变,彻底摧毁了德川庆喜的政权。新政府推行了资产阶级性质的改革,实施新政促进了日本资本主义的发展,使日本摆脱了沦为殖民地的危机,建立了近代化的民族国家,走上了资本主义道路。回眸祖国自鸦片战争以来,由于政治黑暗、政府腐败、外敌入侵、经济衰退,人民处于水深火热之中,太平天国起义失败,维新运动破灭,甲午战争惨败,八国联军入侵,丧权辱国的辛丑和约签订……这一幕幕饱含血泪屈辱的历史和19世纪60年代日本的情况何其相似?而日本通过明治维新,举国一致振兴民族,励精图治,经30多年的努力建设,现今已成为雄踞东方的强国了,而中华的出路又何在呢?

　　面对欧美列强和日本日渐明显入侵的威胁,范旭东心急如焚。他无时无刻不在思索救国之道,曾愤而欲步荆轲、聂政后尘,一度独居千叶海岛学制炸药,研究化学;也积极从事爱国宣传,编译爱国小说如《经国美谈》《佳人奇遇》等篇,载于梁启超主编的《新民丛报》上。[①]范旭东积极响应梁启超提出的废除八股、改革考试制度、准许自由办报、奖励科学发明、开矿山、办工厂等主张,深得梁启超喜爱。梁启超在生活上也给予他热情照顾。对此,范旭东一直感念不忘。他曾对任致远说:"梁先生以写稿所得润资来接济我学费。因为单靠老兄接济的,有时遇有预算外的必要用项,还是不够。"[②]

　　1905年,范旭东在日本和歌山中学毕业,考入冈山第六高等学校习

①　李金沂:《范公旭东生平事略》,《海王》第18年17—18期,民国35年(1946)3月20日。

②　任致远:《纪念范旭东先生》,《海王》第19年2期,民国35年(1946)10月4日。

医[①]，与傅冰芝同学相互切磋砥砺，从中得助甚多。在学习期间，正值日、俄两个帝国主义国家在我国东北的神圣领土上大肆杀戮，荼毒生灵，进行长达一年半的掠夺战争。它们不顾中国政府的主权所在，在美国的怂恿下，于1905年9月5日私订朴次茅斯和约瓜分中国领土。经此奇耻大辱的刺激，范旭东爱国热情高涨，特意照像立下誓言："我愿从今以后，寡言力行，摄像做立誓之证。"又加旁注："时方中原不靖，安危一发，有感而记之，男儿、男儿，切勿忘之。"此后，为了振兴中华，他一心埋头读书，不参加各种社交活动和舞会。同学们都很敬畏他，称他为"怪人"。

在冈山高等学校，由于学习刻苦努力，范旭东深得校长酒井佐保器重。临近毕业，范旭东向酒井佐保征求意见，提出自己将来想从事军工专业，以坚舰利炮来拯救中国。不料酒井听罢哈哈一笑，轻蔑地说："俟君学成，中国早亡矣！"[②]范旭东听后义愤满胸，从中进一步洞察到日本人处心积虑，图谋中国的野心，于是报国之志益坚，遂放弃造兵救国之念，坚决以化学为出发点，走工业救国之途。

1908年，他考入京都帝国大学，专攻应用化学，享受官费待遇。大学期间，范旭东师从近重真澄。近重真澄对古代金属的研究造诣很深。范旭东也认真搜集我国汉、唐以来的钱币和金属器皿进行研究，尤其对"中国冶金术探源"的研究很有创见，颇得近重真澄好评。学习期间，近重真澄以渊博的知识，平易近人的态度，奖掖后进的高风亮节，受到范旭东的尊敬。1910年毕业时，近重真澄又力荐范旭东留校任专科助教。

1910年，经兄源濂介绍，范旭东和东京青山实践女校附设师范班的许馥女士相识。许馥字馨若，湖南长沙人，出身名门望族，其父许雪门太守以循吏称著于世。1897年，她受梁启超等在湖南创立的"不缠足会"所开展的一代女子新风改良运动的影响，冲破封建束缚，接受了新思想，为湖南女界先进。1905年，她随许玉屏先生到日本以官费留学。她是中国妇女去日本留学的第一批。许馥小范旭东一岁，两人报国之志相投，情趣相合，很快就在日本结婚。代表双方家长证婚的是各自的兄长——范源濂和许推。许馥是位贤淑之妻。她在生活上全力照顾范旭东，使他能全心全意投入事

① 任致远：《纪念范旭东先生》，《海王》第19年2期，民国35年（1946）10月4日。
② 李金沂：《范公旭东生年事略》，《海王》第18年17—18期，民国35年（1946）3月20日。

业。他们互爱互励，矢志为民族复兴而奋斗。

　　1911 年 10 月 10 日武昌起义。辛亥革命在全国风起云涌，清朝封建统治摇摇欲坠。对此，范旭东感到欢欣鼓舞。三十多年后他著文回忆当时的情景时说："辛亥革命，激动了年轻人的感情，不由得不热血沸腾。当时我在日本京都帝大做研究工作，早去晚归，生活比较安适，国内还在激变，一天一个说法，实在叫人难受，趁冬假得暇，赶回中国……"①

　　① 范旭东：《久大第一个三十年》，《海王》第 17 年 2 期，民国 33 年（1944）9 月 30 日。

回国初期

　　孙中山提出"驱除鞑虏，恢复中华，建立民国，平均地权"的革命纲领，迅速得到全国人民的拥护；推翻腐朽的清政府，建立民主共和国家的革命，已成燎原之势。1911 年 10 月 10 日武昌首义，接着全国各地纷起响应，仅两个月即有鄂、赣、陕、晋、滇、黔、苏、浙、桂、皖、粤、闽、鲁、川等省先后宣布独立。孙中山于 12 月从国外回来，经 17 省代表会议推选为临时大总统。1912 年 1 月 1 日，在南京成立中华民国临时政府。2 月 12 日，清帝宣统宣告退位。在神州上空飘扬了 267 年的大清龙旗黯然降落，从而结束了统治我国两千余年的封建君主制度。孙中山遵守诺言辞去临时大总统之职，2 月 25 日袁世凯被选为中华民国临时大总统。

　　1912 年初在国内革命形势轰轰烈烈、迅速发展之际，范旭东偕爱妻许馥满怀振兴中华之志学成归国。在北京东斜街的范宅，范旭东与离散十余年的母亲团聚。范老太太看着两个儿子和两个媳妇，想到今日得以团圆，再享天伦之乐，心里喜滋滋的，不禁老泪纵横。

　　当时范源濂任北洋政府教育部次长。他替范旭东在财政部谋得一个闲差。范旭东拿着俸禄，无所事事，时间久了，接触方面多了，才知道国事并不是他所想象的那样简单，于是，他打定主意要到德国求学深造。一个穷书生，想立刻筹措偌大一笔出国费用，谈何容易！但越是着急，越使人失望。正在一筹莫展的时候，忽然得了一个"意外的消息"：财政部要派员去欧洲调查有关盐专卖法和盐厂的制盐设备，需要一个懂技术的人。经过几番交涉，范旭东居然当选。于是一行四人赴欧考察，且范旭东被格外批准在考察完后，可暂留国外继续求学。[①]

　　原来，这一"意外的消息"是有来头的。1912 年袁世凯夺取辛亥革命的胜利果实后，为了取得帝国主义的支持，打击国民党在南方各省的势力，他以办理"善后"为名，向英、法、德、俄、日五国银团大借款。未经国会同意，他派赵秉钧、陆徵祥、周学熙等于 1913 年 4 月 26 日与五国银团代表在北京非法签订《善后借款合同》21 款，附件 6 号；借款 2500 万英镑，八四实交，年息五厘，以盐税、海关税为抵押；47 年后偿还本息 67893597 镑。[②]合同附书中有成立制造业、改良盐质条款，指定借款中用 700 万镑做改良盐务费用。合同中还规定中国须聘请外国人士"协助管理"盐税征收事务，以保证盐税收入偿还借款本息。清政府丧失国权之处不计其数，唯独盐税，因为有碍祖宗成法，不好随便，所以，没有十分损坏。光绪、宣统年间，虽有暗地拿盐税借过外债，但毕竟不敢明目张胆。这次"善后借款"，公然指定盐税做第一担保，由此，中国盐政主权落入帝国主义手中。由于这项借款未经国会通过，所以，借款成立遭到国会严责，坚不承认。社会舆论和人民群众也强烈反对。袁世凯为了平息众怒，假惺惺地提出改革盐政，改良盐质，并派员赴欧洲各国考察盐政，以资实施。范旭东的出国机会即由此而来。

　　范旭东等在欧洲考察将近一年。他们走遍欧洲各国矿盐产地和沿海各处盐场，认真考察各国盐政。他们看到，在欧洲不仅食盐取税轻微，而且可自由买卖，且对盐质要求很高。食盐洁白卫生，规定盐中含 NaCl 若低于 85%，则即使作为喂牲口用盐也不合格。更使他们动心的是，欧洲各国不仅以盐作食用，还大量用于作工业原料，制纯碱、盐酸、烧碱，以推动化学工业的发展。更有甚者，有的工厂直接设在盐矿上，打井取卤生产纯碱，成本低廉。欧洲各国政府鼓励工业用盐，工业用盐一律免税。尤其是各盐矿、盐场普遍采用机器，大大提高了工作效率，这使范旭东大开眼界。在欧洲期间，他还随带考察工业用盐。欧洲当时制碱有两种方法：一为路布兰法，以食盐和硫酸为原料；一为索尔维法，以食盐和石灰石为原料。索尔维法的产品纯度高，颇受用户所欢迎，畅销全世界，故在技术上受垄

---

① 范旭东：《久大第一个三十年》，《海王》第 17 年 2 期，民国 33 年（1944）9 月 30 日。
② 《辞海》（缩印本）1925 页，上海：上海辞书出版社，1980 年。

断。范旭东曾向法、德、比国的几家索尔维公司提出参观要求，均遭拒绝；在英国，几经交涉，始允许参观卜内门公司。可是一进工厂，在庞大的锅炉房参观后，就被从后门引出厂外，根本没有看见制碱过程，也不知索尔维法制碱为何物。对此，范旭东又气又恼，这使他原来在日本求学时所树立的自力更生、奋发图强的创业思想，变得更坚定了。[①]

正当范旭东认真编写调查报告，提供改革盐政、改良盐质的建议，结束考察工作，准备复习功课，迎接入学考试的时候，突然收到财政部电报，称政府为改良盐质，急于要建一个新式盐场，要他回国筹办。[②]范旭东接到这一电报时心情很复杂。原本一心想在德国进行深造的机会，瞬间成了泡影，确实有点令人懊恼；但又一想，自己一意想出国留学，原是为了多学点真本事，为国效劳，现在通过一年考察，对欧洲各国的盐务和盐业技术有了进一步的了解，而今回国又是兴办新式盐场，这不正是学以致用、实现"工业救国""科学救国"的好机会吗？于是，那种懊恼的心情逐渐消散，决定束装回国，从此结束一生中的学习生活。由于归途仓促，他只得在船上继续整理设厂资料。船经过新加坡时，因怕回国后顾此失彼，贻误公事，故选择直接下船，绕道去爪哇（现印度尼西亚）考察压制盐砖的技术，以弥补在欧洲考察的不足。

在那个秋高气爽的时节，范旭东所乘的海轮驶进吴淞口，到达十里洋场的外滩。一种游子归来报效祖国的心情使他感到很兴奋。一到上海，他就在报上看到哥哥范源濂已辞去教育部的职务且正在上海的消息。兄弟相聚之后，范旭东从哥哥那里很快知道一年来政局的剧变，母亲和许馥已搬到杭州安家。范旭东也向哥哥提及促使他突然回来的那封"部电"。由于公务在身和创业心切，范旭东也顾不得去杭州向母亲请安以及和爱妻小聚，便匆匆北上进京了。

范旭东进京，住在兵马司前街一号黄孟曦的家。黄孟曦乃一高大魁伟的巴蜀子弟，在日本留学时便常与梁启超、范源濂、蔡锷往来，范旭东也是在那里同他相识。尤其黄孟曦也是学化学的，故两人交谈投机，引为知

---

① 章执中：《爱国实业家范旭东》，录自《化工先导范旭东》（32—48），北京：中国文史出版社，1987 年。

② 范旭东：《久大第一个三十年》，《海王》第 17 年 2 期，民国 33 年（1944）4 月 20 日。

己。黄宅是一个相当大且带回廊的旧式院子，院里花木茂盛，清静雅致。那天范旭东就被安排在大客厅旁的客房里。[①]住宿安顿下来，范旭东就急着到部里汇报工作，进呈考察报告和回述自己对改革盐政、兴办新型盐场的设想。可是，财政部部长由于政局变动已换了人，对急召范旭东回国的"部电"也无人答理，新任部长始则忙其所忙，继则顾左右而言他，对兴办盐场的事再也不提起，反而一味让他不要着急，称等一段时间再说。范旭东改革盐政的满腔热情，就在这样的"干等"中慢慢耗尽。

　　正在等得无聊的时候，一个消息传来了：梁启超出任币制局总裁，想推行他改清朝的"龙洋"为民国的"袁大头"的计划，让黄孟曦组织一个币制考察团，到各地制币厂做一番调查。黄孟曦第一个就想到范旭东。于是黄孟曦组织一行人，由北往南先后考察了北洋、江南、广州等造币厂，由范旭东担任银圆质量检查。原定银圆每枚重七钱二分，纯银含量为96%，可是铸币厂上下串通，偷工减料，从中贪污，擅自降低纯银含量。范旭东所抽检的银圆几乎没有一次是合格的，各厂黑暗多见多闻，真是行万里路，胜死读万卷书。为此，范旭东提出改革整顿计划，并拟在天津设厂，自制镕银坩埚，组织大振镕罐公司，以图改进。后来终因官僚政府积弊太深，没有得到支持。对此，范旭东感慨不已："本来'币''弊'有何不同，无须太认真，仅为多事，又多受了一番教训。"[②]对此他曾喟叹："两个月的官府生活，我却饱尝了官府的朽味，也好迫使我另觅途径。"[③]

　　在北京，一些熟悉内情的老朋友对范旭东苦口相劝："在'善后大借款'中指定的700万元用作盐务改革的款子，已移作他用，不要对政府筹办新型盐场的事再存妄想。要办工业，自己招股，自己动起手来。否则，安安心心，领着公俸混下去，每月三百银圆，不少了，不用着急。"[④]对于这种好意，范旭东当然拜受，而且十分了解。到了这般地步，的确也非下决心不可，范旭东终于辞去每月三百银圆薪水而不用做事的官职，找自己的路走了。

　　① 黄汉瑞：《回忆范先生》，《海王》第18年20期，民国35年（1946）3月30日。

　　② 范旭东：《久大第一个三十年》，《海王》第17年2期，民国33年（1944）9月30日。

　　③ 章执中：《我所认识的爱国实业家》，《湖南文史资料选辑》17辑（2），长沙：湖南人民出版社。

　　④ 范旭东：《久大第一个三十年》，《海王》第17年2期，民国33年（1944）9月30日。

范旭东感叹道："大时代不容苟安，我等有负起担子的必要，力所能及，不可放松。要争气就靠这个时候，办工业振兴我们的民族。"①

民国初期，政府靠"善后大借款"的资金进行盐务改革，就像一场儿戏。难得的是，民间却有一些热心盐政改革的人，发动舆论，大张旗鼓地和旧势力进行斗争。有关盐政改革的笔墨官司正打得火热，组织盐政讨论会，发行杂志。一方是以人称江北名流一才子的张謇（季直）和盐务专家景韬白为代表的《盐政杂志》，另一方是以守旧的淮商周学熙为代表的《谈盐丛刊》。《盐政杂志》主张废除引岸，就场征税，由景韬白主笔。他文思敏捷，笔锋犀利，屡屡痛斥"引岸制"病国害民，揭出所谓"盐商"前身不过乃"差徭"，不够商人资格，理当革斥；树立打倒脏盐的旗帜，批判盐糊涂，为精制盐造舆论。这使得《谈盐丛刊》坚持"引岸制"神圣的守旧派黯然无光，十分狼狈。

范旭东坚决支持景韬白主编的《盐政杂志》的观点，同时竖起"打倒脏盐""给人民吃盐自由"的大旗参与战斗。

范旭东调查报告中提到"取消专商，废除引岸，改良盐质，统一税率，特别奖励工业用盐，工业用盐免税……"的主张，从而引起了景韬白的重视，得到景的支持。他曾邀请范旭东长谈，询问实现方案的计划。两人很快引为知己。当时财政总长张弧对范旭东的建议很感兴趣，曾问范旭东："咱们自己办一个精盐工厂如何？"范旭东当即回答："我们能够办到。"于是范旭东辞去财政部公职，决心自办新型盐场，得到范源濂、梁启超、景韬白、黄孟曦、李宾士、左习勤、胡翔云等人的支持，②毅然走上了创办私人企业这条坎坷而曲折的道路。

久大精盐

范旭东认为，改进盐务首要是筹建精盐工厂，提高盐质，为亿万中国人民改进食盐质量，抗阻精盐进口，挽回权利。这一主张得到景韬白的赞同和范源濂、梁启超、李思浩、卫家襄等人的支持，于是他们就携起手来。范旭东结合从欧洲考察得来的经验，在北京兵马司前街黄宅的廊沿下架起仪器，进行精盐制造的试验。对于当时的情景，黄汉瑞曾有一段精彩回忆："每当我和弟弟们跑到前面花园里去玩，便常看见他（范旭东）那日本型的装束，那湘阴音的说话，都使童稚感觉新奇。尤其是他常在前院廊沿下架起机器变戏法，最招引孩子，原来那正是在做试验，久大的种子从此播下了。"[1]随后范旭东、黄孟曦离开政治中心的北京，搬到离塘沽较近的天津，住在日租界太和里的一幢小楼里。

1914年初，范旭东只身来到"天赋盐都"之称的塘沽进行选厂考察。当时的塘沽车站，墙上绘满了蓝白相间的日本"仁丹"和"味の素"的广告和红红绿绿的"大婴孩""哈德门"等洋烟广告。塘沽车站西，依次是围着铁丝网的俄、法、德、意的兵营，兵营上空懒懒地飘着各色国旗；法国兵营一带空地原是村庄中心，遭八国联军的烧杀掠夺已夷为废墟，一片凄凉，街上缩颈踽踽而行的是中国人，而洋人则趾高气扬，荷枪巡逻；南边的海河已经封冻，河面一片萧疏。大沽口到处是盐田，不长树木，也无花草，只有几个破落的渔村，绝少行人，一片凄凉景状，使人悚然。那时是庚子国难过后不过十几年，这里房舍大都被洋鬼子捣毁，砖瓦埋在土里，

---

① 黄汉瑞：《回忆范先生》，《海王》第 18 年 22 期，民国 35 年（1946）3 月 30 日。

荒凉得和未开垦过的土地一样。①

塘沽毕竟是天赋盐都，其生产盐的历史源远流长。远在汉、唐时代，人们就已在这里用简陋的锅灶熬盐。到明代后期，已发展到开沟引海水，利用日光进行盐田晒制了。到清朝同治年间，有盐商看到南方稻田里用风车绞水，回到盐场极力效仿，利用这里经年不息的海风，使用布帆八面，中设大柱，下置铁碗制成风车，借助风力转动，戽汲海水进入盐田，曝晒制盐，极为方便。沿用至今，致使这里盐田年年丰产，一码码席盖泥封的盐坨延绵成山。范旭东看到一眼望不到边的盐田有的波光粼粼，有的盐花翻滚，处处灰白的布蓬随着经久不息的海风缓缓转动。海水汩汩流进沟里，进入盐田，川流不息，确有一番别致的风味。塘沽有海口，可吞吐世界商货；又有京奉铁路经过，可贯通全国，交通之便利，全国盐场无出其右者，且附近有开滦的煤焦，唐山的石料，各种资源丰富。地方风俗诚朴，村邻交往都有礼貌，重然诺；人事上也很相安，确是兴办新型盐场不可多得的好地方。范旭东认真考察后，下定决心要在这里开辟中国化工基地。

回北京后，范旭东把在塘沽的见闻和设想与景韬白相商，得到景的全力支持；于是他们决定在塘沽筹建精盐工厂，由范旭东、景韬白、胡浚泰、李积芳、胡森林、方积林、黄孟曦为发起人。后来范旭东说："久大是这班书生一时兴会所至，凑合而成。"②另有梁启超、范源濂、李思浩、卫家襄、刘揆一、陈国祥、左树珍、李穆、钱锦孙等为赞助人。1914 年 7 月呈请北洋政府财政部盐务署批准立案，在塘沽筹建久大精盐公司。1914 年 11 月 29 日召开了第一次筹备会，决定筹集五万元作为筹建基金，由发起人分别募集，其中范旭东负责两万五千元。

20 世纪前期，中国一般有产阶级对新兴工业的认识很浅薄，对工业投资的兴趣也不浓，所以，在筹集股金的过程中也是困难重重。所有发起人和赞助人都尽力解囊相助，多的两千，少的一百，均对这项事业表示期许。而其他股金募集比较困难。范旭东在回忆当时募股情况时说："那时每天一早起来的工作是打电话给那些认了股的股东，通知他们说公司要派人去收

① 徐盈：《范旭东及"永久黄"工业团体发展小史》，录自《天津文史资料选辑》23 辑（35—52），天津：天津人民出版社，1983 年。

② 范旭东：《久大第一个三十年》，《海王》第 17 年 2 期，民国 33 年（1944）9 月 30 日。

股款，接着就按街道的远近逐一步行去收，像收电灯费似的。常常是站在人家门房等许久，结果是'下次再来'。"①经过若干艰难，到1915年3月21日，他们先后开了四次筹备会，才募得股金三万三千元，不足者继续募集。到1915年4月18日召开第一次股东会时，实收股金四万一千一百元。"这一时期，梁启超先生住在天津，每次见面，必问：招了好多股？有时援笔伸纸，亲自列数计算，这种热情历历在目。"②由于当时社会风气闭塞，办实业极不容易集资，工业家不得已常用借贷方式集资，就是收到股款，即日起就按"官息"名义计息，这对在经营商业，或能勉强办通。但对办工业就很不妥，因为无论办什么工业，非有相当时日不会出货，况且新货上市，又未必一定有利，如果认可从收股之日起计息，不管付不付现金，这笔债务累积上去，也会令人气短，对公司不利。③在第一次股东会上梁启超打破陋习，提出不分官息，只按章程分红的意见，为久大的发展打下有力的基础。在这次会上通过了久大组织章程，并选出景韬白为董事长，范旭东为总经理。范旭东在会上提出"公私行为务求明朗公正"作为办事的准绳。

1915年范旭东一面积极筹建久大精盐的塘沽工厂，同时参与时政，反对袁世凯帝制。在护法之役的初期，梁启超写了篇反对袁世凯称帝的"异哉所谓国体问题"的宏论，就是由范旭东间道密送到上海④交到时任中华书局总编辑的范源濂手中，最终刊登在《中华杂志》第一卷第八期上的梁的宏论一时不胫而走，对反对帝制的运动起到了重要的推动作用。

范旭东再次亲赴塘沽，买下通州盐商在那里开设的熬盐的小作坊，在这里兴办起中国第一个精盐工厂。1915年6月工厂破土动工。建筑厂房、机器设备由范旭东赴日本调查购买，也有一部分交上海求新铁工厂制造。1915年10月30日一座工艺先进、设备新型、麻雀虽小却五脏俱全的久大精盐厂房建筑和设备安装工程全部竣工。12月1日呈报盐务署请准予开始制盐，12月7日获准正式投产。

---

① 黄汉瑞：《回忆范旭东》，《海王》第18年20期，民国35年（1946）3月20日。
② 范旭东：《久大第一个三十年》，《海王》第17年2期，民国33年（1944）9月30日。
③ 同上。
④ 任致远：《纪念范旭东先生》，《海王》第19年2期，民国35年（1946）10月4日，第9—14页。

久大制造精盐是将粗盐溶化、沉清，再用平锅熬煎使盐重结晶而得精盐，这是在中国制盐史上首创使用平锅，从而掀开了中国制盐技术史上崭新的一页。其生产出的精盐品质纯净、色泽洁白，广受欢迎，这使中国食用盐质的改良获得空前成功。自此，中国人民以粗盐、脏盐为食的时代行将结束。

对久大精盐公司所产精盐，其商标的立意却费了范旭东的一番心思：管仲相齐，谨正盐策，史称"海王立业"。《管子·海王》注："海王，言以负海之利，而王其业。"后来，将做盐生意的人称"海王"。在天体中，海王星循环运行，可寓意久大自强不息，象征为民造福，也寄托了范旭东征服海洋，事业起飞的宏大志向。结合这两方面的意思，范旭东以五角形的海王星作为久大精盐的商标。这可谓他的一件得意之作。

久大开工初期，主管方面只许在天津东马路地段设店（离天津官银号不远）行销。这是一间门面很小的店铺，屋里陈设十分简陋，摆了一个很大的货柜。同店堂的配置显得不调和，柜里堆满了绿色瓶子装的精盐和黄色纸包的精盐牙粉。那个大货柜还是范旭东在南开旧货摊上花三块大洋选购来的。[1]

久大初创期间，根基未固，物力维艰。范旭东在厂里的办公桌，较普通书桌为长，右屉下另有一两尺余宽的橱，可置铺盖卷。此一物可三用：日间办理公务在此；做化学试验在此；晚间撤去文件和仪器，支起折翼即为睡铺，[2]可见其艰苦创业精神。

当时北洋政府的盐政承袭封建旧制，食盐销售权都在少数盐商手里，这些盐运专商又分引岸、纲商、票商、包商、指定商等，名目繁多，划定了盐商的专卖范围。在范围以内都有专卖权，不准别人插手，否则就叫"越界为私""以私盐论处"，这在当时是两项大罪。据《清盐法志》规定：

> 凡盐场灶丁人等，私挟私卖盐的，绞死；
>
> 凡偷卖官盐的，一两以上至一斤，买卖人各打六十大棍；十斤以上不计多少，各打脊背20大棍，然后处死；

---

[1] 黄汉瑞：《回忆范先生》，《海王》第18年20期，民国35年（1946）3月30日。

[2] 1948年李烛尘在南京永利铵厂对职工的演讲。

凡买卖私盐的打一百大棍，判徒刑三年；有军器的，罪加一等，充军二千里，拒捕者斩；

凡兵民聚众十人以上，带有军器，兴贩私盐的，不问曾否拒捕、伤人，皆斩，立决。

…………

据北洋政府盐政制度，年产 3 万担的久大精盐，只许在天津东马路的小店内销售，否则就形成"越界为私"的罪。这使久大的生存和发展受到严重的威胁。

为了拓展久大精盐的销路问题，范旭东急匆匆赶到北京和景韬白相商。通过久大同人的努力，范得知当时为袁世凯鼓吹帝制的筹安会六君子中，杨度是可以打开局面的关键人物。范于是千方百计向杨度靠拢，拉杨度加入久大成为股东，让杨度拿着久大精盐去请袁世凯品尝。袁世凯对久大精盐表示赞赏。当时袁世凯正处于改帝制得手，于 1915 年 12 月 12 日改"中华民国"为"中华帝国"的兴高采烈之时，竟一口允诺给久大精盐辟四个口岸为销售地，从而解了久大的燃眉之急。从此，久大精盐才在长江流域的鄂、湘、赣、皖四省立足，打破了一直由淮商引岸独占的局面。

久大精盐洁白卫生，改善了国人食盐的品质，挽回了国家的权利，是件利国利民的大好事；可由于它的诞生，确实损伤了世代吃盐饭、过惯了"天下富归盐商"生活的旧盐商和国外盐业霸主的利益。他们和反动官僚沆瀣一气，处处为难久大，使久大在前进的过程中困难重重。范旭东在回忆久大初创时的情景时，曾不胜感慨地说："自久大开工到北伐成功，十年间无年不内战，内乱一起一定向盐商要钱，盐商一定拿久大来搪塞，成了惯例，限制精盐销路，不许人民购食自由，年年重演一遍。如久大不听他们的则，第一盐务稽核所加税，其次军阀勒索，等而下之公然绑票。起初我们还把它当一回事看，后来见怪不怪，想出种种办法反攻，甚至借此迈进一步，真是有趣！"[①]

据长芦四沽代表 42 户灶户的灶首张文洲回忆说："1916 年，我在长芦盐运使段永彬的批准下，在当时宁河具汉沽附近大神堂，以利海公司名义

---

① 范旭东：《久大第一个三十年》，《海王》第 17 年 2 期，民国 33 年（1944）9 月 30 日。

投资，开辟了新滩 6 副。久大精盐公司成立后，经过段芝贵（段永彬是他三弟）的介绍，我将利海的 6 副盐滩出售给久大，又订立了长期合同，指定盐滩 19 副（包括我家 9 副）全部供给久大原盐，时价每包 40 元，我降为 38 元，但还是供不应求。""芦纲公所总纲李赞臣大为恼火，从中破坏，不准灶户 42 家供给久大原盐。新盐运使张调宸又有意以此 42 家原盐转供河南境内芦纲八公所。这时有灶户李少堂愤将自备盐滩 10 副及房屋设备以10 万元售与久大，使其生产不虞匮乏。"①从此久大精盐公司拥有盐田 2000余亩，做到原料自给，再也不怕芦纲公所的撒手锏了。

久大精盐创业之初，政府设有管理专章，限定久大在淮南四岸（鄂、湘、皖、赣）年销一万吨，打破淮商独占局面，引起了新旧盐商的冲突。范旭东说："久大所以能和旧盐商竞争，间接是受了引岸的保护，说句老实话，旧的积弊愈深，新的越有甜头好吃，水深才好摸鱼。""精盐是用粗盐加工制成的，费煤费力，还要贵价钱的包装，为什么还能准斤足两，不折不扣，照粗盐一样价钱出售，世人很不理解，甚至疑心精盐的税低些，不然就是得到政府的特别奖励。事实完全相反。所有盐业原有陋规，如余斤、卤耗之类揩国家的油，精盐不与焉，长年奋斗只求不特别歧视，危及生活，别的没有。"②

这股反动势力对久大处处掣肘，"……有时不幸惹出了麻烦，就活该受罪，如坨里盐仓顶上的招牌字写大了，就得了个有碍观瞻的罪名，只得遵令挖去，缩得小小的，重新漆过。用在扫盐滩的扫把，规定是扫盐池的，我们漫不经心，用在别处；又把'池'字写成'地'字，一概大受申斥"③。奸商也推波助澜，凭借旧势力，拒绝久大精盐在他们辖区出售。有一个时期"全浙江通都大邑，有人胆敢私自处罚购食久大精盐的良民，不受国法制裁。甚至干涉到公司包装材料和盐粒粗细，而国家机关居然受理，纠缠不清"④。

1925 年，久大与旧盐商的斗争日趋激化。景韬白在北京《实事白话报》

① 徐盈：《范旭东及"永久黄"工业团体发展小史》，录自《天津文史资料选辑》23 辑（38），天津：天津人民出版社，1983 年。
② 范旭东：《久大第一个三十年》，《海王》第 17 卷 2 期，民国 33 年（1944）9 月 30 日。
③ 同上。
④ 同上。

上发表《真不可解》一文，宣传精盐，指责旧盐商公开掺土售盐，迫使国人成为"食土"民族。北京《英文系报》就盐务署稽核所召开精盐会议发表"调解精粗盐之冲突"一文，主张将精盐行销限制在通商口岸。3月1日，旧盐商则在上海《密勒氏评论报》发表《盐政之危机》一文，反对精盐，抨击久大公司"增加产额、冲销四岸"。景韬白又撰文《对上海密勒氏评论报"盐政之危机"的评论》进行反击。钟履坚发表《对于精盐冲突感言》一文，反对引岸，说"引岸专盐之弊，中外共嫉"。这场笔墨官司的结果是，盐务署再次屈从旧盐商和洋人的意志。盐务署新盐官修订《精盐条例》中，对久大精盐公司增订了"年产万吨"的限额。新的《精盐条例》公布后，英国驻华公使会同盐务稽核所英籍会办封闭长芦盐坨，从粗盐原料上控制久大生产，使得当年芦纲公所总纲李赞臣没有办到的事，由英帝国主义给办成了。更有甚者，他们欲以英国海军封锁塘沽海口的举措，阻止盐船出海外运。景韬白继续在《盐政杂志》撰文，批评盐务稽核所英籍会办韦礼敦是中国盐商的官僚，再不应"年糜三百七十万，供养丧失国权之机关"，呼吁撤销盐务稽核所及其在各省的分所。[①]

　　范旭东在新旧盐商、北洋政府走马灯式的新旧交替和中外籍盐务官员矛盾的夹缝中，一面坚决斗争，一面努力进取，积极发展生产，扩展市场。1916年，乘久大赞助人梁启超出任北洋政府财政总长和盐务署督办之机，久大打破禁区，进军长江，向有一亿一千万食盐户的淮南四岸发展。当时两湖盐荒，已有18家盐商在长江沿岸的长沙、岳阳、湘潭、常德开设精盐商号。范旭东在汉口把18家精盐商号组成"精盐公会"，实现了"精盐联营"。由在搞湖南自治的谭延闿的老友萧豹文（久大骨干）出面，促成烟台通益精盐公司的黄文植担任会长。接着发动湖南、湖北各县商会向议会请愿，要求运精盐济湘、济鄂，从而为久大精盐打开市场创造了条件。1918年，范旭东在南京的扬子饭店楼顶，放着鞭炮迎接久大在塘沽装上精盐的英籍货轮，打着"济湘济鄂"的旗号向武汉等埠进发。1918年，久大收购德国在塘沽的铁路支线和俄国码头，使久大精盐工厂和车站、码头都可直接联络，为发展事业创造了良好条件。1916年到1918年，久大业务猛进，

① 徐盈：《范旭东及"永久黄"工业团体发展小史》，录自《天津文史资料选辑》23辑（40），天津：天津人民出版社，1983年。

制造精盐的工厂由一厂发展到六厂。

1918 年，我国著名的实业家、爱国民主人士李烛尘先生经景韬白介绍参加久大精盐公司。李烛尘后来回忆说："就在民国 7 年（1918）8 月底，我和范先生做了一次长谈之后，非常投机，于是就决定了今后的终身职业。"[①]李烛尘到久大后被范旭东委以重任，掌管久大经营管理，使范的事业如虎添翼。

1919 年张敬尧率十万大军进驻长沙，气焰不可一世。起初，他受了旧盐商的蛊惑，简直要把久大活活吞下去，怎么和他解释，他都充耳不闻。后来，他的态度变了。久大在湖南打开局面还是他尽力最多。[②]

1920 年，范源濂再任教育总长，这无形中对久大精盐公司的发展又增加了一支力量。随着久大在江西组织九江精盐公会，直接引起了旧盐商的反扑。他们组织"淮南公所"与九江精盐公会对峙。淮南公所处处设卡查禁久大精盐，抢占久大的地盘。幸好赣北镇守使吴金彪同情久大，让其弟吴朗山出面另设"九江精盐查运所"，名为"查禁"精盐，实则为精盐统计销数，使久大精盐一次就在赣北倾销四千余担。

1924 年第二次直奉战争，战事十分激烈，塘沽成为两军必争之地。久大受难，鬼神蠢蠢欲动。工厂虽仍坚持生产，但全厂妇孺都设法转移至安全地区。长芦盐运使张廷谔借吴佩孚的势力乘机勒索久大。正在阵阵紧逼之际，街上突然号外飞大，大叫冯玉祥占北口班师，于是，直军退败，勒索告吹。

1925 年奉系军阀直隶督军李景林，驻军天津。他将关外的马贼作风搬到关内来，勾结财政厅厅长郝鹏、盐运使张小岱（同礼，张弧之子）在天津公然绑架范旭东，并将其拘禁在"兵灾善后清理处"内，企图勒索巨额续金。黎元洪当时住在左近，闻讯大发雷霆，并亲自去探访范旭东，当众训斥那帮喽啰。最后，还是由久大备了 8 万"贡献"，才使范旭东平安归来。

1927 年春，国民政府初到南京，南北尚未统一，那时范旭东才完成永利制碱事业，尚待最后努力，急需资金填补。当时社会上金融紧缩，财务

---

① 徐盈：《当代中国实业人物志》（155），1948 年。

② 范旭东：《久大第一个三十年》，《海王》第 17 年 2—3 期，民国 33 年（1944）9 月 30 日，10 月 10 日。

调度分外困难，唯一的办法是久大卖盐。可是南北政局不同，法令不一，使工商界感到无所适从。当时国民政府财政部尚未组织就绪，北京的关务所仍在行使职权。久大运盐的关单是北京发的，假如南京政府不认账，要扣货怎么办？为了解决永利用款急需，范旭东只得冒险让久大出货，运往汉口出售。范旭东回忆道："某日，我接着电报，知道英商太古公司大通轮就要到下关了，久大的盐是装在船上的，我站在扬子饭店的阳台上，注视着那船停泊了，后来又开了。我留神看到并没有从船上扣下了货，心里才得安定。"①

1928 年，奉军褚玉璞在塘沽成立"京榆一带盐食户饷捐局"对久大精盐公司运销外埠的精盐每担征收饷银 2 元，比盐务署对工业用盐征税章程提高 10 倍，对此，范旭东极力抵制，认为这是勒索行为。范旭东命余啸秋根据财政部盐务总署原有命令，据理力争，未缴分文，居然使军阀收回成命。但久大公司为此停工停运达半年之久，严重影响了生产。②

1929 年，范旭东为使精盐积极向南发展，在南京成立"全华酱油公司"，目的是让全国人民吃到好酱油，同时为精盐打开新的销路，抵制日本酱油在中国的倾销。经过不懈的努力，全华酱油公司的固体酱油成为畅销南北的名牌产品。1931 年，国民政府公布新盐法，打破"引岸"，允许新兴盐业进入淮盐引岸禁区。1933 年，久大公司乘机由永裕盐业公司职员王文达出面，向两淮获准新起牌号在汉口成立鼎昌盐号，取得粗盐承销权利，使久大事业又向前迈进一步。

经过 20 年苦斗，久大精盐公司在范旭东率领下，通过久大老一辈创业者章舒元、文公信、沈舜卿、萧豹文、李烛尘、唐汉三、杨子南、彭九生、周雪亭、许绍周、谢伟卿、胡耕娱、刘君曼等的不遗余力、披荆斩棘之劳，③他们从政治上巧妙运用各种关系，生产上采用科学方法，经营上采用原料自给，精盐自产自销，业务上积极进取，到 1936 年终于使事业获得迅速发展，资本由创办时的 5 万元增至 250 万元，规模由年产 1500 吨发展到 62500 吨（此时久大精盐公司、永利、永裕在沿海总计拥有盐田十万

① 黄汉瑞：《回忆范先生》，《海王》第 18 年 20 期，民国 35 年（1946）3 月 30 日。

② 余啸秋：《永利久大历年大事记》，1956 年 12 月 27 日。

③ 范旭东：《久大第一个三十年》，《海王》第 17 年 2 期，民国 33 年（1944）9 月 30 旧

亩，年产粗盐400万担。若全国人口以四亿计，则平均每人可吃永久团体1斤盐），成为工业界的一颗明星，塘沽也由一个荒凉渔村，变成了一个近代工业地区。

1936年，久大精盐公司南迁并更名。范旭东在天津召开的最后一次股东会上说："首都南迁以后，政府重视两淮地区盐务……，精盐相形见绌，自难与争……。由塘沽运精盐行销长江，以后恐只能维持现状，一时难望再有多大发展……公司营业，既95%在长江，故决定呈准盐务署，将久大精盐公司改名久大盐业公司，并将总店由天津迁往上海，董事长改由周作民（金城银行总经理）担任。"①

---

① 唐汉三：《淮厂回忆录》，《海王》第16年31期，民国33年（1944）7月10日。

永裕盐业

第一次世界大战后，巴黎和会未能解决战后国际间的问题，于是各国又决定于 1921 年 11 月 12 日到 1922 年 2 月 6 日在美国的华盛顿召开由美、英、法、意、日、葡、比、荷、中等九国参加的华盛顿会议。会上签署了《四国公约》《五国公约》《九国公约》等三个条约，为美国在远东和太平洋进一步扩张铺平了道路。会上中日之间的山东问题也得到解决，签订了《解决山东悬案条约》，确认日本应该归还继德国之后在山东掠夺的各项特权，其中包括青岛盐场和制盐设备的归还。

第一次世界大战前的 1914 年，德国侵占我国山东半岛，在这里开租界、筑铁路、建码头、办工厂，进行掠夺。第一次世界大战爆发后，德国疲于欧战，无暇东顾，日本乘机强迫袁世凯签订"二十一条"，全盘接收德国在山东半岛的利益，侵占山东半岛。在全国人民强烈抗议之下，袁世凯也不敢公开承认丧权辱国的"二十一条"。他死后北洋政府为稳住民心，与日本政府交涉，要求收回山东主权。日本虽是个岛国，但海疆沿岸少有优良盐滩，每年盐产不敷国内工业、渔业及民食之用，长期依赖我国供应。自夺得德国在华利益，侵占山东半岛，得到大片优良滩头后，于是迅速发展青盐，以保日本用盐无匮乏之虞。1917 年，日本开胶澳盐田不过 8 副斗子（一副斗子小的约 10 亩，大的约 30 亩）。1918 年新开 35 副，1919 年开 242 副，1920 年新开 696 副，1921 年又开 395 副。总计 5 年间由 8 副斗子开到 1376 副。青岛盐业的归还，对日本影响很大，所以在华盛顿会议上，几经争辩，日本迫于大势所趋，会上决定承认中国"备价收回"日本在青岛经营的盐田和工厂，而中国应填补日本所需工业、民食的 25 万吨盐的缺口。由于日本对质优价廉的青盐一向十分重视，因此这一消息传到日本后令其舆论一片哗然。日本舆论认为，中国既是"备价收回"日本在青岛的盐产，又廉价低税提供日本所缺的优质原盐，因此对日本利益虽仍有损害，但还过得去。日本舆论界集中猛烈攻击英国，以中原省三的"苏达通论"为代表，痛斥英国嫉妒日本用青岛盐，说："英国怕日本有了优质廉价原盐，会促使制碱工业发展，而抵制英货，所以唆使中国收回青盐权……"

青盐对日本确是一块在嘴边的肥肉，但碍于国际公约的规定，日本不得不"谨遵台命"；但它始终耿耿于怀，在执行过程中处处刁难。在"备价收回"的"备价"上，日本首先在"鲁案协定"的预案上发难，开出青岛盐产价值 760 万元，预想利益 290 万元，解散职工津贴 30 万元，总计达千余万元的天价相勒索。经中国的客观调查，青岛盐田价值 97 万元，工厂值 108 万元，合计仅 200 万元，两者相差达 5 倍之多。范旭东亲赴青岛参加谈判，以华盛顿会议决议为武器，以青岛盐产的实际价值为标的，据理力争。经过激烈争辩，最后确定备价 300 万元，收回盐田 6 万余亩，收回制盐工厂 19 所，并负责低税供应日本青盐。

当时北洋政府政局不稳，政令不出都门，连年用兵，加之国库空虚，借债度日，实在无力拿出 300 万巨款来承购经营青岛盐业，只好招商承办，来实现华盛顿会议的决定。范旭东和李烛尘几经讨论，认为经营青岛胶澳盐产，既有利于国家民族，又有利于久大、永利事业的发展，很想承办此事。但又苦于缺乏巨额资金，难以承担，故遂作罢。转而又念及此事；关系国家声誉，不能任其荒废，如果日本按照规定来购青盐，中国竟无货供应，岂不被外人耻笑？况中国自 1840 年鸦片战争以来，赔款失地，丧权辱国之事俯拾皆是，今收回青岛盐事乃是破天荒收复失地的开始，以维护国家信义荣誉为上，决定投标应承。

首先，久大与原青岛盐业输出商合作进行。1923 年 4 月 10 日以久大和丰堂名义投标；但由于山东徐某标价最高，得了第一，故导致久大投标失败。然而，后来发现徐某的投标系日人操纵，按我国规定，盐业是不允许外人介入的。所以，这次投标结果以没收徐某一万元保证金，投标结果作废了事。盐务署确知久大经营盐业有年、技术和管理经验丰富，资金余裕，信誉卓著，极愿由久大承办，遂于 1923 年 9 月 5 日由久大精盐公司、济南东纲公所和胶澳盐商组成永裕盐业公司，与盐务署签订协议；备价 300

万元从日本人手中收回青岛全部盐产，承担每年向日本销售 25 万吨青盐任务。由于 300 万元为数至巨，又议定每年缴款 20 万元，分 15 年缴清。

永裕盐业公司分永大和裕大两厂。永大承办 19 所制盐工厂，裕大承办回收的 6 万亩盐田。永裕盐业公司额定资本为 320 万元，实收 160 万元，是当时青岛四大公司之一。范旭东为常务执行董事，李烛尘长期奔波于天津、青岛之间处理公司事务，而刘第三和任致远则主持公司业务。从此永裕盐业公司得北洋政府批准，成为青盐外销专商，取得国盐输日的供应权。由于国际条约的制约，为日本特别制定出每担盐仅课税国币 3 分。

胶澳盐场产丰质佳，如经营得法，则前程无量。可惜好事多磨，永裕与盐务署签约的消息传到青岛，1923 年 10 月当地的旧盐商和地痞流氓，在日本人的煽动下，互相勾结，对永裕硬加上"永裕垄断青岛盐业"的罪名，一面通电倒咬一口，说"永裕勾结日商垄断盐业"，一面纠集无业游民到永裕胶东的铺面肆意捣乱。而作为签约主的盐务署则在买价到手后，竟对此无理捣乱不加干涉，致使这班顽劣之徒更加肆无忌惮。1923 年 12 月 5 日那帮狂徒又在乡下闹事，放火烧永裕股东的住宅，掳去人质，逼迫他们退股。对这种荒唐行为，盐务署视而不见，听而不闻，甚至盐务署派驻青岛的委员也为所谓"盐民"逼走。直到 12 月 10 日永裕才在济南收到青岛盐田、工厂的账户目录。转眼到 1924 年，一方面日本政府对青岛盐出口日本的协议挑剔再三，阻挠签约，延至 3 月 19 日才由日本特派员向盐务署提出 6 项条件，为日本商人争利；另一方面赫赫有名的洛阳吴佩孚接二连三打电报到北京要取消永裕，改归官办。从永裕盐业公司的档案中查到如下文字："洛阳吴巡阅使佩孚，忽电盐务署，主张取消与永裕所定之合同，改为官办。盐务署并不声辩，反向永裕施压。民国十三年三月七日。"[①]

由于国内政令不一，反反复复，所以和日本的谈判一再拖延时日；后来日方公司又对提出质疑，称久大、青岛、东纲三个团体所组成的永裕公司性质不明。为了避免纠纷，久大等三团体商定改为股份有限公司，从此，确定久大在永裕占有过半的股数。但中日终因双方各执一词，总说不到一起，于是在 5 月初宣告停会，直到 7 月初总算熬到了头，开始接收财产。7

---

① 永裕民国 12 年（1923）9 月至民国 22 年（1933）9 月的业务报告书，第 44 页。

月 12 日永裕初次在青岛开股东大会，宣布成立股份有限公司。正在高兴的时候，突然来了一暴徒，会场中的什物装饰都被他们毁坏掠夺一空，股东有的被击伤，有的则伤重几近致死。可笑的是，永裕公司和当地一个水上巡警区署同在一个院子里，面对暴徒持械逞凶，荷枪实弹的巡警竟作壁上观。这样的事闹了几个月，到 1924 年 9 月那些滋事的流氓才受到一些象征性的惩处。这时洛阳的吴佩孚又从"取消永裕"转而改为"要报效"了。1925 年 1 月 13 日，青岛巡警厅像演戏一样送还了永裕盐业公司的牌子，而且恭敬地替永裕挂上，到此青岛盐潮才算告一段落。中日盐业会议也开始谈判，但中日盐业协定还是悬而未决。

中日实业公司在北京很有声望，它对青岛盐务也发生了特殊兴趣。原来，它与青岛民户盐田联合会之间有一个公开的秘密，即想利用联合会做幌子，趁中日盐业协定没有签订的机会，猎取部分青岛盐的输出权。中日实业公司中的日本人不遗余力地往返于青、京道上，就是欲谋在中日盐业协定签字之前搞所谓的"临时输出"。他们暗施伎俩，从盐务署取得工业用盐输出权，从而完全破坏了 1923 年 9 月 5 日永裕和盐务署签订的协议，直接损害了国家威信和永裕的利益。

范旭东在青岛得知青盐输出权暗中被日方攫取的消息后愤慨至极，在青岛旅社突患鼻出血，出血量达半盂之多。[1]青盐出口原是永裕的专业，现在却几乎无从入手。对于精盐制造，盐务署也是左一个障碍，右一个责难，一直拖到 1925 年 2 月才允许正式开工。开工之后，为运销章程问题又是横生枝节，又拖了 3 个月，在 6 月中旬才决定永裕精盐由久大包销，准予出厂。

至于中日盐务协定，几经周折，原定 1924 年 12 月 20 日双方可以签字，但由于西北军与奉军正在京津之间大战，交通受阻，因此再次拖延下来。在这期间，日本人又起异议，先是提出中国商人不能和专卖局直接洽办，后又提出代理商只能有一家，最后又提出代理商必须三家以上，如此反反复复，直至 1925 年 2 月 12 日双方才在盐务署签订协议。协议签字之后，又不即日公布，直至 6 月 1 日才首次和日本盐专卖局成交。这是一个值得

---

① 余啸秋：《中国化工界开路先锋——范旭东先生》，久大厂史（2）47 卷。

纪念的日子。从中国接收青岛，到正式开展青盐输日，前后整整 40 个月！这里，永裕历尽艰辛，范旭东为挽回国家权益，发展实业，呕心沥血，其精神可叹可赞。

1926 年 4 月，政府正式公布青盐输出协定之后，范旭东遵照合同，据理力争，挽回了输出权。事后，日本专卖局也颁发了购买永裕粗盐的命令。但后又因价格问题，营业受阻，永裕为此坐耗数年，损失过大，最终因无力支撑而不得不另辟途径，运粗盐至湖北推销，运精盐至汉口、九江、芜湖各埠推销，借以维持公司运作。1931 年又运粗盐至河南归德等十县和安徽宿、砀两县，由于青盐质量好，终使永裕产品在市场上有了立足之地。

久大盐业公司大浦分厂

"九一八"以后，日本侵略者步步紧逼。经过1933年的《塘沽协定》，以及1935年的《何梅协定》《秦土协定》，北平、天津地区已成为日本的势力范围。自山海关到丰台，铁路沿线均有日军驻扎。当时平东通县已成立的"冀东防共自治政府"，纯系日本傀儡；北平、热河、察北均驻有日、伪重兵；西北面有李守信、王英伪军，整个华北形势岌岌可危。

面对这种形势，范旭东忧心忡忡，担心工厂会在即将来临的战争中被毁掉，于是筹划给工厂的发展找个后路。民国25年（1936）10月3日，久大公司在天津召开临时股东会议，范旭东在会上表示：为适应形势和事业发展的需要，建议公司易名和在淮北筹设分厂，并提出详细报告："公司创立至今，已满二十年，从前盐务政令，发自北方，公司精盐行销长江，各省虽亦阻碍百出，为势尚顺，不难消弭。首都南迁之后，政府重视淮区盐务，经营改革不遗余力，为使淮商推销，不惜予以种种实际上的便利，精盐相形见绌，自难与争，此吾人亟当注意者。""由上述情形，可知由塘沽运精盐行销长江，以后恐只能维持现状，一时决难有多大发展，故公司为事业前途计，应当善处。公司经营既有95%在长江，故决定呈请盐务所在淮北设分厂，幸获批准。现正一面择购厂地，同时订造机器，工程比较简单，预计明年春即可出货，此为公司事业一大发展，堪以奉告者。""淮盐引制近年已多变革，政府在淮区极力提倡自由行销，特许新商经营淮盐。公司今后营业范围，应销事扩大，各岸粗盐，如其有利亦当兼营，以减轻精盐负担。从前为法令所限，不得不以精盐为专业，今既开放，自奋力进展。此外工业、渔业用盐及输出盐，近年来国内愈趋发展，本公司在塘沽既有广大盐田，出产丰富，亦乐得经营。此类食盐以外之盐，出进数量极大，并无多大利，不过为使滩产均衡，间接扶助渔、工各业，均很有意义。在公司立场，自不容放弃。""基于上述进展情形：①须更易公司名称；②须将公司之总店迁往上海。此为修订章程中之两大要点，应请大会讨论议决，以便实施。"会议决定改"久大精盐公司"为"久大盐业公司"，将公司总部迁往上海。

范旭东在1936年7月派唐汉三、沈舜卿、扬子南前往淮北，进行选场调查，历经济南、中正、板浦三场细行实察，会商多次。大浦水陆交通两便，水路由临洪河可通海口，直达青岛、上海，火车可直达厂内，且有自新商坨可租买，为建厂节省很多时间。但此地粗盐产量、质量远不及济南、中正两场，如欲大量生产及从长远考虑，则以选济南、中正两场为上策。鉴于淮厂建设欲争取时间，且产量定为年60万担，则两者相较，为稳妥计，决定以大浦为第一厂、将来可将济南、中正发展为第二厂、第三厂。这一方案得到范旭东支持，于10月20日即前往大浦自新盐坨洽购厂址。于是，立即动手，设计厂房，购置机器。在建设过程中，遇到自新盐坨的存盐迁移、建筑材料的远途采购、厂房地基软弱、施工时面临严冬等困难，故延迟时日，工程至1937年4月底始告完成。

1937年5月初，久大盐业公司大浦分厂开工试制，至5月23日正式制盐，使久大自河北越过山东，进入淮河流域。因与盐务当局的交涉久未办妥，精盐仓库堆满成品无法运出，在生产了27000担精盐后（原计划月产5万担，因有一部干燥机未装妥，而产量减半）于6月29日被迫停车。七七事变后，急谋将存盐南运；待运盐手续办妥，不料"八一三"淞沪抗战爆发，连云港海运受阻。经多方奔走，设法打通陆上交通，9月敌机轰炸徐海，人心惶惶，又遇到临战状态金融筹措等困难。10月3日，范旭东函告大浦同人："此次之战，乃中华民族生死荣辱所关。吾侪为国家、为事业，一切痛苦，皆当含笑忍受，艰苦奋斗，至无可奈何时始行放手。淮厂毗连战区，不久或将波及，万一竟无法维持，亦只有将厂屋、设备稍事检点，同仁无妨离开，设备上之损失，究属有限，亦唯有含笑忍受。"[①]淮厂职工接此信后，都努力投入工作。每月份维持精盐2万担的产量，并克服

---

① 唐汉三：《淮厂回忆录》，《海王》第16年31期，民国33年（1944）7月10日。

重重困难将精盐运销各岸。兹摘录淮厂负责人唐汉三 1937 年 12 月 21 日日记一段，可见淮厂建设之艰辛："忆余自去年 11 月到厂，至今已满一年一月，耗资二三十万元，仅完成一个如此小规模之厂，余与同仁虽皆尽其最大努力，而成绩不过尔尔者，盖个人能力及环境际会使然欤！今寇焰益凶，陇海线有切断之虞，连云港距本厂仅四十华里，朝发夕至，环境若此，寝食难安。旭公曾来函嘱诸事乐观，幸勿将马达烧坏，不幸今已到临界温度矣。回忆初来时，终日以原料不易购进，成本太高，以淮厂难站住脚为虑。故加倍努力，诸事节约，意欲于最短时间及最少经费之下，且看开工后到底能否站住，幸而疑虑之点，已得解决，原料既不忧缺乏，成本反较沽厂为低，成品运往各处，无不大受欢迎，半年心血，幸未虚掷，差堪自慰。岂料卢沟桥事变解决无期，危巢之下，安有完卵？国事如此，厂事尚堪问耶？"

由于战事紧急，唐汉三和何熙曾于 12 月 26 日在安置善后后，在隆隆炮声中挥泪离开大浦。

发起组织制碱的缘由

　　纯碱（碳酸钠）是玻璃、造纸、肥皂、纺织、冶金、染料、有机合成等许多化学工业的基本原料之一，亦是我国北方民食馒头、油条等发酵食品的必需品，其重要性与硫酸并驾齐驱。20 世纪初期世界上衡量一国工业发达水平常以酸、碱产量为指数。我国工业落后，在洋碱进入以前，人民制馒、洗衣、濯器所需的碱，以内蒙古碱湖所产的天然碱为大宗。这种天然碱经过粗略加工，用骆驼运至张家口集散，这就是著名的"口碱"。"口碱"由于加工粗糙，杂质很多，影响健康，更不能用于工业。

　　19 世纪后期，洋碱随着侵略者的炮舰和大量鸦片、工业品、日用品一起闯入我国市场。当时的洋碱主要来源于英国卜内门公司（Brunner, Mond & Co. Ltd.）、美国杜邦公司、法国法本公司，其中以英国卜内门公司为主。

　　卜内门公司创建于 1872 年，由约翰·汤姆森·卜内和路德维格·门合资经营，是英国最大的碱厂。该厂设在英国诺斯威奇（Winnington），厂房底下恰是盐层深厚的矿藏，富蕴浓卤；通管吸用（用空气压缩机抽取），成本低廉，非一般采用海盐制碱的工厂可比。又利用索尔维法制碱的先进技术，加上经营有方，故创建时发展很快。随着资本主义自由竞争的发展，卜内门在国内陆续并吞了理查德的沙白克碱厂，波门汤姆森公司，收买了氨法苏打公司的大量股票，昌汉公司也被逐渐兼并……终于成了一个庞然大物。接着又独资创建阿摩尼亚公司，也向生产石灰、烧碱、漂白粉、硼砂、染料等化学产品的公司全力渗透。到 1926 年，经重新改组，成立了帝国化学工业公司（Imperial Chemical Industries, Ltd.）。

　　19 世纪末，英碱开始输入我国。卜内门公司于 1900 年在上海设立分公司，名为"卜内门洋碱公司"，聘请在华传教多年、熟悉中国情况、精通汉语的李德立（E. S. Little）为首任总经理。统辖各省市营业，各大商埠的分公司都由他一手次第创设。当时我国民间一向惯用"口碱"，不识洋碱，洋碱初来时只在通商大埠开辟市场。李德立为了宣传推销洋碱，深入到廊坊等地，雇人肩挑洋碱。他手执铜铃招摇过市，沿街宣传。好奇的人聚拢围观，他则乘机演讲：洋碱用于发面如何速效、简便，如何卫生；用于洗涤如何去污除油。他手拿洁白的洋碱，边秀边送；次日再去，亲自实践，边演边教，以验宣传不假。李德立为打开洋碱销路，在宣传广告上走街串巷，不辞辛劳。不到 10 年，洋碱由于其洁白、优质、廉价而逐渐使民间惯于使用，广为传播。当时我国新兴的肥皂、玻璃、搪瓷、造纸、冶金等工业也乐以洋碱为原料。洋碱销路广开，卜内门洋碱公司纷纷在哈尔滨、大连、天津、汉口等地设分公司，还建立了不少代销店，形成了一张财源、货源畅通的商业网。"口碱"市场日益萎缩，至 1914 年欧战爆发之际，我国年用碱量达 3 万多吨，其中"口碱"仅占 1/7，余则尽为洋碱，尤以卜内门为甚。从 1913—1915 年间我国海关进口册所载洋碱数量可得知英碱所占比重。[①]

表 1　1913—1915 年进口英碱在洋碱中所占比重

年度	进口总数量（担）	英碱输入数量（担）	英碱占比（%）
1913	488 255	428 738	87.81
1914	631 687	566 151	89.63
1915	481 148	431 970	89.78

　　第一次世界大战爆发，欧、亚交通梗阻，洋碱输入锐减（见表2），卜内门乘机囤积居奇，使得碱价暴涨，最贵时竟高出战前售价七八倍，还有行无市。我国造纸、玻璃、肥皂等以碱为原料的工厂十有七八被迫停产。市民无碱，只得以酸馍为食，给国计民生带来很多困难。

---

　　① 余啸秋：《永利碱厂和英商卜内门洋碱公司斗争前后记略》，录自《文史资料选辑》80 辑（44—59），北京：文史资料出版社，1982 年。

表 2　1914—1916 年洋碱进口锐减情况[①]

年份	进口量（担）	占比（%）
1914	631 687	100.00
1915	481 148	76.17
1916	42 136	6.65

当时国内稍有工业思想的人，无不以生产纯碱为当务之急。范旭东以盐制碱的思想初萌于 1913 年在欧洲考察盐务之际。他看到欧洲工业先进国家不仅加工粗盐为精盐，可使人民吃到纯净的盐，而且以盐为原料，进行化工生产，推进工业发展。在欧洲，他屡欲考察以盐制碱的工业，均遭拒绝，在英国，他甚至遭到卜内门工厂的戏弄，从而更增进了他自力更生、创办民族工业的决心。第一次世界大战期间，当久大第一工厂建成时，财政总长周辑之反对久大运盐至长江一带与淮盐竞争，故意拖延久大精盐章程的批复。为打破僵局，范旭东曾设想把已建成的工厂改制纯碱。

18 世纪中叶英、法七年战争（1756—1763）期间，法国因军工和民用工业所需，用碱数量激增，而其一向依赖的西班牙土碱来源中断。法国科学院于 1775 年悬赏征集人工制碱方法，应征者不乏其人，唯路布兰提出的用盐制碱方法获得成功。1783 年法国科学院决定授予奖金（但路布兰始终没有拿到）以激励人工制碱法的发明，且于 1791 年在巴黎附近建成日产250～300 公斤的工厂。但法国政府并不重视这一发明，相反英国人却很重视利用这一成果，迅速发展了英国的制碱工业。到 19 世纪中叶，路布兰法制碱大兴于世，1880 年产量高达 554000 吨。1863 年比利时人索尔维发明氨法制碱（称索尔维法）。由于氨法制碱可连续生产，且产品质量高，节省劳力，因而逐步占领市场，生产大进。路布兰法则相形见绌，日益衰退，及至 1913 年，世界纯碱总产量 285 万吨，而路布兰法所产仅及 5 万吨。[②]

范旭东决定采用索尔维法建厂生产，但索尔维法为专利，不得到索尔维许可不能仿造。当时比利时有一家索尔维法工厂，因欧战为德军所毁，但其所有技术人员和设备仍得以保存，并有意向中国发展。廖叔畴在法国

---

① 陈散文：《七、八十年前的一场商战——永利和卜内门的斗争》，《纯碱工业》，2001（4）44—48。

② 侯德榜：《制碱工学》（70），北京：化学工业出版社，1959 年。

得到这一信息后写信给范旭东、景韬白。范、景即请提示合作条件，彼方提出三条：①资本须外方占过半数；②机器设备及制造方面由彼负全责，我方不能过问；③营业归华人主持，然卖价需由外方规定。范旭东和景韬白考虑再三，认为：①②两条尚可作相当让步，即我方要求派学生在厂中学习，数年后可以辞退外国技师，由我方接任，这一条外方也能接受；唯第③条，万难承认。因为当时世界碱业已为卜内门所垄断，索尔维集团和卜内门对峙，将来在东亚一带与卜内门竞争，万一在中国亏本，只要能战胜卜内门，则亏损可由在他国的利润中得到补偿，工厂仍可重振再起。而我国实业幼弱，创办实业只可胜，不可败，一旦失败，再不可能征集第二次资金，这样和外商合作，很可能以被吞并而告终。基于这一点，范、景坚拒第 3 条的承认，于是合作计划无果而终。

不得已而求其次。范、景想到利用天然碱精制纯碱来救一时之急。当时国内以"口碱"为大宗，其成分约为纯碱的一半，但运输困难。他们曾组织专人去内蒙古调查，结果认为："内蒙古天然碱每年最多可产 30 万担，可制纯碱 15 万担，工厂建设需 10 万元，如以久大工厂迁往，则可省 3 万；如运原料至塘沽加工精制，则运费很大。总之，以'口碱'改制纯碱在欧战期内必可获利，若战事一停，洋碱再度来华，即不能存在。"[①]范旭东和景韬白都认为：办工业是永久性计划，不是投机事业，如果天然碱精制和人工碱成本相同，亦应将注意力集中在人工碱，一个独立国家对这种基础工业，不能专赖天然，也不能久仰外碱输入，无论如何非制造人工碱不可，因此天然碱精制计划被打消。

采用索尔维法制碱的关键问题是：①要有专家主持；②盐是制碱的主要原料，我国盐在经营上的特点是盐价贱如沙土，盐税高昂惊人。当时塘沽海盐每担仅 2 角，但盐税为 3 元一担。使用长芦盐，每制碱一担，需用盐两担，光盐税就得 6 元，而战前市场上洋碱每担售价仅 3～4 元。所以，如不解决工业用盐的免税问题，则以盐制碱的工业，在洋碱盈市的情况下就无从谈起。

---

① 景韬白：《永利制碱公司创立史》，南京：盐政杂志社，1948 年。

永利制碱公司创立

北洋政府的财政素以借债为命脉。1916 年欧战正急，借债一事几乎断绝，财政总长陈锦涛终日奔走于各国银行之门，希冀借款成功。英国汇丰银行大班（经理）熙礼尔提出条件：若许英人"以盐制碱"的特权，则可借一大笔款于中国。陈锦涛并不知"以盐制碱"为何事，但想到英国人既肯以此为钓饵，则此项特权必有损于国家或人民极大的利益，需慎为保护，于是对熙礼尔说："以盐制碱中国已有人创办，恐不能将此特权再许外人。"陈锦涛本想以此搪塞，没想到熙礼尔紧着询问："是何人创办？"陈一时语塞，匆忙说："记忆不及，需查清后再奉告。"第二天在国务会议上，陈锦涛对教育总长范源濂说："令弟办久大精盐公司，盐可以制碱为何不办？现英人欲得此特权，可以借钱给中国，我不愿将此特权送与外人，以已有人创办答之，何不以久大名义来一呈文，申请以盐制碱，我当立即批准，但申请须倒填年月，可以杜绝外人要求。"范源濂会后即邀范旭东、景韬白商谈，告之陈总长保护国家权益的苦心，要他们立即起草进呈一文，申请以盐制碱。以盐制碱本是范旭东、景韬白等人的夙愿，所难者乃盐税问题。如盐税不能免，即使批准特权，亦不能办。现蒙陈总长热心提倡实业，维护国权，不妨先进呈一文试试，遂拟成一草稿，定名永利制碱公司，要求：①工厂 100 里以内不准再设同一类型的工厂；②按照世界各国工业用盐免税成例，提出用盐免税申请。此文在财政部盐务署备案，获 1415 号训令，特许立案。①

正当范旭东、景韬白忙于呈文申请成立碱厂之际，从南方来了吴次伯、

---

① 张高峰：《苦海盐边创业纪实》，录自《化工先导范旭东》（15－31），北京：中国文史出版社，1987 年。

陈调甫、王小徐三位热心制碱的人。

陈调甫 1916 年毕业于苏州东吴大学化学系。为解决市场纯碱奇缺的局面，他在实验室里潜心研究。当时世界上最先进的索尔维制碱法成功制得了少量纯碱。苏州瑞记荷兰水（汽水）厂厂长吴次伯看到制碱利润丰厚，遂邀陈调甫、王小徐共同筹办碱厂。王小徐系留英学生，擅长数学、电工机械，时任上海大效机器厂厂长兼总工程师。他们利用瑞记荷兰水厂的二氧化碳，做索尔维法的扩大试验。秋天时试验得到满意结果，他们感到由我国自立制碱是可能的，从而树立了办厂的决心。

11 月，吴、陈、徐三人携样品到南通访问主张棉铁救国的张謇，劝其用苏北的盐，设厂制碱。张謇由于当时所办的实业正在发展之际，加之资金短缺，对此建议不置可否，但说："要举大事业，必须痛下决心，准备吃苦。"并且告诉他们："我办纱厂，有一次机器已到上海，因缺乏资金，搁浅在码头上，我对着机器踱来踱去，一筹莫展，惶急万分，走投无路。"[①]张謇自己无力开发碱业，但热诚介绍他们往北方拜访创办久大精盐公司的范旭东，认为范对以盐制碱的事业一定会感兴趣。11 月中旬经张謇和潘子欣介绍，吴次伯、陈调甫、王小徐联袂到天津调查长芦盐产并拜会久大精盐公司的创办人范旭东。双方一见如故，彼此畅谈兴建碱厂的见解，范旭东认为："在塘沽办碱厂的条件最好，当地盛产原盐，100 多里外有唐山的煤，滦县的石灰石。塘沽面临渤海，背靠铁路，水陆交通畅达，又有久大精盐公司作为后台，只要大家齐心协力，碱厂必然降生。"这次会见诚如范旭东在后来回忆中所说："南北同志都愿把久大当作中心办永利，中国碱业这粒种子，就在塘沽种下了。"

陈调甫等人来津后，与李穆、张弧、景韬白、潘志喜（子欣）等多次座谈，宣传碱在国计民生中的重要地位，介绍在苏州试验制碱的情况，多数人认为用南方盐制碱虽然成功，但改用北方盐是否可行尚有疑问。于是由这几位发起人集资 5000 元，决定用长芦盐再作一次较大的试验。由王小徐绘了草图，交天津三条石万有铁厂制成一套小机器。这套小机器中有吸氨塔、碳化塔，还造了一座 3 米多高的石灰窑供给碳酸气，在天津日租界

① 张高峰：《苦海盐边创业纪实》，录自《化工先导范旭东》（15—31），北京：中国文史出版社，1987 年。

太和里范旭东家中的井院里用索尔维法进行小规模生产实验，由范旭东、陈调甫、王小徐、吴次伯轮番操作。经过多次实验，终于制出 9 公斤合格的碱。成功之时，范、陈、王、吴等人曾在石灰窑前合影留念，时为 1918 年。参观者对此都感到满意，从而坚定了发起人的信心，为筹措资金和创立公司奠定了基础。①

试验完毕，吴次伯感到厚利在望，自告奋勇到上海募股 30 万元。可他认识的富商大贾对资金周转慢的重工业都不肯投资。他也知难而退，再也没有返回塘沽，招募股金的工作主要落在了范旭东身上。

1918 年 11 月永利制碱公司在天津成立，范旭东、景韬白、张弧、李穆、陈调甫、王小徐 6 人为创办人。会后王小徐回南方发展机电事业，陈调甫决意留下，实现"实业救国"的夙愿。陈调甫随范旭东到塘沽参观久大精盐公司，在久大仅两丈见方的实验室里，范旭东和陈调甫促膝畅谈。范劝陈把制碱的技术责任担当起来。陈调甫深感责任重大，表示："我能力薄弱，要我担此重大责任，等于要孩子当家。"范说："谁都是孩子，只要有决心就能成功。"②还说："为了这件大事，虽粉身碎骨，我亦要硬干出来。"③陈调甫大为感动，遂慨然允诺。后来他俩到厂外散步，看见一个个形如小山的盐坨，外面席盖泥封数之不尽。范旭东对陈调甫说："一个化学家看见这样丰富的资源，而不起雄心者，非丈夫也，我死后还愿埋葬在这里。"④从这次谈话中，陈调甫断定范旭东是一个有雄心的实业家，决定追随他为中国制碱工业的创建而努力奋斗。

袁世凯主政时期，专靠卖国借债维持生命，曾和以英国为首的五国银团办成善后借款 2500 万英镑，规定以关税和盐税作抵押。因此北洋政府财政部设盐务署，盐务署下设盐务稽核总所。盐务署署长名总办，由财政部次长兼任；稽核总所首长名会办，由英人充任，首届会办丁恩。当时体制为盐务署主行政，稽核所主持稽核税收，遇到有关盐税增减问题，稽核所所提的意见有很大的权威性，总办无不唯言是听。

---

① 陈歆文：《从制碱元老到油漆大王的陈调甫》，《纯碱工业》，2000（4）59－64。
② 陈调甫：《永利碱厂奋斗回忆录》，录自《文史资料选辑》10 辑（1－26），北京：中华书局，1960 年。
③ 同上。
④ 同上。

　　中国要自办碱业，申请工业用盐免税，这对英国的卜内门意味着什么，丁恩很清楚，为了保护卜内门在华的既得利益，他运用手上的权力，极力阻挠工业用盐免税的实现。丁恩竟在永利申请备案的文件上批示："永利请在塘沽设置碱厂，查长芦系海水盐，非矿盐，不宜制碱。中国可以制碱者惟四川井盐为上，次之则河东之池盐始相宜。"①范旭东等人见到盐务稽核所批示，均莫名惊诧。以盐制碱系极普通的事，且陈调甫等人使用南北海盐制碱均已获成功，为什么丁恩对此常识无知至此？范旭东即以一严正的书面材料质问丁恩："何以海水盐不能制碱？"并要求举出实例，说明理由。丁恩接信后匆匆走访英籍理化专家，始知前批大谬，原来丁恩把灰碱（钾碱 K2C03，古时从草木灰中提取，故称"灰碱"）和碱灰（苏打灰 Soda ash，无水 Na2 C03）混为一谈，故出此笑话。从此以后，丁恩再也不谈"海水盐不能制碱"的问题。但他又节外生枝，提出申请书中提道以 200 斤盐制100 斤碱是一大错误，说按化学反应 136 斤盐即可制碱 100 斤（按转化率81%计），用此来拖延批复，但他们不知：①制碱反应在当时的实际转化率根本达不到这样的高度；②他们所说的 136 斤是指纯盐，而长芦的储盐均为有三成泥沙的杂货。由于理论脱离实际和对中国情况的无知，丁恩又一次失算。②

　　接着，永利请盐务署总办张弧向丁恩疏通。丁恩面告张总办，称如中国政府能允许英人在四川自流井提取钾的特权，则永利免税案即可通过，俨然以此为交换条件。对此，范旭东、景韬白等永利创办人竭力反对，宁肯永利制碱公司不办，断不能以四川钾矿让与外人。因当时全世界唯德国有钾矿，中国如有则价昂过金。丁恩就是这样推三阻四，对永利免税一案一拖再拖，以此来扼杀我国民族工业的发展。

　　范旭东不畏强权，向政府据理力争工业用盐免税，终日奔走，历时两年，延至梁启超任财政总长，始正式以总长身份命令稽核所批准永利用盐免税。但丁恩只肯先免半税，范旭东则说一文盐税也不能缴，否则不办永利。梁启超则说："盐税担保借款系指食盐税非指工业盐，稽核所只有稽核税收之权，至于税收如何规定，系中国主权，洋员何能干涉？如彼坚持，

---

　　① 景韬白：《永利制碱公司创立史》，南京，盐政杂志社，1948 年。
　　② 同上。

当由政府公布农工用盐免税条例，一律免税，断不能因为盐税担保借款，而妨碍我工农业发展。"①梁启超随即邀盐务专家景韬白到财政部起草"农工业用盐免税条例草案"。景韬白即速草成，并在草案上说明，拟提请国务会议议决，以大总统命令公布。丁恩闻讯，自觉再也无力抗拒，无奈之中，抢先批准永利用盐免税，以此找个台阶下。如是，一拖数年的永利用盐免税案，终于以范旭东的胜利而告一段落。至于由景韬白起草的"农工业用盐免税条例"，尚未及交国务会议讨论，那走马灯式的北洋军阀政府，政潮又起，段祺瑞引咎辞职。11 月 30 日，梁启超亦随之去职。丁恩获悉，对自己过早批准永利用盐免税案，后悔莫及。②

1920 年 5 月 9 日，永利召开第一次股东会，选出范旭东、景韬白、张弧、李穆、周作民、聂云台、陈栋材为董事，黄钧选、佟陀公为监事。由董事会推选周作民为董事长，范旭东为总经理。③

1920 年 9 月，永利制碱公司始获农商部批准以 475 号注册，定名为"永利制碱公司"，设厂于塘沽，资本总额为银洋 40 万元；特许工业用盐免税30 年；凡在塘沽周围百里以内他人不得再设碱厂；规定公司股东以享有"中华民国"国籍者为限。④1920 年 9 月 20 日永利制碱公司"红三角"商标经商标局核准，发给注册证，证号为 16510 号⑤。商标是一个做化学试验的坩埚图案，外加上一个红色三角形。这个图案，象征纯碱生产过程中同时气体、液体、固体三相直接反应，它是索尔维法制碱工艺技术的特征。⑥

① 景韬白：《永利制碱公司创立史》，南京：盐政杂志社，1948 年。
② 胡迅雷：《中国工业巨子范旭东》，北京：中国青年出版社，1991 年。
③ 天津碱厂志编修委员会：《天津碱厂志》（746），天津：天津人民出版社，1942 年。
④《永利档案》，永利厂史资料，第一卷，天津：永利碱厂。
⑤ 天津碱厂志编修委员会：《天津碱厂志》（746），天津：天津人民出版社，1992 年。
⑥ 章执中：《爱国实业家范旭东》，录自《化工先导范旭东》（32—49），北京：中国文史出版社，1987 年。

陈调甫赴美

1918年冬，永利制碱公司成立。陈调甫因申请用盐免税一事旷日持久，遥遥无期，决定以变卖夫人的嫁妆自费赴美进修。临行前，范旭东将陈调甫请到家中，态度诚恳地做了一次长谈："你我同是永利的创办人，永利的成败，关系到国家化学工业的前途和你我的身家性命。你去留学，我十分赞同，盼你学成早归。另有几件事托付于你。①赴美后，顺便考察制碱设备，准备购进先进设备。我把这件事托付于你，就是把永利整个事业都放在你身上，千万珍重。②除此之外，我希望同人和你对事业之成功，必须做到三点：第一是吃苦，只有苦干才能得到成绩，有了成绩我们才有信用；第二是清廉，为人能清廉，极易博得他人的敬仰，作事亦易推行，任何事情我们能做到清廉两字，就是事业失败，尚可得人谅解；第三我们的事业若要成功，全在技术。你此次赴美，要在美国多方物色人才。古往今来，事业的兴衰沉浮都证明：人才是事业的基础。"①

1917年底范源濂赋闲赴美游历，在纽约结识一位湖南老乡李国钦。李国钦（炳麟，1881—1961），生于湖南长沙，毕业于长沙湖南高等工业学堂矿冶科，后入华昌矿冶公司，开采锑矿。1911年在五岭山试掘锡矿时，发现钨锰铁矿，致使中国成为世界第一产钨大国。1914年毕业于英国伦敦皇家矿业学校，得矿业工程师职称。第一次世界大战期间，在纽约自创华昌贸易公司，经营我国出口的钨、锑、锡等矿产品，为国内工矿及兵工企业采购各种设备和器材。1916年加入美国籍，曾任纽约市五金同业工会主席，是一位爱国实业家，热心祖国建设事业。

---

① 《永利档案》，永利厂史资料，第一卷，天津：天津碱厂。

在陈调甫赴美后，范旭东在国内奔走工业用盐免税之事，已有眉目，就电请陈调甫在美代表永利着手聘用专家，设计工厂，订购设备。经范源濂介绍，陈调甫和李国钦在纽约相识，彼此间谈话很投机。

陈调甫会见李国钦是 1919 年的早春，时值第一次世界大战结束。当时洋碱通过海轮源源输入中国，碱价大跌。一些在一战时建设起来的技术落后的小碱厂，一个个被冲垮，破产，形势严峻。但范旭东和永利的几位发起人，并不为形势所吓倒，为了兴办民族的制碱工业，仍持知难而进的决心，朝着既定目标前进！

李国钦是学矿冶的，深知碱在工业原料中所占的重要地位。他又是搞贸易的，更了解纯碱市场的行情。因此他听到陈调甫介绍永利业经财政部批准立案，于 1918 年 11 月已在天津召开创立会时，不胜惊讶。在这样艰难的年头，立志献身技术难度很大的碱业，是需要极大勇气的。他支持范旭东的决心和事业，愿对永利的事业助一臂之力。

当时世界制碱工业完全为几家大公司所垄断，保密极严，其重要机器设备均由各厂自制。因此，创办碱厂最大的困难在于无从购置整套设备，必须在暗中摸索，自行设计。陈调甫要在较短时间内完成设计任务，确是困难重重。

经人介绍，陈调甫访问了制碱工程师梯泼尔（John E. Teeple）。梯泼尔问陈调甫："中国人为什么要制碱？"陈调甫回答他："无非供造纸、玻璃、肥皂、纺织等工业之用，再就是发面做大饼、馒头等食品。"梯泼尔说："怪不得中国人脸黄，皆是吃碱太多的缘故。"陈调甫认为这是对中国人的侮辱，愤然拂袖而去，过了好长时间，每忆及此事，尚心有余恨。

陈调甫又专程访问了美国制碱权威屈兰波，请他协助建厂，亦遭到拒绝。后又找到美国最大的席勒扣斯碱厂（Syracus Solvay Co., Inc.）要求参观，也被拒之门外。他只得冒着严寒，在厂外绕行一周。事后陈调甫在回忆往事时写道："是时雪深没胫，寒风刺骨，咫尺蓬莱，可望而不可及，惆怅可知。"[1]

李国钦介绍了一个法国人杜瓦尔（Duval），他自称有制碱经验。陈调

---

① 陈散文：《从制碱元老到油漆大王的陈调甫》，《纯碱工业》，2001 年（4）（5）。

甫遂与他签约，委托设计，自己亦参加工作，并提供有关资料。杜瓦尔在华盛顿玻璃厂工作，只是晚间才有些时间可以同他谈谈，故工作进展很慢。后来陈调甫发现他对制碱知识所知有限，大为着急，便同李国钦商议，决定在暑假请几位留学生协助进行。李国钦首先介绍侯德榜与陈调甫合作。后来徐允钟、刘树杞、吴承洛、李得庸等亦来相助。

陈调甫等人在杜瓦尔指导下，共同钻研有关制碱设计问题，虽有一些心得，但全部图纸缺点尚多，经过一个暑期的努力，离完成还相差很远，而学生们又都要回校上课。陈调甫心中万分着急，只好到纽约与李国钦商量，李亦非常懊丧。后来陈调甫与范旭东函商，范复信说："无论如何一定要把设计搞好，用多少时间、经费不要紧。塘沽的厂址已买好 300 亩，只等你的设计了。"①

陈调甫在纽约为碱厂设计继续作战。一日他从报上的广告中获悉：工程师孟德（W. D. Mount）曾在马叙逊碱业公司（Math-ieson Alkali Works Inc.）任厂长，愿为人设计碱厂。陈调甫和侯德榜约他在纽约化学师俱乐部晤谈，订约委托他设计碱厂。孟德索价 2 万美元，陈调甫忍痛签字。

孟德从马叙逊碱厂得到一套图纸，成为他的资本，照猫画虎，生搬硬套，给了陈调甫一套图纸。陈调甫和他商议，希望他能结合中国情况，略为变通，他说："修改的地方你负责，我不负责。"陈调甫答复他说："我负责好了。"可见双方关系并不很融洽。陈调甫请孟德介绍到他以前服务过的马叙逊碱厂去调查、参观，他说："我离开之后尚不能进厂，你是外国人，万万不会准你去参观的。"可见当时美国碱厂保密之严。②孟德很想来中国协助建厂，但终因他要价太高而没有成议。

设计完成后，陈调甫和李国钦奔走美国各地，购买机器设备。范旭东一贯主张勤俭节约，这一想法和陈调甫不谋而合。陈决定凡国内可以自制的设备一律自制，不能自制的才在国外采购。陈在国外采购的第一台机器是一台工作母机，即一台可抛光直径 2～3 米、重 1～2 吨的大法兰的二手机床，价仅为新货的 1/20，这台机器一直为永利服务了 50 多年。在美国所购的机器，如锅炉、汽机、发电机、压缩机、真空泵等均由范旭东均直

①陈调甫：《永利碱厂奋斗回忆录》，录自《文史资料选辑》10 辑，北京：中华书局，1960 年。
②同上。

接汇款给华昌贸易公司李国钦，请他的公司代购。李国钦热诚相助。他的华昌贸易公司仅收 2% 的手续费，为永利省了不少钱。

1919 年底，陈调甫和徐允钟携图纸回国，全面主持碱厂的基建施工、设备制造和安装工程。陈调甫和范旭东商议决定，将有关设备交上海王小徐所办的大效铁工厂制造。范旭东认为，王所办的铁工厂规模虽小，设备简陋，亦少经验，但王为人有学者风度，又是永利创始人之一，比一般铁工厂可靠，这样永利既可省钱，又可扶植民族工业发展。

1920 年，塘沽碱厂建设开始。由范旭东坐镇天津总揽全局，陈调甫在塘沽主持建设，人们习惯称陈为厂长。由于旧中国工业落后，又没有建设大型化工厂的经验，因此举步维艰，设备加工也遇到不少困难：有时铁水温度不够，大的铸件砂眼很多，就需要回炉重铸；加工的机件不够，就采用"蚂蚁啃骨头"的办法进行加工，费时费力。前后用了两年多时间，才基本上把所有铸件搞成。运输过程也是困难重重。一次由上海天通庵铁工厂运设备到码头，大铁圈竟落入河中，费了好大周折，才捞了上来；一次因铸件太重，把码头压坏了，当时的"法国巡捕房"同永利交涉，要求赔偿。机件到了塘沽，卸在码头，因没有铁道，只能利用在设备下填圆木的办法，一寸一寸地拖滚前进，运入厂内极费时间。

碱厂机件除笨重外，部分还需堆叠起来，垒成高塔。安装工人缺少经验，又缺乏升高举重的设备，大部分依靠人力和少量土制起重设备慢慢地安装，真是既不安全，又费时费力。

南北两楼的建成，也历经许多困难波折。当时在全国尚未见到 10 层以上的楼房，建筑方面的技师、工人均无经验，只能在建设过程中摸索前进，极费苦心。加之塘沽土地的负重力低，使大楼建设又增加了一层困难；只好采用铺开式基础，即在基础周围打上一批板桩，使基础下的土壤不致外流，以确保安全。

在碱厂基建的两三年内，陈调甫担当重任，常常是风尘仆仆地往返于天津、上海等地，厂里厂外，上上下下，辛劳备尝，卓有勋劳。

挂车攻读

　　江西、福建两省交界处的武夷山，峰岩秀拔，苍翠葱茏，连绵跌宕，蔚为奇观。山间溪水潺潺，昼夜向东南奔流，汇成秀丽的闽江。

　　清澈的江水，像乳汁哺育着两岸大地。那里常年草木葱绿，稻薯满仓，盛产柑橘、橄榄、荔枝和甘蔗。闽江流经历史名城福州，继续向东南冲进波涛汹涌的东海，一去不返。

　　福州南门外南台（时属闽侯县），有个坡尾乡（即长沙村）。这个小村落，沟渠成网，阡陌纵横，竹篱板舍，鸡犬相闻，呈现一派古朴的农村风貌。

　　1890年8月9日（光绪十六年六月二十四日），侯德榜在这里诞生。

　　侯家是个大家族，自高祖以来，曾祖、祖父、父亲世代以农为业。侯德榜（字致本）排行名启荣。祖父希望他长大后有功德于人世，遂为他取名德榜。

　　德榜6岁由祖父侯昌霖启蒙入学。

　　侯家田多劳力少，除部分土地佃给乡邻外，自种部分也苦于劳力不足。侯德榜随祖父读书时，就和父亲侯守炎一起参加力所能及的劳动，放牛、车水、积肥、插秧，无所不干，过着半耕半读的生活。

　　侯昌霖教书一丝不苟，要求严格。侯德榜小时勤奋好学，为了学习、劳动两不误，他在学堂认真听、读、背、写，课后就参加劳动，以减轻体弱多病的父亲的重负，劳动之余再抓紧时间读书。这使侯德榜从小就有一种时间的紧迫感。他在放牛时带着书，车水时也诵读不已，甚至在帮妈妈做饭烧火时也是口中念念有词。

有一次，侯德榜随父亲下田干活，傍晚收工后，却不见德榜人影。为找他回来吃饭，父亲遍寻无着，十分焦急，最后竟发现他坐在村外闽江岸边的一片荔枝林旁，专心致志地读书呢。

夕阳映着闽江水，波光粼粼。江边的荔枝林沐浴在落日的余晖中，春风送来阵阵荔枝花的清香。可是，这充满诗情画意的美景，却吸引不了爱书如命的侯德榜。他手捧书本聚精会神地朗读，忘记了时间，忘记了周围的一切，更没有察觉站在他背后凝视已久的父亲。他沉浸在书的天地里，乐而忘返。

侯德榜的姑妈在福州城里经营一家小药店。有一次他去姑妈家，姑妈让他到堆放杂物的小阁楼上找一件工具。在阁楼上，侯德榜偶然看见几箱书。他像发现了巨大的宝藏，无比喜悦，因为他从来也没见过这么多的书！从此，德榜每隔一段时间，总要找借口进城到姑妈家去，钻到阁楼里，一待就是半天，非到吃饭时，否则说什么也不肯下来，回家也总要捎带借几本书。

在姑妈的小阁楼里，侯德榜知道了很多见所未见、闻所未闻的新鲜事，大开眼界，悟出了祖父经常训诫他的"学无止境"四个字的含义。

有一次祖父找德榜问事，走出村外，远远看到他伏在水车上车水。祖父高声喊"德榜，德榜！"没有回音。祖父一边走一边喊，可德榜还是"置若罔闻"。祖父急了，正要申斥，却听到一阵读书声："归去来兮，田园将芜胡不归！既自以心为形役，奚惆怅而独悲。悟已往之不谏，知来者之可追……"祖父大为惊愕："这不是五柳先生的文章吗？我没教过，他怎么已能朗朗成诵？"

原来德榜一边车水，一边在自学从姑妈家借来的《古文观止》呢！这件事使祖父更加喜爱德榜了。

这"挂车攻读"的事，传到姑妈耳朵里，姑妈说："德榜一来就钻到阁楼里啃书，就像书耗子一样。"姑父和姑妈见德榜读书这般刻苦努力，打心眼儿里喜欢，于是决心帮助他继续学习。

十年寒窗

　　20 世纪初，随着帝国主义经济和文化侵略的加剧，洋人在我国各通商口岸开工厂、办学校的风气渐盛，我国的民族工业也开始萌芽。福州是我国开埠最早的通商口岸之一，对外往来先于内地各省；尤其是工商界人士，对现代科学技术有相当的认识。13 岁的侯德榜在姑妈的资助下，准备进洋学堂念书。

　　德榜进洋学堂，侯家老小都寄予殷切的期望，希望他将来出类拔萃，做出成就。送行时全家簇拥着德榜，祖父谆谆叮嘱："你是我们侯家第一个上洋学堂的，一定要刻苦努力，奋发向上，将来出人头地，为侯家争光。"侯德榜这个农家子弟，怀着强烈的求知欲，离开他熟悉的竹篱板舍，进入陌生的洋学堂。

　　英华书院就是福州人经常称道的"英华斋"，这是美国美以美教会在福州开办的一所教会中学。它坐落在福州闽江边仓前山鹤岭，环境优美，景色秀丽。校园里有气势雄伟的尖顶礼堂，别具一格的教学楼和结构精巧的健身房，教员水平、教学设备、图书仪器、生活设施在福州均属上乘。侯德榜在这里努力学习，刻苦钻研，各科成绩都名列前茅，得到了老师和同学的称赞。随着年龄与知识的增长，他的思想也开始起变化。他常想：洋人在书上处处提倡自由、平等、博爱，但在福州的洋人，对我们中国人怎么就不讲平等，到处耀武扬威，欺压我们？《圣经》上说上帝爱他的儿女，为什么中国人的命运又是这样的惨？难道我们不是上帝的孩子？上帝就不赐福给中国人吗？……

　　在进入英华书院的第二年，侯德榜经历了一件令他终生难忘的事。

　　一个雷电交加的星期天，他走近江边码头，突然，从隆隆的雷声中传来一声刺耳的惨叫声。他循声跑去，只见几个洋人，正在用皮鞭和枪托驱赶着上百名中国苦力上船。这些苦力上身裸露，每人胸上都烙有号码和洋文标记，在暴雨中他们拖着沉重的脚步，艰难地向轮船移动。一个洋人正举起皮鞭，狠命地抽打一个跌倒在地的苦力。那个苦力在泥水中翻滚挣扎，不住地发出令人撕心裂肺的哀叫声。

侯德榜目睹这一切，怒不可遏，正要冲上前去，一只有力的手抓住了他的臂膀。他回头一看，原来是书院的黄先生。

黄先生是侯德榜心目中最敬佩的人，他刚从国外回来不久，见多识广，学问渊博，平易近人，爱国爱才。侯德榜喜欢和他在一起。黄先生像一本活的百科全书，给侯德榜在知识上以多方面的满足。他给侯德榜讲过很多科学家奋发读书、刻苦钻研、创造发明的故事，讲过俄国的彼得大帝、日本的明治维新、美国的独立战争、中国的林则徐禁烟和康梁变法……渐渐地，祖父经常念叨的那些"出人头地""光宗耀祖""争气生辉"之类的话，在德榜心里淡薄了。知识给瘦弱的侯德榜增添了无穷的力量。和黄先生在一起，他感到心胸开阔，人好像立时长高了许多。侯德榜尊敬黄先生，听他的话。

这次侯德榜照例听从黄先生的劝告，强压下激愤的心情，与黄先生一起回校。在校园僻静处，黄先生邀德榜坐在大树下的长椅上。侯德榜问黄先生码头上发生的是怎么回事，黄先生长叹一声说："外国人在中国有特权，他们勾结官僚、劣绅，贩卖人口，光天化日之下，花几块银圆就可买一名苦力。这些苦力像牲口一样，身上被烙上号码，关在密不透风的轮船底舱里，被运往国外。不少人经不起这残酷的折磨，死在船上，就被抛进大海。幸存者到了国外，也被迫从事繁重的体力劳动，过着牛马不如的生活。"

侯德榜向黄先生提出久思不解的问题："为什么洋人总欺侮我们？几十年来我们可怜的祖国，国土任人宰割，财富任人掠夺，同胞任人鞭打。我们就像没娘的孩子。难道我们是亡国奴吗？"

"这全因清王朝腐败，政治黑暗，科学技术和经济落后。你看，英国、美国、德国、法国和日本，他们都有先进的科学技术，有用机器装备起来的工厂，有强大的军队，有军舰、大炮、洋枪。将来如果我们也有这一切，谁还敢欺侮我们！"黄先生接着语重心长地说："德榜！天下兴亡，匹夫有责啊！我们要有卧薪尝胆、奋发图强的决心，刻苦学习外国先进的科学技术，用科学技术来振兴我们的事业，振兴我们的民族，砸碎洋人加在祖国母亲身上的桎梏！"

黄先生一席肺腑之言，深深打动了侯德榜的心，他决心用科学和工业拯救苦难的祖国。

1905 年，美国 10 万华侨联名上书清政府，要求废除与美国签订的排斥和虐待华侨的禁约，遭到美国政府的反对。美国种族主义者在旧金山制造了大规模迫害、驱逐华工的事件，烧毁华人的住宅，激起中国人民的反美爱国运动。上海、广州、天津、汉口和长沙等地人民奋起抗议，运动迅速波及全国。福州的工商界人士和青年学生也纷纷响应。

英华书院的学生组织罢课，侯德榜毅然参加。平静的校园里掀起了向帝国主义示威、抗议的怒潮。

学校当局当然不会允许在美国教会办的学校里搞反美示威罢课。1906年初，学校把数百名参加罢课的学生全部开除。爱国的同学不惧美帝国主义的淫威，集体请求福州爱国绅士陈宝琛另组中学。陈宝琛应请在南门鳌峰坊新开一所中学，收容被英华书院开除的爱国学生。侯德榜也和其他同学们一起转入这所中学。

在学习期间，侯德榜曾和同学一起登山，到白塔寺春游。寺里的法雨堂是翻译《天演论》的严复幼年读书的地方。侯德榜很爱读《天演论》，书中提出："在弱肉强食的世界上，中国如不图强，就要亡国。"强调要着眼于"西学"及"西法"……严复的进步思想和黄先生的主张一致。侯德榜更坚定了"科学救国""工业救国"的抱负。

机会终于来了。1907 年上海新成立的闽皖铁路学校（虹口孙家湾）到福州招生。侯德榜由于成绩优秀，被保送入学。他在这所新型的学校里接触到很多新的科学技术，丰富了头脑，求知欲得到了满足。经过 3 年苦读，1910 年夏，侯德榜被分配到正在兴建的津浦铁路南段符离集车站，做工程施工练习生。符离集是津浦铁路线上蚌埠到徐州之间的一个小站，每天有几百名中国工人在这里挖土、打夯、砸石、填路、铺枕木、抬铁轨，从事繁重艰苦的体力劳动。侯德榜和他们在一起，天天累得腰酸背疼。可是，这条铁路是英国人的。一位指导他学习的工程师告诉他："舶来的洋货通过铁路源源运进内地，而中国大量的黄金、白银又通过铁路滚滚流进了侵略者的口袋……"侯德榜听后深受刺激，他想：自己在这里含辛茹苦拓荒筑路，究竟是为英国，还是为中国？对祖国是利多，还是弊多？刚过 20 岁的青年侯德榜想起黄先生和严复的主张，不禁忧心忡忡，开始怀疑自己从事的这项工作。他感到只学习西方科学技术，用来兴办工业，很不全面，必须用西方的科学技术来振兴中国的工业，挽救中华，逆转厄运，否则就要误入歧途。

1911 年元旦，报上刊登了北京清华留美预备学堂首次公开招考留美学生的消息。招生章程规定，入学必须具备"身体强壮、性情纯正、相貌完全、身家清白"等条件，先在国内训练，"择学行兼优、资性聪颖的随时送往美国学习"，还规定国内预备生在学习期间学、宿、膳全部公费，学习期间按月发给学习经费……

侯德榜感到机不可失，他决意弃职投考北京清华留美预备学堂。消息很快在同事中传开，不少好朋友劝他慎重从事，不要丢了铁路这铁饭碗，也有人在背后数落他是个傻子。侯德榜却不为所动，下定决心，北上求学。

临行前，一些老同学、好朋友前来相送。那位与他从英华书院一直同窗到现在的同乡还一再劝说他："老弟，我再劝你一句，这件事最好慎重考虑，不然后悔莫及呀！"

"谢谢大哥，你的好意我领了，不过这件事我主意已定，决不反悔。"侯德榜沉思了一会儿又说："你们想想，我们在上海看到的工厂有多少是中国人的，黄浦江上的轮船哪一条是中国人造的，而现在我国的铁路又有哪一条的主权是我们自己的？我想，在铁路上继续干下去，个人生活倒不会有多大问题，但我们的国家并不会因为有了洋人的铁路而富起来，相反将会加深我们民族的灾难，这样的工作干得憋气。我这次准备出洋就是想把外国先进的科学技术学到手，回来用双手开拓我们的民族工业！"

侯德榜以他优异的成绩顺利通过了省里的初试。1911 年 3 月，在北京宣武门内学部的考棚里举行复试，侯德榜连闯两关，进入清华学堂。

清华学堂分初等科、高等科两部。侯德榜因为考试成绩特优，被直接编入高等科三班。这是清华学堂的最高年级，只需再学一年就可放洋出国。

当时清华学堂的学生大部分是豪富官宦子弟，他们在清华园过着阔气的生活。相形之下，农家出身、靠公费维持生活的侯德榜显得十分寒酸。那些纨绔子弟在背后叫他"土包子"。然而，正是这个"土包子"在清华园创造了奇迹。

期末考试刚过，高等科三班的同学正在教室里等待教师公布考试成绩。大家说笑聊天，人声嘈杂，侯德榜却独自一人在专心看书。一个常在背后叫他"土包子"的少爷指着侯德榜说："'土包子'这会儿可不好过了。你看他入学以来整天看书，像个书蛀虫，刚考完还在埋头苦读。我看十有八九是考得不好，等着看热闹吧！"正在这时，一个美国教员夹着皮包进来，教室里顿时一片寂静。教师打开成绩册开始宣布成绩，念到的第一个名字就是侯德榜："数学 100 分，物理 100 分，化学 100 分……"

10 门功课，不折不扣正好考了 1000 分！这一特优成绩不仅使全班同学震惊，也像一颗重磅炸弹，震动了整个清华园。同学们一个个都用惊奇、羡慕、钦佩的眼光看着侯德榜，就连那些一向看不起这个"土包子"的阔少们也不得不刮目相看。

1911 年辛亥革命爆发。清政府挪用学堂经费作镇压革命的军费。清华学堂因经费来源断绝，于 11 月 9 日宣布停课。侯德榜被迫回福建老家自学。

1912 年南北议和后，清华学堂改名为清华学校。他欢欣鼓舞，北上复课，心想：腐败、反动的清王朝已被推翻，未来的事情就是要把贫困落后的祖国建设得繁荣富强，祖国从来没有比现在更需要科学技术，我要更加努力，为祖国的强盛贡献力量。一年后，清华学校公布第一批高等科毕业生名单，侯德榜等 16 人赴美留学。

侯德榜在清华园读了两年书，却很少逛北京的名胜古迹。即将告别北京之时，他和同学们来到清华园的西邻圆明园。圆明园是我国杰出的园林建筑，从清康熙年间开始建设，历经 150 年建成。宫殿亭台、湖沼园囿、奇草异花……素有"世界园中之王"的美称。但是，这座巧夺天工的宏伟园林，不幸在 1860 年被英法侵略者抢劫一空，毁于一炬。今天的圆明园，到处是破碎的琉璃砖瓦，残断的玉雕栏杆，纷纭狼藉，一片凄凉。侯德榜站在残破的西洋楼前，抚摸着大火烧过的大理石残壁，辛酸的眼泪不禁夺眶而出。

　　侯德榜在这荒芜的废墟中伫立良久，一个"要自强不息、要振兴中华"的声音在耳边震响，振聋发聩，前事不忘，后事之师。

　　别了，圆明园！别了，祖国！您的儿子即将远涉重洋，去学习当代先进的科学技术，为了您不再受外国强盗的欺凌，为了祖国母亲能自立于世界民族之林！

渡洋深造

　　20世纪初，化工在世界上是一门方兴未艾的学科。侯德榜看到化学能穷物质转化之理，综宏析微，是认识自然、改造自然的钥匙。发展化学工业，可以富国利民，因而他对化工产生了浓厚的兴趣。于是，放弃铁路工程，改学化工，到美国东海岸波士顿著名的麻省理工学院（M. I. T.）学习化工理论。

　　麻省理工学院是他向往已久的科学殿堂。这里的教师很少讲课，即使讲课也只是做些启发诱导，发些讲义和参考书目，主要靠自学。教师鼓励学生到图书馆、实验室去探索、钻研，培养他们独立工作的能力。这里还有设备精良的实验室和规模宏大、藏书齐全的图书馆，为侯德榜开辟了展翅翱翔的广阔天地。

　　在实验室里，他熬过无数不眠之夜。为了检测一种离子，他可以不顾硫化氢的奇臭，在实验室里聚精会神地待上整整一天。至于各种各样化工工艺试验和化工设备实验，他更是反复实践。他不仅验证书上的理论知识，还探索书本上没有的新方法。侯德榜这样认真、不辞辛苦地做实验，有些同学却不以为然。侯德榜告诉他们，只有熟练掌握基本功，学习才会有心得，如果照猫画虎地应付一番，那是没有意义的。

　　在麻省理工学院，侯德榜最钟爱的地方是图书馆。他在学院的4年中有一半以上的时间是在图书馆度过的。在这里，侯德榜奉献了青春年华，却换来了广博、丰厚的现代科学技术知识，给了他一双翱翔科学太空的翅膀。在这里，当代科学技术著作应有尽有，工具书类目繁多，检索卡编排科学，开架借阅使用方便，还有敞亮宁静的阅览室……使他心驰神往。侯德榜像沙漠中干渴的旅客找到一片绿洲、一泓清泉那样，狂喜地吮吸知识，专注、入神地阅读，经常废寝忘食。

一次，图书馆闭馆的铃声响了，读者纷纷离馆，只剩侯德榜一人还在聚精会神地阅读。管理员们早就熟悉这个埋头苦读的东方留学生，也不去惊动他。待到清整工作做完，才走到侯德榜的身边，轻轻地敲了几下桌子。侯德榜一惊，抬头一看，已是四座无人，非常歉疚地说："对不起，对不起，没有听到铃声。"

"没关系。"

侯德榜赶紧收拾好东西，正准备走，图书管理员和蔼地把他叫住："别着急，来，坐一会儿。你叫什么名字？哪国人？"

"我是中国留学生，姓侯名德榜。"

"中国人，侯德榜，很好！很好！"管理员亲切地拍拍侯德榜的肩膀。接着又问："你喜欢美国吗？"

"喜欢。"侯德榜轻声回答。

"你为什么不到大街上逛逛？看看电影，听听音乐，到酒吧间、夜总会去坐坐。"

"我是来美国学习现代科学技术的。"

管理员赞许地点点头，又问："你们中国好吗？"

"中国现在很穷，比不上美国富裕。但是，中国一定会好起来的，一定会强盛起来的。"

"对！对！中国一定会强盛起来的。我很敬佩你勤奋学习的精神。让我们交个朋友吧！"说着，管理员友好地伸出手。

侯德榜在麻省理工学院经过 4 年奋斗，以优异的成绩毕业，获得学士学位。学院认为侯德榜在化工方面很有发展前途，决定让他参加该校化学工程实习科，去美国东部各大水泥厂、硫酸厂、染料厂、炼焦厂、电化厂参观实习。6 个月的实习使侯德榜增进了很多现代化工的活知识，开扩了眼界。

大学毕业后，侯德榜面临新的选择，是回国工作，还是继续学习深造。由于当时第一次世界大战尚未结束，世界局势还处在动荡之中，他决定继续留美学习。他了解到祖国盛产皮毛，每年都有大量出口，但皮毛工业一直沿用传统的工艺，经营也是手工业作坊式的，不管是工艺还是管理都亟待改进。于是他选择制革专业作为深造的方向。

1917 年，侯德榜进入纽约卜洛克林的普拉特专科学院，专习制革化学；1918 年毕业，获制革化学师文凭。后又到美国新泽西州制革厂实习 3 个月。这年秋天，侯德榜考入纽约哥伦比亚大学研究院继续研究制革；1919 年获硕士学位，紧接着留校攻读博士学位。

当时世界上盛行铬盐鞣革，而我国缺铬。为了适合国情，他以铁盐鞣革作为自己研究的课题。在 1921 年春完成了"铁盐鞣革"的论文，并通过答辩，获哲学博士学位。该论文围绕铁盐的特性，以大量数据深入论述了铁盐鞣制品易出现不耐温、粗糙、粒面、发脆、易腐、易吸潮、起盐斑等缺点的主要原因和对策，很有见地。这篇论文很快在当年美国制革学术界的权威刊物《美国制革化学师协会会志》（J. A. L. C. A.）上发表，引起国际制革界的关注。

侯德榜由于在校学习成绩优异，被接纳为美国荣誉科学会（Sigma Xi）会员和美国化学会（Phi Lambda Up-silon）荣誉会员。两个学会各发给侯德榜金钥匙一把。

侯德榜在美艰苦奋斗整整 8 个春秋。当他领到博士证书时，已是 30 岁出头的中年人了。

第二部分

侯德榜加盟永利

纯碱学名碳酸钠，是生产玻璃、搪瓷、纸张等许多工业品、食品和日常生活用品不可或缺的基本化工原料。1861 年比利时人索尔维（Ernest Solvay，1830—1922）首先发明用食盐、氨和二氧化碳反应制纯碱的方法。但这种生产方法长期被几个大公司控制。他们封锁技术，垄断市场。

长期以来，我国依赖英国卜内门公司进口的洋碱。第一次世界大战爆发，欧亚交通梗阻，这时，卜内门公司为了攫取暴利，捂住存货不放，使得碱价骤涨七八倍，还常常有行无市。人民无碱，只得以酸馍为食；以碱为原料的工厂，倒闭十之八九，严重影响了国计民生。碱在国民经济中的地位，开始为实业界、经济界所重视。

一些忧国忧民的爱国人士，决心乘欧战期间帝国主义国家忙于战争、无暇东顾之机，发展我国的民族工业。

苏州的吴次伯、陈调甫和王季同（小徐）有志制碱事业，他们利用苏州荷兰水厂的碳酸气用索尔维法试制纯碱，居然得到了满意结果。他们为了实现工业生产曾到江苏南通拜访张謇（季直），劝张用苏北的盐设厂制碱，未果。但张謇介绍天津的范旭东对制盐有经验，对制碱有兴趣。于是，吴次伯匆匆北行，到天津经蹇先益（季常）介绍得识范旭东。

范旭东在日本京都帝国大学化学系毕业后，曾与比利时索尔维碱业公司有过联系，未能成功；回国后先在塘沽创设久大精盐公司，为将来制碱树立基地。吴、范晤谈一拍即合，决定组织起来创办永利制碱公司。

吴次伯函催陈调甫、王小徐北上。1917 年冬，吴、陈、王在天津会齐，即和范旭东等北方有志碱业之士，商谈数次，大家认为用南方的盐制碱虽有结果，但改用北方的盐是否可行还存疑问，因此决定使用塘沽的盐再做一次较大的试验。

范旭东一面和王小徐、陈调甫等科学家一起在天津日租界太和里住宅进行小型索尔维法海盐制碱试验，一面申请工业用盐免税。

在太和里，他们根据索尔维法制碱工艺流程，设计了试验设备，由王小徐绘出草图，交天津三条石万有铁厂按图制成一套小机器和一座3米多高的石灰窑供给碳酸气。经过几个月的努力，试验居然成功，取得9公斤的产品，这对范旭东和股东们是个极大的鼓舞。

工业用盐免税是两千多年来中国盐务史上的新鲜事，其过程相当曲折，几个月得不到一点进展。中国盐价低而盐税高，这是历史的现实。要用海盐制碱，若不解决免税问题，则制碱工业无从谈起。由于盐税问题迟迟不得解决，陈调甫决定自费去美国进修。

1919年，范旭东的哥哥范源廉赴美游历，拜访了湖南同乡、纽约华昌贸易公司经理李国钦。李国钦对国内发展制碱事业很关心，愿助一臂之力。那时范旭东等人在国内奔走工业用盐免税已有眉目，就电请陈调甫代表永利制碱公司协助李国钦，着手聘用专家，设计、绘图。李国钦和陈调甫在纽约华昌贸易公司相识，谈话很投机。

当时索尔维制碱技术为几个大公司所垄断，彼此保密极严，重要机器设备均各厂自制，因此创办碱厂与一般工厂不同，无从购置整套机器，必须自己暗中摸索设计。

陈调甫在李国钦的热情帮助下，到处走访美国碱业界人士。李国钦先找到一位旅居美国的法国人杜瓦尔（Duval）。杜瓦尔自称对制碱有经验，愿意承担设计任务。由于杜瓦尔白天在一家玻璃厂工作，碱厂的设计工作只能在晚间进行，因此进展缓慢。其实他对制碱并不精通，于是陈调甫便请李国钦介绍几位在美国的化工留学生在暑假期间协助设计。李国钦介绍侯德榜在华昌贸易公司与陈调甫相识，彼此一见如故。陈调甫请侯利用暑假来帮助设计碱厂。侯慨然允诺。后来徐允钟、刘树杞、吴承洛、李得庸等也都来协助。

这些青年化学家在杜瓦尔的指导下，共同钻研，虽有些心得，但经过一个暑期的日夜辛劳，设计尚未完成，学生们又都要回校上课了。陈调甫和李国钦为此都很着急，与范旭东函商，范旭东来函强调："无论如何，一定要把设计搞完善，多花费些时间、金钱不要紧。塘沽的厂址已经购妥，只等设计完成即可动工……"

李国钦和陈调甫通过报纸的广告认识了曾在美国马叙逊制碱公司（Mathiesonl Alkali Work, Inc.）当过厂长的孟德（W. D. Mount），请他代为设计碱厂。陈调甫、侯德榜、刘树杞约他在纽约化学师俱乐部晤谈。孟德开价索要设计费 2 万美元，陈、侯、刘忍痛签字。孟德手里有一套马叙逊碱厂的图纸，他依此搬硬套地凑出一份图纸给陈调甫。针对图纸上的问题，陈提请孟德结合中国具体情况，变通修改。孟德说："修改的地方，我不负责。"陈答复他："我负责好了。"因此，他们彼此关系并不好。陈调甫在美国工作到 1919 年底就和徐允钟携图回国。陈调甫回国后，由于在美期间看到侯德榜学识渊博，工作踏实勤奋，就向范旭东推荐侯德榜来永利工作。

1919 年冬，陈调甫从美国赶回塘沽。在美国时，陈调甫曾和侯德榜有过短期的合作。侯德榜学识渊博、工作踏实勤奋，给他留下了深刻的印象。所以一到塘沽，他就向范旭东力荐，请侯德榜来永利工作。

1921 年春天，侯德榜正在准备博士论文的答辩，突然接到一封来自祖国塘沽的信。这是范旭东邀他在毕业后到永利制碱公司工作的邀请函，信中范旭东详述碱对中国的重要性，洋碱在中国的霸市行径，以及塘沽所具备的发展碱业得天独厚的条件和范本人工业救国的远大抱负。信中还提道陈调甫对侯德榜的竭诚推荐及祖国的制碱事业和范旭东本人对侯德榜的热切希望，欢迎他学成归来，为创办中国碱业共同奋斗……。信中，字字句句情深意切。范旭东真诚恳切的态度深深打动了侯德榜的心。可是，侯德榜一直热心制革，4 年的心血，已为他将来从事制革事业打下了基础，尤其是那篇"铁盐鞣革"的博士论文，使他在制革的学术研究方面有了新的建树；导师对他又是那样的推重，现在怎能来这样一个大转变呢？本来利用暑假时间帮忙搞点设计，这是不成问题的，现在要他放弃制革，把不太懂行的制碱作为终生事业，这可不是一件小事，必须好好思考。

侯德榜不是一个容易冲动的人。人生的道路是漫长的，但关键的往往只有几步，现在确头是关键时刻。侯德榜过去放弃铁路工作，进了清华学堂；在选择专业时，又放弃了铁路工程，改学化学，如今制革和制碱又使他再一次面临选择。他对前两次选择感到满意，至今不悔，这次又该如何选择呢？

夜深了。侯德榜久久凝视窗外，望着如水的月华，他无法入眠。制碱、制革像拔河比赛的双方，把侯德榜拉来扯去。自从在纽约与陈调甫相识，陈调甫和他一次次的谈话给他留下了深刻的印象：由于缺碱，祖国亲人只能穿没有染色的土布，北方人民吃着带酸味的馒头，民族工业由于缺乏原料而迭遭摧残；为了学习制碱技术，范旭东在欧洲遭人嘲弄；陈调甫只能冒着大雪，在美国席勒扣斯碱厂的围墙外打转；杜瓦尔的狡诈，孟德的傲慢……尤其是陈调甫重提他和范旭东在塘沽盐场散步时的一段对话，又重重地敲打着侯德榜的心坎。

想到这里，侯德榜又一次打开范旭东给他的言辞恳切、真诚动人的信，顿时浑身热血沸腾。范旭东所做的一切是为了什么，搞制革又是为了什么？不都是为了振兴中华的民族工业吗？对于范先生这样有胆有识、热心事业的人，我又怎能拒绝他的邀请。祖国在召唤！制碱事业值得我为之终生奋斗！

侯德榜伏案疾书："蒙范先生不弃，德榜应将制碱有关技术方面的事，勉强一肩担起……"[①]他欣然接受了范旭东的邀请。

侯德榜在取得博士学位后，就任永利制碱公司总工程师，在美国为公司验收所定购的设备，并尽力考察美国碱业，搜集有关资料。

1921 年 10 月，侯德榜登上海轮，驶向阔别了 8 年的祖国。

1922 年春节刚过，正是寒意沁胸的早春，侯德榜匆匆从福建老家赶到塘沽，并立即投入工作。清晨，侯德榜穿上工作服，催陈调甫一起上工地。在陈调甫的引见下，迎着寒气袭人的海风，范旭东和侯德榜这两位在太平洋两岸彼此心仪已久，未见一面却志同道合的朋友，在碱厂的工地上初次见面。范旭东对侯德榜的到来盼望已久。当时正当碱厂建设正全面铺开，亟须有人主持的时候，侯德榜的上任犹如久旱逢甘霖，让范旭东心中大喜。他当即要侯德榜负建筑、安装、技术全责。3 人在公事房谈得十分投机。

侯德榜对陈调甫说："像范先生这样有远见、有抱负、有胆有识的实

---

① 侯德榜：《公私合营永利化学工业公司三十六年来完成碱业之经过》，录自永利档案 149 卷。

干家，是值得我们拥护帮助的。"

范旭东对陈调甫说："我觉得侯为人很好，你举贤应受奖赏。"

"我不要奖赏，我希望能充当催化剂，使其发生化学作用，对事业有利，就是我的成功。"陈调甫恳切地对范旭东说。

范陈二人谈兴正浓的时候，突然推门进来一位白肤碧眼、中等身材、身穿蓝色工作服的洋人，大声叫着："侯博士，太好了，我正盼您回来！"说着两位在美国就相识的老朋友，紧紧地拥抱在了一起。

来者就是陈调甫和侯德榜在美国物色的工程师——塞勒扣斯索维尔碱厂的石灰车间工长 G. T. 李。他于 1922 年 1 月已被聘为永利工程师。[①]G. T. 李是一位富有经验的烧灰专家，美国同行送他的外号叫"石灰窑"。他也是美国南北战争时名将罗伯特·李（Robere Lee）的后裔。[②]由于索尔维制碱技术严格保密，因此，G. T. 李对制碱技术也只熟悉部分的工艺和设备。但永利制碱公司敢于向索尔维王国挑战的气魄，使他深深地佩服，他愿意在建厂过程中助范旭东一臂之力。在动身来中国之前，他拜会了在美国的侯博士，一个共同的目标使他们结为好友。这次又是他乡遇故知，因此，G. T. 李显得特别激动。

"密斯脱李你好啊！"侯德榜愉快地向他问候，说着还上下打量穿着蓝色工作服的 G. T. 李，又问："你怎么穿蓝领衣服？"

陈调甫接着说："密斯脱李工作非常热情负责，到厂后经常身穿工作服，指导施工，在工地巡视、操作，弄得浑身油泥。这下你们两位可谓是相得益彰。"

G. T. 李笑着说："我是实际工作者，不是穿白领的绅士。你侯博士不是也穿着蓝领衣服吗？"说着做了一个鬼脸，引得 4 人一起开怀大笑。

原来，美国工人上班穿蓝色工作服，领子也是蓝的；工程师和职员上班穿则西装，白衬衫白领，因此当时人们习惯用蓝领和白领作为区别这些人的标志。

"好！密斯脱李，你不愧为美国人中的实干家。白领留到我们喝庆功酒时再穿吧！"侯德榜高兴地拍了拍 G. T. 李的肩膀。

---

① 陈调甫：《永利碱厂奋斗回忆录，《文史资料选辑》10 辑，北京：中华书局，1960 年。

② 陈调甫：《引玉集》，1946 年。

在毛病百出中摸索前进

20 世纪 20 年代的中国工业十分落后，因此，在这种落后的工业基础上要建设一个技术先进的碱厂，谈何容易。范旭东、侯德榜、陈调甫、G. T. 李等人带领工人整天在工地上忙个不停。同时，从国外进口的机器和由上海定做的各种设备、管道陆续到货，正在各就各位，安装工程也在缓慢地进行。

这几天全厂正集中精力安装蒸氨塔。蒸氨塔是用几十个特大的铸铁塔圈垒起来的，总共有 30 多米高，要用上千个螺栓加固连接。由于安装工人没有经验，又缺乏先进的起重设备，因此安装工作完全靠简单的机械和人工进行。现场上一个 2 吨左右的大铸件，在几十个工人齐心合力的操作下正徐徐上升。工人们在火似的骄阳下劳作，虽热得挥汗如雨，但在这个悬在空中的大家伙没有就位之前，谁也不敢停下来喘一口气。这是全厂最高且难度最大的吊装工程。侯德榜在工地上紧张地注视着它。

"嘘，嘘——"起重工的指挥哨音一停，这个悬空的大家伙已安全就位了。现场的人们不禁高呼起来，侯德榜也为此松了一口气。这时他听到身后有人叫他："德榜兄！德榜兄！"侯德榜回头一看，原来是范旭东，于是赶紧跑过去和他握手。

"范先生，您好！怎么这么快就回来了？"

"我回来有事和大家商量，德榜兄，刚才的吊活，我也看了好一会儿，实在太紧张，没敢惊动大家。这大家伙悬在空中，确实使人提心吊胆，今天晚上咱们一起谈谈。"

晚上，永利的办公室里坐着范旭东、李烛尘、侯德榜、陈调甫等人，范旭东气呼呼地讲述着他的庐山之行："这次上庐山解决资金问题，牯岭住所正好和卜内门经理李德立（E. S. Little）的别墅相邻。后来，他知道我就是要办中国制碱工业的范旭东，在一次交谈中，轻蔑地对我说：'碱厂对贵国确实非常重要，只可惜办早了一点，用索尔维法制碱，日本尚且失败，何况中国。就条件来说，再迟 30 年不晚！'我一听怒从中来，立即回复：'恨不早办 30 年，好在事在人为，今日急起直追，还不算晚。'说完我再也没有理他，就回来了。各位请想一想，洋人欺人到什么地步？我看了下午的吊活，心里感慨万千。今日的永利犹如下午悬在空中的大铸件，要么在大家的努力下，安全落位；要么就吊在空中，时时使人提心吊胆；再不就是绳断物坠，后果不堪设想。"

听了范旭东的这一席话，侯、李、陈个个激愤难忍，他们恨李德立的骄横，恨他对我们国家的凌辱。他们和范旭东一样，吞不下李德立强塞在我们胸中的污秽浊气。在一片沉默过后，侯德榜说："范先生匆匆从庐山赶回来，给我们带来不可磨灭的痛苦和耻辱，今日德榜别无他言，只有像下午的起重工那样和各位一起齐心协力，在艰难困苦之中，把尚悬在空中的永利事业推向前进！发愤图强，用行动来回答李德立的挑战！"

索尔维制碱的特点之一是连续生产，整个工艺流程中所用的机器设备，节节相连，形成一个连续生产的长龙。全过程分为化盐、烧灰、吸氨、碳化、煅烧、蒸氨、动力等 7 个主要部分，生产要在这 7 个部分都正常运转的情况下才能进行。如有一个部分发生故障，平衡就失去控制，生产就会受到严重阻碍，甚至发生事故。因此，采用这种流程要求必须有高超的技术和严密的管理，才可能有优等的生产效益。

1923 年，永利制碱公司安装工作基本完成，开始进入单体试车阶段。技术人员对索尔维制碱的技术知之甚少。对于在试车过程中要注意哪些问题，要达到哪些目的，可能发生哪些困难，等等，都心中无数，整个试车犹如一艘船在没有航标的情况下在大海中摸索着航行。

试车从蒸氨工段开始，一启动就遇到严重障碍。刚试车不久，30 多米高的蒸氨塔便发出震耳欲聋的巨响，塔体开始摆动，且摆幅越来越大，情况非常危急。在场的人从未经历过这种场面，顿时一片混乱，无所措手足。侯德榜也搞不清究竟发生了什么情况，连忙高呼："停车！停车！"不一会儿进液的泵停止了转动，进汽的阀门也被关上了，巨大的响声开始减弱，直至平息。蒸氨塔也渐渐地稳定了，人们惊骇的心才慢慢地松弛下来。对着刚刚过去的惊险场景，人们面面相觑，全场一片寂静。

范旭东、陈调甫急匆匆来到蒸氨塔前了解情况。看见 G. T. 李从楼上下来，忙问：“发生了什么故障？问题严重吗？”

“侯博士正领着人在找原因。”G. T. 李指着楼上说。他看到范旭东、陈调甫焦急不安的样子，劝慰他们说：“请不要着急。在我们美国没有一个碱厂一开车即能顺利进行的，必须进行一系列的调试、修改，着实要经过很多的不眠之夜，才能出碱。这才刚开始，以后要解决的问题还多着呢！”

夜深了，侯德榜和几个技师同工人一起上上下下忙个不停。蒸氨塔的入孔一个个都打开了，只见塔里的溢流管道和菌帽上到处是白色的沉淀物，不少溢流管被堵得严严实实。这时大家才明白，就是这些东西，堵得全塔液体下不来，气体上不去，从而产生了“锤击”现象。事故的症结就在这里。

原来，国外蒸氨塔开车是用炼焦厂副产的粗氨水作原料，当时国内炼焦厂少，不易买到粗氨水，于是就用进口的硫酸铵来蒸氨。由于没有经验，进入的硫酸铵浓度大了，进料的速度也快了，致使大量的硫酸钙沉淀出来，很快把溢流管堵死，于是发生了故障。在调整了硫酸铵的浓度和进料速度后，试车才得以平稳地进行下去。

永利碱厂试车过程中遇到的困难，远比建设时期多。它就像在茫茫大海中的一叶小舟，随时都会遇到风暴和暗礁。各种各样的技术问题，随时随地都会在人们意想不到的地方冒出来。一天晚上，侯德榜正习惯地站在滤碱机旁，一边观察生产情况，一边吃着饭。突然，煅烧车间的工人匆匆走来，大呼：“侯博士，煅烧炉结疤了，把送碱的绞刀都咬住了，请快去看看。”

侯德榜一听，丢下饭碗就往煅烧车间跑去，热气烤人的煅烧炉已经停车，几个技师正在商量处理办法。他们认为自试车以来煅烧炉经常结疤，这是正常现象，不过这次更严重些罢了。有人主张，如能把炉头的碱疤捅开，使绞刀松动，就可继续开车。侯德榜也认为这样不错，说着随手拿起一根铁棍，往煅烧炉里直捅。不一会儿，他全身就被汗水浸透了。他两眼直冒金星，晕倒在地。

侯德榜在医院一苏醒，就急于了解煅烧炉的处理情况。他非常后悔自己在现场的鲁莽行为。他没有向医生辞别，便拖着虚弱的身子，擅自走出了医院。他找到张佐汤工程师，和他一起仔细讨论煅烧炉结疤的原因。张工程师说："我也想了好几天了，这湿重碱在煅烧炉里结疤，看来不是偶然的现象，如不找到结疤的根源，要解决结疤问题是困难的。以前我做过小苏打的分解试验，从来没有结疤问题。这里主要的区别是，小苏打是干的，重碱是湿的。我想煅烧炉的结疤可能和重碱中的水分有关。关于这一点我还没有把握，是不是先做做试验？"

侯德榜听了，首先感到张工程师能这样深入思考问题非常可贵，思路也很清晰。所以，很支持他的想法，让他马上动手，先在黄海化学工业研究社的实验室内做实验，探索结疤原因。

过了些日子，张工程师兴冲冲地找到侯德榜说："侯博士，这下可好了，煅烧炉结疤的原因确实是重碱的水分问题，把重碱的水分从现在的20%多，逐步下降到10%以下，结疤情况就会迅速改善，甚至可以完全消除。我想，如果把煅烧出来的碱，适量加到重碱中，使进炉物料的水分控制在10%以下，煅烧炉内的结疤，就可迎刃而解。"

侯德榜听了非常高兴地说："我们马上把这个办法在炉子里试试，要是成功了，就能赶走这只拦路虎。"

在隆隆的机器声中，和了干碱的重碱顺利地通过了煅烧炉，结疤问题再也没有出现。侯德榜紧握着张工程师的手说："感谢您既解决了一个技术问题，又给我打开了一条思路，就是遇事一定要做调查研究，要冷静分析。拿铁棍去捅结疤的事，可作为我今后工作的教训。"

侯德榜带领永利的工程师们，在试车过程中昼夜奋战，摸索着前进，每克服一个困难都要付出艰辛的劳动。为了搞清一个故障的原因，侯德榜总是身先士卒到现场去调查研究，召开各种各样的技术讨论会，群策群力去解决问题。

为了掌握石灰窑的生产情况，他屡次坐着吊篮，下到热气灼人的窑里去检查窑体内耐火砖的松动、结疤和磨损情况；为了摸清水沟堵塞的原因，他曾手执电筒钻进污秽不堪的下水道去考察；他不止一次地钻进碱尘飞扬、炽热烤人的煅烧炉去检查炉体的结疤、烧裂的部位和原因；设备的管道堵了，他一定要找到堵塞的位置，取出堵塞物进行化验；为了观察碳化塔的生产情况，他长期待在滤碱机旁进行观察、检查，甚至连吃饭也不离开这个氨味呛人的地方……

在一年多的试车过程中，侯德榜排除了无数次的临时故障，经历了上百次的调查，在这些实际的技术工作中，积累了丰富的经验，使自己从一个制革博士，转化成为一个造诣很深的索尔维法制碱专家。

索尔维法制碱的原理其实并不复杂，以食盐、氨、石灰石为原料，通过分解与化合反应，就能得到碱。而且所用的食盐和石灰石价格便宜，氨在生产过程中绝大部分可以回收重复使用，产品成本较低。所以，索尔维法制碱对实业界的吸引力很大。但是索尔维法制碱的工艺、设备和技术比较复杂，难以掌握。在英国、德国、美国、日本这些工业发达国家，因轻率尝试、不得要领而遭失败者不乏其人。范旭东、侯德榜是在没有详细资料、没有专家指导的情况下，摸索着进行这场革命性的艰苦创业的。试车过程中通过对工艺、设备进行数百次的修改和调整，永利这条索尔维法制碱的长龙终于活动起来了，胜利在望了。

临产前的阵痛

1924 年 8 月 13 日是范旭东、侯德榜和永利碱厂职工们盼望已久的日子。经过 6 年的艰苦奋斗，花了 200 多万元资金，碱厂终于要正式生产了。工程师和工人们都已在各自的岗位上就位，机器在隆隆声中转动，不少人聚集在出碱口，像盼望自己的孩子降生一样，热切地希望及早见到中国碱的诞生。碱终于出来了，但展现在人们眼前的不是雪白的碱，而是红黑相间、与卜内门洋碱无法相比的碱。

永利初创期，原计划每天出碱 20 吨，预计 3 年建成，如果到时候欧战仍未停歇，则一年营业即可收回成本。不料好事多磨，建厂过程中出现种种困难，至今时间已过去 6 年，资金耗费已超过原计划五六倍（达 200 多万元），红利更无从谈起。今日看到这红黑相间的碱令人大为泄气，不少人感到失望，个别股东甚至拂袖而去。

怎么办？这样的碱在卜内门洋碱充斥市场的情况下是打不开销路的。如果继续生产下去，在生产中谋求技术改进，则需要大量的资金垫赔。而如果从此停产不干，就意味着中国制碱工业的失败，也意味着永利制碱公司的彻底破产。可是，在股东会上，谁也不愿再投资，都取观望态度，个别发起人则心灰意懒地说："早知如此，当初虽白刃加颈也不为之。"[①]

产品不合格使侯德榜心情沮丧。范旭东则给侯德榜热情鼓励和安慰说："一切艰难之事，总有解决之道，无缘无端的烦恼于事无补。"并说："抱定宗旨，宁肯不做，既做就做成。"[②]

摆在范旭东面前的形势是严峻的，但范旭东从 6 年的艰难历程中，也

① 景韬白：《永利制碱公司创立史》，南京：盐政杂志社，1948 年。
② 天津碱厂志编修委员会：《天津碱厂志》（484），天津：天津人民出版社，1992 年。

深深体会到：目前永利的困难虽严重，但并不是绝境。6 年来同事们运用自己的智慧，克服了多少技术上和经济上的困难，在解决问题的过程中，永利的事业前进了，同事们的才干也增长了。目前的产品是不合格，但这次开车不是一切都很正常吗？不合格产品的含碱量不是也有98%吗？碱红黑相间的原因不是也搞清是铁在作怪吗？如果我们能循此继续前进，进一步提高产品纯度和解决铁的问题，不就可以成功了吗？"所以范旭东坚决反对知难而退，更反对从此停产不干、自认失败。他认为，现在的永利是处在临产前的阵痛中，决不能因为痛而不要孩子，只有知难而进，才能熬过这一难关。否则功亏一篑，致使中国的制碱工业毁于一旦，这才是真正的悲剧。

股东们眼看目前永利的现实已成骑虎之势，只得勉强同意范旭东"在开车中谋求技术问题解决"的方案。

在范旭东的力争下，永利碱厂继续开车，尽管产品质次、量少，但尚能维持生产。

侯德榜和 G. T. 李则一面生产，一面设法克服红黑碱问题。通过分析知道，废碱是由铁的原因引起的，但一时还没有解决的办法。

这些"兴风作浪"的铁，来源于那些碳化塔中的冷却水管。由于人们对碱水腐蚀钢管的严重性缺乏认识，随着开车时间的增长，钢管被逐渐蚀透，随漏随修，随修随漏，越演越烈，以致试车无法正常进行。这事一直困惑着永利的工程师们。一次侯德榜在国外的资料中注意到：在碱水中各种材质的腐蚀速度，钢比铸铁快得多。这一信息使侯德榜很高兴，他立即向范旭东汇报，同时在黄海化学工业研究社重复了资料中的试验，得到和文献中相同的结果。他希望范旭东将钢管全换成铸铁管。这事却使范旭东为难：一方面生产现场的处处滴漏和色如咖啡的碱液、暗红色的产品，科学试验的数据，全支持他接受侯德榜的建议；而另一方面永利债台高筑的经济状况又使他下不了这个决心。后来范旭东还是下了决心，将价值近十万元的钢管全换成了耐蚀的铸铁管。为了吸取这一教训，范旭东请工人从拆下来的钢管中选了几根做成一张桌子，放在自己办公室里，警示自己因无知而造成的损失。[①]

有一天，G. T. 李突然想起，刚试车时蒸氨塔溢流管的堵死，是由于原料和国外有差别。那么这次是不是也和原料有关系？G. T. 李的想法正好和侯德榜不谋而合。于是，大家采用化验的方法，自原料开始跟踪，发现以炼焦炉所产的粗氨水为原料时，粗氨水中含有硫化铵，而改用氨水就没有硫离子。侯德榜认为这是问题的关键。因为这些硫离子在整个制碱系统中运行，与塔器和管道的铁壁接触，会在壁上长成一层坚固的硫化铁薄膜。这层薄膜可使铁壁和氨盐水等介质隔离，铁就不会被腐蚀，碱色就可以转白。如果这一想法合理的话，只要在氨盐水中加入适量的硫化铵、硫化钠，红黑碱的问题就可迎刃而解了。

工程师们也都同意侯德榜的分析，决定在生产中进行试验。1925 年 3 月正当试验初见成效，成品的颜色开始转白的时候，厂里最后一台船式煅烧炉烧裂了。从此，试验不能继续进行，即使不合格的碱也生产不出来了，于是工厂只好停工。

试工时期，技术上的困难已经够多的了，还要加上经济上的困难，两者彼此交织，困难就更加严重了。加以欧战告终，碱价大跌，出货后能否生存还是问题，要继续招股，显然是无人问津的，而所用的建设费、试车费又远远超过了预算，不得已只好向久大借款。当时久大和永利是两个单位，两个组织，无限制的借款是不合适的。有一次陈调甫拿了范旭东的亲笔条到天津久大会计处领款。会计科长周雪亭感到十分为难。他摊开账本给陈调甫看，并说："久大资本只有 40 万元，现在借给永利的已有 20 万了，以后怎么办？"陈调甫惶恐得无地自容，相对唏嘘。[②]

范旭东一心一意要办中国民族工业，然而好事多磨。技术上、资金上的诸多问题，已使范旭东难以招架，英国卜内门公司又乘机从中刮起一股妖风。1924 年 8 月，永利制碱公司开工，震惊了卜内门的阔佬，他们不惜动用政府的力量，利用英帝国主义在中国的特权，想从根本上摧毁我国的制碱工业。卜内门英伦总行通过外交大臣和他们的驻华使节，指令新任中

---

① 章执中：《爱国实业家范旭东》，录自《化工先导范旭东》（32—49），北京：中国文史出版社，1987 年。

② 陈调甫：《永利碱厂奋斗回忆录》，《文史资料选辑》10 辑（1—26），北京：中华书局，1960 年。

国盐务稽核所的英籍会办韦礼敦，强行公布《工业用盐征税条例》。条例规定"工业用盐每百斤纳税 2 角"，这无形中使中国的碱每百斤要增加成本 4 角，英国人想借此使我国碱业无法与卜内门竞争，欲置永利于死地。

对于在帝国主义控制下炮制出来的"工业用盐征税条例"，未经中国政府公布，仅以盐务署一纸公函，将从前立案时批准的"免纳盐税"原案根本取消。永利接到此函立即提出抗议：用盐免税是设厂的先决条件，如当初盐务署不批准工业用盐免税，永利即不开设；现在已募足资本 200 万元，所投资本将近 300 万元，经历多年的辛苦，始克出货，盐务署忽然翻案，永利要求赔偿。况永利之工业用盐免税不但经过盐务署批准，且与免纳关税厘金同时经过大总统命令特准，见诸政府公报。盐务署仅财政部的下辖机关，何以反抗大总统命令？可是盐务署对永利的抗议竟置之不理，依然行令长芦盐务分署对永利开征盐税。永利抱坚贞不屈的精神，向北平政院起诉控告财政部盐务署背信违法，公布《工业用盐征税条例》，欲使我国新兴碱业功败垂成。几经周折，永利始获北平政院胜诉。但由于北平政院权力仅及盐务署，对洋人韦礼敦无多大约束力，也就不能对此案依法处理。后经财政部和韦礼敦一再协商，韦礼敦才勉强同意暂停一年执行"工业用盐征税条例"，仅就这"暂停一年"还附有"要调查永利碱的售价是否与洋碱一律，如售价高于洋碱，则可免税"。永利接到此项批示，举厂大哗，即付一函痛快驳斥："谓洋碱销于中国者，惟卜内门至巨，今贵会办欲保护贵国之洋碱，不惜摧残中国碱业，究竟中国非印度，岂能受此亡国条件，今贵会办之作用完全为保护卜内门，并非为增加中国政府的收入。会办虽英人，现作中国官吏，何得以利用政权摧残中国实业？"[①]

不觉"暂免一年"即将期满，永利的最后一台煅烧炉又烧坏了。在这情况危急之际，卜内门的总经理尼可逊（Nicholson）到上海视察，得知永利中断生产，喜出望外，认为从此在中国除掉了一个竞争对手。即使这样，他还不满足，想进一步吞并已经停产的永利，以便彻底控制中国的制碱工业。于是，他多次提出要与范旭东会谈。范推辞不掉，又鉴于当时内外夹攻的形势，为避免引起无谓的纠纷，同意和尼可逊在大连会谈。

---

① 景韬白：《永利制碱公司创立史》，南京：盐政杂志社，1948 年。

　　在去大连以前，永利的领导拟定了一项原则："永利今日担负着我国民营化工的任务。是成是败，全在我本身的力量和奋斗。在任何情形下，我主权上和制造上是万万不容许外国人参加的，其可能变通程度，至多以经营为范围，事实上如能避免，仍当尽力予以避免。"①范旭东率侯德榜、余啸秋到大连赴会。

　　余啸秋，湖南长沙人，1904 年赴湖北武昌上学，接受新知识，结业后在武昌教授过英语，口语很流利。1913 年考取湖北省公费赴美留学，入芝加哥大学商学院学会计与国际贸易专业。1918 年以优异成绩毕业，就职于李国钦的华昌贸易公司。1919 年回国，在上海华昌贸易公司从事会计、审计工作。1921 年调任华昌贸易公司天津分行经理。这时范旭东筹办碱厂急需人才，李国钦忍痛割爱，将余啸秋推荐给范旭东。1923 年余啸秋加入永利制碱公司，在天津总管理处主持会计工作，并任英文秘书之职。

　　1925 年春天，大连沐浴在和煦的阳光中，海风习习，给人一种清新舒畅的感觉。永利和卜内门的会谈在大和旅馆进行。

　　不出所料。尼可逊在会上威逼利诱，喋喋不休于卜内门的条件如何优越，技术力量如何雄厚，资金如何充足，永利则又如何如何的困难，等等。他又假心假意表示愿以资金技术和永利合作……在会上，范、侯、余面对强敌，不亢不卑，坚持公司章程规定的"股东只限于享有中国国籍者，无可变通。否则牵动政府已许我之特权，不独不成，反而害我"。婉言拒绝了尼可逊的提议。尼可逊见永利态度坚决，也无可奈何，最终一无所获，黯然而归。

　　范旭东从大连回来，一些股东就来向他诉苦说："投资这么多年，股息分文无着。这些钱如投在久大做盐的生意，早就本利翻番了。事到如今工厂停工，设备烧坏，这种状态何年何月何时了。"有的股东甚至说："侯德榜是学制革的，搞碱根本是外行，还不如干脆换一个外国技师来主持技术……"话越说越多，越说越难听。范旭东作为总经理有什么话可说？他只能耐着性子听他们把话讲完，答应很快想出办法，请他们放心，随后客客气气地把他们送走。

────────────────────

　　① 余啸秋：《永利碱厂和卜内门洋碱公司斗争前后记略》，录自《文史资料选辑》80 辑（44—59），北京：文史资料出版社，1982 年。

　　范旭东心乱如麻。为了使自己能安静下来，深入思考一下问题，他把房门关得严严的，不让别人进来打扰他。几年来，不能出产品，债台高筑，薪饷难开，股东抱怨，技术问题一波未平一波又起，韦礼敦的撒手锏，尼可逊的落井下石……这一切的一切，像一垛垛墙，从四面八方合拢起来，把范旭东团团围住，使他走投无路，透不过气来。这时，他忽然看到桌上一包用作样品的卜内门洋碱，骤然想起尼可逊凶恶的嘴脸，忆起在大连挫败卜内门扼杀永利的阴谋而获胜的情景。一股热血上涌，决心不把永利办好誓不罢休。

　　夜阑人静，范旭东房里的灯光还亮着，他正伏案草拟向董事会提出的"解决当前永利问题的紧急措施"提案。

　　在董事会上，范旭东认真分析了索尔维制碱法在技术上的先进性和实现过程中的困难程度，列举了世界各国轻率从事，又不能坚持下去而导致失败的情况，特别援引日本搞了多年，到目前尚未成功的例子，也讲到永利目前在制碱技术上的困难和已经取得的进展。范旭东特别强调，永利当前的处境是"临产前的阵痛，黎明前的黑暗"，要董事们把眼光放远一点，坚持最后5分钟。当他讲到要坚持推动事业前进时，特别介绍了卜内门的尼可逊在大连企图乘永利之危、落井下石的阴谋，希望董事们为了永利事业，为了中国的民族工业，风雨同舟，和衷共济。范旭东表示，只要董事会能继续给予信任和支持，他就有决心取得事业的成功。

　　董事们听了范旭东入情入理的报告，看到内外交困的形势，尤其看到范旭东、李烛尘、侯德榜、陈调甫等人几年来艰苦创业、奋不顾身的情景，大多数人已认识到功败垂成的可惜及坚持奋斗的必要。在取得股东们谅解的前提下，范旭东对解决当前的永利问题，提出三项紧急措施：一、派技术人员到美国去，进一步考察制碱技术，寻找永利失败的原因；二、继续借用久大精盐公司的资金，并向金城银行扩大透支，解决经济困难；三、裁减职员和工人半数左右，节省开支，以渡难关。最后范旭东特意解释关于有人提出要撤换侯德榜的事。为此，范旭东激动地说："三四年来，为了创办制碱事业，为了解决一个一个技术上的问题，他和工程师们呕心沥血，整天忙碌在塔林管网之中，费尽苦心。为了掌握技术上的第一手资料，侯博士赴汤蹈火在所不辞。我们永利能有今天的进展，侯博士是有功的。他的功劳不仅是为我们解决了很多技术上的问题，更重要的是为永利培养了一种实干、苦干的工作作风。对这样难得的人才，我希望大家要像支持我一样，支持他的工作，不要挫减他的锐气，与技术无关的事一概不要和他谈及，免得他分心。我想这次就请侯博士带队去美国考察制碱工业。"

第二天，范旭东在董事会上报告的内容在厂里传开，不少人被范旭东那宏伟的气魄、远大的眼光所感动。厂里自停工以来，众人不知所措、万马齐喑的沉闷空气开始有所缓解，出现了一丝活力。

侯德榜听了这些情况以后，十分感慨地说："范先生遇到的困难远胜我十倍，但他总是一意为我解脱，至诚相待。这种相濡以沫的精神，是我一辈子也不敢忘怀的。今日只有一意死拼，谋求技术问题的解决，以报范公之诚。"[1]

G. T. 李聘期已满，原可撒手回国，但为范旭东、侯德榜百折不挠的精神所感动，不忍期满即退，置永利的危急于不顾，又决定续约 3 年，继续帮助永利解决技术问题。

1925 年 8 月 8 日中午，范旭东夫人许馥因久等不见范回来吃饭，就打电话到公司。当从电话中证实范旭东当天根本没到过公司的事实之后，震惊了公司的职员和许馥。范旭东失踪了。原来，范旭东在从家云往公司的路上，遭到了巡警的突然拦截，被特别一区警察署拘捕后关押在司法科办公室。因此，公司和家里两头找不到范旭东。下午 4 时，警察署的办公室来了一名军官，自称是直隶兵灾善后清理处的："奉命前来提范旭东去处里收押。"

原来，两个月前，久大精盐公司曾接到过直隶兵灾善后清理处的公函，称："顷有人举发，贵公司有各祸首股份甚多，请查抄等情。……查上年奉直战役，全系该祸首等酿成，查抄各该犯财产，处分得价，以资赔偿……"[2]函中并列祸首包括曹锟等 8 人。范旭东深知，这是奉系军阀李景林的敲诈行径，因为当时一般军政要员投资入股的事屡见不鲜，但皆不用真名实姓，全是委托亲友代办。所以，开列的名单根本无法查找。在 6 月 16 日范旭东就拒办此事，久大总管处以电话答复："按贵处来函所列祸首名单，本公

---

① 毛扬柱：《天津碱厂七十年》（16），1987 年。

② 胡迅雷：《中国工业巨子范旭东》，北京：中国青年出版社，1991 年。

司股册中查无股份……"范旭东把今天的事和两个月前直隶兵灾善后处理处的通知直接挂上了钩，他心里明白，这原来就是一场政府进行的绑架人质、敲诈勒索的丑剧。

俗话说："家贼难防。"这场丑剧的主演者是驻天津奉军第二军军长李景林，而躲在幕后策划的却是永利制碱公司的发起人、也是久大股东的政界变色龙张弧。他从得宠于袁世凯到 1915 年遭袁世凯通缉；袁世凯死后，张弧长期任直系军阀内阁财政次长，主管盐务。1921 年 12 月，奉系军阀张作霖进京，推荐梁士诒为国务总理，张弧入阁任财政总长；1922 年 5 月第一次直奉战争，激战 6 天后，奉军大败，张作霖退回关外，张弧再次遭到通缉。1923 年 8 月直系高凌爵组阁，由于饥不择食，急于起用张弧，高凌爵在没有明令撤销 1922 年 5 月对战凶张弧的通缉令的情况下，公布其为内阁人员。张弧又一次倒在直系怀中，一时传为笑谈。①张作霖为此很不高兴地说："张弧二、三其德。"1924 年第二次直奉战争爆发，直军覆没，奉军卷土重来，张弧为了维持自己的政治生命，又竭力与奉军修好。这次其献媚奉军李景林，组织绑架范旭东，进行敲诈勒索的目的概出于此。

晚上，兵灾善后清理处处长第一次露面，指责范旭东和久大精盐公司隐匿祸首股份，硬要久大交出 50 万元方可放人。范旭东针锋相对："公司决无'隐匿'祸首股份之意；且本人不是财神，久大也不是我一人可以作主的。交款之事，无法应命。"惹得处长大怒，当即将范旭东押回牢房。

范旭东失踪的当天，事情惊动了下野的前总统黎元洪和在北京的范源濂。第二天一早，黎元洪就亲临兵灾善后处理处，要求面见范旭东，并指责李景林一伙绑架人质为土匪行为，有损政府威信。范源濂也于 9 日上午赶到天津找李景林。李景林公然开价要钱赎票，以充军饷，索款 8 万元，并指名道姓要久大精盐公司财会科长周雪亭带保函前往。谁知周雪亭拿了钱和保函前往兵灾善后清理处办理手续时，这里一面释放范旭东，一面又扣留了周雪亭，然后又勒索拿 5 万元去赎周雪亭，如此反复，前后共被讹

---

① 张同礼：《张弧的一生》，录自《天津文史资料选辑》23 辑（146－180），天津：天津人民出版社，1983 年。

去了 13 万元。①

当范旭东被范源濂从兵灾善后清理处接上车，得知参与这次绑架案的竟有久大股东、永利创办人张弧时，不禁悲从中来，痛哭流涕。一位坚强的实业斗士，在创业过程中披荆斩棘，经历坎坷，他从不叫苦，从不退缩，今天出现政府官员公开绑架勒索，事业中的手足竞内外勾结残害事业，实在是他万万不曾想到的。事后范源濂与永利同人说："我的弟弟是很坚强的，一般情况下，他是不会落泪的，他太伤心了，在中国办工业多么艰难啊！"②

时至夏日，技师们通过不懈的努力，终于找到 4 台船式煅烧炉被烧裂的原因。原来从美国买来的 4 台炉子全是劣质货，材料混杂，膨胀系数不一，以致先后烧坏。而且这种设备操作不方便，密封又不严，容易漏入空气，因而既降低了炉气的浓度，又加剧了设备的腐蚀，严重影响了碱的质量。技术问题搞清后，范旭东立即派 G. T. 李去美国，协助侯德榜解决煅烧炉问题。

侯德榜和 G. T. 李在美国通力合作，经过多方调查研究，发现欧美各国的制碱厂均已使用回转型外热式煅烧炉。永利使用的这种船式半圆形煅烧炉早已被淘汰。当年孟德是沿用马叙逊碱业公司的旧图，致使永利遭受极大的挫折，险些使新兴的制碱事业夭折。

侯德榜是一个感情丰富的人，弄清原因后，作为一个学者，他感到耻辱、愤怒，心里升腾着一种难以名状的愤恨情绪，于是马上打电报给范旭东汇报了这一情况。范当即表示：不惜重金，买他们全新的煅烧炉。经侯德榜和 G. T. 李在美国与各方周旋，终于订购了先进的圆筒回转型外热式煅烧炉。

正当侯德榜在美国考察的时候，国内盐税"暂免一年"的期限已至。盐税问题仍是永利生存的关键之一。永利竭力与盐务署进行交涉，要求维持免税原案。由于韦礼敦的阻挠，事情迟迟没有进展。1925 年 5 月 30 日，上海发生了英人惨杀中国工人的"五卅惨案"，引起全国人民的爱国反帝热

---

① 据永利老职员潘仁履回忆及陈调甫《永利碱厂奋斗回忆录》，录自《文史资料选辑》10 辑（1—26），北京：中华书局，1960 年。

② 据永利老职员黄汉瑞回忆。

潮。乘运动高潮，由景韬白执笔，永利的领头人以犀利的言辞在上海英文《大陆报》发表题为《请看英人摧残国货毒辣手段》的文章，披露工业用盐收税的全部经过，对韦礼敦侵犯主权，摧残我国工业的事实，进行无情揭露，引起舆论界的轩然大波，推动了反帝爱国运动的进一步发展。韦礼敦慑于舆论，不得不暂时收回《工业用盐征税条例》，使永利事业在前进道路上又拆除了一座人为的障碍。

在经济上，与金城银行订立一笔 60 万元新借款的谈判也有了眉目。起初该行天津分行的同人对该款的回收顾虑重重，但周作民目光远大，深知永利事业若能得到经济上的支持，则可度过难关，恢复开车，从而取得成功是有把握的。如在经济上不予支持，则永利、金城两败俱伤是必然的。他力排众议，甘冒风险，在紧要关头伸出援手支持范旭东，以总处名义通知津行借款照放。1926 年 1 月 29 日，借款合同订立。这笔巨款对处于经济危机中的永利而言真是雪中送炭，成为永利再一次开车的经济支柱。

在侯德榜、G. T. 李赴美期间，塘沽的工程师们认真总结碱厂前期开工的经验教训，仔细考核碱厂的工艺流程，调整了各工段的操作指标，并检修了全部设备。原来石灰窑出灰时，先打开出灰口，用通条把灰捅下，石灰由高处掉下，不但温度极高，而且灰土飞扬，对操作和卫生都不利。经改造后，使用内转盘式自动出灰器，不但出灰均匀，还改善了劳动条件。锅炉也由人工加煤改成机器加煤，又改进了化盐设备，增加了吸氨塔的换热面积，调换了碳化塔的冷却水管，改装了滤碱机……使碱厂不论在技术装备、工艺管理和操作水平等方面都有相当的提高。永利的工程师、工人经过紧张的劳动，迎来了再一次开车。

几天来，侯德榜领着机械师、工艺师、车间的工程师们对制碱长龙的每一个环节，认真检查，制订开车方案，使大家对这次开车心中有数。

1926 年 6 月 29 日，永利碱厂第二次开车生产。希望之火又重新在苦难的人们心头点燃。有过第一次开车失败的教训，今天厂里的气氛显得冷静而克制，但每个人的心里又都在企盼着成功。侯德榜和全厂的职工都在各自的岗位上严阵以待。总调度室里，范旭东、李烛尘、陈调甫凝神注视着，侯德榜通过电话、传话器最后一次询问各车间的开车准备情况。各车间回答："准备完毕，等待命令。"侯德榜回过头来，看了一下范旭东。范旭东只轻轻点了点头，侯德榜逐个下达开车命令。各式各样巨大的机器开动了，从操作现场陆续传来"一切正常"的报告。

但是在没有见到合格的产品前，人们的心里总还有点担心。快到出碱的时候了，范旭东、侯德榜和厂里其他领导不约而同地聚集到产品包装室。

出碱口一位工人正拿着麻袋准备接料。工长拉动连着大木铵的铁链子，用劲在钢制的卸料溜子上砸了几下，随即发出"出料"的命令。包装工迅速拉开制动翻板，顿时，像白雪又像面粉似的碱面，吐珠泻玉般从出料口倾泻到麻袋里。久久围在四周的人们不约而同地欢呼起来："白的，雪白的！"范旭东伸手从麻袋里抓了一把，细细看着，口中喃喃地说："雪白纯洁的碱！多好啊！"情不自禁，一股融合着辛酸、幸福、感激、快慰的泪水夺眶而出。有人提议，请范总经理讲话，人群中迸发出一阵热烈的掌声。

范旭东眼中闪着泪花，激动地说："诸位，今天我们总算制出了合格的中国碱。这是我们梦寐以求的夙愿，为此我们付出多少心血，尝尽人间辛酸，经过整整 8 年苦干，才降伏了这条流水作业的长龙。用索尔维法制碱，在世界上我们永利是第 31 家，而在亚洲我们则是第一家。今天看到雪白、纯洁的产品，我心里无比喜悦和激动。为使我们的产品区别于用土法生产的'口碱'和进口的卜内门'洋碱'，我提议将我们生产的碱取名为'纯碱'。"又是一阵热烈的经久不息的掌声，伴和着人们的高呼："纯碱！纯碱！！纯碱！！！"范旭东继续说："永利制碱的成功，要归功于诸位的同心同德，努力苦干。但大家应该同意，首功要记在侯博士身上。他数年如一日，为了谋求技术问题的解决，奋不顾身，寝食于厂，一意死拼，为了中国的制碱工业和今日的成功度过多少不眠之夜，吃了多少苦头，受了多少磨难。他来厂三四年，连家眷都顾不上接，可见事业心、责任心之强。我谢谢大家，谢谢不远万里来帮助我们建厂的美国朋友 G. T. 李先生。"说着，范旭东向大家双手一拱，行了一个大礼，全场报以热烈的掌声。

生产很快稳定下来，产品的质量逐步提高，碳酸钠含量达到 99%以上，日产迅速超过 30 吨。

此时，永利用索尔维法生产纯碱，在世界上名列 31 位，在亚洲则为第 1 位，比工业先进的日本还提前一年，这是值得载入中国化工史册的。

1926 年 8 月，为纪念美国建国 150 周年的万国博览会在费城举行。博览会盛况空前，世界各国的产品竞芳争妍。在中国产品的展览场地，人们看到一袋雪白的永利纯碱。那袋正面中央印着新颖别致的商标——嵌在双环之中，红玛瑙一般倒立着的三角，闪光夺目，上方印着刚劲有力的"中国永利"4 个字，下方是"纯碱"两个大字，说明牌上注明为国际甲甲级。

中国永利制碱公司的纯碱，获得"中国工业进步的象征"的评语，获大会金质奖章。

当万国博览会的金质奖章从大洋彼岸送到塘沽时，永利碱厂举行了隆重的庆祝大会。全厂沉浸在一片节日的欢乐之中。会场上张灯结彩，鞭炮齐鸣，红烛高烧，香烟袅袅。台上高悬着闪光的金质奖章，显眼处陈列着一袋红三角纯碱。

在天津的董事长、金城银行总经理周作民，南开大学校长张伯苓，大公报馆的王芸生、胡政之、张季鸾等各界贵宾早已在宴会大厅就座。华灯初上，范旭东、李烛尘、陈调甫、侯德榜和 G. T. 李相继来到会场。侯德榜和 G. T. 李今天兴致特别高，遵诺换上了白领礼服，意气风发，神采奕奕。

范旭东首先走到周作民前面，举杯对周作民说："金融方面有周先生，技术上有侯博士，永利事业可谓安如泰山。"说完用力和周作民碰响酒杯，仰脖一饮而尽。

在热烈的气氛中，范旭东拉起陈调甫的手向大家介绍："这位陈先生是永利的创始人之一，1917 年就来到永利，埋头试验，到国外筹划设计，招聘人才，购置机器设备，回国着手基建、安装设备，真是披荆斩棘，历尽千辛万苦，可谓著有勋劳，功不可没。为酬谢陈先生对碱厂的贡献，特赠其红利股票 2000 元。"陈调甫起立大呼："不敢当！不敢当！"并当场将2000 元红利股票转赠碱厂福利部门。这一义举一时在永利同人中传为美谈。

接着范旭东的目光停在李烛尘身上。这位烛哥，湖南永顺人，1882 年生，19 岁中秀才，1902 年进常德西路优级师范，参加湘学会，1909 年毕业。1912 年公费留学日本，考入东京高等工业学校攻电气化学，1918 年毕业。回国后经景韬白介绍，认识范旭东，应邀任久大精盐公司技师。1919年奉派赴四川调查钾盐资源，秋，任久大老厂厂长，1920 年接任久大厂长。

同年，参加永利制碱公司的创建工作，接着受托，统筹两公司福利全局。1921 年赴内蒙古伊克昭盟（今鄂尔多斯市）考察天然碱。1922 年建议范旭东筹设专门研究机构（即 1922 年成立的黄海化学工业研究社）。他在永利建厂过程中建议加强管理，废除工头制，实行 8 小时工作制，在提高职工教育、提高职工福利等方面做了很多开创性的工作；在经济上为支持永利建设和久大公司调剂挹注；为克服永利在社会上遭到的各种阻力，起到了别人无法替代的作用。范旭东深情地说："今天永利的成功，也是烛哥事业的成功，希望大家用最热烈的掌声来感谢烛哥多年来卓有成效的劳动。"

范旭东的目光又定格在 G. T. 李身上。正是这位美国专家，不远万里来到中国，为永利碱厂建设做出了突出的贡献。他改石灰窑的自然通风为机械通风，改善了燃烧过程；设计了一个更大的石灰窑，用自卸旋转机出灰，提高设备能力；加大吸氨塔的冷却面积，增加了一系列的室外冷却管；扩大蒸氨塔的溢流管，改塔内管为塔外管，使灰乳畅通无阻；增加了预灰桶；设计了旋转化灰桶；改造了煅烧炉……。范旭东上前紧紧地抱住了 G. T. 李。侯德榜此时十分理解范旭东的感激之情，从席间起立，走到 G. T. 李面前，举着酒杯说："你帮助了永利！也帮助了中华民族，我们向你致敬，不忘你真挚的友谊！我送你一个中国名字叫李佐华。"侯德榜话音刚落，G. T. 李便高兴地举起酒杯和侯德榜一碰，痛饮一杯，学着中国人的礼节向范旭东、李烛尘、陈调甫和侯德榜双手抱拳高唱"恭喜！恭喜！"又说："我到中国已有多年，我觉得范先生、侯先生是中国的好人，是最能干的人。我也得感谢侯博士，要不是他踏实、刻苦、勤奋的精神感动了我，我早就回美国去了。为了永利事业的胜利、成功，为了友谊，请范先生、李先生、陈先生、侯博士，诸位朋友，同饮此杯！"

最后范旭东激动地说："这么多年的辛劳，艰苦，换来中国人自己制造的纯碱，也换来大家头上的白发。求仁得仁，诸君内心是得到安慰的。我为诸君祝福。求进步的人们，应当是永生的。"[1]

---

①《永利厂史资料》第一卷。

永利和卜内门的斗争

永利制碱公司批准注册之初，卜内门对此是漫不经心的，认为永利的下场一定和第一次世界大战期间，在山东青岛汝姑口建立的鲁丰机器制碱厂一样，必会因资金不继、技术无着而最终失败；现永利采用的是技术先进的索尔维法，技术上的困难更多，成功的希望更渺茫。

1923 年，永利碱厂建成，卜内门对此仍取一种轻视的态度，认为永利的建成一定是与美国、日本合作，不然一定是请德国技师主持。后来逐渐了解永利的骨干都是些学有专长的知识分子，多年来一直在范旭东领导下，同心同德艰苦奋斗，攻克了一个又一个的难关，出碱已是指日可待了。这时卜内门开始有点着慌了。1923 年，他们动员久大精盐公司的职员祁仍奚频频向范旭东示好，表示卜内门愿与永利合作，并对祁说："如果帮上忙，一定是值得的。"范旭东婉言谢绝："卜内门乃世界碱业大王，永利一小厂，且未出货，成败尚不可知，何敢与大王合作？"祁说："是否必待失败后始求助于卜内门？"范答："果然失败，当然迟三十年再说，更无合作余地。"

卜内门一计未成，又施一计。1924 年，利用帝国主义在我国的特权，擅自公布《工业用盐条例》，妄图使因永利无法和卜内门竞争而置于死地。经过范旭东、景韬白等人的坚决斗争，卜内门遭到了又一次失败。在 1925 年春大连会议后，尼可逊急欲拔除永利这个潜在的对手，再次派人向范旭东暗示，愿以高于永利全部投资一倍的代价收购永利。范旭东断然回答："我搞不成碱厂，宁可自杀，也不会出卖自己的灵魂。"[1]

1926 年 6 月，永利再次开车，大获成功，8 月又获美国费城万国博览

---

[1] 张同义：《范旭东传》(47)，长沙：湖南人民出版社，1987 年。

会金奖。卜内门眼看永利纯碱蒸蒸日上的形势，屡次引诱又不上钩，恼羞成怒，仗着有雄厚的财力，在经营上凶相毕露，使用在欧洲挤垮其他小企业和压服日本太阳曹达公司时屡屡成功的削价竞销手段，故伎重演，执行以压垮永利为目的的大降价。

首先，在永利销售纯碱的上海、汉口、长沙等地大幅降价，企图一举将永利挤出市场。而在天津，卜内门则维持原价销售，引诱永利产品只限在天津销售，而让卜内门占领广大中国市场。当时永利就有人不同意和卜内门削价竞销，但范旭东高瞻远瞩，指出：这是卜内门的圈套，他们就等着永利固守天津市场，待鲸吞了全国市场后，再回过头来，收拾天津市场，接着吞而食之。在纯碱市场上卜内门每两三个月就无故降价一次，迫使永利为保住市场而被动跟随跌落。在 1926、1927 两年内，卜内门碱价直泻到原售价的 40% 才告终止。

卜内门威胁永利在经营措施上也使用特殊手段。他们所委托的代销店，每届年初订换新约，在条约上郑重规定，该店不得兼销别家的碱，如其违反，年终佣金一律扣除，所交押金悉数没收，以示惩罚。因此，凡属卜内门的代销店都不敢和永利接近，顾虑受到重大损失。这样一来使永利在竞销上又增加了一层困难。

当时永利"红三角"纯碱成本为每担 6.5 元，卜内门洋碱最后一次降价时仅以每担 4.2 元出售，永利仍按惯例每担比卜内门洋碱售价低 3 角竞销，可见应战艰苦情况。卜内门原以为，在挤垮永利后仍可一家垄断市场，不难在短期内回收跌价的损失。

眼看卜内门竞销无休无止，而永利账上的亏损已达 140 万元，破产危机再次威胁着永利。在这危难紧急之秋，永利上下在范旭东的带领下团结一致，集思广益，同仇敌忾，坚强不屈地与卜内门展开了一场你死我活的斗争，实出乎卜内门的意料。

范旭东对卜内门采取针锋相对的手段：

一、扩大舆论宣传，号召选用国货。广告"红三角"纯碱质优（金奖产品）价廉，突出"红三角"轻灰优点，占领了部分市场。因卜内门是重灰，而永利碱是轻灰，就使用上讲，工业用途轻灰不如重灰，而在制造块碱、晶碱方面，用于发酵和洗涤则重灰不如轻灰。

　　二、经营上尽量在卜内门洋碱不到之处多开拓代销店，避免正面冲突；同时竭力启发代销商的爱国热情，使其中部分卜内门的代销商采用改换商店牌号与股东姓名的办法，在代销卜内门洋碱的同时适销永利纯碱。永利则以此为契机打入南北市场，开辟基地。

　　三、在价格上，卜内门洋碱不论怎样降，永利均保持每百斤纯碱比卜内门再廉 3 角，以此招揽顾客。

　　四、营销部同人和爱国代销商紧密配合，使用调包计来应对卜内门的挑战，对支持永利和卜内门的斗争又多了一条节支的门路。

　　五、范旭东、李烛尘多年留学日本，熟悉日本情况。日本工业发达，用碱量大，但大多为进口，且以卜内门为主。当时日本国内三井与三菱两财阀相互争霸，三菱有旭硝子工厂产碱，三井无碱厂一向引以为恨。范、李认定此中定有隙可乘，就近和三井津行相商，委托三井在日本代销永利红三角纯碱。永利的动议正合三井心意，于是协定顺利签订。当时三井急欲有纯碱和三菱比肩供售国内用户，并不计较取得佣金的高低。红三角纯碱用至低的价格，请三井布满全日的分支机构散销，推销甚便。红三角纯碱由三井代为义务宣传，且质优价廉，用户无不称道。当时卜内门在日本销售的蛾眉牌洋碱，量大于我 10 倍，如也同样降价和红三角纯碱竞销，则损失至巨；使卜内门更难堪的是，永利的行动打破了卜内门洋碱多年来在日本一统天下的局面。

　　本来在中国卜内门的削价竞销仅是一种忍痛手段，目的在于压倒永利，重新垄断中国市场。没想到一年多来的斗争搞得卜内门在中日两国市场腹背受击，形成经济、信誉俱损的骑虎之势。在此，卜内门再度领教了永利制碱公司的不可欺！同时，卜内门又看到，红三角纯碱价廉质优，估计中国纯碱在技术上已妥善过关，如再僵持下去，则卜内门在经济上将受到更大的损失。为了不在赔本的泥坑里越陷越深，卜内门主动来永利声明：今后在中国市场决不再搞廉价竞销，将来碱价如有调整，必先与永利协商，联合进行。后来永利根据国内供求情况，对碱价作了合理调整，掌握了纯碱市场的主动权。

　　在 1926—1927 年永利和卜内门削价竞销阶段，还有三件事应该提及：

　　一、在双方交恶之初（1926 年 8 月），卜内门津行有一王姓中级职员，年龄 50 岁上下，曾于某日夜访永利营业部主任余啸秋住宅。当时彼此不相识，问以何事。答："我是卜内门津行经理小李德立（E. S. Little, Jr. 即老李德立之子）派来塘沽刺探永利生产情况及机器、人事种种消息的，写成报告备作参考；余不愿作此卖国求富的勾当，故来相报。"余啸秋认为卜内门这种行为很不道德，决定将计就计，予以利用，许王以月津贴银圆 30 元，相约以后卜内门有何消息一定前来相告，如有派遣也必来报。王自动约定出入余宅必走后门，时间必在黑夜。后来他不时被派遣去碱厂侦察。事实上他从未去过碱厂。王对卜内门的"密报"都出自余啸秋的口传授，余乘机夸大粉饰事实，无一不对永利有利（当然其中无关紧要部分也说永利一些坏话，免其怀疑），而卜内门的内情，永利反得知不少，这对抗击卜内门的削价竞销，起到有力作用。如此历时二年余，竟未被发现。

二、在永利和三井谈判在日本代销红三角纯碱之时（1927 年夏），卜内门侦知此事，他们私下运动长芦稽核分所。分所英人经理突然下令，说永利存货过多，负债超过股本，不能继续做久大精盐公司的担保人。因久大原盐入厂，照章须先缴期票，由银行或大公司担保，当时塘沽并无银行，向由永利担保，施行多年，始终保守信用。这次长芦稽核分所英人经理的目的不在于为难久大，而在于借此损坏永利名誉。果然，这里下令，那里卜内门就电告三井洋行，谓"中国官方已有令不准永利为久大担保，可见永利已将关门，贵行何必再与永利订此代销合同？"可见，卜内门对扼杀永利碱厂是无处不用其极的，幸亏三井深知内情，仍然与永利签订了在日代销合同。

永利对长芦稽核分所的行为很愤慨，上书稽核所，责问何以损害永利名誉，要求赔偿损失。但此时稽核所并不知有此事，证实此事完全是长芦稽核分所受卜内门运动所致。直到长芦稽核所英人经理调离时，还对来接任的日本经理再三强调此案"切勿放松"。后经稽核所派员调查，证实永利经营良好，并无亏闭之事，始批准由永利担保久大 60 万元为限，作为下台阶。由此可见，卜内门在与永利的斗争中是无所不用其极的。

三、在永利和卜内门商战过程中，幸赖全体职工顾全大局，全厂艰苦奋斗，公司为减轻负担忍痛裁员，而员工中自动要求减薪者大有人在；股东虽多年未分过股息，仍一直坚决支持，对主持人不加责难；久大精盐公司和金城银行在资金上仍予以源源接济。由于大众的努力，使永利在与卜内门的艰苦斗争中终于度过难关。

永利自建厂到 1928 年，10 年来在全厂团结一致的努力和社会各界的支持下和卜内门展开了激烈的斗争。永利三战三捷的结果，使卜内门在世界碱业的竞争中第一次尝到了失败的滋味。昔日藐视正在孕育中的永利，而今对已经成长起来的永利，卜内门不得不刮目相看了。1928 年在卜内门一再要求下，永利和卜内门重开谈判。会上卜内门老调重弹，要求与永利进行技术经济合作，范旭东一如既往，宣布永利既定政策不变，决不和外商在资金与技术上合作。至多在营业范围内可以通融。为了避免卜内门的纠缠，永利以攻为守，提出在永利与三井在日本的代销合同到期后，可由卜内门代永利在日本销售红三角纯碱的建议。当时永利估计卜内门存碱很多，又久霸日本碱业市场，不可能接受永利的建议。不料卜内门竟痛快地表示"欣然同意"，而且至少愿意先订三年协定。这是何等玄妙的情景？！原来卜内门在历次与永利的斗争中吃了不少的亏，尤其是永利使出在日本降价售碱一招，击中了卜内门的要害，使之成惊弓之鸟，至今仍心有余悸。卜内门为求得在日本市场上的相安无事而接受了永利的建议。双方在 1928 年 6 月 21 日签订了由卜内门在日本代销永利红三角纯碱的协定，主要内容如下：[①]

1. 区域：日本本部和中国台湾，不包括朝鲜。

2. 期限：从 1928 年 11 月 1 日起，至 1931 年 10 月 31 日止。

3. 数量：

甲：1928 年 11 月至 1929 年夏季，每月委销纯碱 600 吨。

乙：此后每月委销纯碱 1000 吨。

丙：在协定期内，任何 12 个月里委销的纯碱不得超过 15000 吨。

4. 卖价：卜内门应尽量使红三角纯碱价接近峨眉牌洋碱价为原则，在任何情形下，不得低于峨眉牌纯碱 5%；万一有时不得不再低价出售，这项价差卜内门保证仍按低于峨眉牌纯碱 5%缴付永利。

5. 付款：在塘沽交货后，卜内门同意每担先付银圆 2 元，其余在 50

---

① 余啸秋：《永利碱厂和英商卜内门洋碱公司斗争前后记略》，录自《文史资料选辑》80 辑（44－59）。北京：文史资料出版社，1982 年。

天内结清。

6. 报账：卜内门经销的碱，在销光后必以代销账报告永利，并按日元折合天津银圆的兑换率付还永利。

7. 佣金：卜内门得按塘沽交货所得的净价抽提 4% 的佣金。

8. 押金：协议签订后，卜内门即以天津银洋 30 万元的押金交付永利，并于 1931 年 10 月 31 日以前 6 个月内，得由永利以现款或货款抵付。议定年息 6.5%，每半年一付。

9. 天灾人祸：遇有天灾人祸、罢工、停工、停制，非永利可能抵抗的事情，永利不负交货责任。但如值中日罢工或日本、中国台湾地震、内战，卜内门无法运去纯碱时，卜内门也不负任何责任。

10. 续约：本协定期满后，如双方同意，得续约三年。再满期时，续约亦同。

此项协定在实施过程中双方均认真负责执行，其后结合需要于 1931、1934、1937 年一再续订，直至抗日战争爆发而自然废止。

1928 年在纪念永利建厂十周年时，范旭东亲自带了一挂鞭炮，登上矗立在渤海之滨的亚洲第一高的碳化大楼，一边放，一边高喊："真痛快！真痛快！……"在这噼噼啪啪的鞭炮声中吐出了永利职工十年来深受帝国主义欺凌，积于肺腑深处的一口恶气。这噼噼啪啪的鞭炮声也奏响了永利和卜内门斗争中以弱胜强的凯歌，为我国的科技史、经济史、反帝斗争史谱写出一曲威武雄壮、扬眉吐气的战歌！

曲折的"之"字

1927 年永利战胜卜内门，迫使卜内门订立在日本代销红三角纯碱的协议，纯碱生产稳定增长，产品受到国内外用户的欢迎，喜事接二连三，人心振奋，形势一片大好。但范旭东仍不敢有丝毫懈怠。因为永利虽经过 10 年的艰苦奋斗，闯过了技术关、市场关，取得了巨大的胜利，但从实际情况看：资本仅 200 万元，年产不足 2 万吨（日产 50 吨规模）。当时世界纯碱工业以英、美、法等国为主，共有公司 38 家，工厂 49 个，年产量 400 万吨。永利的规模远不及英、美同业厂家，生产成本也高出英、美产品很多。再加上国内原盐价格比国外贵，英国一吨原盐价格相当中国国币 2 角，而长芦原盐最低价格为每吨 4 元；运费也较国外贵，永利纯碱自塘沽运至汉口价格，和卜内门由英国运到中国的价格相等。就条件而论，永利规模小、产量低、成本高的致命弱点，与世界各国是不存在公平竞争条件的。

世界各国政府为推动纯碱工业发展，早在百年前就实现了工业用盐免税；为保护国内纯碱工业发展加强了关税壁垒；日本国更为发展纯碱工业兴建碱厂者发放特别奖励基金，以资鼓励。而我国眼看工业用盐免税"暂缓 5 年"的期限（1929）将满，而争取了多年的"关税独立自主"则刚开始实现。1928 年 12 月公布，1929 年 2 月开始执行的洋碱由原来 7.5%税率改为 12.5%，实施仅一个月，日本报纸刊登"中国政府公布之新税率，因受英、日两国公使之请求，已由中国财政部宋（子文）部长电令海关将某某等货品 14 种，新加之税取消，仍照旧税征收"的消息。货品清单中列有碳酸钠（纯碱），永利职工看到这一消息，均莫名惊诧，以为其中必有差错，随即函询天津海关税务司，不料得到的答复竟是："确如报载所述。"[1]事后，范旭东获悉"这次关税迭变和国民党的反革命叛变有关"。1927 年 3 月，在蒋介石反革命叛变的前一个月，宋子文与英国使者斐立克在汉口举行秘密会谈，以帝国主义支持蒋介石集团进行反革命叛变为条件；而宋子文则表示夺取革命果实后，"以承认外债和恢复盐务稽核所为条件"，使所谓"关税自主"已成为自欺欺人的儿戏。

当时各项碱类进口又呈逐年增长的趋势，1928、1929 年每年进口碱类价达 1000 万元之多。在这种情况下，永利为了稳定已占有的市场，唯一的出路是扩大生产，增加产量，降低成本。

扩大规模必须投入大量资金，而资金来源对永利来说，也确已到了难以为继的地步了。永利建厂 10 年来曾长期运用久大精盐公司的盈利积累来调剂挹注。但当时久大本身也获利有限，无法提供永利扩建所需的巨额资金。向银行贷款也很艰难。永利自 1919 年破土动工以来一直受设备、技术、市场等问题的困扰，以致信用未著，借贷不易，长期支持永利者，仅金城银行一家。但凭一家银行的财力也很难支撑永利扩建资金的需要。股东方面已是 10 年未发红利，欲再行大量扩股，确也是困难重重的。

目前蒋介石发动内战，时局动荡，烽火四起。1929 年 5 月 14 日厂内又发生了有史以来第一次工人运动：起因只是一件小事（失窃），由于处置不妥，激化了矛盾，终于酿成全体工人和职员之间的一场冲突。结果全体职员退出厂区，厂内由工人"维持队"占领。侯德榜厂长也被扣为人质，禁闭空室，勒令交出全厂，由工人接收，危及工厂技术保密。[2]在此形势下，谁还肯投资？

范旭东为经济问题又一次陷入焦头烂额、四面楚歌的境地。

正在这时，从国内与国际传来两条信息：工商部孔祥熙部长对外宣示，为发展实业拟由政府创办一国立碱厂；1929 年卜内门又派代表来华，再度表示要与永利合作。卜内门此次来华，系因日本在大连经营碱厂失败（该厂系南满铁路、三菱、三井合办，资金 200 万元），要求卜内门加入合办。

---

[1] 景韬白：《永利制碱公司创立史》，南京：盐政杂志社，1948 年。

[2] 景韬白：《永利制碱公司创立史》，南京：盐政杂志社，1948 年。胡迅雷：《中国工业巨子范旭东》，北京：中国青年出版社，1991 年。

卜内门派代表到大连考察后，看到大连的盐和石灰石均不适用，不愿与日方合作乃"顺道"至塘沽，愿与永利合作，并说一切条件均可商量。[①]

范旭东面对经济困难、无力自拔的情况，对这两条消息，不禁萌生了"为自救计，若非与英商合作，即与政府发生关系"的念头。办实业范旭东一直坚持自力更生、艰苦奋斗走发展民族工业之路，他对卜内门和北洋政府一直是心有余悸，对国民党政府从他们在"关税自立"问题上的表现，也是不敢恭维的。所以，既为自己竟萌生这样的念头不寒而栗——这不是饮鸩止渴的蠢举吗？但又找不到其他的出路。

事情的发展，简直令人难以置信。在永利开车毛病百出、危机四伏的时候，卜内门曾几次被范旭东坚拒"合资"谈判，而在永利获美国费城万国博览会金奖 3 年之后，在永利挫败卜内门降价竞销之后，范旭东竟又想到和卜内门进行"合资"谈判！

1929 年 5 月 8 日，侯德榜刚开完研究与卜内门"合资"的会，匆匆搭火车回塘沽。在车上，他一刻不停地沉思着和卜内门谈判的问题。他为此越来越感到紧张不安。对卜内门的狡诈、狠毒和贪婪，他有深刻的体验和认识。因此，对"合资"背后隐藏的危险也比别人看得更清楚。他替永利担心，也替范先生担心，生怕万一不慎，落入老奸巨猾的卜内门的圈套，那就必定断送永利的生命，也断送中国民族化工的生命！但是，他和其他领导一样，除此之外，也提不出什么万全之策。

现在，坐在摇晃的车厢里，侯德榜真有点后悔莫及，他后悔自己没有和范旭东深谈一次。如果这次处置不当，那么，自己没有尽到诤友之责，内心将会永不安宁的。

就在侯德榜回塘沽的路上，范旭东也独自坐在家里发闷：一个人的心，真是难以捉摸。与卜内门"合资"的事，本是他自己的决策，但在董事会通过之后，他心中老是忐忑不安，又感到一种深深的怨恨，好像是别人硬将一个错误的决定强加给他似的。

虽然在会上范旭东、景韬白、李烛尘、侯德榜、陈调甫反复商讨，在别无出路的情况下，大家还是勉强同意了和卜内门谈判的意见。说实在话，

---

① 景韬白：《永利制碱公司创立史》，南京：盐政杂志社，1948 年。

此时此地范旭东自己对这一"决定"也还是没有真正拿定主意，他很想找侯德榜再慎重商量一下。于是范旭东伏案疾书，把这些日子以来内心的矛盾和想法给侯德榜写了封一吐衷肠的信。范旭东很快收到侯德榜的回信，全文如下：

旭东先生座右：

自前日会议后回厂，心中极为烦恼。思有所奉商，迄未果行。兹诵手示，知先生亦具此同感，特略陈此事之他一方面情形如下。

此时为永利最关键时期。永利由万死一生之中，始有今日，知者咸景仰先生维持大功。永利譬如一小孩焉，呱呱坠地以后，三日一病，五日一病，由三岁至五岁，以至八岁、十岁，均在病中辗转。莫不有可死之理由，而今长至十六岁、十八岁矣，行见成人，在维持者实有无限苦心。或有不得已临时应变之过失，惟此功足以遮盖一切。此弟独不为先生忧而为永利不成忧也。

论及永利事业，经费虽不免困难，前途不无可虑处。过此，产量增加，更无甚问题。惟因当初转用久大款多，此时久大因而不能转动，同人为先生分其忧也，惟先生以绝大毅力，创办此国家大事业，功垂不朽。见大功者心忘其小过，弟以此当不为先生虑。盖永利办至此日地位，揆之外国碱厂之当时，无可惭愧者，虽用至三百六十余万资本，实亦不多。盖七八十吨产量，已在目前。虽前途仍不免有荆棘也，然永利工作困难，人所共知；但同人亦多明白事体者，故能以"努力国家事业"六字相号召。一旦此六字而不适用，则无以号召同人，而开滦第二之性质，反为同人指责。此种利害，请熟计及。

卜内门终系我之对手，彼与我处利害相反地位。将来能否支配永利，为彼公司在东亚之棋局，是可顾虑。英人外交手腕素高，对于利害关头毫不肯放松。而卜内门尤为英人中最灵敏者。已过历史，昭昭可证。故此时交涉，偶一不慎，中国民办的碱业，将无再起之可能。在股东方面，固无所谓。彼或愿永利为开滦第二，因从此股息更可保全。惟有识者对此将不免有所讥议。而先生创办国家事业，备尝痛苦，至于今日，终不见谅于人，此弟最为痛心。故此时与卜内门交涉，无好条件，宁不与之契合。先生之意如何？

　　此颂

筹安

　　　　　　　　　　　　　　　　　　　　弟

　　　　　　　　　　　　　　　　　德榜　拜上

　　　　　　　　　　　　　（民国）十八年五月十日

　　范旭东读得又急又快。他一目十行，简直想一眼便看完它。而后，他的目光停在这几行字上："……此时交涉，偶一不慎，中国民办的碱业，将无再起之可能。……有识者对此将不免有所讥议。而先生创办国家事业，备尝痛苦，至于今日，终不见谅于人，此弟最为痛心。"他被侯德榜爱护自己的一片深情感动了。进而，更触摸到侯博士那一颗热爱永利、热爱祖国的赤子之心。范旭东心头一阵阵发热。

　　为了和卜内门的"合资"谈判，永利领导几经冷静、客观的分析，既现实地看到永利的困难，又看到卜内门的态度和几年前有了很大的转变，于是决定在保护国家、民族、公司利益的前提下，同意和卜内门进行"合资"经营谈判。谈判进行得非常艰苦，在几经反复磋商后，达成合资经营协议，具体条文如下：[①]

　　1. 改组公司，另由中英合股组织新公司，继续营业。

　　2. 新公司华股占 52%，英股占 48%。

　　3. 新公司遵中国公司条例，呈请工商部注册，为中国股份有限公司。

　　4. 新公司以董事会为最高领导机构，董事长一职由华人担任。

　　从协议内容可以看出：中英双方既分担风险又分享经济利益，同时也维护了中方的主权和尊严。在半封建半殖民地的旧中国，永利与卜内门签订这样互惠互利、尊重中方权益的协议，确是永利通过 10 年苦斗而来之不易的结果。

　　这一中外合资事业，牵涉民族基本工业，有关国计民生，非得政府谅解不可。永利董事会推范旭东南下，向工商部长孔祥熙说明永利的困难及与卜内门合作的条件。1929 年 10 月 2 日，永利由范旭东签署的呈文，送

---

　　① 范旭东民国 18 年（1929）10 月 2 日致工商部呈文。

达国民政府工商部，要求添募外资，克日成立新公司。在呈文中还提出："新公司总、分厂所用原料，应请免税免厘 30 年；公司总、分厂制品应请免税免厘 30 年；距公司总、分厂 100 华里以内不得再设同类工厂"等三项特许要求。[①]

工商部接到永利呈文后，很重视，以永利公司"制造纯碱，本属国内基本化学工业之一，东亚唯此一厂，出品亦属优良，前以扩充甚急，负债颇巨，且因母金太少，成本值重，不堪外货之压迫"，"自去年以来，即因金融窘困，难以坚持"[②]等情，立即转商于财政部，而财政部的答复来得也很快："碱业为基本工业之一，政府于中外合资方针，尚待考量审慎"，"决议改入官股"。工商部认为财政部"改入官股"的意见很好，就明确回复永利："本部查基本工业关系于国计民生者均属至巨，当然不宜将其命脉操之外人之手"，"不准增加外股，以免发生弊害"。[③]这样一来，永利添募外股合资经营的设想就胎死腹中。虽然这次联营没有成功，但事后卜内门公司仍能和永利进行一定合作，在日本的代销协议也执行良好，并在抗战期间为迁入西南的永利公司传递有关塘沽老厂的消息。

1929 年 10 月 22 日工商部奉行政院 1687 号训令："本院 41 次会议，经该部长提议，拟拨国家股款加入永利制碱公司，实现基本化工一案，经决议原则通过，应加国家股款多少，及如何减免税厘，工商部拟具详细办法呈核。"[④]

加入外资的设想被否决，但加入官股的实施，由于反革命内战耗费的巨额军费而使政府财政紧迫，一拖再拖，最后以财政部部长出面批准发行公司债了结此事。宋子文在公函中说："查此项公股，为数至 200 万元，当此军事进展，饷需迫切，此项公股一时自难议及付款办法。至发行公司债，如能暂由该公司自行另筹还本付息基金，自可照办。"[⑤]

永利在得到中国、中南、金城、盐业、大陆、浙江兴业等六银行的支持下，接受承销公司债 200 万元。由于当时华北战事连年，金融紧急，至

①　范旭东，民国 18 年（1929）10 月 2 日致工商部呈文。
②　民国 19 年（1930）6 月 12 日《工商部致财政部咨文稿》。
③　同上。
④　余啸秋：《永利久大历年大事记》(6) 1956 年 12 月 27 日。
⑤　见民国 19 年（1930）8 月 20 日《宋子文致工商部函》。

1930 年底仅售出 100.7 万元（其中久大 50 万元，金城银行 50 万元，浙江兴业银行 7000 元），而永利也因碱价日涨，卜内门的碱价也涨了一倍。永利近两年的营业也较有起色，产量也增加了一倍，已不再需用投入巨资，公司债就此停止发行。

永利事业经过这一场来回曲折，万幸又回到了自力更生的路上。

一马平川

10 年来，永利制碱公司在险恶的山道上由范旭东领着侯德榜、李烛尘、陈调甫、余啸秋、傅冰芝等各位骨干披荆斩棘，克服重重困难，度过三次濒临倒闭的危机，筚路蓝缕，以启山林。在庆祝建厂十周年的时候，永利第一次发放红利，昭示公司已经度过了技术、生产、市场、经济等各方面的难关，开始转入正常运转，有了稳定的利润。

1929—1930 年对永利是个关键的年头。首先是取得国民政府的谅解：获得原料用盐 30 年免税；产品免税厘 30 年[①]；距总公司、分厂 100 里以内不得再设同一工厂的三项特权，为公司发展解除了后顾之忧。其次，获得发行 200 万元公司债的权利，为公司发展筹集资金铺平道路。公司利用近两年的积累和发行公司债的资金积极发展生产，到 1930 年纯碱生产能力已发展到 100 吨／日的水平。1930 年永利红三角纯碱，参加欧洲比利时举办的"国际博览会"，再次荣获金奖，享誉欧洲，为永利打开新加坡、印度尼西亚等地的市场奠定了基础。

1932 年烧碱厂投入生产，为永利生产增加了实力。由于生产得到发展，市场得到开拓，工厂的管理和各项福利事业都得到改善。1932 年全厂职工达 700 多人（工人 661 人，职员 106 人），工厂在华北最早（1927）实现 8 小时工作制；工资不菲，普通工人工资为 8～10 元，技术工人最高工资可达 98 元；职工中工业专科毕业的技术员为 30 元，1931 年时大学毕业的薪金为 44 元，职员最高工资为 400 元。技术人员在厂每工作三年给有薪假三

---

① 民国 19 年（1930）5 月 21 日永利制碱公司奉财政部关字第 12823 号文批复："核准该公司出品及所用物料石灰、焦炭、原料用盐，自 19 年 11 月起免税，至该公司成立 30 年限满为止。"

个月，由公司给路费外出旅游；每年如全年未请假者加发一月薪金；[①]年终对先进工作者尚有高额年奖。工厂设有医院，免费治疗；设有幼儿园和小学校，职工子弟免费上学；并设有工读班和特别班，各分一、二、三年级，努力扫除工人中的文盲。[②]1934 年 8 月还成立特种艺徒班，为期三年，招收专业学校和高中毕业生，进行半工半读，自己培养人才。厂里建有工人宿舍，厂外建有工人住宅，房价便宜，工人和职员都能负担得起。与此同时，公司还建立了一套严格的规章制度，约束职工的行动。工厂管理由于奖罚严明，调动了职工的积极性，进一步促进了生产的发展。

建厂十年来，范旭东一直在立案、免税、人才、技术、生产、市场、经济等问题上忙于筹划实施，每当四面楚歌，则四处出击，为永利碱厂的成长费尽心血，殚精竭虑。现在总算生产步入正常轨道，使他有时间静下心来认真想一想，永利碱厂的建成为什么这样难。当然，其中原因很多，但给范旭东印象最深的还是索尔维集团的技术封锁。它使永利吃了不少苦头，使永利在漫长的建设过程中，就像在没有航标的大海上夜航，随时都有触礁和迷失方向的危险。

索尔维集团对索尔维制碱的工艺、技术向来是绝对保密的，设计图纸只向会员国公开，凡有改良或新的发现，也仅在会员国之间互通消息，相约不申请专利。各厂自制设备，工厂严禁技术人员公开发表论文，透露生产技术，如有违反则要负赔偿损失的责任。工人、技师长期只能在自己岗位上熟悉业务，对工厂工艺、设备的全貌是不可能掌握的，厂方甚至规定职员和工人退休之后，再也不准入厂，以防泄密。

侯德榜在永利碱厂生产转入正常后，也一直在思索，想对 10 年来的苦战进行一次系统的技术总结。10 年来永利的工程技术人员通过艰苦的探索，终于掌握了索尔维制碱的工艺、设备和管理，积累了一套完整的经验，成为索尔维集团之外能掌握这一技术的为数不多的厂家之一。如果以高价出售专利，将会给永利和侯德榜本人带来丰厚的收益。

侯德榜陷入深深的思索之中：索尔维集团的技术封锁是为了垄断高额

---

① 郭炳瑜：《我在永利碱厂五十年的见闻》，录自《天津文史资料选辑》23 辑（77－107），天津：天津人民出版社，1983 年。

② 师俊山、张鸿敏：《化学工业先驱范旭东传》（169），石家庄：河北人民出版社，1995 年。

利润，而我们若高价出售专利则和索尔维不是如出一辙吗？受害的还是那些想办碱厂而没有技术的国家和人民。人们会像以往永利痛恨索尔维集团和卜内门一样来痛恨永利。想到这里，侯德榜的脑间回响起美国老师杰克逊（D. D. Jakson）常说的一句话："科学是属于全人类的，它应造福于人类。不造福人类的学问，是不能称其为科学的。一个真正的科学家，决不能把科学知识作为谋求个人财富的工具。"[①]

"出卖专利获取暴利，这不是我们的目的。范先生和永利同人苦战 10 年，目的是振兴我国的民族工业，是为了祖国摆脱贫穷落后的困境。今天永利成功了，我们决不能成为第二个索尔维，第二个卜内门。"侯德榜越想思路越开阔，"我们中华儿女应该发扬'兼善天下'的美德，把 10 年苦战所得到的制碱经验公布于世，这不仅对打破索尔维集团的技术垄断是一项贡献，对推动世界制碱技术的发展也不无裨益。让那些想发展制碱工业，而又不得其门而入的国家得到真正的利益"。侯德榜决意要撰写一部全面阐述索尔维法制碱技术、工艺、设备的著作，为世界科技文献大厦添砖加瓦。

当侯德榜把这一想法和范旭东相商时，范旭东乐得拍手称好，并向侯德榜谈起以往很少提及的三件事：

第一件事，1913 年范旭东奉命到欧洲考察盐政时，在英国要求参观卜内门碱厂。当时英国人满口同意，但在临参观时，人们领着范旭东等人仅在该厂的锅炉房转了一圈，就将他们从后门引出厂外。

第二件事，1919 年陈调甫在美国考察制碱工业，也想参观碱厂，他请永利设计师孟德介绍他参观孟德当过厂长的碱厂。孟德说："以前我是该厂厂长，离开后就不许再入其门，何况你是外人，万万不会获准去参观的。"后来陈调甫又到塞勒求斯索尔维厂访问老技师梯泼尔（John E. Teeple）请他帮忙，也不得要领，参观要求也未获准，最后陈调甫只能在大雪纷飞之中在厂外绕围墙转了一圈。

范旭东接着讲第三件事。在永利开办初期，工厂实在办不下去时，不得不想把未建成的工厂卖给外商。可是在谈判中外商竟落井下石，只肯给

---

① 李祉川、陈歆文：《侯德榜》，石家庄：河北教育出版社，2001 年。

破铜烂铁的价钱。①范旭东气愤到极点，下定决心，与其让外国人杀价捡便宜，还不如背水一战拼个死里求生，硬撑着把碱厂办下去。

从这些往事的回忆中，范旭东道出了孟子的"己所不欲，勿施于人"的古训，十分感慨地说："我们决不能今天受人欺压，骂人不仁不义；明天再去欺压别人，又被骂作不仁不义。公司支持你的想法，你就专心写书吧！把我们创办碱厂这么多年失败的教训和成功的经验进行系统的总结，打破纯碱工业的技术垄断。著书立说是很费心血的辛苦事，你有什么难处尽管说，我们齐心协力把这件事办好，为中华民族争一口气。"

侯德榜用了一年多一点时间写完初稿。1931 年侯德榜得到北京中华促进教育文化基金会的资助出国进修。他利用这一机会对初稿进行全面的整理和修订，得到杰克逊教授的热情指导和帮助。美国化学会破例第一次接受中国学者的著作，将其列入化学会丛书第 65 卷。1933 年该书用英文在纽约出版。一本精装深蓝色封面，书脊上是秀气的烫金大字：*Manufacture of Soda* T. P. Hou（《制碱》侯德榜）。这本书出现在美国畅销书店的橱窗中，立即引起了化学界、化工界的轰动。

书中系统介绍了制碱工业史，从天然碱、路布兰法制碱到索尔维法制碱；还讲了小苏打、苛化法制烧碱，电解法制烧碱的生产和氯产品加工，着重介绍索尔维法制碱的理论、化学反应、操作数据、生产控制、设备结构，以及技术经济方面的要求。在书中，侯德榜毫无保留地把自己 10 年来用心血换来的经验公之于众，砸开了 70 年来索尔维制碱技术封锁的铁链，揭开了索尔维制碱的技术奥秘，使科技界耳目一新。对纯碱工业的设计、研究、生产都有重要的指导意义。他这种一心为推进科学技术前进的坦荡胸怀和崇高思想，赢得了各国学术界的尊敬。美国化学家 E. D. 威尔逊教授称："《制碱》是中国化学界对世界文明所做的重大贡献。"②范旭东说："侯博士的著作现代风行各国，给全人类打开了制碱工程的秘境，比起索尔维氏的径径自守来，侯博士的崇高气度尤其值得赞扬。"③中国工程师学会

---

① 景韬白：《永利制碱公司创立史》，南京：盐政杂志社，1948 年。
② 李祉川、陈歆文：《侯德榜》，石家庄：河北教育出版社，2001 年。
③ 范旭东：《中国化工界的伟人——侯博士》，《海王》第 16 年 11 月，民国 33 年（1944）1 月 1 日。

第五届年会主席在首次颁发荣誉金牌给侯德榜时，对《制碱》一书做出了高度评价："……所著《制碱》一书，尤为中外学者所共仰，尤为我国工程界之光荣。"

1928年11月，永利和卜内门在日本代销永利红三角纯碱的协议签订后，双方都认真执行，故于1931、1934、1937年一再续订。在这一期间国内市场大致保持相安无事的局面，但双方基层代销店为了争取顾客，不免出现局部竞销、两不相让的情况。双方主管部门不时接到投诉，指责对方故意压价竞销，纠纷层出，调处无已。1936年卜内门又一次提出要求与永利进行技术与经济合作。永利认为，塘沽产量逐年增加，而日本厉行军事侵略，威胁华北尤甚，日本和伪满市场已不容再行去货，深虑市场供过于求，事业难于进展。再则南京硫酸铵厂即将建成投产，所需资金、人力极多，应集中力量促其发展，很难再顾及进一步发展碱厂的合作问题。所以，在1936年秋冬之交，永利和卜内门又一次谈判经营合作问题。永利提出按彼四我六的比例进行配销，卜内门表示不能接受；而永利则以主权所在，难以变更。卜内门华行总经理吉勒理（V. St J. Killery）为此曾飞天津和范旭东面商，陈述不少理由，言辞恳切，愿以51%归永利，彼居49%，但仍未成议。其后我公司销数逐渐增加，形势于永利有利。1937年春，协商仍在津沪之间一再进行，终于5月12日以永利占55%，卜内门占45%达成配销协议。协议主要内容如下：[①]

1. 市场：以中国内地和中国香港为范围。

2. 碱品：以双方所销纯碱、烧碱和洁碱数字，按议定比例折合纯碱相等的数量计算。

3. 配销比例：永利占55%，卜内门占45%，但伪满诸省不在内。

4. 分区计划：双方同意将中国市场各地纯碱、烧碱、洁碱的销数，按各区分别计算其配销比例，虽在各区配销比例可能有所出入，但全国合计的总比例不变。

5. 百分比的纠正：假如一方未能销到他们的配销比例时，通常其他一方应全力予以纠正，双方得采取下列一种或多种方法速为调整。（1）价差；

---

① 余啸秋：《永利碱厂和卜内门洋碱公司斗争前后记略》，录自《文史资料选辑》80辑（44—59），北京：文史资料出版社，1982年。

（2）限制发货；（3）待价发货；（4）少卖的一方将他们的货物转移卖于多卖的一方，惟仍须归入他们的配销比例内计算。

6. 卖价：卖价必经双方商讨同意决定。

7. 调整缺货：如任何一方因故缺货时，经双方同意，其他一方应尽力将他们的货供给于缺货的一方，接济其销售。但在售出时，此数量应算归接受一方的配销比例以内。

8. 卖货条件和佣金：任何一方的纯碱和烧碱转移于另一方，虽应算入对方配销比例以内业予规定，但接受一方的卖价条件和佣金得由双方议定。

9. 政府法令：本协议无论何项条款，如和国民政府现行和将来公布的法令发生抵触时，须本着切实履行本协定精神的态度予以修正。

10. 有效期间：从协定签订日起扣足三年有效。

1928—1937 年永利与卜内门纯碱在国内市场销售情况（单位：担）[1]

年份	国碱	洋碱	销售总额	洋碱占比（%）
1928	209491	845681	1055172	81.00
1929	277074	934530	1211604	77.13
1930	310795	1076654	1387449	77.59
1931	340731	768592	1109323	69.28
1932	413833	485097	898930	53.96
1933	485326	394030	879356	44.80
1934	672326	485657	1158181	41.93
1935	715668	448939	1164607	38.55
1936	635174	414000	1049174	39.46
1937	650005	447400	1097405	40.77

配销协议签订，经过布置后国内刚开始执行仅 55 天，"七七事变"突然爆发。7 月 29 日天津沦陷，原料供应，成品运输顿成问题，其后演成全面抗战，生产无法正常进行。12 月日本军部派三菱公司正式侵占永利，协议无形中自然终止。

---

① 陈调甫：《永利碱厂奋斗回忆录》，录自《文史资料选辑》10 辑（1—26），北京：中华书局，1960 年。

在回顾永利碱厂发展过程中，范旭东深情地说："我们在世界秘密中寻出一条道路。受尽工业技术的折磨和世界托拉斯的压迫与利诱，我们没有屈服，更深谢金城银行周先生（作民）的巨大支持。现在每年进口的洋碱已由 108 万担减至 45 万担了，民族工业终至舒出一口闷气。"

创办黄海化学工业研究社

　　范旭东好学不倦，早在日本求学期间就从事过古代合金的研究，对研究工作孜孜以求；回国初期就在北京黄孟曦家里从事食盐精制的试验；久大创立之初就着手建立简陋的化验室，从事盐卤副产品的研究；在永利碱厂创立之前曾和陈调甫一起在天津寓所做过索尔维法制碱的模型试验，并获得成功。1919年李烛尘奉派入川考察钾盐资源，1921年又去内蒙古伊克昭盟考察天然碱资源；回来后感到盐碱工业技术深奥，一定要设立专门的研究机构，非自己开发不能成其事，建议范旭东创设独立的研究机构，进行开创性研究。范旭东想起1913年在考察欧洲制盐工业时，英国一位碱厂经理曾向他介绍过他们工厂设立的研究所，这和李烛尘的建议不谋而合。况当时碱厂正值初创时期，遇到无数的困难和波折，使范旭东更感到制碱技术高深，而索尔维集团对此又严密封锁，因此，不设立设备完备的研究机构很难成事。

　　当时永利仍在建设之中，经济十分困难，而要办研究机构，必定要多一份开支。人皆笑范旭东办研究机构是一件傻事，而范旭东对学术研究不仅有很大的决心，而且气度不凡，愿意拨巨资进行创建，说："科研社的规模，必须能供给一百位化学师研究之用。"经过范源濂先生介绍，他们得知开滦煤矿有位饱学之士、著名的化学家孙颖川（学悟）博士，他能胜任研究所主持之职。

　　孙学悟，字颖川，山东文登县（今威海市文登区）威海卫孙家疃人。1888年10月27日生于商人家庭。1905年东渡日本在早稻田大学求学，积极参加孙中山领导的同盟会。1906年受命回国从事革命活动。1907年到上海圣约翰大学求学，他仍以学生身份作掩护，宣传革命思想；后来逐渐感到革命仅停留在宣传上收效甚微，不如实实在在以科学技术振兴中华为好。1910 年他考上清华留美预备学堂。1911 年赴美就读哈佛大学，1915 年获博士学位，因成绩优异而受聘留校任教。1919 年应张伯苓之邀回国为南开大学筹建理学系。1920 年受聘去开滦煤矿任总化学师，物质条件优越，月薪三百银圆。但孙学悟深感在洋人企业里工作仍是寄人篱下，有悖于振兴民族工业的初衷。

当时，范旭东正在塘沽艰苦创办久大、永利两公司，十分重视延揽人才，提倡科学研究。当他从范源濂处得知孙学悟之为人后，欣喜万分，即派刚回国不久的侯德榜去开滦诚邀孙学悟。侯、孙系清华留美预备学堂同学，相见十分愉悦，倾心畅谈，彼此都有志于发展科学、振兴工业，挽救民族，可谓志同道合。侯德榜半开玩笑地说："咱们的薪金待遇可比不上开滦！"孙学悟郑重回答："如果为了高薪和优厚待遇，我何必回国？回国后又和英人共事，这难道是我回国的初衷？如果能和几个志同道合的朋友共建咱们国家自己的化工事业，就是穷也干。"他欣然接受范旭东的邀请，担任久大精盐公司化验室主任、协助范旭东筹建"黄海化学工业研究社"。1922 年 8 月黄海化学工业研究社成立，孙学悟出任社长。这充分体现了孙学悟一颗炽热的爱国心，勇于创业的敬业精神，以及牺牲小我顾全大局的崇高精神。

黄海化学工业研究社的前身是久大精盐公司的化工研究室。1920 年范旭东为拓展事业的需要在久大盐场附近辟地数亩，投资十万银圆，营造一所化工研究室，其中包括定量分析、定性分析、化学实验室、动力室等，并附有图书馆。1922 年，范旭东为了加强这个研究机构，充分发挥它的效能，把它从久大分离出来，成为独立的单位，改名"黄海化学工业研究社"，成为我国第一个化工研究机构。

为什么化工研究社以"黄海"为名？这是因为它诞生于塘沽。塘沽面临渤海，而渤海汇合百川，朝宗于黄海。海洋蕴蓄着无尽宝藏，是化学工业的广阔天地，也是大好的试验场所。当初在塘沽厂内成立化学研究室的理想，就是要以海洋为研究对象，而就近取材于黄海。定名黄海体现了创办者最初的信念和愿望。①范旭东说："我们把研究机构定名为'黄海'，

---

① 方心芳、魏文德、王培德、赵博泉：《黄海三十年》，录自《孙学悟》（135），威海文史资料第 4 辑，1988 年。

表明了我们对海洋的深情。我们深信中国未来的命运在海洋。"①在黄海社成立之初范旭东写了一篇文章说明缘起，全文如下：

> 我国百业痿败，亦已久矣，举国上下所用所需，无巨无细，几莫不仰资于外货。匪惟金钱流出无止息也，驯之一国独立之精神，自属之能力，亦随之而消亡垂尽。吁，此为何等现象耶！然周视四野，则山林田野未辟之利既随地而有，年富力强游手坐食之辈更到处皆是。货弃于地，人成废材。此又为何等现象耶！举是二者相积相乘，愈演愈烈。有前者之病，而国民生活时时蒙物资缺乏之压迫；有后者之病，外则启强邻环伺之野心，内则成弱肉强食之惨状。居今之日，有心者起图补救，岂尚为不急之务哉！说者诚是。第近世工业非学术无以立其基，而学术非研究无以探其蕴，是研究一事尤当为最先之要务也。顾在我国欲求工业而论学术，盖有不易言者矣。试图就国内之旧式工业之观，彼从事于其业者，率皆徒以墨守成规为已足，初不知参求新理以图改良亦为其份内之事。若工业学校之学子，固明明以研究为事者也。乃其为学之方，又往往流于空泛，或仅知原理而不谙应用；或熟悉名词而未曾一见实物。至留学外邦专习工科者，虽不乏深造有得之材，然其所得于心者，往往又详于外情，而疏于本国之事物，一旦出所学以施实用，又不无扞格不入之憾焉。准是以论则欲计中国工业与学术之发达，莫要于使研学者有密接于工业之机会，而其所研究之目的物即为工业上之种种用材。如是则致力不虚，而成效乃著，当为事之确然无疑者。同人于此见之既真，感之尤切，因尽力之所及，于国内化学工业中心之塘沽创设黄海化学工业研究社，仿欧美先进诸国之成规，作有系统之研究。于本地则为工业学术之枢纽，并为国内树工业学术。世界有欲阐明学理，开发利源，以贡献于祖国而改民生之福祉者，幸勿遐弃，曷赐教焉！②

---

① 徐盈：《范旭东及"永久黄"工业团体发展小史》，录自《天津文史资料选辑》23 辑（35－52），天津：天津人民出版社，1983 年。

② 方心芳、魏文德、王培德、赵博泉：《黄海三十年》，录自《孙学悟》（132－134），威海文史资料第 4 辑，1988 年。

　　这篇简短的缘起阐明了三个要点：①工业救国的迫切需要；②振兴工业必须以学术研究为基础；③学术研究必须切合实际，针对中国的情势。

　　关于黄海化学工业研究社的宗旨范旭东曾说："中国广土众民，本不应患贫患弱。……中国如没有一班人，肯沉下心来，不趁热，不惮热，不为当世功名富贵所惑，至心皈命为中国创造新的学术技艺，中国决产不出新的生命来。世论辄嫌这看法太迂缓，权势在握的人十九又口是而心非之，我人何敢强聒？惟有邀集几个志同道合的人关起门来，静悄悄地自己去干，以期岁月，果能有些成果，一切归之国家，决不自私，否则也唯力是视，决不气馁。"①

　　"黄海"成立之时制定了一个社徽。社徽为圆形，外圈为齿轮，代表工业的动力，内圈是互相涵抱的三个部分，也可说是三步功夫：一是致知，二是穷理，三是应用。互相涵抱表示彼此不可分割的紧密联系。既要提倡工业救国，当然要把致知所得，穷理所到，拿到实际应用上考验证明，然后才能断定所致的知、所穷的理是否可靠，才能发挥救国的作用。②这就是社徽的含义所在。

　　范旭东重视研究工作，曾多次提道："黄海不属于永利、久大，她是一个独立机构，她是'永久黄'团体的神经中枢。"他对研究工作和办实业的关系也有明确的看法，他说："化工在今日形成了民族的长城……研究是为了建造长城打地基，这工作更要费一番气力和精神。"③范旭东竭力支持黄海社的工作，但他从不插手黄海社的具体工作，不论是经费支配、人事聘用、课题选择……一应以孙学悟的意见为主，对孙社长充分放手、信任，为黄海社工作的开展创造了良好宽松的客观环境。

　　在黄海社创办之初，范旭东在经济上十分困难，但他仍下决心拨巨款创办黄海社，并率先将创办久大应得的创办人酬金全部捐出，作为黄海社的经费。受范旭东的影响，1924 年永利在塘沽召开股东会，全体发起人都表示："因念科学研究不容稍缓，愿将永利制碱公司章程规定之创办人全体

---

　　① 范旭东：《黄海二十周年纪念词》，《海王》第 14 年 30 期，民国 31 年（1942）8 月 10 日。

　　② 王培德、赵博泉：《黄海三十年》，录自《化工先导范旭东》（159－172），北京：中国文史出版社，1987 年。

　　③ 范旭东：《黄海二十周年纪念词》，《海王》第 14 年 30 期，民国 31 年（1942）8 月 10 日。

所得报酬金悉数永远捐作黄海社研究学术之用。"①当时会场气氛热烈，有人现场大书"云天高谊"四字，以志纪念。黄海费用按上述两项收入是不敷支出的，所缺之数全由久大、永利两企业资助。另自1928年起至1937年得中华文化教育基金董事会每年一万元左右的资助。

1932年黄海社进行社务整顿，开始设立董事会。董事会除了创办人范旭东，黄海社长孙学悟，久大、永利两厂的总工程师各一名为董事外，又聘请社会上热心赞助黄海事业的著名人士，成立了董事会。董事们都是尽义务的，没有报酬，所凭的多半是赞助黄海事业的热情。以下按姓氏笔画次序，把历届董事综合列出。②

任鸿隽　朱家骅　何　廉　李承干　周倜夫

吴　宪　沈化夔　谷锡五　杭立武　侯德榜

胡先骕　胡政之　范旭东　范鸿畴　孙学悟

孙鸿芬　唐汉三　翁文灏　张承隆　陈调甫

傅冰芝　杨　铨　杨子南　刘瑞恒

这些人士大致可分成四部分：①学术专家；②热心赞助"黄海"宗旨的人；③久大、永利、永裕的领导人；④政府官员。

黄海社是国内首创的民营化工研究机构，没有先例可循，开始只是以享有国际盛誉的欧美各研究机构如英国皇家学会、法国的法兰西科学院的成规办事，广聘著名学者，不限门类，不分学术派别，相继吸收了一批学者，其中有留美的张子丰、卞伯年、区嘉炜、卞松年、蒋导江博士，留法的徐应达博士，留德的聂谷汤、肖乃镇博士，双料博士赵之泯，还有名噪中外的张克忠博士，同时还吸纳了国内各大学的优秀毕业生如方心芳、金培松等。由于研究课题完全由个人兴趣和社会需要来选择，结果工作陷入庞杂、漫无目标的境地，耗日靡时，研究成果不多。经过一段时间的摸索，孙学悟及时总结经验教训，根据我国当时的实际情况、本身的任务和力量，经反复研究后，确定以无机和有机应用化学为方向，并按轻重缓急，以协助解决永利和久大的技术问题为研究课题，同时选择肥料、水溶性盐、轻

---

① 天津碱厂志编修委员会：《天津碱厂志》（747），天津：天津人民出版社，1992年。

② 王培德、赵博泉：《"黄海"三十年》，录自《化工先导范旭东》（170），北京：中国文史出版社，1987年。

金属作为主要研究对象。1931 年，鉴于发酵对民用、军用工业的重要作用已引起国际上的重视和研究，而发酵的研究和利用却始自我们的祖先，历史悠久，经验丰富，因此黄海又增设了菌学研究室，开始了发酵菌学、微菌学的研究。

现将黄海化学工业研究社在抗日战争前取得的主要成果节录如下：

一、研究从久大精盐生产所剩的卤水中生产轻质碳酸镁，用为生产牙膏的原料，并从卤水中提取氯化镁，供纺织厂做润滑剂。久大采用这两项成果发展副产品，广增利润。

二、永利开车伊始，处在"毛病百出"时期，黄海社以协助永利解决技术问题作为首选任务：解决红黑碱问题；研究煅烧炉结疤问题；实现盐水精制问题。孙学悟还亲自主持碳化塔的查定问题，搞清碳化塔产量上不去的症结问题；全流程工艺指标的确定；原料、成品、中间控制分析规程的确定；等等，黄海社都做了大量工作，为碱厂度过技术难关，进入平稳生产，做出了贡献。

为配合侯德榜写作《制碱》一书，黄海社费尽辛苦，做了大量的测试工作，为该书提供了各项宝贵的数据。

三、在南京铵厂建立以前，黄海社对世界氮肥工业的发展和我国氮肥使用情况和建设氮肥工业的必要性做了大量的调查研究工作，撰写了对我国氮肥工业发展有深远影响的《创立氮肥工业意见书》。张子丰研究员直接参加了铵厂的设计、采购、培训工作。随着铵厂工程的进展还承担了各种耐火砖、耐火材料的检验任务；主持了铵厂磷肥和复合肥料的研制工作，为铵厂的建设做出了不可磨灭的贡献。[1]

四、发酵与菌学。对我国固有的关于发酵与菌学技艺进行了收集和整理。黄海社以优厚的待遇聘请各省富有经验、身怀绝技的酿造业的老师傅来社，与具有科学知识的研究人员一起工作，共同对我国固有的丰富的酿造技术和经验进行系统的科学整理和总结，以期推陈出新。

对酒精原料和酵母的开拓、选择，以及营养问题也做过大量试验研究，所得成果为国内各酒厂广泛应用，推动了我国酒精工业的发展。

---

[1] 卢斌：《黄海化学工业研究社，《中国科技史料》，1983（1）56—60。

1935 年从发酵和化学两方面研究了苎麻的脱胶问题，取得了丰硕成果，使苎麻脱胶获得成功，得到细软洁白适用于纺纱、织布的苎麻。

五、肥料方面：研究利用海藻和矾石作为钾肥的来源，磷肥的原料采用海州的磷灰石矿，氮肥的研究除参加永利宁厂技术上的工作外，实验室工作多偏重微菌的应用，如农村的堆肥与植硝等。

六、轻金属：1928 年就注意到炼铝工业的重要性，初时使用复州黏土作试验原料，后又改用山东博山铝土页岩矿石为原料，于 1932 年完成了提制铝氧的初步工作。1935 年试炼出我国第一块金属铝样品，并用以铸成飞机模型，以志纪念。

开展了明矾石综合利用的研究，包括石灰法、碳酸钾法等，以及对硫酸盐和钾盐的利用，都做了详细的研究。

七、水溶性盐的研究，首先研究了如何利用长芦盐区废弃苦卤，供企业家设厂应用。继之对内蒙古碱湖进行了调查与样品分析。后又接受盐务局委托，调查河南的硝盐与河东的池盐，研究了综合利用的方案，供他们选择采用。

海盐或多或少都含有钙盐和镁盐，这是大规模索尔维法制碱的障碍。1935 年研究了浓盐水的精制法，结果证明唯有利用熟石灰和碳酸铵法设备简单，经济合理，适合制碱工业的程序。[①]

黄海化学工业研究社从创办初期即努力搜集各种中外书刊和参考资料。1933 年于塘沽新建成一所图书馆，承马相伯老人题写馆额，规模大为扩充；更努力添置古今中外有关书籍、刊物，对我国古代炼丹术有关的资料也多方搜集，借以探索古代化学的渊源。[②]

1933 年 5 月 31 日，国民政府的熊斌和日本的冈村宁次在塘沽签订卖国的《塘沽协定》，国民党政府本拟借黄海化学工业研究社新建的图书馆进行签字仪式，经范旭东、孙学悟严词拒绝而未能得逞，显示了范、孙两人的拳拳爱国之忱。

---

　　① 王培德、赵博泉：《"黄海"三十年》，录自《化工先导范旭东》（159—172），北京：中国文史出版社，1987 年。

　　② 陈调甫：《范旭东与黄海化学工业研究社》，录自《文史资料选辑》80 辑（60273），北京：文史资料出版社，1982 年。

团体的喉舌《海王》

随着久大（1914）、永利（1917）、黄海（1922）、永裕（1922）四大事业的陆续创办和不断发展壮大，尤其是永利闯过技术关（1926），闯过市场关（1927），使优质廉价的产品畅销国内外市场，社会声誉日隆。永利、南开、《大公报》成为家喻户晓的华北三大宝。为了"互通消息、联络感情"，范旭东于1928年9月20日创办了"永久黄"团体的内部刊物《海王》旬刊（国内第一份企业办的杂志），由范旭东主持，在天津出版，并亲撰"海王发刊词"以明宗旨。抄录如下：

塘沽的事业自民国三年久大呱呱坠地以来，譬如一个小孩，还是未成龄的高等小学生，幸亏他拼命地干，不仅自己有了建树，同时他那永利、黄海、永裕三个小弱弟，也靠他提携保护，都渐渐地成长起来了。在平常人家，有了兄弟一个，就够他一家的荣誉，现在我们一家有四个兄弟之多，也真够大的了。从前局促在塘沽一个村落里的兄弟，早已跑上国家舞台，他们更进一步，直奔国际路上去了，不过他们兄弟都还在幼年时期，社会诱惑又多，压迫又厉害，他们这样勇往直前地干，究竟能理解的人少，抱悲观的人多，也真亏他们努力啊！他们既是各奔前程，所以，他们的范围越闹越宽，团聚的机会也一年比一年少，这真是大幸中一件至小的不幸，早就应该补救的。因此，我们办了这个旬刊，每隔10天，大家得报告报告近况，行者居者都能互通消息。虽说没有什么太了不得的价值，譬如每10天大家写一封家信，也是一件很愉快的事。有时能介绍一些新知识和好笑话，在旬刊上发表出来，使兄弟们做工和讲买卖的余暇，拿了解闷，比吃两粒劣质仁丹必定还有效些。况且家乡风味，大家当然没有不喜欢的，不仅是喜欢，还能够鼓励我们向前迈进的勇气。所以，这个赠品，可以说是"千里送毫毛"，礼虽说是轻，情意却是很重的，也不可太小视它。①

《海王》出版初期仅为日报半张大的一页，短小精悍，内容充实，头段记载是工程和管理上的一套正经话，接着是"永久黄"团体各部门工作梗概，末尾一栏（俗称报屁股）就是读者最欢迎的"家常琐事"，有闻必录，集"永久黄"团体罗曼史大成，字里行间，不论是个中人也罢，局外人也罢，读之莫不眉飞色舞。

1932 年塘沽事业进展很快，人事日趋繁复，范旭东成立久大、永利、永裕、黄海联合办事处，聘阎幼甫为办事处主任，除管人事、福利，应付当地复杂环境外，兼任《海王》旬刊的编辑出版工作。

阎幼甫是孙中山的拥护者，同盟会会员，追随孙中山先生，致力于推翻清政府的革命斗争。他曾留学德国，历任浙江省政府秘书长、公安局局长、民政厅长等职。他体魄魁梧、浓眉大眼、形态威严，然性格和善可亲。他经验丰富，诙谐善谈，且文学文字方面造诣也深。

范旭东请他掌管内外事宜，又让他主编《海王》旬刊。在"永久黄"团体中大家一致认为：工厂（永利、久大、永裕）是团体的生产事业，黄海是团体的神经中枢，《海王》是团体的喉舌。

自《海王》第 5 年（1932）起，旬刊迁至塘沽出版，改成 16 开装订本，面目改观，篇幅增加，内容丰富多彩，庄谐并举，雅俗共赏，反对板起面孔说教，既刊登科学论文、管理经验、时事评论，还有杂文、诗歌、游记及风趣的"家常琐事"，深受职工欢迎，每期最多达 40 余页，印数最多至 6000 余份。

由于"永久黄"团体在事业上发展迅速，加上《海王》旬刊有声有色的宣传，更加深了社会各界对"永久黄"团体的认识。仅 1935 至 1936 年，上海、杭州、南京、汉口、广州等地的工商业者、科技工作者、大学生、留学生前来塘沽参观永利、久大的就络绎不绝，塘沽一时成了众人向往的

①　范旭东：《为什么要办旬刊》，《海王》第 1 年 1 期，民国 17 年（1928）9 月 20 日。

中国民族工业的圣地。

1934 年，为了发展事业的需要范旭东在《海王》刊出《为征集团体信条请同仁发言》一文，指出：“每个团体都有一个目标，凡属团体各分子都努力以赴之；有组织、有计划、有信条、意志统一，步伐整齐，一心一德，不顾一切往前迈进，如此集各个分子的力量，一变而为团体的力量，此所以团体力量大，其事业乃得以成功。”[1]但是意志要怎样才能统一呢？海王社同人认为，要团体意志统一，必要有团体的信条。这信条，既不是政治意味的，更不是宗教形式的，乃是以真理为出发点，而以应付目标为归依的一种实际的团体生活规律。不过这规律，并非带有强制性的，像法规一般，而是自自然然的，由团体内各分子，大家都觉得非有这样的团体生活规律（即团体信条），不足以使各个分子团体化。简单说一句：所谓团体信条，就是团体内各个分子共同悬为信念的标的，同时即为达到统一团体意志的臬圭。”[2]“我们没有成见，希望本篇发表之后，凡属团体同人，无论职员工友，都认真地看一遍，并请详加考虑把各人所感到的，一条一条地写出来，于 4 月 20 日前寄由海王社汇齐修订，即在 24 期上发表。诸位，这也是团体一件重要的事，大家都有发言的责任，千万务请赐教！”[3]

在广泛征求意见后，又经过认真讨论，制订了“永久黄”团体的四大信条：

一、我们在原则上绝对相信科学；

二、我们在事业上积极发展实业；

三、我们在行动上宁愿牺牲个人，顾全团体；

四、我们在精神上能以为社会服务为最大光荣。

这四大信条对维护“永久黄”团体的巩固起到了精神支柱的作用。范旭东早在 20 世纪 30 年代就在“永久黄”团体努力培植企业文化，用经过全体职工深入讨论一致认同的四项信条来统一职工的意志，凝聚全体同人，统一步调，推动企业发展。范旭东这种努力培植企业文化、企业精神，并用以来凝聚职工意志、推动企业发展的意识，不仅在中国，就是在当时的

---

① 范旭东：《为征集团体信条请同仁发言》，《海王》第 6 年 19 期，民国 23 年（1934）3 月 20 日。

② 同上。

③ 同上。

世界上也是超前的，富有创新精神。

范旭东用自己"国强才能国威"的信念踏出一条成功之路，而他亲手制定的"四大信条"，则是使他走上成功之路的另一条秘诀。他用高尚的爱国主义精神，强烈的民族责任感去凝聚全体员工，用"相信科学""发展实业""顾全团体""服务社会"这些体现员工意志的团体精神去培育全体员工。①

范旭东本人，不仅因为制定了"四大信条"而成为培育"企业精神"的先导，同时他也用自己的身体力行，而被公众认为是实践"四大信条"的楷模。

《海王》历来高举爱国主义的大旗，抗战以来力主"御侮建国"。在《海王》旬刊上大声疾呼："我们绝对相信，中国必须御侮，才能建国，才能永绝外侮。荣幸得很！海王的主张竟与现实全国一致的共同目标——'抗战必胜，建国必成'相吻合。现时无数热心同胞，为达这一目标正在壮烈地和敌人拼着生命。此后，海王惟有肩起贯彻主张的责任，赴汤蹈火，在所不辞。"②

《海王》旬刊遵循范旭东的办刊宗旨，极力提倡科学应用于中国，介绍新知识于国民，从工业到农业，从宇宙到海洋，从金属学到菌学，包罗万象，应有尽有。孙博士"扩充人生"的哲理文章，方心芳关于菌学的学术论文，侯德榜的"旅美日记"，范旭东的"管制日本工业之我见"，阎幼甫关于文字改革的文章，李烛尘的"久大走向新生途中的管见"都先后在《海王》上发表，它们既为普及科学文化做出了贡献，又对"永久黄"团体的发展起到指导作用。社会各界也因《海王》影响日大，各界名流投稿踊跃，仅《海王》第9年（1936—1937）就发表了社会上知名人士有影响的文章十余篇：

何　廉　中国工业化之切要及其推进方法（2 期）

秉　志　急务耶不急务耶（4 期）

王芸生　怀塘沽（5 期）

陈聘丞　求中国工业化之几个基本问题（6 期）

---

① 刘存福：《弘扬四大信条宗旨，拓展红三角事业》，录自《红三角的辉煌》，天津：新华通讯社天津分社，1997 年，第 199—208 页。

② 劳人（范旭东的笔名）：《复刊词》，《海王》第 11 年 1 期，民国 27 年（1938）7 月 7 日。

董时进　清庚款管理机关遴派技术人才赴欧美考察刍议（9 期）

章鸿钊　对于工业专科一个提议（14 期）

胡景伊　"自立更生"应速发展职业教育（19 期）

胡先骕　促进工业建设之三要素（21 期）

马寅初　中国工业迟滞之原因及其救济方法（24 期）

这些文章读后使人大开眼界，发人深思，催人奋进，旬刊也因此声誉大振。

范旭东对《海王》是着力关心、真情爱护、尽心培植的：不论是在天津的《发刊词》、在长沙的《复刊词》，还是在乐山为纪念《海王》十五周年而写的《海王万岁》等重要文章他都亲自撰写，从不敷衍。他有一段很亲切的文字评价《海王》："像《海王》这样和我们亲近的朋友，介绍只是多事。他直谅多闻，受人崇敬，不止一天；难得的，他有书生本色，毫无做作，乐与人为善，不道人长短；他的精神始终不变，总归是积极的。我们交结十五年了，清淡如水，从来不拘形迹，不知者以为大家既这样疏远，一定是可有可无的，实则他是团体中最重要的分子，是紧结这团体的胶着力。我们有了错处，受他的潜移默化、自然改悔；误入了迷途，他像晴夜的灯塔般指点方向。同事众多，尽有闻名不曾见面的，谁都认识《海王》，个个都惦记着他的动静。社交场中，尽有与本团体素昧平生的，请教尊姓大名之后，必然表示与《海王》曾似相识。我们自家人，因为太亲密的缘故吧，反而想不到《海王》竟有这般魔力。"[①]

范旭东常说他是《海王》的忠实同志，每期《海王》他都整个地看一遍，尽管事忙，也绝不放过。他经常对《海王》的编辑工作提出宝贵意见，推进《海王》发展。《海王》历来是同人义务帮忙为它写稿的。范旭东对写稿总是最积极的，他每在因公而外出时，几乎都有文稿寄来。在抗战期间，他的事情那么忙，心绪那么不宁，他仍然不断地为《海王》写东西：民国29 年（1940）10 月，经香港去美国，在船上、在旅馆中写了几万字的《长征》；由香港脱险归来，写了篇《往事如尘》；后来到仰光布置运输、督运器材，住了81 天，在骄阳似火的暑天写了《南风》；民国33 年（1944）在

---

① 常青（范旭东的笔名）：《海王万岁》，《海王》第16 年1 期，民国33 年（1944）9 月20 日。

大病一场之后写《重庆耒阳来回一趟》……前后为《海王》写了不下百篇的稿子。

范旭东在《海王》发表文章，除必要时用名、号外，大多数都用笔名，有的甚至不署姓名。范旭东笔名经常文换名异，很少相似，如劳人、问天、心平、拙、海译、空空、竞、阿三、常青……全是范旭东的笔名。[①]范旭东到底有多少笔名，连《海王》的编者也弄不清楚。范旭东经常变换笔名，主要是他希望"阅者去信仰文，莫去信仰名"。这充分体现了他的民主作风。

范旭东重视《海王》是一贯的，在抗日战争中经济最困难的时候，他两次对《海王》编辑说过："黄海与《海王》，当掉裤子也要干！"这样的话阎幼甫听得更熟。1939年范旭东在五通桥向傅冰芝、孙学悟、侯德榜、阎幼甫、许腾八等人说："《海王》对团体、对社会已起了作用，我们今后应视《海王》和黄海社同样重要。"[②]黄海是团体的神经中枢，范旭东当然看重，可《海王》为什么可与黄海相提并论呢？这就是范旭东见解高远之处了。

《海王》在范旭东的大力支持和全体编辑人员的努力下，自民国17年（1928）创刊至民国38年（1949）停刊的20年间，民国17年（1928）到民国21年（1932）在天津；民国21年（1932）到民国26年（1937）7月7日在塘沽；民国26年（1937）7月7日到民国27年（1938）7月7日因日寇大举入侵（第9年33期不能发出暂告停刊），《海王》社自塘沽搬迁到长沙而停刊；民国27年（1938）在长沙复刊到民国27年（1938）10月在长沙继续出版，民国27年（1938）10月到民国28年（1939）3月，因广州和武汉相继失守，长沙大火，海王社被迫再次停刊；民国28年（1939）3月30日在四川乐山复刊，至民国35年（1946）上半年在乐山洙泗塘出版，民国35年（1946）下半年迁四川重庆沙坪坝永久村出版；民国36年（1947）迁南京大悲巷出版至民国38年（1949）南京解放后停刊，其中除两次因战争破坏曾短期停刊外，每年都出满36期。她为"永久黄"团体积累了丰富的历史资料，圆满地完成了她的历史使命。

范旭东的"永久黄"团体，实际上是他"实业救国"的实践行为，而

---

① 《海王》第20年17期，民国37年（1948）2月28日。
② 《海王》第20年1期，民国36年（1947）9月20日。

《海王》旬刊所体现的思想是他"实业救国"的理论所在。谈范旭东的事业必然得谈《海王》，因为《海王》充分体现了范旭东注重科学、尊重人才、以科学为动力、促进生产力发展的思想体系，[①]也一步一个脚印地反映了范旭东事业成功的艰难历程。

①　李琳：《〈海王〉与兴国兴厂》，录自《红三角的辉煌》（300－303），天津：新华通讯社天津分社，1987年。

虎口余生

　　1928 年，塘沽碱厂在技术和经营上刚透过一口气，那位不知疲倦的范旭东，又开始琢磨他新的进程。他与黄海社的孙学悟讨论以农立国，化肥在发展农业中的作用和国外合成氨工业的进展；和侯德榜既谈著书立说，又谈基本化工中的合成氨、硝酸、硫酸的技术；和李烛尘谈事业发展进程中经营管理的科学化问题；让余啸秋详细了解历年洋商经营各种化工原料、化学肥料的情况；又让陈调甫多学些新知识，开阔眼界，着手进行化工资源的摸底工作……总之，那些日子范旭东不是翻阅资料，就是深思苦索；不是和"永久黄"同事讨论各种各样的问题，就是向社会政界、经济界的朋友请教，交谈内容之广泛，使人有种海阔天空不着边际之感。有一次，这几位老友逼着范旭东说说他的葫芦里到底卖的什么药？范旭东微微一笑："我又有什么想法？万变不离化工，所想无非全在各位心中。"

　　这些日子范旭东很高兴，因为通过多次的交谈，使他确信"永久黄"团体的骨干们的想法和他基本上是一致的，他们中间大多数还是书生意气，都还想着科学救国，实业救国，很少有人想躺在永利纯碱、久大精盐稳定可靠的利润上去享清福，还都愿意自讨苦吃，为振兴中国的化工事业再苦干一番，把永利的事业推向前进！

　　范旭东从孙学悟那里听到有关合成氨工业发展的一段故事：在合成氨发明以前，各国都要到智利去买硝石。德国化学家奥斯特瓦尔德认为，如果哪一个国家能将智利的硝石控制住，就能取得战争的胜利。因为没有硝石就不能制造硝酸，没有硝酸就不能制造炸药。第一次世界大战初期，德军根据奥斯特瓦尔德的意见派军舰到智利沿海去监视。后来德国的海口被协约国封锁，硝石的来源中断。哈伯（Haber. F，1869—1934）和波许（Bosch.

C，1878—1940）两人发明了从空气中取氮制合成氨的新工艺，解了德国军队缺乏炸药的燃眉之急。

范旭东又从余啸秋那里知道，过去我国农民只知使用人畜屎尿、豆饼、绿肥等农家肥料，近年来南方风气渐开，知道用肥田粉可增加产量。因此，这几年肥田粉进口量急剧增加，大量白银滚滚外流。这使范旭东意识到"要振兴以农立国的中华，兴办氨、酸工业实是当务之急"。

1929年永利制碱公司在《海王》旬刊上第一次透露要兴办硫酸厂的意图。同年，范旭东呈文国民政府发展基本化工，提出以2000万元兴办酸碱工厂，其中以600万元办碱厂，以巩固永利已有的发明；以800万元办硝酸厂；以600万元办硫酸厂。实业部1929年4月对范旭东建议的批文是满口赞词，但徒托空言，毫无具体内容。

1931年侯德榜第三次赴美，向范旭东辞行时，范旭东语重心长地对侯德榜说："我们国家科学落后，工业落后，国运不振，国力不济，而洋人往往持科学、技术、经济、军事的优势来欺凌我们。永利纯碱的10年苦战，不就是在技术上、经济上与洋人作殊死拼搏中过来的吗？现在我们纯碱成功了，我们再也不能步洋人后尘，把制碱技术作为向弱小民族进行敲诈勒索的资本。你这次去美国，一定要把《制碱》这本书整理好，修改好，向世界公开索尔维制碱的秘密，为中华民族争光。

"酸碱是化学工业的基础，公司已决定兴办硫酸厂、合成氨厂，这些对我们来说都是生疏的，我们再也不能像搞碱那样瞎摸了。这次你去美国一定要多多地了解、掌握有关制酸、制氨的工程技术，回来后好大干一场。任重道远，祝君一路顺风。"

1930年12月孔祥熙出任国民政府实业部部长，曾命技术厅会同工业、农业、矿业各司拟具十项实业计划，其中一项即创办硫酸铵厂。当时我国沿海各省所用的硫酸铵（肥田粉）皆从英国、德国进口，"每年达30万吨左右，支付外汇二千数百万元，漏卮之钜，实堪惊人"。由此，国民政府实业部决议自行设厂制造。[1]这项计划在上海各报发表后，引起了当时在中国推销硫酸铵最多的英商卜内门公司（Imperial Chemical Industries）和德

---

[1] 南京化学工业（集团）公司《南化志》编辑委员会：《南北志》(41)，北京：中华书局，1994年。

商蔼奇颜料公司（I. G. Farbenindustrie, A. G）的注意。1931 年夏，上海卜内门公司经理翟光安（G. F. R. Jackson）写信给实业部表示，"英、德公司愿他俩公司的总公司在欧洲创办硫酸铵厂的经验与中国政府合作，组织中国氮气公司，在中国创办硫酸铵厂。"①

1931 年夏天后，孔祥熙派实业部技监徐善祥和技正邹秉文在上海卜内门公司和英、德两公司做初步的商谈，英商的代表是上海卜内门公司经理翟光安，德方代表是上海蔼奇公司经理舒溥德（Schubert），后实业部又增派技正刘荫茀参加。会议一开始，英、德代表反复阐述：中国不必自己办厂，因为英、德两公司的技术高，制造成本低，中国万难跟上，不如就买英、德货以增加农业生产等。经中方代表严词驳斥之后，英、德代表始同意就合作办厂问题进行商谈，但又提出必须先从调查入手，由中、英、德三方各派两人在中国各地从事调查原料来源及设厂地点等。

经过几次会谈，我方人员弄明白：对方的主要目的是销货赚钱，把中国作为他们倾销商品的市场，合作办厂简直是与虎谋皮。所以，我方人员决定两手准备，一面和英德人员保持联系，一面另图良策。为此实业部代表邹秉文到天津找创建碱厂获得成功、又曾向政府呈文创议在我国兴建酸碱大业的范旭东。两人在天津洽谈得非常投机。兴办硫酸铵厂正是这两年永利同人梦寐以求的事业。所以，邹秉文提出请范旭东出任政府创办硫酸铵厂的筹备委员时，范旭东不仅欣然同意，而且还力荐陈调甫参与其事。当邹秉文要回南京复命时，范旭东给实业部写了一封信（1931 年 9 月 7 日信），并附黄海化学工业研究社撰写的"创立氮气工业意见书"一份。可见，当时"永久黄"同人对在我国创办氮气工业的大事是早已胸有成竹的。

邹秉文一到上海，就将范旭东的信面呈孔祥熙，并切实介绍了范旭东的为人。孔同意任命范旭东为中国氮气公司的筹备委员。邹秉文 9 月 12 日致电范旭东，宣布范已被聘为筹备委员并请他速到上海开会。聘书送到范旭东手里的日子，恰是"九一八"事变的日子。范旭东在后来的回忆文章中曾写道："记得通知送到公司，恰好是'九一八'的第二天，大家的情绪极不自然，无意中都想到氮气工业和国难的因果，更叫人兴奋。设想如

---

① 邹秉文：《永利硫酸铔厂建厂过程》，录自《文史资料选辑》第 19 辑，北京：中华书局，1961 年，第 95－111。

1915 年的德国，不遭敌军包围，没有亡国的危机，这门工业或者到今日还是空中楼阁。中国在这当儿，要办氮气工业，我们决不要忽略这段历史。这是当日大家的口约，回忆起来，真是感慨无量……"

　　1931 年 9 月 28 日范旭东在上海参加一天的筹备会，听出了委员中对创办硫酸铵厂的意见不一，有的主张"中外合资"，有的主张"官商合办"。范旭东对"中外合办"之议"颇费踌躇"，也不主张"官商合办"。他认为："中国人必先苦苦地干一番，至少要自己站得起来，才接受得起人家的帮助。否则不是人家帮助我们，倒是我们帮助人家消纳资本扩充市场了！因此，在目前中国情况下，我们对于利用外资合办工业的问题，不要轻易赞成。"他也反对"官商合办"，他认为，"官营企业历来没有好成绩，不一定是当事人不道德，总有一个使它失败的理由。"①范旭东还说："与其受洋人挟制，还不如干脆自己干！"

　　在中、英、德关于合作创办硫酸铵厂谈判进程缓慢、毫无实际进展之际，范旭东趁机积极进行自办铵厂的准备工作。他一方面派陈调甫参加三国调查组的工作；另一方面乘国民政府实业部长由孔祥熙改任陈公博之际，积极推荐永利的黄汉瑞（范旭东已故老友黄孟曦之子）给陈公博当秘书，参与机要，加强联络，收集硫酸铵厂谈判进展情况，抵制中外合资。②

　　1931 年 9 月 29 日范旭东在给余啸秋的信中告知：将于 9 月 30 日乘德和轮船赴汉口，对黄石港及湘潭两地做实地调查，为将来的设厂地点预做准备。可见范旭东对自办硫酸铵厂态度是何等的积极和坚定。

　　陈调甫是范旭东介绍的中方调查员之一，因而也参加筹委会的工作。调查员除中方的陈调甫、王百雷外，英方为森谱声（M. T. Sampson），季培德（J. W. Gibb）；德方为华伦司（I. Fathrenst），伊宣恩（E. Schoen）。6 位专家于 1931 年 11 月由上海出发，经南京、汉口而到长沙、湘潭、常宁、松柏、株洲等地，调查了煤、焦和黄铁矿的质量、储量及分布情形，同时对设厂地点，也在沿途进行了勘察，12 月下旬返回上海整理报告。1932

---

　　① 张能远：《永利硫酸钲厂始末》，录自《化工先导范旭东》（118－129），北京：中国文史出版社，1987 年。

　　② 张能远：《永利硫酸钲厂始末》，录自《化工先导范旭东》（118－129），北京：中国文史出版社，1987 年。

年2月14日到3月16日，重返株洲进行再次调查。

在中、英、德三国专家关于选厂及资源调查尚未进行时，1931年9月，邹秉文在上海结识了一位美国氮气工程公司总经理蒲柏上校（Col. Frederid Pope）。接谈后蒲柏说："美国氮气工程公司曾为苏联、日本等国设计创办过硫酸铵厂。今路过上海听说中国政府有意创办硫酸铵厂，特来拜访。"并说，"美国氮气工程公司并不出售机器，只代人设计，帮助选购机器，主持装配，指导开车等技术工作。"邹秉文当即要求蒲柏在最短时间内给出两个报价：年产7万吨硫酸铵厂的建设费用和每吨生产成本；年产3.5万吨硫酸铵厂的建设费用和每吨生产成本。邹秉文随后又将蒲柏介绍给孔祥熙、范旭东和徐善祥。上述两份估计书蒲柏也于1931年10月17日从日本寄来。年产7万吨厂的建设资金为352万美元，每吨硫酸铵成本为92.65银圆；年产3.5万吨厂的建设费为213.5万美元，每吨硫酸铵成本为103.25银圆。设计费仅10万美元。

事情正巧。当蒲柏在上海访问邹秉文前2个多月，美国氮气工程公司的工程师白斯脱（W. H. Baxter）因在苏联参加建设硫酸铵厂，工作完成后到中国天津，这位白斯脱正是在永利工作的 G. T. 李的老朋友。老友在异国相会十分高兴，G. T. 李又将白斯脱介绍给范旭东。范与白斯脱1931年6月30日见面，彼此介绍了美国氮气工程公司和中国创设硫酸铵厂的情况。范旭东对美国氮气工程公司很感兴趣，过后彼此还保持了联系（作者注：在这以后2个多月，美国氮气工程公司总经理蒲柏上校"突然"在上海造访邹秉文，可能与这次范旭东与白斯脱在天津的会见有关）。

在中、英、德三国协同调查完后，英、德双方久无动静；经实业部多次催促，始迟迟送到一份极其笼统的"估价书"，年产硫酸铵4.5万吨的厂建设费为1500万银圆；年产3万吨的硫酸铵厂建设费为1100万银圆；设计费为100万美元。实业部认为"估价书"过于笼统，要求他们分门别类地重新做出详细估价（这份估价书直到1933年10月会谈破裂时也未交付）。

1933年2月英国帝国化学工业公司（即上海卜内门公司的总公司）派柏烈上校（Col. Pollitt）来华，并携来一份建议书，送交实业部。建议书中提出种种苛刻条件，其中最不可容忍的是"在12年内，中国政府不得在湖南、湖北、江西、安徽、江苏、浙江、福建、四川等 8 省和任何其他公司合作开设新厂，以及上海英、德两公司组织联合公司包销中国氮气公司所出产品等项。"当时实业部认为条件苛刻，不能接受，通知英、德公司终止谈判。可是英方仍不罢休，在 1933 年又派总公司董事长兼经理麦高温爵士（Sir Harry Mogowan）来上海，在宋子文家再次会谈，但仍是老调重弹，也没有取得任何进展。最后由实业部通知英方，条件不能接受。麦高温于 10 月黯然返英。

邹秉文于 1933 年 11 月上旬接孔祥熙来电，要邹到南京谈硫酸铵厂事。据孔夫人宋蔼龄说："麦高温有私函致孔，说硫酸铵厂事，是中、英合作的第一件事，此而不成，以后就更难望成功。"[1]由此可见，麦高温对宋子文施加压力不成后，转而对孔祥熙施加压力。

为了加速办硫酸铵厂的进程，范旭东以有"报国重任"为旨，急电召回在美国进修的侯德榜。当侯德榜看到 1933 年 2 月柏烈提交的近似强盗行径的所谓"建议书"的内容后，怒火中烧，他按捺不住内心的激动对范旭东说："范先生，他们欺人太甚啊！建议书的口气和你在庐山上听到的李德立的谰言、在大连听到的尼可逊的狂言不是同出一辙吗？卜内门和我们的较量已不止一次了，20 年代的惨败，没有改变他们 30 年代的嘴脸，真是本性难改！当年我们有勇气和卜内门决一死战，现在更应该有决心为中华民族肩负起办铵厂的重担。"[2]

"好！你说得好！德榜兄和我们全想到一起了。自你出国以后，'永久黄'团体的同人日夜焦虑苦思，为的就是扩大碱厂，稳定生产，再腾出手来发展硫酸、合成氨、硝酸、硝酸铵、硫酸铵工业，展开化学工业的另一只翅膀。目前实业部也认为英、德条件苛刻，不能接受，中断谈判。就国内条件来看，现在是我们接办硫酸铵厂的最好时机。但是……"范旭东缓了一口气，又接着说："我还是坚持这个主张，事情要就不办，办就办成，办就办好！前些日子和邹秉文交谈，他说办一个年产 5 万吨硫酸铵厂至少要 1200 万元的资金，这可是一个非同小可的数目。氨和酸的技术对我们来

---

[1]　邹秉文：《永利硫酸铔厂经过》，录自《文史资料选辑 19 辑）（95—111），北京，中华书局，1961年。

[2]　录自李祉川的回忆。

说又是一个崭新的东西。所以，在下决心之前，一定要在资金和技术两个问题上有相当的筹划，在没有把握的情况下，切不可贸然而行。"[1]

侯德榜深深感到范旭东所言切中要害，为了解除范旭东对氨、酸技术问题的疑虑，他把各国氨、酸工业发展情况向"永久黄"同人做了详细的报告，侯德榜认为："当前在合成氨技术上世界各国是互相竞争，互相排挤，加上目前世界经济正处在萧条之中，各国竞相出售制氨、制酸的技术、设备，各设计公司也纷纷登广告承接氨厂设计。所以，办氨、酸工业就国际条件来讲和永利当年办碱厂的情况已不可同日而语，对我们是十分有利的。加上我自己这两年在美国学习了一些有关合成氨的理论和技术，又参观了不少设备制造厂和合成氨厂，我们永利又有相当雄厚的技术力量。从这些方面看来，只要我们努力工作，兴办氨、酸工业在技术上，我感到问题不算太大。"[2]

永利同人听了侯德榜这番鞭辟入里的演讲后都十分兴奋，纷纷赞扬侯德榜这两年不虚美国之行。范旭东、李烛尘、陈调甫、孙学悟、余啸秋这些日子以来为之犹豫、苦恼的两个问题中，看来技术这个问题是有些眉目了。

对技术问题心中有底后，矛盾就集中到资金问题上。在范旭东看来，资金问题不便和侯德榜多谈，免得徒增这位书生的苦恼。范旭东和团体内外有关经济方面的专家开展了多方面的磋商和筹划，几经波折，在邹秉文和金城银行周作民的大力帮助下得南方银团的支持。1933年9月和上海银行的陈光甫、金城银行的周作民、浙江兴业银行的徐新六及中国银行的张公权达成口头约定：由上述四行各借300万元给永利兴办氨、酸工业。

1933年10月实业部在公开拒绝和英商继续会谈合建硫酸铵厂后不久，就明确表示希望范旭东出来主办。

1933年11月21日范旭东致电"永久黄"总办事处，决心自办硫酸铵厂。电文如下：

> 硫酸铵厂事，经几许波折，渐得各方同情，资金有着。下午赴京，

---

① 李祉川、陈歆文：《侯德榜》（91），石家庄：河北教育出版社，2001年。
② 李祉川、陈歆文：《侯德榜》（91），石家庄：河北教育出版社，2001年。

请当局辞谢外商，决由自办，前途荆棘，尚待刈除，责任至重，切盼吾同人本以前创办公司之刻苦精神，为中国再奋斗一番。虎口余生，值得努力，谅具同感。原电寄幼兄，转"永久黄"同仁，并电告永裕。旭、马

1933 年 11 月 22 日永利正式向政府呈文备案创建硫酸铵厂。行政院于 1933 年 136 次会议通过决议，12 月 8 日实业部部长陈公博电告范旭东："本日院议通过硫酸铵厂由兄办理，惟附限于动工之后两年半内成立之决议，特此通知。"[①]

接到政府通知后，永利同事无比兴奋，矢志同心，要在范旭东的领导下，用创办塘沽碱厂艰苦奋斗的精神，投入到建设铵厂的事业中去，为中华化学工业的腾飞再苦斗一场。

---

① 邹秉文：《永利硫酸铔厂建厂经过》，录自《文史资料选辑》19 辑（95－111），北京：中华书局，1961 年。

再展化工一翼

关于硫酸铵厂的厂址曾有四个方案：①上海杨树浦电厂附近；②湖南株洲或湘潭下摄司一带，③江苏六合县（今南京市六合区）卸甲甸；④安徽马鞍山。

银行界人士认为，上海有洋人势力，工厂设在租界里，投资有保障。但上海地价太高，杨树浦一带一万多平方米的地皮索价 70 多万元，且没有发展余地。范旭东坚决不同意这一方案。事后范旭东说："这些财东一定要把这出戏放在他们大门口唱才放心，真是没办法。"[1]侯德榜调阅由陈调甫参与的前后两次关于资源和厂址调查的材料，又和陈调甫一起在上海、卸甲甸、马鞍山、株洲等地进行复勘，最后又对南京长江下游 10 公里处北岸的卸甲甸进行重点勘测。卸甲甸面江背山，万吨海轮在水路可畅通无阻，陆路距津浦路干线仅 25 公里，水陆交通两便，宜于工业建设。由于卸甲甸地处国民政府首都南京郊外，在此建大型化工厂可繁荣市场；面临长江，水源丰富，且此处水深，适宜建造码头，可停泊万吨巨轮；对岸下关有首都电厂电力供应就近；土地贫瘠价格便宜，易于征购；当地农民多，易于解决带动力问题……等优点。[2]范旭东、侯德榜同意陈调甫的选择，也征得银团的同意，决定将厂址定在卸甲甸。

1934 年 3 月 28 日，永利制碱公司在天津召开临时股东会，到会股东 70 余人，会上决定：①永利制碱公司更名为永利化学工业公司，在天津设管理处；②增加股本，除原 200 万元外，增加新股 200 万元，由上海商业

---

[1] 章执中：《爱国实业家范旭东》，录自《化工先导范旭东》（32—49），北京：中国文史出版社，1987 年。

[2] 南京化学工业（集团）公司《南化志》编委会：《南化志》（41），北京：中华书局，1994 年。

储蓄银行、金城银行和中南银行投资。又因当时永利实际财产已超过额定股份 150 万，则又把旧股 200 万元升值为 290 万元，新股升值为 260 万元，总股额定为 550 万元。1934 年 4 月 30 日新旧股东在天津总公司召开成立大会，选举周作民、景韬白、陈光甫、范旭东、侯德榜、周素梅、刘君曼、余啸秋、李烛尘为董事，王孟钟、吴少皋为监察人。[①]

1934 年 11 月永利化学工业公司行政会议宣布新的任命：范旭东为公司总经理；李烛尘为副总经理；侯德榜为公司总工程师兼碱厂、铵厂厂长。在公司励行新组织的会上，范旭东说："把硫酸铵厂的建设工作，从虎口里夺了出来，就国家安全上说，这当然是有重大意义的。就永利本身来说，简直是自讨苦吃。此时万一我们应付不得法，便可动摇根本。这并非危言耸听。有事实摆在眼前：在铵厂出货前，每年 38.5 万元的利息，和一切开支，都要由每天一百多吨的纯碱来负担，这事已成了铁案的；出货之后还有外货倾销的压迫，不知要经过多少时候的奋斗才能克服得了；……诸如此类，说不胜说，我们大家要十分觉悟！"[②]

新增股后资金仍不敷建设硫酸铵厂之用，又和银团商定发行公司债 550 万元，此外还和银行签订了一个临时透支 110 万元的契约。截至 1937 年"七七"事变，抗战军兴，连同参加永利公司的股金在内，各银行支援永利化学工业公司的资金分别是：上海商业储蓄银行 280 万元，金城银行 250 万元，中国银行 200 万元，交通银行 200 万元，中南银行 200 万元，浙江兴业银行 120 万元。此数同 1933 年上海四家银行和范先生口头约定的借款总额 1200 万元大致相符，只是增加了中南、交通两行。[③]

临时股东大会后，决定由侯德榜率队赴美国进行硫酸铵厂的设计工作。侯德榜在临行前按例和范旭东进行认真的交谈。侯德榜问："我这次的设计采购任务是否可归纳为优质、快速（指交货日期）、廉价 6 个字？"范旭东沉思了好一会儿，微笑着点了点头说："好！这 6 个字很重要，我想其

---

① 张能远：《永利硫酸铔厂始末》，录自《化工先导范旭东》（118—129），北京：中国文史出版社，1987 年。

② 范旭东：《对永利化学公司励行新组织之重要讲话》，《海王》第 7 年 10 期，民国 23 年（1934）12 月 20 日。

③ 邹秉文：《永利硫酸铵厂建厂经过》，录自《文史资料选辑》19 辑（95—111），北京：中华书局，1961 年。

中应以质量为主，要优中求快，优中求廉，尤其是设计所选的工艺和设备都必须是先进的，在这方面如有闪失，将会给我们带来千古的创痛。另外我想再补充一句，日本帝国主义侵占我国东北已 3 年了，现在热河又陷入敌手，华北岌岌可危。大敌当前，我们即使遇到优质、快速、廉价的日本货也不能要，决不能贪小利而失大义。这就是我要增加的一个爱国条件。这次你去美国可全权代表公司，责任重大。在外要多注意身体，我们等着你胜利归来。"[1]

1934 年 4 月 8 日，侯德榜率"永久黄"团体技术娴熟的张子丰、章怀西、许奎俊、杨远珊、侯敬思 5 人，从上海乘"日本皇后号"放洋东渡，赴美进行硫酸铵厂的设计、采购和培训工作。侯德榜一行先到加拿大考察了两个工厂，后又到美国考察了两个工厂：一个是采用德国哈伯法的硫酸铵厂，另一个是法国克劳特设计的兼产磷酸混合肥料的工厂。最后决定采用哈伯法。

侯德榜赴美仅两个月就和美国氮气工程公司签订了设计硫酸铵厂的合同。开始该公司索要设计费 19 万美元，后降至 15 万美元，经侯德榜再三折冲以 10.2 万美元成交（仅及英、德索价的 1/10 左右）。硫酸铵厂的规模为日产合成氨 39 吨、硫酸 120 吨、硫酸铵 150 吨、硝酸 10 吨。接着，随同侯德榜一起赴美的技术人员由美国氮气工程公司分别介绍到有关工厂实习。

在氮气工程公司完成初步设计后，侯德榜组织办事处的全体技师，对 700 多张图纸逐一进行严格审查、核对和修改，工作经常通宵达旦。设计工作进展顺利，1935 年春已基本完成。

采购过程中一些美国商人企图利用这个机会在永利身上大捞一把，他们甚至相互约定价钱，逼侯德榜上钩。譬如，硫酸铵厂需要四台深井泵，侯德榜向奇异公司磋商价格，奇异公司居然回信说不卖。原来慎昌公司曾经说："据永利人自己讲，这种水泵永利铵厂在所必需，且已指定购买慎昌的水泵。"慎昌公司认为这笔生意是自己囊中之物，就向其他公司打招呼，声称"谁对侯先生有意减价出卖水泵、慎昌将不择手段予以报复。"这使侯

---

[1] 李祉川、陈歆文：《侯德榜》（96），石家庄：河北教育出版社，2001 年。

德榜非常为难，幸得李国钦通力合作，才得以摆脱困境。

此后，为避免各种无谓的麻烦，永利在国外的采购任务就全面委托声誉卓著的李国钦所办的华昌贸易公司进行，由华昌贸易公司向世界各大工业发达国家发出询价书。在收到报价单后，就着手对各报价单位的信誉、实力、产品历史、使用效果等方面进行调查；确认可靠后，再对同一设备按价格、质量等方面进行综合比较，做出最后选择。整个工程仅就采购、调查、咨询……等来往电函就达 3 万份之多，可见工作之繁忙，细致。

在采购过程中侯德榜和李国钦紧密配合，始终坚持优质、快速、廉价、爱国的原则。凡是工程上的关键部门和关键设备，始终坚持质量第一。合成氨的高压机、循环机、水泵和铜洗设备，全采用德国货；合成塔、冰机、造气设备则从美国采购；锅炉是英国制造的，不锈钢设备则来自瑞典。有了这些优质设备作基础，就充分保证了工程质量。至于辅助车间的设备，在保证质量的前提下，尽量从拍卖市场的廉价品中挑选，从而既保证了质量，又节省了资金。在采购过程中，侯、李坚持不向日本厂商发函询价，不买一件日本货，坚持了爱国原则。

长年累月的谈判、参观、验收、组织培训、学习……不间断地熬夜，使身体健壮的侯德榜也支撑不住了。1935 年 8 月侯德榜染上了当时美国流行的"牧草热"（hayfever），但他仍抱病工作。这从 10 月 14 日他给范旭东的来信可见一斑：

> ……弟在美近两个月来患所谓牧草热甚剧，在美国患此病者甚多，轻重不等。弟患此不幸甚重，夜间鼻不能呼吸，不能入睡，由此而失眠，白天精神疲惫。但历来仍勉强工作，晚间尚需十一、二点始离开办公室返寓，所幸身体尚可支持耳。……弟实欲赶早结束回国。先母定下月中旬安葬。弟在美与各国事务待了，竟至愆期，不能返矣。故前日私人致舍弟敬思一电，请其务必届时返里。因舍下仅余女眷，乏人主持，情实难堪。昨天接舍间来信，忽报知被盗，窃去物件颇多。乡野不安，人民流离失所，盗贼充斥，中国之大，竟无一片净土，可谓伤心。……私人身体、家庭情况、国事情形，无一不令人烦闷，设非隐忍顺应，将一切办好，万一功亏一篑，使国人从此不敢再谈化学

工业，则吾等成为中国之罪人矣。……吾人今日只有前进，赴汤蹈火亦所弗顾。其实目前一切困难，在事前早已见及，故向来未抱丝毫乐观。只知责任所在，拼命为之而已。最后成败，均看此时坚忍毅力，如何，想同仁已鉴及此矣！……"

侯德榜集国难、家忧、疾病等困扰于一身，但仍在艰难困苦中奋进。"只知责任所在，拼命为之而已。"说得多好啊！

1936 年 3 月侯德榜结束在美事务，同解寿绪、侯虞簏（在美读完硕士学位）一起回国，在上海受到范旭东、侯敬思、芦鹏翔的热烈欢迎。

1934 年 3 月，江苏省政府训令指定六合县临江之卸甲甸、关帝庙等地方，准许永利铵厂购地 1300 亩。4 月 5 日永利铵厂代表张英甫、李滋敏与六合县政府代表包安保等 14 人就土地价格、房屋拆迁、安置就业等问题达成协议。6 月下旬厂址购妥。7 月起泰基公司进入永利铵厂工地平整场地，修筑纵横马路，建造码头，浇灌基座，盖厂房和公事房。[①]1935 年 5 月间国外定购的机件开始到货，9 月同，厂内建起 2 座大气柜高耸入云。江边建起双杆百吨起重机及趸船，以备从上海运进的百吨合成塔的吊卸。10 月百吨重之合成塔运到，并安然起吊落位。到年底共完成贮气柜 2 座，贮氨桶 7 座，贮酸桶 2 座。铁工厂，翻砂厂也陆续完工，投入生产。

1936 年 9 月，焦气厂、压缩部、合成部、精炼部也先后完工。12 月中旬，锅炉房、硝酸厂、硫酸铵厂的内外管线，冷水塔、江边深井等工程完工。1937 年元旦刚过，硫酸部、氨部、硝酸部、硫酸铵部纷纷向厂部报告验收完毕，原料备齐，开工前的准备工作就绪。

元月 4 日起，各部技师、技术员、技工均进入岗位，开始倒班作业。我国第一座规模宏大、设备先进的综合性化工厂即将投入生产。

元月 26 日下午 5 点，第一批合格的硫酸生产成功；元月 31 日夜，在液氨槽收到 99.9% 的液氨，完全合乎要求。这一消息像一声春雷在铵厂上空炸响，人们欢呼雀跃。3 年来大家辛勤劳作，今天就像听到这婴儿落地的第一声哇哇啼哭，那样清脆，那样悦耳。大家互相小心翼翼地传递着装在玻璃试管中的氨样，闻着从试管里散发出来的氨味，觉得比世界上最醇

---

① 南京化学工业（集团）公司《南北志》编委会：《南化志》（41），北京：中华书局，1994 年。

美的酒还醉人，比花园里最浓郁的花还芳香。这时合成部墙上的电钟正指向着晚上 10 点！噢！1937 年元月 31 日晚 10 点，这一神圣的时刻，将永远铭刻在永利铵厂每一位职工的心上。

1937 年 2 月 5 日下午 3 点，硫酸铵也生产成功，接着硝酸也顺利投产……就整体来说永利铵厂达到一次试车成功，充分说明中国工程技术人员完全有能力驾驭技术复杂、设备先进的综合性化工厂。

为了庆祝铵厂的顺利开工，侯德榜在团山私邸宴请各国专家。应邀专家计有美籍 6 人、英籍 1 人、德籍 2 人、瑞典籍 1 人。席间，美国氮气工程公司的白思脱工程师代表各国专家发言。白思脱曾代表公司到过欧洲、苏联、日本，建设过同一类型的工厂。1931 年他早在天津就曾和范旭东洽谈建设过硫酸铵厂的问题，是所有专家中最早到中国来工作的，至今未离，可谓善始善终。白思脱说："就我在世界各地参加过的同类型工程相比，在工程进展速度和质量两个方面，中国稳居第一。尤其是永利的专家和工人艰苦奋斗、办事认真的精神，使我深为感动。祝贵公司的事业顺利！"[①]

永利硫酸铵厂建设成功，前后共耗资 1200 万元，其规模是中国工业史上仅有的，其技术水平堪称东亚第一。这项轰动全社会的大事对于发展我国的农业、加强国防都极其重要。一时记者采访、电台广播、机关团体学校组织参观，学者、名流、达官贵人也纷至沓来，永利声名鹊起。然而范旭东对此仍头脑清醒。召集公司的负责人语重心长地说："我们虽然取得了成就，但只能算掌握了初步生产知识，若拿国际标准来衡量，还差得很远，焉敢自满自得？至于管理，别说同英美先进国家比，就是国内一些单位都比我们高明百倍。"[②]在谈到今后发展时，范旭东说："铵厂的一砖一木，一机一屋全是在债台上垒起来的，以债度日是不得已而为之的。今日铵厂已经成功，务望同人努力生产，争取在短期内还清债务，使工厂真正成为永利自己的工厂。另一方面我们还应发展生产，先期可考虑在硫酸、合成氨、硝酸、硫酸铵 4 种产品的基础上，有计划地发展硝酸铵、硝酸钠、硝酸钙 3 种简而易得的产品，以应市场需要。将来再增设炼硫、炼焦、磷

① 李祉川、陈歆文：《侯德榜》（118），石家庄：河北教育出版社，2001 年。
② 黄汉瑞：《回忆范旭东先生》，录自《文史资料选辑》80 辑（38－42），北京：文史资料出版社，1982 年。

肥、钾肥和烧碱等产品。当然，这些全都还是设想，下一步棋到底该怎么走，还望各位多加考虑。总而言之，目前的任务不是发展，而是搞好生产，只有搞好生产，站稳脚跟，我们才能稳步前进。"①

1937 年 2 月，范旭东在硫酸铵厂剪彩之日乘船来到卸甲甸。三年前这里是一片庄稼，而今卸甲甸沿岸数千米已是硫酸铵厂建筑物连云江上，气象万千，一派欣欣向荣景象。此时此刻，范旭东兴奋的心情是不言而喻的。在这热烈庆祝的气氛中，范旭东特地拉着为硫酸铵厂的建设做出重大贡献的邹秉文和李国钦两位特邀嘉宾，一起走上硫酸铵厂的最高建筑，纵览全厂景色和眺望滔滔东去、百舸争流的长江，感慨万端地说："基本化工两翼——酸和碱——已成长，听凭中国化工翱翔矣！"②

1937 年永利铵厂年产硫酸铵 1.87 万吨。其肥效与英国卜内门"狮马牌"肥田粉相当，从而有力地冲击了英、德两国统治中国化肥市场的局面。③

① 黄汉瑞：《回忆范旭东先生》，录自《文史资料选辑》80 辑（38－42），北京：文史资料出版社，1982 年。

② 李金沂：《范公旭东事略》，《海王》第 18 年 17－19 期，民国 35 年（1946）3 月 20 日。

③ 南京化工业（集团）公司《南北志》编委会：《南化志》（41），北京：中华书局，1994 年。

难忘的 1937

1934—1937 年是范旭东事业精进、宏图大展的阶段。久大、永裕、永利所使用的沿海盐田有 10 万亩,产盐 400 万担。按全国人口以 4 亿计,即每人每年可吃到永久团体所产食盐 1 斤;塘沽碱厂已有 1000 多工人,职员过百,其中老技术员都有近 20 年的制碱经验,新进的技术员都是阵容整齐的大学生;产品屡次获得国际金奖,市场稳定,产销两旺。1936 年纯碱产量达 55410 吨,烧碱产量 4446 吨,是建厂以来的最高纪录;南京铵厂到1936 年底建成亚洲一流的新型化工联合企业,1937 年 2 月 5 日全厂联动开工成功生产出硫酸、合成氨、硝酸、硫酸铵,产品大受农民欢迎,全国为之欢欣鼓舞。永久黄团体呈现一派蒸蒸日上的景象。当时公司一位职员在上海见到范旭东时曾兴奋地说:"用海水煮盐、用盐制碱、用煤炼焦,已迈进了海陆两途。完成氮气工业奠定了利用空气资源的基础,真是足迹涉及海陆空。范先生,我们的事业很好啊!"然而范旭东只是轻微叹息一声道:"你还年轻,对复杂的时局缺乏了解。"

1935 年 11 月,日本帝国主义唆使汉奸殷汝耕,在河北通县成立所谓"冀东防共自治政府",塘沽当时属河北省宁河县,也属冀东范围。从此,塘沽的日本洋行、酒馆、妓院、服装店和形形色色的日本人不断增多。塘沽的日军借口清查抗日分子,经常要进久大、永利进行搜查,职工情绪为之不安。范旭东、李烛尘愤慨不已,为维护工厂的正常生产,命人用日语写了"无用の者入可ス"的标牌,高悬厂外,拒绝日本人进入工厂。[1]

由于蒋介石的"攘外安内"的反动政策,对日寇入侵一味妥协忍让,

---

① 李祉川:《纪念卓越的科学家侯德榜博士》,纯碱工业,1979(5)1—12。

直到抗日战争爆发前夕，每天都有许多日本军车由东北开往天津方向。长长的列车上罩着苫布，车尾都架有高射枪炮；日本军舰也来塘沽停泊，时局越来越紧张。①永利碱厂为防空袭，在南北楼中间以厚钢板及碱袋筑成防空洞，许多职员和工人眷属，都被安排疏散。面对永利、久大、黄海这座规模庞大的化工城拆迁无门，范旭东同李烛尘、余啸秋等进行紧急会商，对团体做出全面安排之后，一起乘"七七"事变前的最后一列南下列车前往永利铵厂。②

1937 年 7 月 7 日，日寇疯狂发动卢沟桥事变，全面入侵我国。7 月 29 日和 7 月 30 日北平、天津相继陷落。不久，停泊在塘沽日本大院海河边的日舰，在房顶执旗士兵的指挥下，向海河对岸东、西沽发射炮弹。远望昔日繁华的街市瞬即化为一片火海，一场深重的灾难降临到中华民族头上。

7 月 8 日，中国共产党发表"为日寇进攻卢沟桥通电"，7 月 15 日中国共产党中央委员会发表"中国共产党为公布国共合作宣言"。宣言书最后提道："寇深矣！势亟矣！同胞们，起来，一致团结啊！我们伟大悠久的中华民族是不可屈服的。起来，为巩固民族团结而奋斗，为推翻日本帝国主义的压迫而奋斗，胜利是属于中华民族的。"③7 月 16 日蒋介石为了"团结各方共赴国难"，决定邀请各方人士在庐山进行谈话会。17 日，蒋介石出席第二次庐山谈话会，会上对卢沟桥事变后的形势和中国政府立场作了严正表示。蒋介石指出："中国是一个弱国，如果临到最后关头，便只有拼全民族的生命，以求国家生存；那时节再不允许我们中途妥协，须知中途妥协的条件，便是整个投降，整个灭亡的条件。"他说："最后关头一到，我们只有牺牲到底，唯有牺牲到底的决心，才能搏得最后的胜利。若是彷徨不定，妄想苟安，便会陷民族于万劫不复之地！"他说："战争开始之后，再没有妥协的机会，如果放弃尺寸土地与主权，便是中华民族千古的罪人！那时只有拼民族的生命，求我们的最后胜利。"指出："如果战端一开，那就是地无分南北、年无分老幼，无论何人，皆有守土抗战之责任，皆有抱

---

　　① 郭炳瑜：《我在永利碱厂五十年的见闻回忆》，《天津文史资料选辑》23 辑（77－100），天津：天津人民出版社，1983 年。

　　② 李祉川：《纪念卓越的科学家侯德榜博士》，《纯碱工业》979（5）1－12。

　　③《世纪档案：影响 20 世纪中国历史进程的 100 篇文章》（234－236），北京：中国档案出版社，1995 年。

定牺牲一切之决心。"[1]

范旭东也应邀参加庐山谈话会，听到国共两党决心团结御外的号召，精神振奋，决心跟着国家长期抗战，保住民族气节。他抱定"宁为玉碎，不为瓦全"的宗旨，电告李烛尘留守天津，督促"全体职工，拆除设备，退出工厂，留津待命。"[2]此时，铁路交通中断，原料不能进来，产品运不出去，国内其他地方的业务仅凭函电遥控处理。事态在急剧变化。8月7日，塘沽沦陷，李烛尘急命留在厂内的最后一批职工撤至天津总处。日军将久大、永利团团围住，在厂门口站岗放哨，强占黄海化学工业研究社使之成为日寇的运输司令部；明星小学驻进日本的特务机关，联合村和太平村变作马厩和堆栈。新村由效忠敌人的汉奸占据，新街、民主街一带挤满了浪人、娼妓、烟馆、赌摊，确是万户萧疏，群魔乱舞。

日本侵略者几次找范旭东要把永利碱厂"买"下来，范旭东气愤至极，干脆地回答："我厂子不卖。"

卜内门华行总经理吉勒理乘人之危，曾派其华董孙仲之向永利建议：将塘沽碱厂挂英国旗，改为中英合办，以抗日寇侵入。英方愿以其日行押金30万元，抵充合作资金。其意在既保全了押金，又乘机参加永利投资，作战后合作根据。范旭东洞察其奸，认为这是前门拒虎、后门进狼的做法，决意拒绝，声明"无法考虑"。[3]

淞沪抗战爆发，李烛尘意识到一场长期的战争已不可避免，一要随时准备撤离；二要着眼在后方重建。李烛尘指出："我们的目标明确，要到后方新建化工厂，当前任务是整理碱厂图纸和设计资料。"他指定由李祉川代技师长负责，朱先裁、郭保国、张燕刚、刘嘉树、周睿、蔡伯民、李仲模、王恩藻等人参加。在整理图纸期间，他们多次回塘沽核对实物尺寸、结构及设备布置等。当时日寇已在厂门口站岗放哨，为避免意外，李烛尘派 2 名留日职员专事应付日寇。这些技术人员克服重重困难一面从事测绘，还乘机拆卸了石灰窑顶的旋转布石器。这一设备设计合理、布石均匀，技师

---

[1]《世纪档案：影响 20 世纪中国历史进程的 100 篇文章》（240），北京：中国档案出版社，1995年。

[2] 据永利老职工潘履仁先生回忆。

[3] 余啸秋：《永利碱厂和卜内门洋碱公司斗争前后记略》，录自《文史资料选辑》80 辑，北京：文史资料出版社，1982 年。

们不愿留下资敌，故将其拆散，抛弃处理；又拆除了蒸馏塔顶的温度传感器和管线，这在当时是一种新型仪表。技师们工作了三四个月，到 1937年 12 月把碱厂图纸整理完毕，编好说明及目录，分成八大卷用铁筒装好，由参加整图的技师，加上李金明（李祉川之弟）每人负责携带一卷。由天津乘英国太沽公司小火轮经塘沽到大沽口外登上该公司的"岳州"轮南航香港，再北上经广州到汉口。

在日寇占领塘沽后，日军部华北开发公司授意其属下的兴中公司夺取永利公司。由于永利公司在国际盛名在外，日方起初还有所顾忌，派代表刀根几次到永利总处以"日中亲善"名义诱商，要求与永利碱厂合作，妄图取得合法手续，"名正言顺"地霸占碱厂。李烛尘对此置之不理。刀根连连碰壁，日本军部大感棘手，一方面以逮捕反日分子进行威胁，一方面又找来日本三菱公司出技术、出资金和永利合办。李烛尘出于无奈，不得不虚与应付，但搬出公司股董"以具有中国国籍者为限"的章程，将其拒之门外。日方终于图穷匕见，12 月 9 日，刀根拿着一份预先拟订好的永利公司同意接办的协议文本，逼迫李烛尘签字。面对这伙强盗的卑劣行径，李烛尘拍案而起，怒斥刀根："世上哪有强盗抢东西，还要物主签字之理？你们做强盗也太无勇气了！"刀根理屈词穷，狼狈窜逃。第二天，日本军部下令三菱公司的技术和管理人员开进永利，强行接管，至此，"永久黄"团体在塘沽的产业全部沦入日寇手中。[①]

当此紧急关头，李烛尘保持民族气节，坚不事敌，经电商范旭东同意，决定火速离开天津。那时，日军在车站、码头，盘查严密，特别提防各界要人离津，意图留住他们，分化利用，欺骗舆论。幸得公司职员王子百找到旧时关系，购得几张英轮船票，李烛尘经过乔装打扮，改名换姓，由王子百护送，悄悄离开公司总处。王子百胆大心细，在临上船时，发现李烛尘随身所带的皮箱上，还贴有以前的题名标签，"李烛尘"三字赫然在目，急忙将其一把撕去。就这样，一行数人，终于骗过盘查的哨卡，安然登船。一场虚惊，冷汗淋漓。[②]

---

① 见永利厂史资料第二卷。

② 由李烛尘之孙李明智提供资料，录于《李烛尘资料选辑》（216），湘西文史资料 1992/2－3 第 25、26 辑合刊。

津沽沦陷后，蒋介石曾召见著名的"华北三大宝"永利、南开、《大公报》的负责人范旭东、张伯苓和胡霖，对他们在天津、塘沽所办事业遭到的损失表示慰问，并许诺拨出若干经费，协助他们到大后方重建自己的事业。接见时范旭东郑重表示："我们'永久黄'人员撤离天津时，都抱定一个宗旨，就是'宁为玉碎，不为瓦全'。国难当头的今日，抗日乃第一需要，倘若沦为亡国奴，还有什么事业可言？"范旭东代表久大、永利接受了政府的拨款 300 万元，作为在川建厂的部分资金。南开张伯苓以政府拨款在重庆沙坪坝办了南渝中学，恢复南开经济研究所。《大公报》随政府西迁到武汉，发行了武汉版，进入四川又发行了重庆版。①

当时，国民政府实业部对永利、久大给予补助计有四项规定：①特许该公司南方添设新厂，所有用盐免税及成品免税援旧厂办理；②旧厂如有自行毁灭之必要时，新厂建设，政府准在补助、保息预算下，每年补助 100 万元，以 3 年为限（这笔钱已按期领到）；③旧厂如无自行毁灭必要时，仍照第二项办理，但自第四年起该公司应按年退还补助金，每年 50 万元，分 6 年还清；④上项特别利益，自该公司新厂计划呈复核定实施时，分别给予。

久大盐业公司设在江苏大浦的分厂（淮厂）开工仅月余，因官厅交涉久办未妥，精盐仓库装满，又无法运出，在生产了 27000 多担精盐后暂停生产。"七七"事变骤发，厂长唐汉三急谋将存盐南运，已雇定新丰商轮，订于 8 月 3 日到大浦装盐，不料"八一三"沪战又起，新丰轮被扣，又将已装船之盐全部卸下，形势危急。9 月初敌机轰炸徐海，人心浮动，唐汉三感到事无可为，乃决定遣散部分员工，以减轻负担。海运既阻，寄唯一希望于车运，经多方奔走，幸于 9 月 11 日有一列车进厂，13、14 两日又有两列车进厂，将 27000 担精盐悉数运走。"七七"事变后，那些与大浦平日来往的银行皆拒绝交易，而运盐需要的税金和运费，所需颇巨，筹措为难，幸得金城银行新浦经理陈舜年毅然相助，透支数额竟超过 20 万元之多，真可谓是患难朋友。当时要务是将运出的盐斤变成现金，故将盐运往离厂近且周转快的蚌埠销售。存盐运出，工厂复筹开工，到 9 月底又产盐 19900 余担。南京、芜湖、九江各经理处纷纷来函索盐，乃开辟河运，由本厂用

---

① 章执中：《爱国实业家范旭东》，录自《化工先导范旭东》（32—49），北京：中国文史出版社，1987 年。

木船运至镇江，再由轮船转运四岸，请何熙曾常驻西坝，专任河运之责。前后由河运盐 3 万多担，不幸船行迟缓，将到镇江，又遇镇江吃紧，船又开回，卸货于西坝码头，苦心经营 2 月有余，竟无粒盐运到目的地，徒劳无功，至为可惜！①

　　1937 年 10 月 3 日，厂长唐汉三接范旭东来函："此次之战乃中华民族生死荣辱所关，吾侪为国家、为事业，一切痛苦皆当含笑忍受，艰苦奋斗，至无可奈何时始行放手。淮厂毗连战区，不久将波及，万一竟无法维持，亦只有将厂屋设备稍事检点，同人无妨离开，设备上之损失究属有限，亦惟有含笑忍受。"②厂内同人无不秉此意旨，在战事频频之中坚持生产，置敌机狂炸徐海及连云港而不闻。直到南京失守，敌人沿津浦线北上，蚌埠危急，厂长唐汉三深感事已到紧急关头，乃电请范旭东派何熙曾来厂处理善后。1939 年 12 月 26 日唐汉三和何熙曾挥泪告别，留资正一、何鹿山守厂，派杨胤侯办理车运，终将厂里存盐和重要机器运到汉口。久大自贡盐厂之得以在短短四个月内建成，主要是靠这批从淮厂抢运出来的机器。

　　1937 年 2 月 5 日南京硫酸铵厂全流程打通，硫酸、合成氨、硫酸铵源源供应市场。时值江南春耕大忙，急需化肥，永利产品为农村下了一场及时雨，受到农民欢迎，市场反应良好，来厂参观、考察、采访者络绎不绝，全厂沉浸在一片繁忙、紧张、欢乐的气氛中。范旭东为硫酸铵厂提出先稳定生产，再有步骤、先易后难的发展计划，确有宏图在胸。在铵厂开工生产才 5 个月，抗日战争爆发，紧接着平、津失守，塘沽沦陷，这一泻千里的形势，使范旭东经营了 20 多年的事业瞬间全陷入敌人的魔掌之中。

　　8 月 13 日日军进攻上海，淞沪会战揭幕，为应战争需要范旭东急令组织铵厂全体职工全力配合国防需要，利用已有设备和原材料白天黑夜赶制军需炸药。侯德榜把一百多台全厂最好的机床搬到厂外的山洞里，加工飞机用的零件和地雷壳、军用铁锹、飞机尾翼等。全厂职工爱国热情饱满，精神极为振奋，在紧张的战争形势下，坚持生产，从而有力地支援了前线。

　　日本侵略者极想保存这座亚洲一流的永利硫酸铵厂，它通过各种渠道，施加压力，谋求与范旭东合作，提出只要合作，铵厂的安全就会有绝

---

① 唐汉三：《淮厂回忆录》，《海王》第 16 集 3 期，民国 33 年（1944）7 月 20 日。
② 唐汉三：《淮厂回忆录》，《海王》第 16 集 3 期，民国 33 年（1944）7 月 20 日。

对的保障。可是范旭东坚贞爱国，决心和全国人民一起誓与敌寇血战到底，表示"宁举丧，不受奠仪"。①

"七七"卢沟桥事变以来，范旭东一直忙于应变，塘沽、青岛、大浦的事业，上海的总经理处，南京的硫酸铵厂无不在他所牵挂之中。不得已他下令塘沽同人撤退，并让上海总经理处迁往香港。在上海他亲遭"八一三"事件，接着又断然取消了上海的经理处，另设上海秘书处并请李俩夫留守。随后又匆匆赶到卸甲甸视察铵厂，安排青岛、大浦事宜，确是席不暇暖，马不停蹄。

日本强盗因在范旭东手上得不到铵厂，气急败坏，兽性大发，于 8 月 21 日、9 月 27 日、10 月 21 日三次向铵厂猛烈轰炸，工厂前后着弹 39 枚，硝烟弥漫、浓烟滚滚，硫酸厂、大气柜、变换工段、触媒车间全遭到严重破坏；水电中断，使工厂不得不停止生产，宣布时局紧张，着手裁员，疏散。黄汉瑞和南开大学教授张子丹到上海见范旭东，带回范的一封信，信中称，希望至少要准备一套图纸带到湖南。

11 月 5 日日寇从金山登陆。11 月 9 日，蒋介石下令守军全线撤退，上海陷入敌手。接着日寇兵分两路：一路沿京沪线通过苏州、无锡、江阴、常州直逼南京；一路沿太湖南岸，绕道皖南意在从三面包抄南京，南京形势岌岌可危。

由于战事仓促，从上海打响到南京吃紧仅几个月时间，加上国民党对南京"固若金汤"的虚假宣传，使撤退陷入被动。在战争硝烟笼罩下，南京秩序大乱，城郊的各条路上，长江的大小船上，到处是携老带小的逃难人群。日本飞机到处追赶射杀，南京一派凄凉景象。范旭东在一个风雨大作、人心惶惶的时候，又一次视察铵厂。这次他是为了慰问在战事危急之中支持抗战、坚守岗位的职工和安排善后的。

范旭东一进厂就问："侯先生呢？"一个职员含泪相告："他还在车间转呢！摸摸这儿，摸摸那儿，像是疯了一样。我们知道他心里难受，谁也不敢去劝他。"范旭东急匆匆找到侯德榜，看到他眼里布满血丝，目光呆滞，两人忍不住紧紧地抱到一起，相对泪下。范旭东指示李滋敏留守，不到万

---

① 章执中：《我所知道的爱国实业家范旭东》，录自《湖南文史资料选辑》17 辑，长沙：湖南人民出版社。

不得已，一定要坚守阵地，让侯德榜全权主持撤退事宜。1937 年 11 月下旬，范旭东乘民权轮西进汉口。

侯德榜遵范旭东指示，整理重要图纸，转运汉口，运不出去的则付之一炬；凡能拆卸的仪表、机件、工具都分批运走。12 月 3 日，侯德榜从英国使馆打听到已是太沽公司船长的同学来到南京，便请他帮助运走一批机床和设备。侯德榜还指示厂里的技术人员和技术工人一律携眷西撤……

1937 年 12 月 5 日，风雨交加、寒意袭人，侯德榜仍在铵厂巡视。他熟悉这里的每一座厂房，每一部机器。他只要听一听机器转动的声响，就能判断它们是不是正常；他只要看看每天的报表，就能对生产情况了如指掌。今天他就要离开这熟悉的一切，心里有多少眷恋，多少忧伤！他瞧瞧这儿，摸摸那儿，难分难舍啊！

夜深了，风越刮越紧，天雨如注。运送铵厂最后一批撤离人员和物资的"黄浦号"拖轮早已起锚待航。侯德榜却迟迟未能登船。催人的汽笛又长鸣起来了，叫得那样低沉，那样悲壮。这时，满脸热泪、浑身湿透的侯德榜才由去找寻他的同事搀扶着蹒跚而来。在昏暗的灯光下，脸色苍白的侯德榜，冒雨伫立在甲板上，定睛凝视着那在烟雨苍茫中渐渐远去、已经模糊不清的铵厂，"黄浦号"在风雨交加之中，拖着一串满载货物的驳轮，顶着汹涌的江水，搏击风浪，向大江上游挺进！

又 声汽笛声，把沉浸在极度悲痛与愤怒中的侯德榜震醒了。他有力地举起右手，紧握拳头，向着铵厂的方向，从肺腑深处发出怒狮般的巨吼："铵厂，我们要回来的，我们一定会回来的。"

12 月中旬，范旭东派林文彪、周自求、寿乐、张镛、程秀标、王杰如、王占清、刘清文、崔荣垄等 9 名技术人员，乘最后一次下驶的太沽公司"黄浦"号轮东下，计划再回铵厂去抢拆重要机件；不能拆者，原地销毁。任务完成，随原船返回汉口。可船抵南京时，铵厂已被日军占领，林文彪等无奈只得折回汉口。

1937 年 12 月 13 日，日本帝国主义抢占铵厂，由厂里的汉奸引路，挖出埋藏的设备，并把硝酸厂全套设备劫运到日本九州，安装在大牟田东洋高压株式会社横须工厂。这套设备合计 1482 件，总重 550 吨，全为高级合金钢板制成，其中仅作催化用的铂金网就价值 4 万美元。

初到华西

国难当头的 1937 年，"永久黄"的同事在范旭东、李烛尘、侯德榜、孙学悟的率领下，忍痛纷纷从塘沽、天津、青岛、大浦和卸甲甸撤离。

1938 年元旦前后，"永久黄"团体的技术人员、工人和眷属 1000 多人，陆续汇集汉口，背井离乡，前途未卜，人心惶惶。面对这千多号人的骤然来临，李烛尘安置大家的吃、住，又极力安慰大家，直到范旭东从香港赶来汉口，才使大家的心稍微安定了一些。

范旭东刚到汉口，得知南京陷落后，日寇对我手无寸铁的同胞进行了历史上罕见的灭绝人性的大屠杀。南京城一片凄凉、万户萧疏、血流成河、尸积如山。他无比愤慨地说："……敌人凶暴乃至此，临月之孕妇殉难，真绝世之惨剧，情何以堪！人类到如此，可谓野蛮到极点。敌人欲以此来压制中国的抗战，完全是做梦，吾人绝对不为暴力所屈服也……在今情况下，如能做一点事，必当加紧，虽未必于抗战救亡有何直接裨益，良心则当如此……"[1]范旭东立即召集李烛尘、侯德榜、孙学悟、范鸿畴等核心人物开会，研究"永久黄"团体今后的命运和方向。

会上意见并不一致，有的主张疏散人员，各奔东西；有的主张克服困难，重建家园……

范旭东不主张对事业、对抗战采取消极态度。他说："抗战后我们大家最大的收获，就是大势强迫着我们发挥创造能力。有人想苟安，想维持现状，立即就站不住脚，要滚下十八层地狱，会给敌人取得最后的战果，那是万万做不得的。尤其是我们平素对国事还有相当抱负，更不能起一丝

---

① 唐汉三：《学习范先生工作精神》，《海王》第 20 年 17 期，民国 37 年（1948）。

一毫颓废杂念，行为要更加纯洁、勇敢，自不待说，必当尽心竭力，从种种角度，创造新的环境，救国兼以自救。我们有位同人有这样的诗句，我读后很为鼓舞，我读给大家听——"谁人肯向死前休？！"①

在会上孙学悟乐观地说："反正我们这伙人是劳作惯了，四海为家这个理想，在我们不难实现，支起锅伙到处好干，乡土观念本来就不厚，也从不计较个人劳逸得失，可谓事无挂牵。硁硁自守的只在'为国'两字的信念。"②

经过热烈的讨论，一致同意范旭东的意见：克服"逃难"心理，利用这一机会为中国再创立一个化工基地，节衣缩食，在所不辞，勇往直前。③研究决定：四川丰产盐，碱厂、盐厂设在四川；湖南化工原料、煤炭丰富，铵厂可设在湖南；黄海化学工业研究社也决定选在湖南长沙水陆洲。会议决定西迁工作由李烛尘总负责，兵分湖南、四川两路积极迁移（后因抗战形势急转直下，武汉失守，广州沦陷，长沙大火，只得放弃在湖南开始经营的铵厂和黄海）。

满载着物资和"永久黄"同人的船只，溯江西行。他们上要躲着日寇的空袭，下要逆着湍急的江水，路难行，尤其是过了宜昌、秭归，进入三峡地区，两岸壁立千仞，处处险滩恶礁，江水汹涌，一泻千里，船只寸步难行，只得靠着纤夫在岸边栈道匍地背纤奋力拖船前行，真是寸寸吃力，步步拼命，难于上青天。

经历了一场千辛万苦，出了三峡，经云阳、万县、清陵、长寿，到达云雾迷漫的重庆朝天门码头。为了在华西重新开拓基本化工基地，他们分头由水、空两路向既定目标奋进。1938 年 1 月中旬，傅冰芝率领的先遣队首抵重庆；2 月中旬范、侯、孙所率的队伍也陆续到达；3 月 18 日李烛尘、唐汉三、何熙曾也乘飞机由汉抵渝。这么大批技术人员西迁，在中国是史无前例的，充分体现了"永久黄"团体的领导人和西迁员工团结爱国的一片赤子之心。

---

① 何熙曾：《我与"永久"团体》，录自《化工先导范旭东》（127－129），北京：中国文史出版社，1987 年。

② 范旭东：《我们初到华西》，《海王》第 11 年 30 期，民国 28（1939）7 月 7 日。

③ 范旭东：《永利总管理处致股东的业务报告》，《海王》第 15 年 15 期，民国 32 年（1943）2 月 10 日。

　　这支经过 20 多年艰苦奋斗锻炼出来的队伍，历尽艰辛到达人地两生的重庆。幸亏远在 10 年前永利在重庆就设有支店，并且建有自用的货栈，虽然都不十分宽敞，但总算有了立锥之地。后来承南开大学张伯苓校长盛意借给一大栋教室和几排宿舍，短短几天，大体都安排妥当，同人都深感欣慰和感激。席不暇暖就兵分两路，一路着手在重庆建设铁工厂，一路为开发华西化工基地外出调查。这种紧张的工作气氛和全国人民为了民族生存，抗日救亡的激情完全融合在一起了。

　　2 月中旬，各种器材陆续溯江而来，大家商量决定先将那些铁工机械安装起来，租地设厂。经过努力，终于在离重庆 20 多里的沙坪坝租得一块空地，就以最快的速度动手建起厂来。到 5 月 1 日，这竹篱茅舍的铁工厂已经在嘉陵江西岸傲然而立了。为了配合刚从南京搬迁到江东岸的金陵兵工厂的工作，铁工厂迅速投入生产。这个厂前后工作了不到 10 个月，由于华西基本化工基地要实施了，员工和设备都急待投入，决定进行拆迁。在这 10 个月中铁工厂共制成 53000 多件钢制品，还有 200 多吨翻砂车制品，从而支援了军工的急需。

　　初到华西，工作千头万绪，战争形势瞬息万变，容不得人们循规蹈矩，四平八稳地行事。范、侯、孙、李等人在权衡轻重利弊之后制定了华西建设的几项原则：

　　一、无论能否全部实现，工程计划必须完整，至少要包括酸、碱、炼焦三个单位，构成一体。万一无力同时并举，不妨分期施工建造。

　　二、各单位的规模，以适应目前力量与市场为标准，但计划必须留有余地。

　　三、原料力求自给，如凿新式盐井，自采煤炭、黄铁矿、石灰石等。

　　四、选择厂址，必须为华西化工中心之地，且顾及将来与西南、西北各省畅通无阻。[①]

　　调查以四川为中心，远及云、贵及川康边境。凡是出版记载或口碑传述的化工原料产地，"永久黄"同人都冒着随时可能有敌机轰炸扫射的危险，跋山涉水进行实地调查。唯因时间太仓促，内地交通又实在困难，地

[①] 范旭东：《我们初到华西》，《海王》第 11 年 30 期，民国 28 年（1939）7 月 7 日。

方不靖、土匪如毛，况调查矿产也不是同人们熟悉的行业，参考资料也不见得可靠。几个月下来，所得结论仅是一个粗浅的轮廓，真要实施，还得认真复查。

对于四川资源调查，早在 1919 年李烛尘就初步进行过；后来黄海社的孙学悟先生陪着任叔永、翁咏霓等人又进行了专门考察，收集到不少资料，使煮海为盐的人大开眼界。一向同情"永久黄"事业的四川省盐务局局长缪剑霜因公到重庆，偶然会见了范旭东先生。他们谈到了川盐进展情况，缪局长极愿邀请同人到自贡、犍为一带参观，并希望和大家商量寻找合作的可能。缪先生一心为公，历任西北盐区长官，政绩斐然，范先生极愿看到他的新成绩。1938 年 2 月 24 日一早，由南渝中学匆匆起程，一行两辆汽车，除缪、范两先生外，侯德榜、张克忠、黄汉瑞三人同行。到自流井、乐山、犍为一带考察盐政。范旭东说："时间在这紧急关头是万万空费不得的，战时的后方，能够多增一分生产，于前线不止增十分战斗力。"[①]当时宿雨初晴，沿途风景分外鲜明，到处花黄豆紫，鹭白松青，真是一幅绝好图画，刚红日偏西就到了自流井。

他们在木架连云、竹管交错、连空气都带着咸味的山国盐区里行进。眼见盐工们凭人力一分一厘地开凿盐井，要凿到 1000 多米深，才能见到盐卤，再从这深邃的盐井里吊出卤水。绳索是用竹篾编的，牛拉竹绳，吊上卤水，再推卤煮盐，实是不易……面对这古拙落后的生产方式，范旭东和侯德榜感慨万千。他们敬佩千百年来一直在这里默默吃苦的同胞，深感一个技术人员对改造这里的盐业技术应负的责任；同时也敏感地意识到，要在这一带建立以盐为基础的化学工业，困难是很大的。

几个月来，范旭东和同事们为选厂址东奔西走，一而再、再而三地复勘有希望的地方。到初秋，已选定犍为、叙府、泸州三处供最后抉择。

食盐是制碱的主要原料。犍为一带盛产食盐，附近烟煤、黄铁矿、石灰石、耐火土等化工原料和叙府、泸州相差无几。所以，最后决定在犍为县岷江东岸五通桥东南 5 公里处一个名叫老龙坝的地方圈购厂址，设立永利川厂，奠定华西化工中心。

---

① 范旭东：《我们初到华西》，《海王》第 11 年 30 期，民国 28 年（1939）7 月 7 日。

老龙坝地处岷江之滨，常年可通 100 至 200 吨的船只。上水 20 多公里可达嘉定（乐山），下水 200 多公里能到重庆，公路可经嘉定、眉山、新津到成都，又可经荣县、自流井、内江而北达成都，东至重庆，水陆交通皆为方便。五通桥地下盐卤资源丰富，煤产也颇丰富，是一处适合创办化工基地的好地方。

久大自贡模范食盐厂

　　永利、久大入川，进行厂址选择，李烛尘认为自流井的张家坝和犍为的五通桥是最合适的地方。论原料，它们是四川的产盐区；论交通，水陆两便；论燃料，则既有天然气，又有煤炭。但当地的盐户并不欢迎他们的到来。虽然抗战初期四川省政府曾派专员到汉口，欢迎沿海各厂内迁，称保证提供各种方便，但自流井的盐户却认为，久大规模大，技术水平高，设备新，是全国有名的企业，怕他们一进来把地方企业挤垮。他们提出"井不出租，地不出佃，坚壁清野，逼其自退"。[①]作为抵制久大入川的行动口号。有人甚至扬言，"川汉铁路我们都反掉了，还怕你这个小厂！"当地的《自贡小报》刊登整版的文章，专门反对久大建厂。盐商们还把在自流井有股份的地方军阀邓锡侯、王缵绪请出来反对久大建厂。当李烛尘找到地方政府申请建厂时，他们竟暧昧地表示"众怒难犯，爱莫能助"。有些盐户甚至告状到川中军政府。对此当局深感事态严重，即将此案上报国民政府军委会，建议"为绥靖地方，久大可予停工，再行计议"。[②]

　　李烛尘 1919 年曾对四川盐业考察，得知，除自贡、犍为外，在西南再难找到适合久大、永利生存的地方，坚持把厂设在这里。范旭东也坚决支持这一想法。在李烛尘的日夜努力下，终于找到一丝门道。原来，川西军阀邓锡侯的儿子见盐业有利可图，也在自贡凿井设厂，本地盐户碍着邓锡侯的势力，虽不敢公开和小邓作对，但明里、暗里总挤对他。李烛尘登门拜访小邓，把久大、永利西迁的困难处境向他一一倾诉。小邓联想到自

---

　　①《塘沽文史资料》第 3 辑 172 页，及薛献之《久大永利迁川以后》，录自《红三角的辉煌》（155），天津：新华通讯社天津分社，1987 年。

　　②《塘沽文史资料》第 3 辑 72 页。

己的处境，对李深表同情；又想到如果久大能进来，对自己也增加了一份助力，于是满口答应帮久大到川省当局进行活动。同时，李烛尘也把这件事捅到国民党中央军事委员会，而久大要员钟履坚和国民党政府里的头面人物又很熟悉，经过多方疏通，政府同意派员下来调查这场纠纷。下来调查的官员姓谢，他恰好是唐汉三的表弟，这下事情就好办了。[1]

　　自贡盐户那边，李烛尘亲自进行疏通，向他们说明：①久大迁川并不是要来抢大家的饭碗，实在是国难当头，不得已而为之；②久大愿以自己的技术帮助大家提高产量和质量；③一旦抗战胜利，久大一定迁回原地，建在四川的厂子可以交给本地人来办。经过反复做工作，使自贡盐户对久大的反感日渐减少。后来当政府来员调查时，看到自贡盐户的反对气势已不如初期之盛，乘机提出以将来久大所产食盐，不销在川盐销区，可运至鄂湘西部原淮盐销区行销，不损害四川盐商利益为条件，[2]获得了自贡盐户的认可，久大终于被获准在自流井设厂。

　　1938年2月下旬，在四川盐务管理局缪剑霜先生陪同下，范旭东到自流井考察盐务。为交流改进川盐技术和战时盐产意见，缪先生邀请当地盐户晤谈。他们对提高川盐技术、减轻川盐成本的工作，在民国25年就已着手进行，决定由官商合力在自贡、犍为两场各设模范盐场一所，对灶户实地参考，由灶商出资，盐局负工程和执行责任，选厂址在张家坝。正当工作积极进行，订购的机器已运到上海之际，不幸沪战发生，交通梗阻，不得已又临时停搁下来。缪先生认为，战时的增产问题是首要的，希望久大在此设厂。灶商们经过前一番斗争，也表示，久大如能来此建厂，彼此可提携共进，这对于改进川盐技术不无裨益。

　　范旭东在缪局长引导下参观张家坝模范盐厂旧址。这里离盐场仅十余里，不仅有公路可通，而且沿着威远河，水路交通也很便利。盐厂的烟囱已砌成好几尺了，堆积的材料，也都没有动用。缪局长认为："久大如能来设厂，最好就利用这块地，比临时圈购省事得多。"当地盐商也表示欢迎久大来此落户。厂长唐汉三和驻自贡办事处主任钟履坚先生闻讯也赶到自流

---

①　薛献之：《久大永利迁川以后》，录自《红三角的辉煌》（154—158），天津：新华通讯社天津分社，1997年。

②　师俊山、张鸣敏：《化学工业的先驱范旭东》（292），石家庄：河北人民出版社，1995年。

井，重新再勘张家坝，认为在附近购地并不难，但是要讲价、立契等，恐非三五个月做不成，且张家坝这块地曾费力垫高过，存积未用的砖瓦木料也不少，最好连地亩一起收买过来，垫地等费用，照数归还原主，省事省力。几经商洽，成契接收过来，从此厂基确定。

创办盐厂，照章须先申请，批准后方可动工。4月4日，久大上呈四川盐务管理局，申请设厂，定名久大自贡模范食盐厂，表示和本地的模范盐厂不同。呈文陈述初步改良川盐技术方案和久大在技术上援助川盐同业的决心。大意如下：

> 公司经营盐业，历二十余年，于制盐技术，略窥门径，受难之余，不甘自馁，猥以改善川盐技术相督责，公谊私情自当谨从。兹决就钧长指定之张家坝地方，购置厂基，创设模范食盐厂，聊尽绵薄。查自贡各厂，现皆苦成本过高，其故由于拘守陈法，未暇计及效能。目前要务，无若将锅釜、炉灶，乃至取卤燃烧诸设备，择其轻而易举者先行改善，逐渐进展，庶于地方人力物资，不至相差太远。在欧美工业先进国家，原不乏效能最高之制盐装置，似非急切所能仿效。公司模范食盐厂，本此见地，只采用钢质平锅，新式炉灶，以煎造花盐为主，随时将花盐之一部分，利用机器压成一定重量之巴盐，以便外运。经此初步改良，成本当可望减轻若干，盐质亦必比旧法优美，殆无疑义。预定年产一百万担为率，秤放推销，概遵川省行盐定章，其济销省外或受省外同业定购者，均随时呈清核示。但无论产销，公司概不请求专利，俾便公开。图始最难，并愿于创办之初，对本省同业，以两事相约，期与合作。

> 一、本厂制造技术，可尽量公开，听凭同业仿效。

> 二、设同业间有以兴办盐厂之设计工程相委托者，本厂于双方契约之下，允为负责代办。

> 川盐改进，条理万端，在公司可能为力者，只在技术公开而推广之。[①]

不到两星期，这件呈文已奉四川省盐务局转到总局批示，通知久大"迅

---

① 范旭东：《我们初到华西》，《海王》第 11 年 30 期，民国 28 年（1939）7 月 7 日。

即筹备进行"，算批准了。

久大自贡模范食盐厂的工程，基建刚开始曾发生过遭当地少数顽劣盐商煽动下聚众捣毁，焚烧久大器材设备之事，幸得川康盐务局闻讯出动军警制止，事态才未扩大。开工建设在器材不凑手运输又困难的情况下，为纪念"九一八"国耻，全体职工同仇敌忾，奋发努力，忙了4个多月，终于全部完工。工程朴素无华，自设机修厂和发电厂，各种设备尚称上实用、完备。选定"九一八"这个令人悲痛的日子举行开工典礼。当时来宾如云，全厂职工异常兴奋，以产品济销湖南沅陵、常德一带，为解决湘西人民淡食之苦，也为支援抗战贡献力量。

久大生产第一批食盐时，本地部分盐商唆使工人拒绝捆运，只好请盐务局出面，以官盐名义运出；再如分配盐卤时，盐卤公司只给少量淡卤，不给浓卤，久大只好通过租佃方式与当地盐商合办盐井，以度艰难。面对种种为难之处，久大始终以诚相待，同当地各界关系逐渐融洽，使事业在克服种种困难中得以发展。

久大自贡模范食盐厂为改进川盐技术，积极和黄海化学工业研究社紧密配合，利用他们的技术成果，在厂内架设枝条架，用杉木搭成几十米高的木架子，架上铺着细竹枝，层层叠叠像茅草房顶那样，将卤水引上架顶，喷洒下来，慢慢落到地面的池里，利用风力自然蒸发的原理来浓缩卤水，从而节省能源达 2/3，大大节省了制盐成本；使用塔炉代替旧式盐炉灶，可节能 30%，比巴盐灶节能 50%，同时可提高产量 25%；汲卤工具由畜力改为电力。这三项工艺的改进，使落后的川盐技术有明显的提高，节省了能源，增加了盐场的收入；盐场还利用制盐母液，提取副产品；为了运输方便，又引进当地块状巴盐的技术，自制水压机，将粒状精盐压成 10 斤一块的盐砖，又减少了运耗；久大自贡模范盐厂还利用附近糖厂熬糖后剩下的母液，制成动力用酒精。凡此种种，都为盐厂在四川立足创造了条件，使盐厂在川声誉日隆，后来久大自贡模范食盐厂成了"外省迁川工厂联谊会"的发起者之一。

在四川创办久大自贡模范食盐厂时，范旭东不无感慨地说："在盐界混了二十多年，阅历自然多。盐业在中国不仅是极端保守，一部分人甚至把它当作秘密，照例我们一有新的动作，无论如何检点，如何防范，如何态度鲜明，终归要惹风波，好像宿命既经注定，无论如何是逃不脱的。唯一秘诀就是忍耐和含默，认定目标，拼命前进；时过境迁十之九，不过大家不畅快，逼着新计划打些折扣完事。我们从来取这个方针，这次也是如此，结果一样没使我们失望"。①

---

① 范旭东：《我们初到华西》，《海王》第 11 年 30 期，民国 28 年（1939）7 月 7 日。

兴建永利川厂

范旭东选定在老龙坝建永利川厂，占地千多亩，由傅冰芝主持厂务。

傅尔攽，字冰芝，江西人，生于逊清之末，17岁补廪膳生。1909年就读日本岗山六高，1912年入东京帝国大学，习造船工程。1915年毕业回国入江南造船厂。1916年考取官费赴美，入哈佛大学深造。此时，美为制航空母舰征求设计师，傅应征合格。这不仅为傅之光荣，也是全美留学生和中华民族的荣誉。傅将在美设计航母的收入大部寄给范旭东，以支持中国制碱工业。学成归国后弃江南造船厂厂长、大学校长、江西省教育厅厅长之职不就，而应范旭东之邀来到塘沽投入永利事业，历任机修车间主任，土木工程部长、"永久黄"联合办事处教育股股长、南京铵厂副厂长。一生克勤克俭，躬行实践，言必顾行，实事求是。抗战期间临危受命，率领职工碎草殊茅、含辛茹苦创建永利川厂。[①]

老龙坝，山峦起伏，三面环水，站在山顶道士观，即可见到江水湍急、惊涛拍岸的险象。岷江在老龙坝来了个急转弯，此处怪石嶙峋，地势险恶，经常船覆人亡，民众称之为虎口湾。而岷江之水却本着大无畏的精神，不断冲击着阻碍它前进的巨石暗礁，发出愤怒的吼声，掀着狂澜，在虎口湾急转直下，浩浩荡荡一泻千里奔向东南。

老龙坝，满目山岗，人烟稀少，野兽出没，荒凉至极。要推平这座座山岗，确实困难重重。可是，有"实业救国"博大胸怀的范旭东及全体职工，以百折不挠的苦干精神开始了第三次创业。他们就在坝北端的道士观和两座小楼里设厂部，开始办公。雇用了5000名工人，每天叮当叮当在这

---

① 毛杨柱：《天津碱厂七十年》（97），1987年。

里凿石移山，填土修渠，盖房子、建码头，平场地……他们披荆斩棘、风餐露宿，日夜奋战，硬是把一座座山丘削平，切取条石用来砌房，把取石后的深坑建成长 200 米、宽 50 米可储水 6 万立方米的蓄水池。这池水作为生产、生活用水，被永利人名命为"百亩湖"，湖内养鱼，周围植树，成为川厂的一道风景；在西侧山顶建"开化楼"，山腰建"进步楼"，供设计人员工作及住宿之用；医院、学校次第建成。在百亩湖西侧为沿湖马路，路旁为山，沿新修的山路，建有一座座玲珑的双层小楼，作为职员宿舍。在百亩湖与岷江码头之间，削整为平地，建成南北阔长的铁工厂……工程以惊人的速度前进。一座荒芜的穷山，面目日新月异，正在变成一座新兴的化工城。一群不畏艰难困苦的中华民族优秀儿女，凭着一种爱国精神，苦干精神，披荆斩棘，硬是用一双双手切切实实地在这里建设华西化工基地。

1939 年 2 月 26 日，公司为纪念已被日寇侵占的中国化工的发祥地——塘沽，特废去老龙坝旧名，改称"新塘沽"，并在厂门前左侧的山岩上勒石雕刻。每字 4 尺见方的"新塘沽"，为的是"燕云在望，以志不忘耳"。

永利川厂的建设由于时机不成熟，不能酸、碱、炼焦齐头并进，决定在新塘沽首先建设碱厂。按照范旭东的计划，川厂将来必需的原料要立足自给。这对永利来说是一件十分为难的事。因为它无一不和人力、物力有关，并且还不能等到建厂之后再进行。如果原料不能得心应手，那么工厂等于白建。

为此，他们购置了一部开凿深井的机器，试探新塘沽附近盐质到底怎样？在傅冰芝厂长的努力下，得到地质专家李悦言、丁子俊的指导，进行勘察，选定打井位置，决定在距川厂 10 里杨柳湾冷峨寺附近设立川厂深井工程处。深井工程由佟翕然主持，彭力夫、黄琪瑞、林仲藩参与，聘请美国韩孟德（W. S. Hammond，1940 年 9 月到五通桥）及赫尔（S. Hall）为技师。在筹备阶段，不论是开辟井地，还是准备器材、建筑房屋，没有一件不是佟翕然亲自策划，动手操办的。尤其是正式动手安装机器时，他和韩孟德、彭力夫、黄琪瑞诸位，从清晨忙到黑夜，自兼泥瓦匠、木匠、铁工匠、机器匠数职。他们身着蓝布工作服，满身油泥，表现出在困难中硬干、快干的精神。①深井处院内南面建有草顶办公室及宿舍，北面建有仓库，东面山丘中设有锅炉房、发电机及井台，西侧面临乐山至五通桥的公路。全区以竹篱相围。1941年1月20日，深井工程启钻开工，开工后又调郭炳瑜来支援。

在深井钻探过程中，永利同人紧跟那位美国技师韩孟德司钻，一个个汗流浃背，油污满面，毫不示弱地抡起八磅大锤，在焦炭炉旁锤修钻头，淬火，还犹如猴子一般在高耸云天的井架上爬上爬下。用新的快速法钻穿不同深度的各种沙石砾层岩芯，取出地面，留样后放走。②

自开工两年多以来，因机器零件短缺难配，技术上时生问题，故工作时断时续。总计真正工作时间7至8个月，达到井深3500多尺。除发现天然气、石油（经取样化验为重油）。黄卤外，预期的黑卤也如愿发现。那浓厚的黑卤和火焰猛烈的瓦斯，象征着未来中国化工的光明，实为抗战以来中国化工界、地质界的一大成就。井的深度，不仅远远超过当地的自流井和已有的盐井，而且超过了甘肃玉门石油矿深井的深度，成为当时中国第一口深井。它为五通桥地区有丰富储量的盐，提供了有力的证据。1942年9月11日深井开凿成功。重庆《大公报》10月15日专题报道了永利深井成功盛况。

这里有一段插曲。在钻井工程进行过程中，重庆有位要员到深井部参观。回来后他表示："不理解。永利既肯花钱使用外国技师，为什么不用一两个工程师监督他，而把偌大一件事交给几个工人和外国人干呢？"这位大员无论如何也没有想到，那几个和洋人一起干活的"工人"就是永利的技师佟翕然、郭炳瑜和林仲藩。这就是永利工程技术人员的苦干精神，也是他们抗战建国的实际行动。③

范旭东说："永利深井工程在千磨万难之中，实际只做了230天的工，包括开凿、扩大、修理三项工程。这种速度在世界标准来说，也并无愧色，足使我们对自己的信心愈加深厚。"④

---

① 《祝永利深井开工》，《海王》第13年14期，民国30年（1941）1月20日。

② 郭炳瑜：《我在永利碱厂五十年的见闻回忆》，录自《天津文史资料选辑》23辑（77-107），天津：天津人民出版社，1983年。

③ 范旭东：《永利深井卒至成功了》，《海王》第16年4期，民国31年（1942）10月20日。

④ 同上。

在《永利深井卒至成功了》一文中，范旭东讲了这样一个故事："在犍乐盐区用旧法凿深井，闻有一家，已经历世二代，现在还在继续下凿。他家祖先为鼓励后代的决心，竟择井旁做了埋骨的坟墓，临鉴其侧，期在必成。这悲壮的心怀和诚毅的心志，真足起顽立懦，确是中华文化的结晶。"[①]

在永利川厂建设过程中，除上述深井工程之外，职工们经过艰苦创业，在建设过程中做出很大贡献。现仅资料所及概述如下：

1. 1939 年，建成永利川厂机械部。1939 年永利公司将在重庆沙坪坝的永利铁工厂的全部设备，运到老龙坝，装备了川厂的机械部，使机械部成为当时一个中型机械厂。该厂工种及设备齐全，工作母机大部分为 1934年铵厂建厂时从美国购进的，小部分为抗战后由美国购进的新装备，安装后显得气派。机械部的生产任务是，制造川厂建设所需的国内配套的全部设备及零配件，还接受岷江电厂及五通桥盐厂等委托加工的设备和配件。对外加工产品，收取费用，为川厂增添一些经济收入。

2. 1941 年，川厂鼎锅山煤矿开始生产优质煤。最初产量较少，后来逐渐增加，每日大约 40 吨。这样解决了电站及生产车间全部用煤的需要。每个家庭每月无偿配给烟煤 100 公斤，员工做饭的燃料解决了，告别了烧木柴的日子。

3. 1941 年，自办炼焦厂。用鼎锅山产的优质煤，厂里自办了一个土法炼焦厂，开始生产合格的焦炭，为机械部化铁铸造机械零件提供了燃料，多余的焦炭则出售。

4. 1941 年，川厂利用当地瓷土建陶瓷车间，开始生产日用瓷器，向市场出售。

5. 1941 年，川厂动力部的电站建成，开始发电。川厂的电站，原设计有 3 台锅炉和 3 台发电机。因战局关系，只运到国内锅炉和发电机各一台。发电量为 500 千瓦／小时。电站的高大厂房，也是采用条石砌筑的。厂房内布置了 3 台锅炉和 3 台发电机的基础。因只到厂锅炉及发电机各 1台，其余的两套基础，只好先空起来。电站供电后，解决了全厂生产用电和生活用电，住户也取消了油灯照明。电站发电量除自用外，多余的电输

---

① 范旭东：《永利深井卒至成功了》，《海王》第 16 卷 4 期，民国 31 年（1942）10 月 20 日。

给岷江电厂的电网，收取电费。

6. 1942 年，重碱厂房停建。滇缅公路运输中断，从国外订购的建厂物资无法运回国内，纯碱厂的建设无法继续进行，只好停止。原用条石砌筑的高层重碱厂房，只建到第三层，也只好停建。生产用房，仅建成一座石灰车间厂房。后来用作侯氏制碱法的小试验车间。

7. 1942 年，建炼油车间。纯碱厂停建后，为增加一些新产品，利用未建成的重碱厂厂房建了一座炼油车间。滇缅公路运输中断后，大后方所产的桐油出口失去了通道。桐油是制造油漆的重要原料，在国外很畅销。当时断绝了出口渠道，造成国内桐油积压。为了利用这种资源，永利川厂的同人们，试验用桐油裂化，制造汽油，结果试验成功，生产出合格的汽油、煤油、柴油和沥青。

8. 1942 年，建路布兰法制碱车间。从国外购买的设备不能进口，纯碱厂被迫停建。经过讨论研究，利用川西地区的芒硝、石灰石及本厂的煤，改为路布兰法制碱。从设计、施工到投产，仅用了半年多的时间，就生产出了优质产品。生产工艺较原路布兰法有较大的改进。增加了石灰窑，对碱液进行了二次碳化，使含碳酸钠量大为提高。产品分超、特、优、良四等。最低等级的产品，含碳酸钠量也在95%以上，受到使用厂家的高度赞扬，产品备受欢迎。

路布兰法生产纯碱，由于采用的全是固体原料，要将原料进行粉碎、混合等，无法连续作业，因此机械化程度不高，体力劳动较多，生产规模不能过大。当时日产纯碱约 10 吨，也算当时后方一个纯碱生产的大厂了。有了产品，公司有了财源，员工们的生活也得到了改善，人心也更安定了。

9. 1943 年，建成百亩湖。永利川厂厂址的北面，就是岷江。岷江水由北向西转弯处，有一个叫虎口湾的地方，这个湾向内延伸了一段，成了一个小湾，这个小湾把生产区与生活区隔开了。后来在小湾的头部筑了一道堤坝，作为生产区与生活区的通道。堤坝建好后，小湾与虎口湾隔成一个池塘。由于在小湾内的边缘开采条石作建筑材料，使小湾的面积增大了许多。用岷江水注入小湾，使小湾变成了一个长约 200 米、宽约 50 米的大池塘，水面面积约一公顷，恰好 100 公亩，故当时命为"百亩湖"，其蓄水量约 6 万立方米，湖内养鱼。这也算是新塘沽的一景吧！

百亩湖周围还种了一些树。除了观赏外，百亩湖还成了生产用水和生活用水的水源地。

10. 1944年，凿通氨厂山洞。抗战时期，永利川厂在美国设计了一座氨厂。由于是从战争的角度考虑的，为避免敌机轰炸，主要设备都安装在山洞内。在厂区的东南方月儿光村的背后有一座小山，选为厂址，开凿山洞。因为山洞里要安装设备，宽度和高度都较大。山洞为3条平行的主巷道，再由横巷道连通，其内安装设备。凿山洞开出的石方量，估计达1.5万立方米，工程量较大。经过3年的努力，山洞于1944年凿通建成。因设备尚未运到，故山洞只好封存待用。

永利川厂的建设所经历的道路是相当艰难的，诚如范旭东所说："样样都要从头做起，没有原料要自己打井取盐，没有煤炭要自己开矿取煤，真是件件都得自己办。"[1]"关于复兴化工，日来进行甚力，吾等在未死之前，尽一分力，称一分职，只要为抗战建国费了心力，始不愧也。"[2]在川厂建设期间，范旭东常到川厂视察，每次总要在晚上工余时间召集职员工人开家常会（无一定主题，相当于川人的"摆龙门阵"），会上各人畅所欲言，无所不谈，大至国际局势、抗战进展、国内政局，小到公司情况、工程问题、批评建议，个别员工的趣闻轶事……气氛十分融洽，借此交流思想，增进友情。[3]

永利川厂的建设正在加紧进行，处处需用大量资金，国民政府拨付的300万元补助金，虽然按期收到，但这些钱对永久团体在华西的复兴无疑如同杯水车薪。永久职工为了抗战建国和国家共度艰难，在每人每月仅发三斗白米、三人一块银圆零花钱的困境下，仍在努力奋进。然而国民政府行政院并没有忘记对"永久"团体的鲸吞，提出将拨给久大、永利迁厂的300万元补助费改为官股或作为投资，欲纳"永久"团体于国营之中。范旭东对此做了坚决的抗争，他说："如果要把我所创办的企业交由国民党接办或搞什么'官商合办'是信不过的。但是，中国政治若真正走上民主轨

---

① 章执中：《爱国实业家范旭东》，录自《化工先导范旭东》（32—48），北京：中国文史出版社，1987年。

② 唐汉三：《学习范先生工作精神》，《海王》第20年17期，民国37年（1948）3月1日。

③ 陈孟祥：《忆"永利精神"》，录自《红三角的辉煌》（127—136），天津：新华通讯社天津分社，1997年。

道，政府廉明则所经营的企业可以随时交给国家，用来为人类造福。"①范旭东借口加入官股就是改变企业的性质，这是一个重大问题，总经理无权决定，一定要由股东大会决定。目前战事正烈，股东四散，交通不便，无法召集股东会议，这事最好待时局稍靖再定。这一番入情入理的言论，使行政院碰了个不大不小的钉子，只好暂告一段落。范旭东又在国民参政会上高呼"我们的脚跟还没有站稳""要埋头研究""要追求进步""我们还谈不上国营与民营的争论。"②但无可违言，这件事范旭东已开罪了政府，使他不得不自谋资金。对此，他曾对孙学悟说："财政困难，的确有问题，不过办法上还得下功夫，我想这样磨练下去，办法自然也会产生出来，以为如何？"③这轻淡的几句话充分体现出这位实业巨子面对困难的信心和推进事业的魄力。

范旭东提出以工厂全部资产做担保，年息8厘，半年结付一次为条件，向中央、中国、交通、农民四大银行贷款2000万元来建设川厂。但贷款还是被拒绝了。范旭东并不灰心。为了实现川厂建设的宏伟蓝图，他四处奔走，在国民参政会上大声疾呼，发动舆论，宣传"中国需要工业，已到得之则存、不得则亡的阶段"；建设华西化工基地与抗战建国的密切关系；永利有建设川厂的雄心壮志和短缺资金的严重困难……迫于社会舆论强烈要求，国民政府同意了范旭东的要求。11月，国民参政会议决复兴基本化工一案，旋经国防最高会议核准，由政府担保向永利公司贷款2000万元，在川兴办硫酸铵厂及炼焦厂。饬令四大银行联合办事总处办理贷款，其中半数按外汇牌价拨给外汇，供在国外采购设备器材之用，但此事一直拖到1939年12月30日才签字生效。

贷款问题的解决，使范旭东长长地舒了一口气。接着，便是采购和运输问题。采购事宜，只要到美国各种器材设备即应有尽有，尤其有华昌贸易公国的李国钦帮助，问题就不大。但这些东西怎样从美国运进四川，却

---

① 章执中：《爱国实业家范旭东》，录自《化工先导范旭东》（46—47），北京：中国文史出版社，1987年。

② 徐盈：《范旭东和"永久黄"工业团体发展小史》，录自《天津文史资料选辑》23辑（35—52），天津：天津人民出版社，1983年。

③ 孙学悟：《追念范兄》，《海王》第19卷4期，民国35年（1946）10月20日。

是问题。战时交通不论对哪一国都是头等大事，尤其在中国，本来基础薄弱，现在各个海口都被日寇占领，无一可用。永利于 1940 年 2 月 1 日在昆明设立运输部，开辟运输线路。利用越南的海防港进口，然后通过滇越铁路从海防直达昆明；另一条路是用火车从海防到同登，再用汽车接运，经广西、贵州到重庆。可惜 8 月 1 日本封锁海防，法国在越南全线崩溃，海防港为日寇攻占，使永利有 500 吨物资被堵塞在海防，从此这两条交通线也无法利用，只好绕道缅甸的仰光，经滇缅公路运到四川。这是一条更为漫长、充满险阻、崎岖难行的路，但舍此别无选择。当时的官办机构根本不从事这项危险的运输任务，唯一可选择的是自买汽车，自办运输，否则永利川厂的建设只能作罢。为了抗战建国的神圣事业，范旭东下定决心，走上这条险象环生的路。

范旭东在给孙学悟的信中说："……规定 27 日坐总统号赴马尼拉，下月第一星期内坐荷兰公司船赴美国波特兰（Portland），一切都布置了，应无问题。此行预定三个月，拼老命啊。老实说，在这样生龙活虎似的大时代，真值一拼，以为如何？"[①]

1940 年 10 月 27 日年近花甲的范旭东，拖着大病初愈孱弱的身子，乘总统号海轮从香港出发，经菲律宾，横渡太平洋前往美国旧金山采购器材、设备和运输工具。有人问他："这么大年纪了，为什么选择这样一条要吃尽辛劳的航线？"他说："我特意走海路，就是想实实在在地尝试一下海的力量。"经过 36 小时的航行，客轮到达马尼拉。在马尼拉为了换船空住了 18 天，始换上荷兰公司 Klip Fontion 轮，11 月 17 日从马尼拉起航。范旭东在大海轮上，当风平浪静的时候，他在船上美美地享受海天一色、辽阔无垠、迎日出、送晚霞的佳景，在海岛附近还能看到海鸥，偶尔还能看到巨鲸、白鲨……。可是在太平洋他也遇到了凶恶的暴风恶浪，搞得他头昏目眩，肚子里翻江倒海，直吐苦水，一连几天不吃不喝，被折腾得筋疲力尽，就像得了一场大病。这对一个年近花甲而又无人照顾的老人而言，确实够受的。航行 20 天终于在 12 月 6 日下午缓缓驶进哥伦比亚河口，7 日到达坡仑。范旭东受到李国钦和侯德榜热情隆重的接待。但他没有接受李国钦邀

---

① 孙学悟：《追念范兄》，《海王》第 19 卷 4 期，民国 35 年（1946）10 月 20 日。

请在李的豪华寓所小住，而是和侯德榜一起赶回纽约西 34 街，住进青年会狭小而清静的宿舍。

范旭东不顾长途旅行的疲劳，立即投入工作。在 55 天中，他四处奔波。北起加拿大边界的大湖区，南到墨西哥湾，东到纽约费城，西至旧金山，美国的大部分土地都留下了范旭东的足迹。除了采购川厂设备和深井器材外，为了解决运输问题，他还订购了适合华西崎岖山区行驰的福特和司蒂倍克载重汽车各 100 辆。在美国，他在侯德榜陪同下，尽可能多地参观碱厂、化工厂、石油钻井工程、中小型煤矿和各机械设备加工厂。许多高效的新设备、新工艺和美国工人紧张而有序的工作态度，使他大开眼界，增长知识，亲身感受到科学技术和先进的管理制度的巨大力量。

1941 年 1 月 26 日，尽管范旭东回国的日子逐渐逼近，但他还在一刻不停地忙碌。傍晚，大雪飘飘，北风呼啸。此刻他正和侯德榜一起去洽谈商务。当他俩正一步一滑地在雪地上前进时，突然三个小孩从街边围了上来："先生，请买一束花吧！我这里有梅花，有苍兰，有玫瑰……"在异国他乡听到这稚气十足还带粤味的国语，范旭东先是一愣，接着一股亲切感油然而生。他透过粘满雪花的镜片一看，在他面前站着的是两个女孩和一个男孩。他忙蹲下身去亲切地问："你们都是华人吗？"孩子们认真地点了点头。侯德榜也弯下腰问："这么大的雪，你们不冷吗？是谁让你们出来卖花的？"小男孩说："我们自己啊！"一个小女孩接着说："妈妈告诉我们，祖国正在抗战，我们也要为抗战出力。卖花挣钱是捐献给祖国为抗战而受伤的士兵的。"范旭东这位在任何困难面前从不屈服的强汉子，听到这里情不自禁地热泪夺眶而出。他和侯德榜掏出身上所有的零花钱，全交给了这三个小孩，还不停地说："谢谢你们，谢谢你们！"说完，捧了一大束鲜花慢慢离去。

当范旭东离开纽约准备到芝加哥的时候，他从那簇花束中摘下一朵带在身上。卖花孩子的话语，在他心中回荡。范旭东深深地感受到一颗炎黄子孙的心是多么珍贵。在芝加哥他还情不自禁地在给阎幼甫的信中倾吐自己的心声："1 月 26 日……华侨的学童，冒着大雪，在纽约街上卖花，捐助伤兵。我深深地受感动。这花，我送给你作纪念。抗战以来，许多要人由中国香港而菲律宾，再飞渡太平洋，在大纽约城做寓公的不下三百人。他们对国事是掩耳不闻的。但是他们一丝一毫的供养，都出自小百姓的血汗，这从何说起，人类是如此的不同然的……"①接着他带着深情，将那朵从纽约带来的花放进了信封里。

---

① 范旭东 1941 年 1 月 29 日发自芝加哥给中国重庆阎幼甫的信。

路难行

　　抗战以来沿海各港口相继陷落，永利川厂建设所需设备只得通过越南的海防经广西和云南转运到川。起初，虽受到铁路方面的制约，尚能勉强应付，后来全国各机关的货物汹涌而至，永利这一私营机构，绝不可能在运输紧急的时候和政府、军队抢运输量，因此常有数十天而不得一吨货位的情况。后法国在欧洲崩溃，日寇乘势压迫越南，间接攫取越南、中国在海防的器材、物资。永利当时尚有 500 吨待运器材，全部被日寇扣留；后经匀得开往菲律宾轮船之吨位，拟运菲储存待运，不意物资刚装上船，就被日寇发觉，拦截而去，使公司蒙受了巨大损失。

　　为了建设华西化工中心，不得已另辟仅剩的"海口——仰光"滇缅国际路线。新辟路线全程长达 3000 多公里，途中地势险恶，困难万端，非自办运输不足以解决问题。1940 年 10 月下旬，范旭东亲赴美国，购置车辆、油料、轮胎、配件，切实加强运输力量。从美国回来后，范旭东立即投入滇缅线的开拓。同事考虑到他已年近六十，劝他不要再冒风险，但他义无反顾地说："运输线就是我们的生命线，生命线的争取，首先要拿生命去拼。"①

　　1941 年春，范旭东从美国乘飞机到中国香港，一直马不停蹄地在五通桥、自流井、昆明、腊戍、畹町、香港、重庆间来往穿梭，视察工厂、筹办运输。9 月 12 日，国民政府公布运输统制法，规定公私物资经过滇缅公路一律交运输统制局按程序内运。这完全打乱了永利自办运输的计划，对川厂的建设无疑是扼杀。范旭东以参政员身份晋见蒋介石，情绪激昂地直面力陈永利自办运输的理由和筹划经过，称现在 200 辆最先进的载重卡车

---

① 范旭东 1941 年 3 月 31 日寄自重庆沙坪坝给阎幼甫的信。

在美国已经启运，国内各要道机修站和司机人员也已准备齐全，五通桥建设也初具规模，的确是万事俱备，就待汽车一到，自办运输线一开通，永利川厂建设即可继续进行，于国于民有百利而无一害。同时他毫不客气揭露了运统局官员收受贿赂、中饱私囊、管理混乱、调度无方、毫无服务精神的现状，力主永利继续自办运输。蒋介石听了他的反映，同情永利，网开一面同意了范旭东的主张。

1941 年 4 月，范旭东由昆明飞往仰光。昆明刚下过一场大雨，清晨凉意袭人，风又很大，他只得穿上大衣。几个小时以后到达仰光。两地温差十几度，下飞机时已是大汗淋漓了。一到仰光范旭东马上投入工作。在许冀安的陪同下进行实地考察。他不但留意满载货物的驳船，还注意码头仓库的位置，连路旁盖着油布堆积如山的货物，也能引起他的兴趣……经过一番考察，范旭东决定将公司大批技术人员调到运输部沿线各站任职，并在畹町、保山、昆明、毕节、泸州设立接待站，招待司机，维修车辆，加油，调度运输，以增效益。几天来，他和许冀安在仰光走街串巷，四处奔波，招收司机。司机大部分是头上缠着白布的大胡子印度人，也有部分缅甸人和华侨；雇用装车工人，洽谈价格，探听轮船到港日期，制定装车日程……忙得他不亦乐乎！在仰光，范旭东说："弟决定在此多候些日子，将运输部事务赶上正轨。将近 15 年没有料理日常琐屑，现又亲自开一、二元的支票，写账、翻电报……再重复一次塘沽的最初光景，也有趣，老范还来得。"[①]

那些天仰光天天是 40℃高温。范旭东说："越是想得个阴天，匀一口气，偏偏不如人意，越是晒得起劲，到这一个半月，算起来只下过一场暴雨。这暴雨来得相当吓人，但一转眼又照旧晒。"[②]总算等到 5 月 30 日，仰光的雨季到了，天气凉爽起来。这是永利第一列货车出发的日子。范旭东打着伞前来送行，再三叮嘱车队注意安全，要首尾相顾，互相帮助，并祝他们一路平安。几十辆崭新的福特卡车，满载永利的设备器材，依车号排成一个长队。下午 3 点，车队在运输队长杨仲孚亲自督运下，在大雨滂

---

① 范旭东 1942 年 4 月 19 日自仰光给孙学悟的信，录自《海王》第 19 年 4 期，民国 35 年（1946）10 月 20 日。

② 范旭东：《南风（一）》，《海王》第 13 年 29 期，民国 30 年（1941）6 月 30 日。

沱中驰出河滨街，浩浩荡荡上路。

范旭东冒着高温考察沿途，有些设备运输很困难，如制碱重要设备的干燥锅，锅体分为两个半圆形锅皮装运，每块锅皮重 3 吨，长 6 米，比汽车车身还长，要把锅皮的一端扣在驾驶室上才能运去。这样，驾驶室就无法开门，只能摇下挡风玻璃进出，如遇紧急情况，则很危险。本可乘小汽车返昆明的范旭东，怀着高度的责任心和使命感，毅然钻进第一辆运锅皮卡车的驾驶室，以六旬高龄，颠簸前行。

车队沿着盘山公路在群山中逶迤缓行。夜间，车灯齐亮，宛如一条火龙，非常壮观。沿线要通过缅甸国界和几个山居少数民族地区，过路的人要遵守英缅的法令，还不能看轻土司的威严，一不小心就有关进土牢的危险。车队除了要克服险峻的山道、万丈深渊、暴雨和由暴雨带来的滑坡、泥石流外，还要克服酷暑、瘴气、毒蛇、巨蚊和疟疾带来的困难。但司机们仍坚持忍耐，队形不乱，日夜兼程。

车队到达中缅边界的九谷，经英国海关检查放行，进入中国地界。填报入关手续，照章缴费后，车队又浩浩荡荡地出发了。由于正值雨季，路基多处被毁，简直是时行时停，从畹町到遮放虽仅 38 公里，但车队足足走了 6 个多小时。车过龙陵、腊孟、下关一段时，又因大水冲毁公路和山崩而受困。经天生桥、漾鼻铁桥，在丛山峻岭中的盘山公路上忽高忽低地盘旋。一天傍晚，车队行至一山峪间，一下子乌云密布，尘土漫山，闪电炸雷滚滚而来，大雨瓢泼，远近山谷全为白茫茫的山雾所笼罩，视界近在咫尺，险象环生，人们赶紧躲进附近一座已是断垣残壁的破庙。大家疲惫极了，倒在地上就睡，雨水滴在身上也未察觉。他们就是在如此艰苦的环境下，演绎着一幕幕爱国报国的悲壮的活剧。

范旭东在仰光一住就是 80 多天。他送走一队一队满载货物的车队，其中有的货物还是危险品。如 3、4、5 队车，全部是汽油。"拟留一部自用，余均出售，换成美元，填还公款，以免牵动大局"。①范旭东是松软决策道。范旭东还策划替政府贸易委员会运输出口桐油。这样，车队来往都不放空，以运输来挣钱，填补公司的财政空缺。7 月 4 日范旭东离开仰光，一直在

---

① 见范旭东 1941 年 6 月 24 日自仰光给范鸿畴的信，录自胡迅雷《中国工业巨子范旭东》（238），北京：中国青年出版社，1991 年。

昆明、腊戍、畹町、中国香港、重庆间来回穿梭，处理各种棘手的问题。很快他发现，这条运输大动脉的主要危险还不在于自然条件的险恶，沿途的贪污、腐败、黑恶势力和官匪一家的人为灾害，就像无数吸血的毒蚂蟥，叮着吸血，使车队寸步难行。在这样艰难的行程中，车队勉力开了几次，更大的灾难又降临在范旭东的头上。9月12日，国民党政府又公布运输统制新法。此前公司行车已经饱尝运输统制局的干涉勒索之苦，动辄征扣公司车辆。如今新法，更进一步规定：公私物资经过滇缅公路，得一律交运输统制局按程序内运。于是，公司车队只好停开。由昆明到畹町的运量也只好放弃。范旭东不甘心坐以待毙，9月26日他再次以参政员身份面见蒋介石，直诉运输局的腐败和永利自办运输公私两利的成果。蒋介石当面表示了积极的态度，让范旭东呈文请准。可是等了10天，呈文批复才下来，代电全文如下："准其公司物资由运统局代运，每月由仰光运至昆明360吨，运费记账，候工厂出产再还。"对公司自运一节，则只字未提。面对这一"批复"，气得范旭东七窍生烟。

为了抢运在仰光的物资，范旭东在万难面前，受尽委屈，在运统局的节制下苟延着组织抢运。真是屋漏偏逢连夜雨。1941年11月下旬范旭东开完国民参政会赴港公干时，太平洋战争爆发，范旭东被困在香港。待从香港脱险，回到重庆时已是1942年3月2日。一到重庆他就宣布："我马上开始工作，希望同仁各守各的岗位，少谈方法，多做实事，向前努力，把我们的事业做成一颗民族复兴的种子"。①

当范旭东一行还在自香港去重庆的路上时，缅甸战局已急转直下。早在1941年底日寇进攻香港的时候，便开始空袭仰光，1942年1月16日日军进攻土瓦，侵占缅甸，3月2日偷袭仰光北部。3月8日（即范旭东到重庆后的第6天）仰光失陷。范旭东拒绝所有人的劝说，毅然前往腊戍料理残局。从重庆到昆明时运输部同人劝他留在昆明指挥，他却说："为国家和事业吃点苦是应该的，这次我从香港回来，人世间的苦事都经历过了，经验也很丰富，这次去畹町，万一还痛苦些，甚至翻车出事，我也不辞。祈

---

① 贾湘：《范先生回到了重庆》，《海王》第14年18—19期，民国31年（1942）3月20日。

求心安，其他一切意外的痛苦和危险请不要顾虑太多！"①

　　4月19日范旭东赶到畹町，24日得知日寇一支快速部队绕道泰国孤军直插入缅参战的中国远征军侧背，袭击缅北重镇腊戍，企图一举切断"抗战输血管"滇缅国际交通线，封死远征军的退路。腊戍到畹町只有180公里，而且全是柏油路，无险可守。腊戍一旦陷落，畹町势必难保。自从仰光失陷，运输部同人冒着千难万险，从缅甸抢出几百吨器材和3500桶汽油，现都存在畹町的公司仓库里，万一畹町告急，如何是好？范旭东暗自盘算，如果战局发展还能给两个星期的时间，公司在畹町的物资就可全部运完。可是这"两个星期"在哪里？4月25日，危急之中的范旭东又一次向重庆蒋介石侍从室发了急电，要求务祈电知运输统制局，明令准许公司抢运，自用之油料分存内地敝公司各站，随时自由取用。可是直到26日始终不见回电，范旭东在万分无奈之下，决意离开畹町，前往各站安排抢运。待范旭东赶到昆明，已是5月1日傍晚。晚饭前，他看到《云南日报》一行黑体标题"敌军已窜入腊戍"。范旭东的心骤然一阵发凉。原来，早在4月29日，他尚在由永平去祥云的途中时，腊戍已经被日寇占领。时间又过去整整两天，眼下畹町的情况又怎样？从腊戍到畹町汽车只要五六个小时就能赶到！在畹町仓库里的器材、汽油怎样了？！当晚范旭东调集所有可调动的卡车，直奔畹町抢运物资。5月3日，范旭东从昆明给孙学悟的信中写道："……畹町危极，小弟真够烦恼。我们抢运出的器材、油料还有几百吨，虽然放了大批车子去抢运，究竟来得及否？成问题。"

　　确切地说，畹町就在范旭东调集大量卡车前往抢运和给孙学悟写信的当天已经失守。在仓促之间，政府下达"自行销毁畹町物资，以免资敌"的密令。永利在畹町的大量汽油，在"一滴油一滴血"的抗战期间，竟然在轰然一声中化为浓烟烈火，实在令人感慨万千！

　　范旭东得知这一消息后感到心力交瘁。他坚持通令运输部，竭尽全力，将沿线所有物资运到五通桥。

　　5月4日，日寇侵占龙陵，对保山狂轰滥炸，惠通桥被毁。5月5日日寇强渡怒江。在骇人听闻的"烧抢保山"事件中，永利从腊戍、畹町抢运

---

　　① 胡迅雷：《中国工业巨子范旭东》（255），北京：中国青年出版社，1991年。

来的公私物资在烧抢中损失殆尽。在一片混乱中滇缅路西段的永利运输部各站车辆损失 80 多辆，进口器材损失不计其数。1942 年 5 月 12 日，范旭东从昆明给孙学悟的信中说："……近几天，闹滇缅路的战事，简直是人仰马翻。永利同仁拼死抢出来的器材，（敌人）一个包抄又全毁了，伤心，恨人，无从说起！"[1]

---

① 孙学悟：《追念范兄》，《海王》第 19 年 4 期，民国 35 年（1946）10 月 20 日。

范旭东香港受难

1941 年 11 月下旬，范旭东出席国民参政会的例会后，回到香港银锣湾寓所。刚住一星期，偷袭珍珠港事件爆发，紧接着日本又袭击了英国在太平洋的战略基地新加坡，使战争范围迅速扩大。

12 月 8 日早上的报纸和前几天一样，平安无事。范旭东想起要办理到缅甸去的护照需要照片。在去照相馆的电车上，他看见报纸"号外"上的标题大书"香港在战事状态"，不觉大吃一惊！回到家里，发现寓所前面海军操场的草坪，已经变成了高射炮阵地。家门前已变成阵地了，这里是决不能再住了。一看范夫人正忙着整理行装，范旭东关心的那些记着公司大局的"随手记录"，堆得乱七八糟，从来没有整理过，想带走也办不到，只好忍痛烧掉些，其余的送进一家银行的保险柜，托他们保存。这样处理自己一向视若珍宝的材料，真有点失魂落魄，平生从没有经过比这更难过的事。①

战争爆发后，日军很快占领新界。为了迫使香港的英国当局投降，日军昼夜不停地向香港炮击，偶尔还派少量飞机轰炸，更加重了香港的恐怖气氛。20 世纪 40 年代的香港，远不及上海繁华，主要的马路只有皇后大道和德辅道。德辅道有不少高层建筑，银行、洋行、酒店，百货公司（先施、永安、大新）多半集中在这里。金城银行香港分行也设在这里。它是一幢七层高的大厦，建筑很坚固。范旭东夫妇、经济学家何廉、大公报总经理胡政之等著名人士全被周作民邀请在银行大厦的地下室临时避难。

12 月 12 日，日军占领九龙半岛，海面交通断绝。日军司令部向香港

---

① 阿三：《往事如尘（二）》，《海王》第 14 年 24－25 期，民国 31 年（1942）5 月 20 日。

政府致了严厉照会，限期无条件投降。13 日，香港报界一致决定停刊，以示抗议。大公报港版主编徐铸成先生在终刊号上写了一篇题为"暂别读者"的社评，其中引用了文天祥名作《过零丁洋》诗中的"人生自古谁无死，留取丹心照汗青"作结语。当天晚上，日军轰炸的炮火特别密集，德辅道、干诺道上的一些大建筑物成为众矢之的。14 日晨，徐铸成冒着从头顶上"嘘嘘"而过的炮弹，去慰问胡政之和范旭东夫妇。范旭东一夜为炮袭所扰，久久不得安睡，但看到徐铸成仍很兴奋地说："看到你们的社评很得体，很有中国人的气概！"又说："我昨晚听了一夜的炮声，很高兴，了解到日军炸弹的爆炸力很有限，可见它的炸药制造并不怎么先进，我们再努一把力，完全有可能追过它。"①在炮火连天中，范旭东完全没有考虑个人安危，还一心想着如何发展化学工业和抗战救国，这种爱国主义精神深深地感动了徐铸成。

　　范旭东还特邀徐铸成到他房间里闲谈对"立国大本"的看法。范旭东说："立国于现代世界上，主要要在科学、文化各方面打下现代化的坚实基础。政治制度和政治风气是重要的，但比之前者没有决定性意义。譬如，你把《大公报》办成一张真正反映民意、敢言而伸张正义的报纸，受到国内外的重视和尊重，那就在舆论界立下了一根坚实的柱子；再如我们化学工业方面力求进步，产品在国际上列入先进行列，那我们在这方面也立了一根坚实的柱子。中国有这样几十根柱子，基础就牢固了。政府好比是一个屋顶，好的屋顶会在这柱子上牢牢建立，铺盖上去；不好的，自然安放不住，终有一天会垮下来，要重新修造，但不会影响下面的柱子。有了这些柱子，终有一天，会盖好一幢举世瞩目的堂皇大厦。"②这些言论充分发挥了他一贯主张的"科学救国"的思想，使徐铸成受到很大的鼓舞。

　　1941 年 12 月 25 日下午 3 时，格鲁斯饭店楼顶打出白旗，香港总督终于在投降书上签字。炮火停了。日军蜂拥进了香港，搜查、抢劫、奸淫事件四起，商店关门，日用品买不到了；满街都是垃圾、废报纸之类，粮食全被日军封存，粮店全都关门，引起恐慌，少数粮食供应店排队总有万人以上，一石米暴涨到 300 元军用票（合当时港币 600 元），每个市民都死气

---

① 徐铸成：《记范旭东》，录自《新闻丛谈》（1—12），杭州：浙江人民出版社，1983 年。
② 同上。

沉沉，全市一片黑暗。一些与中国内地有关的知名人士如颜惠庆、陈友仁、周作民等全被拘押起来，先集中在九龙的半岛酒家，后又转押到香港大酒店。胡政之早就躲进铜锣湾的一位同乡家。范旭东仍住金城银行，因日军当局没有认出这个干瘦老头就是中国化工界的名人范旭东，才得以幸免。

范旭东亲眼看到被占领的香港，日军砸烂商店的橱窗，用刺刀挑取里面的东西，不少房子被钉上"大日本陆军管理""大日本海军管理"的木牌，甚至连孤儿院也不能幸免。可耻的汉奸为虎作伥，欺压同胞。舆论界除《大公报》以外，大都事敌，成了敌人的传声筒。特别是汪精卫系主办的《华南日报》，在日军侵占香港的第二天就大肆宣传"大东亚新秩序""大东亚共荣圈"，还发表了南京伪政府的"告港九同胞书"，要大家"各安生产"，与"皇军"合作，还雇了很多流氓、小贩到处派送。……这些深深刺痛了范旭东那颗热爱祖国的赤子之心。他说："这样看来，中华民族的前途也还是可怕的，到了这种非人生活的环境里，竟还厚颜贪生！还有一班知识分子，太缺乏知识，太缺乏判断力，自扰扰人。"①金城银行好不容易弄来一点大米，也全被汉奸搜走，范旭东夫妇每日仅以一粥一饭度日，自然更谈不上菜和油盐问题。这种恶劣环境并没有使范旭东颓废，他经常以阅读各种书籍来消磨时日。他幽默地说，他很欣幸，能够读到不少平时想读而没有时间读的书，米虽不易买，但精神食粮并不匮乏。②

在胡政之离开香港的第二天，徐铸成被日军多田报导部长找去谈话，强令要求徐铸成、金城夫恢复《大公报》港版出版，并限三日答复。徐铸成一筹莫展，跑到范旭东那里，看见老夫妻俩正在小打气炉上做稀饭。范旭东说："自从周作民被抓走后，我们已成了不受欢迎的人了。何廉已搬走，我们无处可投奔，自己将就起个火，对付着生活。"待范旭东草草吃完早饭，徐铸成说："日本报导部已找到我们头上，威逼我们出报，您是胡政之先生的好朋友，是我敬重的前辈，我只有冒险前来讨教。"③

范旭东想了一想说："我想你先要有自信，一定能战胜困难。日本派到香港来的这些文武官员，至多不过是他们的三四流人物。而我们都是中

---

① 贾湘：《范先生回到重庆》，《海王》第 14 年 18—19 期，民国 31 年（1942）3 月 20 日。
② 同上。
③ 徐铸成：《记范旭东》，录自《新闻丛谈》（1—12），杭州：浙江人民出版社，1983 年。

国第一流人才，相信我们的聪明才智一定能斗过他们。其次，你要把握主动，他们要强迫你出报，你若是怕出报，这样，他掌握了主动，你处处落入被动。你应该多想想，想出几个他没法解决的问题，你就变被动为主动了。争取了时间，再设法离开香港。我相信你一定能战胜这个困难。我也急于回国，正在找门路。"[1]

在徐铸成告辞时，范旭东紧紧握了握徐的手说："三个月后，我们在重庆见。"

徐铸成受到范旭东的启发，对多田施了个金蝉脱壳计，表面上同意出版，但提出很多具体问题，要求多田解决，并且开了一张召集报社旧员的名单，让多田寻找（实际上这些人中大多已离开香港回了内地），多田答应在一周内找齐这些人。谁知在多田会见徐铸成的第二天黎明，徐铸成、金城夫、连郭根一起换了短衫短裤，由一个粤籍同事带领，走到油麻地码头，混入难民队伍挤上小火轮，挨了一天的饿，到傍晚脱离魔掌才回到广州，转赴内地。

范旭东、何廉和金城银行重庆分行经理徐国懋，一起策划尽早离开这人间地狱。当时正好日寇为了减轻港九数百万人的粮食负担，占领当局有意疏散人口，无论经由陆路、水路返回中国内地，一概不予阻止。范旭东他们趁香港秩序尚未恢复，以难民身份申请登记，领取了离港证。当时返回内地的路共有三条：一是走海道去上海；二是走广州湾；三是走九龙深圳回内地。第一条路因范先生不愿再多吸一口沦陷区这种污浊的秽气，根本不予考虑；第二条海道危险性太大；结果选择了第三条走九龙深圳线。

1942 年 1 月 8 日，胡政之在粤籍友人帮助下离港脱险。在听到胡政之安抵内地的消息后，范旭东夫妇、何廉、徐国懋一行也于 1 月 25 日脱离了魔窟——日占香港。"和我们同行的有 90 多人，包括范旭东夫妇、何廉、刘国均、徐国懋、徐继庄……男女老少都有，由徐继庄任领队，徐国懋任副领队。"[2]

"1942 年 1 月 25 日……破晓时光，路上行人稀疏，一、两个矮小的敌兵，肩扛着雪亮的枪刺往来彳亍，仰望浮云，分外晴澹，几缕劫后残烟，

---

① 徐铸成：《记范旭东》，录自《新闻丛谈》（1—12），杭州：浙江人民出版社，1983 年。

② 徐国懋：《香港脱险记》，《上海文史资料选辑》第 63 辑。

还是毫无心情般在半空飘荡，和站在海边那千百个难民排成长蛇阵一样无聊。"①足足排了 4 个小时的队，由于证件齐全，日本兵总算没有留难，范旭东一行踏上香港—九龙的渡船。渡海之后，在九龙宿一夜，开始徒步走。

出了九龙街，踏上去大浦的公路。路旁不少难民的尸体都没收。范旭东亲见一个年轻妇女怀里紧搂着一对双胞胎婴孩，被敌人的刺刀捅死了，倒在血泊中……范旭东受到极大震悸，老泪纵横。他们沿着一条靠海的小路过沙头角，直奔盐田。一路历尽辛苦，穿着工装，一天走 70 里山路，来到一个渡口。当大家争着上船时，几个日本兵叫喊着直奔木船而来，阻止他们上船。范旭东从他们的谈话中知道他们并不是为"检查"而来，而是要从这一队中抓一些壮汉去做苦工。范旭东奋然一步跨到岸上，用熟练的日语对日本兵说："我们都是在香港银行做事的，现在香港粮食紧张，我们是获准离港去自谋生路的。"日本兵很惊讶能在此地听到如此流利的日语，问："先生到过日本？"范旭东回答："我是京都帝大毕业的。"日本兵十分恭敬地回答："啊！先生是我的前辈，我也在帝大念书，才读了两年，因征兵来中国服役。"范旭东摇摇头说："很可惜！少了一个学士。"②

他们从盐田经龙冈、淡水、良井到平潭，原拟去惠阳，可途中遥见惠阳城火光冲天，听说日寇正进攻惠阳，于是，改道横沥，一天 24 小时，生命无时不在生死线上摆动。……从九龙到横沥虽仅 300 多里路程，但前后走了 10 天，到达横沥时已是 2 月 4 日。

他们先后经过日占区、土匪区、游击区，然后才到达自由中国。在某游击区承罗大队长热忱照顾，范旭东很感动地说："如果多有几位罗大队长那样的人，难胞果然感到便利，即使想把存港的物资抢运一点出来，我想也可以办到。"③

到横沥后，范旭东一行改乘民船，溯东江北上，过河源、义合、黄田而抵达蓝口。12 日到龙川，再乘长途汽车到韶关，改乘火车到桂林。在何

---

①　阿三：《往事如尘》，《海干》第 14 年 22—23 期，民国（1942）4 月 30 日。

②　据永利老职员黄汉瑞回忆及贾湘《范先生回到了重庆》，《海王》第 14 年 18—19 期，民国 31 年（1942）3 月 20 日。

③　贾湘：《范先生回到了重庆》，《海王》第 14 年 18—19 期，民国 31 年（1942）3 月 20 日。

廉及久大湘区负责人林受祜的努力下，弄到两张机票，范旭东夫妇才得以平安飞渝。

1942年3月2日晚11时，明月当空，天气十分明朗清爽，范旭东夫妇平安到达重庆珊瑚坝机场。前往欢迎的"永久黄"同人心情大悦。近三个月心中的阴影随着欧亚机着陆的吼叫声被一扫而光。一下飞机，范旭东便激动地说："我们是幸运地回来了……走在我们前面或走在我们后面的同胞，有不少已无辜的牺牲了，这只能归诸于命运吧！"在讲到事业进展艰难时，他说："只要我在一天，就为团体事业努力一天，除死方休。"范旭东又说："我现在马上开始工作，希望同仁各守各的岗位，少谈方法，多做实事，向前努力，为我们的事业做一颗民族复兴的种子。"①

---

① 贾湘：《范先生回到了重庆》，《海王》第14年18—19期，民国31年（1942）3月20日。

侯氏碱法

侯德榜肩负华西化工基地建设的设计重任，为制碱原料问题煞费苦心。盐在塘沽堆积如山，贱似沙土，而在华西则是质差价昂。索尔维法制碱，对侯德榜来说已是轻车熟路，若用来设计华西的碱厂，只要按比例缩小即可，技术上绝无问题。但是华西的盐比塘沽贵几十倍，而索尔维法盐利用率仅 70%～75%。如果在华西继续沿用索尔维法，那么每天就会有大量的盐白白浪费。这不仅万分对不起那些光身赤膊、白天黑夜在那里凿井取卤的盐工，而且处在负债度日境地的永利也没有那么多的资金供这种无谓的消耗。另外，还有大量的废液怎么处理？这一连串的问题回萦在侯德榜的脑际。为此，侯德榜在南园常和范旭东讨论这些问题。

范旭东以从事化工事业 20 多年的经验，总结出对建设华西化工基地的方针性意见，他认为："工程设计是兴办一项工业成败的关键，设计得法则可能后来居上，否则势必永远呻吟在落后的地位……切望华西这个新天地的设施，能不低于世界水平，并要立意拿效能来补偿环境的不利，将来才不会被淘汰。目前我们的人力、财力都万分竭蹶，按常理只要将我们已有的图样稍加修改，对付完事即可。但是为'要好'一念，不愿这样苟且。因此，宁肯不做，做就做好，做就做成。对于工程设计，一定要不惜代价，力求上进。"[1]

范旭东的这一主张使侯德榜豁然开朗，对具体技术路线的选择他是胸有成竹的。早在 1934 年侯德榜就获悉德国有察安法专利，[2]食盐的利用率

---

[1] 范旭东：《我们初到华西》，《海王》第 11 年 30－31 期，民国 28 年（1939）7 月 7 日，7 月 20 日。

[2]《查恩法制碱》，《海王》第 6 年 28 期，民国 23 年（1934）7 月 20 日。

可达 90%～95%。侯德榜认为在华西采用察安法是很合适的。范旭东支持侯德榜的想法。1938 年 8 月，他派侯德榜率寿乐、张子丹、林文彪、侯虞篯赴欧洲考察察安法制碱，并洽谈购买专利，为川厂建设采购设备。

殊不知当时德日两国早已暗中勾结，以中国人民为敌。考察组一到柏林，有关碱厂即严格保密，对制碱专家暗中监视，虚与应付；所要专利费极高，以为刁难；并无理提出，将来产品不准在当时已被日寇占领的东北三省销售。

范旭东对此十分气愤，认为"这是否认东北三省是中国的领土，是对我国的侮辱"。他针锋相对，据理批驳，提出"今后产品不仅要销到东北，甚至要向世界各地销售"。[①]侯德榜也义愤填膺地大声疾呼："难道黄头发、绿眼珠的人能搞出来，我们黑头发黑眼珠的人就办不到吗？"范、侯两人的寥寥数语，体现了铮铮铁骨的民族气节。由于德方在谈判中蛮横无理，范、侯决断中止谈判。侯德榜在德国购买了不少制碱方面的专刊，收集到很多技术资料。德国人甚至怀疑他是搞情报的。他获悉后，即日离德赴美，准备自力研究制碱新法。

1938 年底，侯德榜在纽约深入研究分析了在德国得到的那两本关于察安法的专利说明书和已发表的有关察安法的三篇论文，并联系在考察中获得的实际情况，得知察安法专利的特点是：以碳酸氢铵为原料，加入食盐进行复分解反应，加入 5%～10%的硫酸盐（Na^+或 NH_4^+均可），制取碳酸氢钠和氯化铵。据此，侯德榜在纽约制订了详细的试验计划，准备开展进一步的研究。[②]

为开展新法制碱的研究，范旭东在五通桥永利川厂成立研究部。但工作一开始，便感到这里有材料、仪器和通信等诸多不便，对试验开展十分不利。例如，制备碳酸氢铵的氨，在工业落后的华西，根本没有生产，要从华西仅存的一点硫酸铵（肥田粉）中加石灰乳蒸出，实在不行，就得从人尿中提取；要得到一支温度计都不易，而要装一架恒温水槽就更难。在这种条件下，要使试验顺利进行，确实不易。

经过范旭东慎重研究，决定把试验场所搬到各方面条件都较好的香港

---

① 李祉川、陈歆文：《侯氏碱法的诞生和发展》，《化学通报》，1982（8）。
② 天津碱厂志编修委员会：《天津碱厂志》（295），天津：天津人民出版社，1992 年。

范旭东寓所进行。试验在侯德榜指导下由郭锡彤负责，谢为杰、张燕刚、黄炳章等参加。试验开始时是重复察安法专利的内容；可是进行不久，发现整个装置形成一锅粥样，再也无法进行下去。后又认真分析了专利报告，发现所载原料的加入方法写得含糊其词。为了探索该法实质，干脆重新进行条件试验；通过对各种条件的筛选，最后做出了和专利报告一致的结果。

这次试验完全由侯德榜在纽约遥控指挥。侯德榜对试验要求非常严格，他不仅确定试验内容，还指示对每项内容的具体目的和要求。整个试验设定了十几个条件，共进行了 500 多次循环，分析了 2000 多个样品。试验做得很仔细，每一个条件要求重复做 30 次。当时的工作十分紧张，试验人员每天都工作 12 小时以上。试验过程中每周要向侯德榜做详细汇报，而他对每次试验的结果都有认真深刻的分析和具体的指示。到 1939 年秋，已基本摸清察安法的各种工艺条件。1939 年 10 月，侯德榜由美回国途经中国香港，和试验组成员对前阶段试验进行认真总结，同时研讨了不用碳酸氢铵为原料而用 NH_3 和 CO_2 的水溶液代之，直接进行复分解反应的可行性，试图对察安法有所突破。

为了实现工业化，必须进行扩大试验。当时香港的条件，对扩大试验也有不少困难。尤其是卜内门公司的远东基地设在香港，为防止失密，范旭东力主试验地点搬到既方便又安全的上海进行。1940 年 1 月决定将试验迁往上海法租界进行，由郭锡彤、张燕刚、黄炳章三人负责。谢为杰奉调到美国哥伦比亚大学实验室继续对察安法做深入细致的探索和改进，以便侯德榜就近指导。

在上海的试验人员东拼西凑购置试验所需的设备、仪器、药品，克服不少困难，历时半年才使试验的准备工作就绪。又经过几个月的扩大试验，进行顺利，所得结果和香港的试验数据十分接近。接着，他们又完成了不以固体碳酸氢铵为原料的扩大试验，同样取得了理想的结果。

在试验进程中，中国和美国两地的研究人员对试验进展保持密切联系，及时交流信息。在深入研究过程中，他们发现专利报告中提道的"该法的关键在中间盐的加入"这句话很不确切。因为他们对中间盐的加入，不论在加入量的多少，时间的迟早，都进行过细致的探索，发现即使在不加入中间盐的情况下，只要操作控制恰当，都可得到良好的结果。经过反复论证，最后肯定专利报告中所谓的"关键"，纯属是虚晃一枪的迷魂阵。在揭示了"中间盐"的秘密后，试验进展迅速，一个新的制碱法即将形成。两年前德国人还拿着察安法专利来敲诈我们，凌辱我们。而今，这些"黑眼珠、黑头发"的中国人，已经用自己的聪明才智创造了一个源于察安法而远胜于察安法的新制碱法。这是多么令人兴奋、让人扬眉吐气的事啊！

为了表彰侯德榜在开拓新法制碱上的功绩，1941 年 3 月 15 日，永利川厂特举行厂务会议，会上范旭东亲自介绍了新法制碱的特点和研制经过，并提议将这一有自己特色的制碱方法命名为"侯氏碱法"（译名 Hou's Process），会上一致通过该提议，并于次日向正在美国工作的侯德榜祝贺，贺函称侯德榜"抱愿恢宏，积二十余年深邃学理之研究，与献身苦干之结果，设计适合华西环境之新法制碱，为世界制碱技术辟一新纪元……"

侯德榜这位奋勇攀登科学高峰的战士，对同事的尊敬和祝贺感到由衷欣慰。但他并不满足已取得的成就。身在纽约的侯德榜认为，新法制碱虽然对察安法有很大的突破，但还不理想。他运用二十多年来积累的制碱、制氨的经验，要寻找一种更理想的制碱方法，把制碱工业和合成氨工业结合起来，把现有的制碱技术再向前推进一步。侯德榜认为，不用碳酸氢铵为原料，使盐、二氧化碳、氨直接在碳化塔起反应，生成重碱（$NaHCO_3$），又可连续生产，这是索尔维法的优点；察安法则可以提高食盐的利用率，而既能使食盐中的两种离子分别进入两种产品，还免除了废液废渣的排放问题。当然，合成氨厂中的二氧化碳再也不能当作废气放掉了，它是制碱不可缺少的原料。如果能兼取索尔维法和察安法的长处，使制碱和制氨两种工业进行联合，这样一种崭新的制碱方法就可能产生。

1942 年 3 月，侯德榜从纽约给范旭东的信中写道："无论如何，要把这方法改为连续法。我已拟好一个从合成氨出发的制碱流程。这个制造碳酸钠和氯化铵的新法，自然地把两种工业——索尔维制碱工业和合成氨工业联合起来。这样对化学工业在技术上将有极重要的贡献。"[①]

为了早日实现氨碱联合流程的宏伟理想，侯德榜在对氨供应紧张，控制极严的美国，通过种种关系、克服重重困难，购到一些氨；又远涉重洋，

---

① 天津碱厂志编修委员会：《天津碱厂志》（260），天津：天津人民出版社，1992 年。

经印度用飞机越过喜马拉雅山运到云南，转运四川，提供给半工业性新法制碱试验之用。

在川人员经过紧张的准备，于 1943 年秋，在新塘沽安装好连续法半工业化试验装置。11 月新法流程的半工业化试验开车。这次试验由永利化工研究部的郭锡彤、张燕刚、刘潜阳负责，李树梧、张天佑、余祖燕参加。分三班 24 小时连续试验。这次试验的目的是将间断法改为连续法；考察连续法产品和母液质量；考察连续法母液平衡问题。

连续试验在化工研究部同事的努力下顺利进行，仅用了两个多月的时间，就取得满意结果。一个与察安法截然不同的氨碱联合流程——侯氏碱法终于完成。它的特点是不用碳酸氢铵为原料，而是将含盐母液加氨，送进碳化塔，通入由合成氨厂送来的二氧化碳，产生碳酸氢钠结晶，过滤后将母液降温、加盐析出氯化铵。母液再吸氨，送进碳化塔……如此连续循环操作，得到纯碱和氯化铵两种产品。

侯氏碱法吸收了索尔维法和察安法的优点，既利用合成氨厂的废二氧化碳，又利用碱厂废弃的氯离子，从而既提高了原盐的利用率，降低了成本，又免除了索尔维法排除废液的麻烦。它的设备比索尔维法减少了1/3，使碱厂的投资大幅度降低，纯碱成本比索尔维法降低 40%；若以等氮量的氯化铵和硫酸铵相比，不论在投资上还是成本上都有大幅度降低。

侯氏碱法的研究虽起始于察安法，但在研究过程中历经三次关键性的改革，由量变引起质的飞跃，最终使侯氏碱法远离了察安法的基本特点，形成了制碱工业与合成氨工业的紧密结合的全新流程，把制碱工业的技术推向一个新的高峰。

侯氏碱法在国难深重、条件艰苦的华西获得成功，反映出中国科技界的聪明智慧，及他们不屈不挠、攀登科学高峰的进取精神和改变我国工业落后面貌的自强不息精神。侯氏碱法的成功，不仅为中华民族在国际学术界争得了光荣，更在世界制碱技术史上竖起了又一块丰碑。

1943 年 12 月 25 日，在川西五通桥召开的中国化学会第十一届年会上，侯氏碱法和学术界初次见面，由始终参与该法研究的郭锡彤代表侯德榜（侯当时在美国工作）在会上介绍侯氏碱法。会议主席、重庆大学校长张洪沅先生带领全体代表参观侯氏碱法试验现场。我国化学界对这项成果十分重视，并做了高度评价。会后中国化学会以年会名义致函侯德榜，对他所取得的成就表示祝贺，并号召中国化学会会员学习侯德榜不避艰苦、顽强奋斗的精神。

侯氏碱法 1943 年在四川已有小规模封闭循环、连续运转的试验结果。由于当时日寇侵占印度支那各国，入川海口均被切断，永利川厂的建设被迫停止，侯氏碱法的工业生产试验和建设工作也就无从谈起。但在范旭东的战后十大化工厂建设蓝图中，已决定于抗战胜利后在南京卸甲甸永利铵厂建设侯氏碱法新厂。

1948 年 4 月 14 日，永利化学工业公司具文连同侯氏碱法说明书及有关文件、产品样本、照片等径呈国民政府经济部请准专利。1949 年 1 月 17 日，国民政府以京工（38）字第 1056 号通知核准"侯氏碱法"专利 10 年。

华西黄海

　　1935 年至 1937 年，塘沽已沦入汉奸殷汝耕的冀东伪政府统治之下。黄海同人忍声吞气，含垢忍辱，同永利、久大两厂一道在恶劣环境中挣扎两年。1937 年 7 月 7 日全面抗日战争爆发，7 月底天津、塘沽沦陷。在敌人的凶焰下，社务再也无法开展，遂迅即南迁。1938 年初在汉口决定黄海社部分迁长沙水陆洲；7 月新屋落成，先就调查和分析两部开始工作。不料 10 月汉口失守，广州陷落，长沙震动，不得已再次疏散，水陆洲业务停顿，新建的研究室只得放弃。在水陆洲着手建设的时候，由于对大局信心不足，为防万一，菌学研究室和水溶性盐类研究部分直接与久大、永利一起西迁入川，暂时借用重庆南开中学的科学馆先行恢复工作。

　　在这次大迁移中，由于沿途交通混乱，黄海的图书、仪器运到广州时，因不能及时转运，其中积累了十几年的资料遭到损毁。这对年已半百的孙学悟来说是一次严重的打击。

　　在内迁过程中，孙学悟提出："化学研究不要在大城市凑热闹，要和生产相结合。"他的这一主张得到范旭东的支持，坚决把"黄海"搬到既和永利、久大毗邻，又靠近四川盐产基地偏僻的五通桥山沟。孙学悟穿布衣着草鞋，带领"黄海"同人因陋就简，头顶瓦片、脚踏泥地，用自制的恒温箱、瓦罐容器、木炭燃料、木板实验台等极简易的设备，开始埋头于他们的工作。

　　范旭东曾在黄海研究人员的报告会上讲过："学术研究是一种神圣的工作。做研究的人，首先要头脑清晰，把世间所谓荣辱得失是怎么一回事，看得通明透亮，拿研究的对象当作身家性命，爱护它，分析它，务必使它和人类接近，同时开辟人类和它接近的坦途。这种任务岂是随便可以完成的吗？……像牛顿这样具有那样资质、那样成就的人，还叹息学海无涯，我们还有什么话可说？但愿跟踪前辈，愉快而感奋，一步一步、一代一代地向前走着，为不世的伟才，预任披荆斩棘之劳而已。这是黄海同人的心愿，也是我黄海一贯的学风。"①

入川后"永久黄"团体经济处于最困难的时候，范旭东曾多次提道："我们经济困难，就是当裤子，黄海和海王是一定要坚持的。"②对于研究机构工作的困难、要求的艰深，范旭东自有一番深切的理解和满腔的爱心，对社会上一些人对研究机构不切实际的批评，他也直言不讳地解释。范旭东说："二十年来世人责望学术研究机关的，多注重眼前的得失，常常冷语批评：'某社某人不顾民生疾苦，这时候还在研究室做洋八股。'他们硬把学理和应用分作两起，要先应用，后学理。凡是研究学理的就被误会是纸上谈兵，不切实用。这论调相信他是出自悲天悯人的至情，并非恶意。但是，一言丧邦，不知多少做研究工作的受到折磨。说句痛心的话，中国人到如今还在和环境争死活，说不上受国家社会的敬仰，潜心学术。"③

黄海入川后，在艰苦的环境下，为着抗战建国的伟大使命，在孙学悟"用中国的原料研究生产中国需要的产品"④为指导思想去努力从事研究工作。孙学悟认为："五通桥是四川的盐业基地，是大后方军民食盐的供给点，那里制盐方法因循守旧，根本满足不了需要，黄海应该协助和指导他们采用新的工艺，迅速提高食盐产量，开展综合利用，为大后方食盐供给起保证作用。这才是黄海在国难之秋，在大后方站稳脚跟的唯一选择，也是发展黄海的希望所在。"现将黄海化学工业研究社抗战期间在华西的研究成果摘要介绍如下：

一、盐业的改进

黄海和地质调查所合作对犍、乐地区和五通桥盐场的盐卤进行全面的调查和分析，摸清了各种卤水的成分和分布情况，得知各区卤水中氯化钡、

---

① 范旭东：《我们初到华西》，《海王》第 11 年 30—31 期，民国 28 年（1939）7 月 7 日，7 月 20 日。

② 黄汉瑞：《回忆孙学悟先生》，录自《红三角的辉煌》（106—117），天津：新华社天津分社，1997 年。

③ 范旭东：《黄海二十年纪念词》，《海王》第 14 年 32 期，民国 31 年（1942）7 月 30 日。

④ 徐盈：《孙博士与"菌牛"》，录自（红三角的辉煌）（80—81），天津：新华社天津分社，1997 年。

氯化镁、氯化钙的含量，及按盐井的位置由南而北的顺序逐渐增加。为了节省燃料，提高产量，黄海以犍、乐两盐区为中心，采取了各种措施：①枝条架：利用自然蒸发浓缩盐卤的办法，可以节省燃料 2/3 以上。这一成果在西南盐区推行很广，远处达到川东和云南。②盐砖：研制利用木榨试制盐砖，后来又改用螺旋式铁榨制盐砖，改变了由粒状花盐制成块状巴盐过程中耗费燃料及不卫生的状况。③塔炉：塔炉比旧式炉灶能节省 30% 的燃料，比巴盐灶省 50% 的燃料。同时，卤水的损耗也可以减少，产量提高约 25%。④汲卤工具电力化：用电力汲卤代替水牛从盐井中汲取卤水，并且协助制作设备、安装和培训操作，使之得到普及推广。

四川犍、乐地区有一种地方病叫"痹病"，患者先是麻痹，从脚上起，渐渐上升，麻到心脏就停止呼吸。多年来这种病既查不出病因，又无药可治，人们为此感到恐怖。黄海就组织人员和当地医院合作，从痹病患者的食品中收集样品，进行分析，检查结果和动物试验证实，这一带黄卤中含有毒性很大的钡，痹病系盐中含钡所致。黄海随即又研究了食盐精制除钡的方法，从此消除了痹病，为川民除了一害。

川盐副产物研究：①利用川盐的尾水：尾水向来被视为废物，黄海对犍、乐两盐场的卤巴和尾水进行分析，从尾水中提取和制造溴、石膏和硫酸镁，制出医药工业的必需品。②1940 年黄海开展对黑卤水和黑尾水的研究，根据研究成果设立试验工厂从事生产，计有贡井的三一化学制品厂、五通桥的四海化工厂和明星化学制药厂，促进了地方化学工业的发展。

黄海对地方盐场全部公开技术，并派专人协助地方建立了五通桥食盐副产品制造厂。

1943 年黄海为发展西北盐业，与盐务局共同组织了一个西北盐务考察团，以新疆为重点，进行一年的实地调查。除了对各个盐区的地质食盐储藏量、生产情况、产品质量以及有关工业条件等做深入调查外，还采集了有代表性的样品。黄海对这些样品都做了详细的分析，为以后开发西北盐业准备了条件。

二、发酵与菌学

孙学悟有一个理想：奴役细菌。在生物界和矿物界都有大量的细菌在工作，可培养有用的细菌为人类服务。孙学悟说："我们习惯用牛耕田，其实细菌也正像牛一样正为人类工作着，千千万万的细菌，就是千千万万的牛。要发展发酵菌学，丰富人类生活。"菌学室的工作在范旭东"菌学研究，绝不放松"精神的指导下，一直努力不懈，不仅在当地，就是在全国也是遐迩闻名。

入川后首先研究了糖蜜发酵，解决了酒精发酵工业中重要酵母及其营养的问题，所得成果被国内许多酒精厂先后采用。乳酸发酵试验也在这时完成。此外还对泡菜、饴糖、豆腐乳、茶砖、柠檬酸、丙酮、丁醇等的有关发酵问题，也做了不少试验。

五倍子是我国特产，过去一直将这种工业原料直接出口。1938 年黄海研究解决了由五倍子制造棓酸（单宁酸）的技术问题，1940 年由银行出资在川南县建立工厂，每天产棓酸几百公斤，从此把原料出口改为成品出口，增加了国家收入。同年又开展了棓酸固体发酵的研究，取得了满意的结果；还完成了发酵尿水提取氨的试验。

随着对五倍子发酵研究工作的逐步发展，形成了对五倍子的综合研究；后又发展为染料的研究，发明黄色和棕色染料各一种。1942 年决定成立染料研究室，准备对染料进行系统的研究和开发。

微菌在四川散布很多，而且容易找到。孙学悟和他的同事不仅研究土的"菌牛"，还研究洋的"菌牛"；既研究传统的"菌牛"，还研究盐里的"菌牛"，石油里的"菌牛"……黄海从大约 100 多种微菌中筛选出的棓酸菌，和从 50 多种黑田菌中选出的柠檬酸菌，都有相当的实用价值。研究中得到的酱油曲菌，尤其是酒精酵母菌，早为许多酒精厂使用，获得广泛的好评。

黄海从 1931 年起，就着意收藏各类菌种，到 1952 年被中国科学院接收，这里培养和保存的菌种是全国最多的。这批名目繁多的菌种已成为我国科技界的宝贵财富。

三、其他

①五通桥区植物含钾量的测定；②由钾碱制氯化钾的试验；③云南磷灰石矿的分析；④用叙永黏土做原料研究提制铝氧；⑤1941 年又着手云南、贵州铝矿石的研究，并对由资源委员会送来的云贵两省的铝土页岩 60 多种样品进行分析；⑥开展对金属铋的分析、冶炼工作的研究，炼出金属铋，精制后可供制药应用，从而建立了我国金属铋自给自足的基础。

　　1942 年，为纪念建社 20 周年，由黄海社同人发起将已经在试验室取得的成果、欲进行工业生产的产品、进行半工业试验的工厂，三位一体，以"三一化工厂"之名称，在四川自贡市的贡井宣告成立。

　　黄海在研究工作中面向实际，重视技术推广和科学普及工作，欢迎各界来社学习技术和实习。黄海人也乐意到工矿企业去指导生产，真诚做到"果能有些许成就，一切归之国家，决不自私。"①黄海在华西时虽经济十分困难，但大家仍节衣缩食，千方百计筹集资金将各种研究报告汇集出版，分送国内各大学、图书馆、有关部门和工矿企业。在文献方面，自 1939 年夏出版《黄海发酵与菌学》特辑（双月刊），到 1951 年共出版 12 卷 70 册，刊文 233 篇。1950 年 10 月出版《黄海化工汇报》铝专号，将试验冶炼铝的研究成果分 11 篇进行系统总结。另有很多调研报告，仅 1932—1942 年就有 39 份之多。②这些文献现已成为我国科技文献库中不可多得的珍品。

　　黄海在华西的主要功绩是出成果、出人才。全面抗战 8 年来，黄海在华西所出的成果远大于 1922—1937 年 15 年成果的总和，而且绝大部分成果都直接应用于生产，对推动华西化工事业的发展做出了积极的贡献。

　　在人才培养方面，首先，孙学悟以身作则。他每天按时上班，埋头试验，手不释卷，循循诱导，言不失义；他淡泊名利、安身立业的精神成了黄海同人活的榜样。其次，他在工作中大胆放手让年轻人独立自主去研究，从不横加干涉，形成严肃、严格、严谨的研究态度，勤奋刻苦的工作作风，活泼自由的学术风气，为黄海培养人才创造了芳香的土壤和清新的空气。

　　范旭东和孙学悟为黄海事业的长远发展，在人才培养上是不惜代价的。在抗日战争最艰苦的时刻，"永久黄"团体经济上已到了咬紧牙关、勒紧裤带的时候，他们还是各处筹措资金，选拔优秀年轻的研究人员出国深造，前后派往国外留学的有：张子丰、方心芳、谢光巨、吴冰颜、赵博泉、魏文德、孙继商、郭浩清、肖积健、刘福远等，③而这些学子也不负众望，在新中国成立前后都陆续学成归来，为新中国的化工事业做出了应有贡献。

---

　　① 范旭东.《黄海二十周年纪念词》,《海干》第 14 年 32 期，民国 31 年（1942）7 月 30 日。

　　② 陈调甫：《范旭东与黄海化学工业研究社》，录自《文史资料选辑 80 辑》（60－73），北京：文史资料出版社，1982 年。

　　③ 同上。

战后振兴中国化学工业的蓝图

  1942 年 3 月 8 日仰光失守，畹町、腊戌相继陷落，滇缅公路中断，永利从海外运输器械、材料的通道全部被切断，新塘沽的建设计划被打乱，只能进行一些因地制宜的化工生产，以图自救。这段时间，由于太平洋战争爆发，日寇四面出击，战线拉长，战备消耗殆尽。国际上传来了斯大林指挥的反法西斯战争一举歼灭德军精锐 33 万人的喜讯,在国内战场由于人民战争的全面展开，敌人的侵略凶焰受到严重挫折，抗日战争进入相持阶段，形势日渐向有利中国人民的方向转移。范旭东根据主客观条件的发展，高瞻远瞩，开始着手战后事业的发展。1943 年，他着手拟订了一个规模宏大的十大厂计划，以求战后复兴中国化学工业。[①]

  十大厂计划包括：扩充塘沽碱厂；修复南京铵厂；完成五通桥合成氨工程，建设硝酸、硫酸、硫酸铵工厂；新建湖南株洲水泥厂；青岛食盐电解厂；株州硫酸铵厂；株州炼焦厂；株洲玻璃厂及南京新法制碱厂（即侯氏碱法工厂）。为了实现这一宏大的中国化工复兴的理想，范旭东在国内外到处寻找机会筹集资金。

  抗战开始时，国民政府曾向范旭东贷款 300 万元，后来又企图将贷款转作官股，实现吞并"永久黄"团体的目的。范旭东不愿与官府为伍，借故坚决拒绝。但重建华西化工基地，仍需大量资金，区区 300 万元只是杯水车薪。范旭东克服重重困难，四处奔走，获得中央、中国、交通、农业等四行的贷款 2000 万元，用于永利川厂的建设。由于法币不断贬值，物价逐日高涨，这些贷款辗转到手，实效已属有限。为了抗拒垄断金融的羁绊，

---

  ① 天津碱厂志编修委员会：《天津碱厂志》（711），天津：天津人民出版社，1992 年。

不得不广开门路，与众多商业银行开户往来，一度永利在重庆开户银行多达 20 多家。

在经济最困难的时候，为了补发拖欠职工的工资，范旭东甚至将侯德榜极为重视的日产水泥 500 桶的成套设备作价转让给银行……经济拮据使范旭东的日子过得十分艰难，在滇缅公路中断后，公司财政进一步陷入困境。

范旭东不满国家金融命脉掌握在少数官僚之手，同时对社会上游资充斥而工业生产又得不到应有的扶持引以为怪。他竭力想以"永久黄"团体的力量，创办一个能聚集社会游资向生产途径发展的储蓄银行，待银行茁壮成长后，即可支持"永久黄"团体生产企业的发展。他的这一设想深得团体中高级职员的赞同，形成既定方针。

范旭东要创办银行的事，曾和老友、南开大学经济研究所所长何廉多次商谈，何廉不仅赞同，而且积极参与银行的组建。何廉的朋友汪代玺是重庆"和济钱庄"的董事长，通过何廉介绍，他也很同意范旭东的主张，并愿意将"和济钱庄"改组到新建的银行中来。汪代玺又联系其表兄刘航琛，要将刘任董事长的成都"振华银号"一起组合过来，刘航琛也同意这一主张。于是，计划由重庆"和济钱庄"和成都"振华银号"两家银号出面改组成立"建业银行"。1943 年春，开始银行的筹备工作。在筹划期间何廉亲临规划，并安排前农本局的蒋廷甲、彭绪昌及和济钱庄的文诞先等参与筹备。

文诞先较早认识龚再僧（中共地下党员，但当时文诞先并不知道龚的身份），知道龚"饶有资金"，于是就动员龚参加对建业银行的投资。龚再僧与"永久黄"团体的创办人之一萧豹文既是表亲又是相知有素的同学。经萧的介绍，他与范旭东、何廉多次晤谈后，对"永久黄"团体要以民族工业资本创办向生产途径发展的银行深表赞同；同时考虑到厕身银行也便于掩护秘密革命活动，后经组织批准决定参加投资建业银行。

龚再僧及"永久黄"团体的不少高级人员都与四川著名的聚兴诚银行经理李维诚相识，因而也联系他参加银行投资。李维诚是热心的社会活动家，曾任陕西省银行总经理。他富有办银行的经验，参加建业银行的投资虽少，但助力颇大。

1943 年 12 月 28 日建业银行获财政部批准成立。其股本总额 1000 万元法币，其中重庆"和济"和成都"振华"两庄号原股合计 350 万元，余 650 万元是扩充的新股，其中"永久黄"团体投资 230 万元，龚再僧投入为 170 万元，两者合计占总额 40%，形成股份重心；其余为工商界小团体和个人的投资。1944 年 1 月 18 日举行建业银行股东创立会。3 月举行第一届首次股东会议，通过建业银行股份有限公司章程，并选出首届董事 9 人，汪代玺、范鸿畴、龚再僧、李维诚、蒋廷甲为常务董事，并选汪代玺为董事长，范鸿畴为总经理。

当时建业银行属草创阶段，范旭东未出面任职，何廉被聘为银行总顾问，深受范、龚倚重。何廉介绍了不少工作人员参与工作，大多成为银行发展的骨干。

建业银行重庆总行于 1944 年 6 月 1 日开业。在总行开业之前，范旭东亲自对职工讲话，大意是：国家强盛必须振兴实业，而实业发展有赖于金融界的扶持；同时金融界又要以工商业为基础始能发扬光大。本人希望建业银行办成一个以扶持正当工商业、发展生产为宗旨的银行。范旭东还扼要介绍了"永久黄"团体的创业历史和传统信条——相信科学；积极创办实业；牺牲个人，顾全大局；为社会服务，供同人参考；并希望将来"永久黄"团体在生产经费方面得到建业银行兄弟事业的密切配合。[①]

1943 年范旭东以国民参政员身份向政府建议，请设置经济参谋部，制订战后经济建设纲领。主要内容如下：

> 以前经济建设的机关有建设委员会，有全国经济委员会，有行政院实业部，有军委会国防设计委员会，各有成立的原因，各谋其事，识者病之。抗战初起，复安置农、矿、贸易三委员会，此为适应军事需要，诚有设置的理由。但与原有机关之职权及其所掌实务，则颇有雷同重复。民国 27 年（1938）春，中央调整行政机构，于是设立经济部，付以筹划全国经济行政之权，全国经济委员会及建设委员会遂即撤销。农产与工矿调整委员会亦改隶经济部管辖，机构调整，粗具

---

① 黄肇兴：《我所知道的龚饮水与建业银行》，录自《文史资选辑》88 辑（32—65），北京：文史资料出版社，1983 年。

形式。而行政与实物之权，不幸开始混淆。未几，原隶军委会之贸易委员会与前隶实业部之国际贸易局合并，改组为贸易委员会。此诚合乎调整之原旨，但事实上，隶属财政部，则不得谓合乎经济行政之正常系统。嗣后农林成长为部，原有经济部之职权减缩。最近，复将原隶经济部农本局改组而为花纱布管制局，日后又改隶财政部，经济部实权复缩小，其无法推行经济行政之全权，反而还重局部实务上之得失，势所然也……①

欲免现病，而树新规，窃谓：宜仿军事组织，在最高国防会议之下，设置经济参谋部，以为经济建设之神经中枢。兹列举要点如下：

（一）经济参谋部之任务，首先依据吾国建设之急切需求，制定全国经济建设之总计划，以为建设纲领、俾各部门实施之纲领，完全依此纲领，拟订付诸实行。

（二）上述总计划之纲领不仅着重农工矿之狭义建设，举凡国防所关，如军政部之兵工设施以及财政部所管中央与地方之税制及金融业务，国际贸易，经济事业之方案，均应包括在内。

（三）总计划之纲领内应将建设所需之资金之筹划、运用、偿还等办法，确切列举规定，俾建设不受阻滞，不宜临时周章。

（四）总计划制定之前，应确实审度国内资源，人力与确实可适用之资金，以及可能改进的运输力，更应虚心采纳国外各门专家之正确主张，务期实施后，不致因遇到困难而失去信心，陨越中途。更当明白规定全国经济建设，无论中央，地方及任何部门，以及人民团体，只能遵据纲领实行，不得各自为谋，再蹈互相牵制之覆辙。

（五）总计划一经中央批准，在执行期内，应倾全国人力、物力、财力之所及绝对贯彻，不应变更。②

同年，范旭东又在国民参政会提出战后复兴中国化学工业的提案，这份见解精辟的建议书和内容宏博的提案，表现出范旭东对中国经济建设的一片耿耿忠心，反映出他周密谨慎的经济思想和管理才能。在会上得到议

---

① 徐盈：《当代中国实业人物志——范旭东》，民国 37 年（1948）。
② 同上。

长张伯苓、共产党参政员董必武和许多民主人士的支持而获通过。这个建议也为国民政府所采纳。1944年度的中央设计局为此扩大了20倍，以制定战后经济总纲领。范旭东一心向往在抗战后实现化工复兴宏图，所以对建业银行的发展寄予殷切的期望。

1943年下半年，侯德榜在纽约看到范旭东战后扩大化工厂的计划后心潮澎湃，他热切希望这一宏伟蓝图能早日实现，自己决心为实现这一计划，为中国化工建设再贡献一分力量，于是立即按照范旭东的指示在美国组织人员从事十大厂的设计工作。大量的调查研究工作已经开始，侯德榜本人也在各大图书馆收集资料，并走访各方面的专家。

10月22日，电讯从纽约飞越大洋，穿过崇山峻岭，来到长江、嘉陵江的汇合口山城重庆的海王社。电文内容如下：

> 英国化工学会最近特赠侯德榜先生和苏联工程师阿·巴赫（A.Bach）以名誉会员荣衔。典礼于10月22日在纽约华尔道夫—阿斯托利亚（Waldorf - Astoria）大厦举行。中、苏两国大使均应邀出席。英皇乔治特命坎伯尔爵士代表授予证书，仪式隆重。此次授衔深得世界学术界重视，为中国工程界之光荣。

英国化工学会自1881年成立以来，为促进世界化工科技的进步做出很大贡献。它在各地的支会林立，在世界化工界享有崇高威信。该会授予名誉会员称号的事，历史上仅有过一次。那是1931年7月15日，在英国化工学会成立50周年之际，从加拿大、丹麦、意大利、日本、瑞士、捷克、德国、法国、西班牙、美国等10国中选举曾对促进化工发展有重大贡献的化学家10人，赠予名誉会员称号。这次赠予名誉会员称号的仅两人。所以，国际化工界均以获此称号为崇高荣誉。

"新塘沽"永利川厂和黄海社中与侯德榜并肩苦战20余年的同事们于12月18日聚集在大饭厅开会，热烈祝贺侯德榜荣膺英国化工学会名誉会员。范旭东闻讯，远道跋涉从重庆赶来；黄海社的孙学悟和联合办事处的阎幼甫等几位老将也专程赴会；黄海社的年轻人由方心芳、赵博泉、魏文德率领，徒步到会；驻雅洪的代表则马不停蹄地日行100多公里，恰于开会时赶到；深井部和鼎矿同人也步行赴会。来自四面八方的"永久黄"同人及其眷属兴高采烈，欢聚一堂，其热闹景象为"永久黄"入川以来所未见。

　　会议由海王社主任、老同盟会会员阎幼甫主持。他幽默地说："快乐人人都有，各人快乐不同。今天第一个特别快乐者，当推侯夫人，因为他的侯先生成为世界名人，大家都认为是贤内助的成绩。"（满堂掌声）接着，年过六旬的范旭东身穿西服，容光焕发，缓步走上讲台，他以"中国化工界的伟人——侯博士"为题发表长篇演说，他说："侯博士得到世界荣誉，我们都异常高兴。这在中国化工史上应该是最杰出的一个节目。"接着，范旭东总结了侯德榜在永利的三大成就："在侯博士的领导下，使用索尔维法获得成功。侯先生第二大成就是硫酸铵厂的建设，这项工程能不被外人攫去，而由永利接来自办，未尝不是国家之福。侯先生负全责办理出国设计、采购，以至回来安装、出货，整个工程系由彼一人主持，这是人所共知的。1938 年入川以来，侯先生曾赴德寻求适应华西条件的新法制碱，但因条件有损国权，愤而赴美领导永利同人自行设计研究新法制碱，获得成功。1941年 3 月厂务会议全体同人一致赞同将新的制碱法命名为'侯氏碱法'以纪念他的创作。从此世界碱业又开辟了一个新途径。永利在化工界有些许成就，中国化工能够跻上世界舞台，侯先生的贡献，实是首屈一指。"①

　　接着，两鬓如银的孙学悟博士演说。他和侯博士是清华学堂的同学，又是同年来塘沽主持黄海化学工业研究社的。20 多年来的同学、同事加同志，因而孙博士一开口便说："今天在这里是我生平最快乐的一回。"他用简短的 10 个字向大家揭示侯博士成功的秘诀——"天行健，君子以自强不息"。

　　海王社的阎幼甫以惯有的幽默风趣要求青年技师向侯德榜学习，努力进取。他说："全世界 17 万万人中才有 12 个名誉会员，平均 1.4 亿人中才可选得一个，我国 4.5 亿人，理应得三四个名誉会员。若拿日本来比，他们仅有 7000 万人，就占一个，而我们中国就应有 7 个名誉会员。再拿丹麦来比，只有 370 万人，也得到一个，那我国应有 120 多个候补名誉会员。青年技师们，愿你们努力！"

---

① 范旭东：《中国化工界的伟人——侯博士》，《海王》第 16 年 11 期，民国 33 年（1944）1 月 1 日。

　　庆祝大会临近结束时，有人提议大会驰电在美国的侯德榜，向他致贺，与会同人均热烈拥护。掌声正炽之间，有几个青年同人将侯德榜的长子侯虞篯高高抬起，说要让他代表侯德榜接受群众的抬举和拥护。在满场的掌声和欢呼声中会议进入高潮。年过 30 的侯虞篯双手抱拳欣喜地说："手脚悬空的快活筋斗我今天领受了。我谢谢各位长辈、各位同人这种抬举，今天我高兴十分！我愿努力学习，将来也受洋人的抬举。"

　　会后分赠柑橘，每人一枚，共分出 2828 枚，可见会议之盛、参加之踊跃。

　　夜深了，散会的人们点燃火把，踏上归途。山道上夜气清冽寒冷。穿行在蜿蜒起伏山路上的火龙从新塘沽向四方散射，飞游。这些火把照亮了黎明前的黑暗，照亮了人们的心房和群山中崎岖的前程。范旭东和几位老人望着这四射的火龙，目送踏上归途远去的队伍，心潮澎湃，脸上绽开了发自肺腑的欢乐笑容。自抗日战争爆发以来，这几位老人只有今晚才笑得最欢畅。

二次赴美

　　为了战后十大厂建设的实现，范旭东致函在美国的侯德榜，要侯德榜充分考虑战后建设的必要性和困难情况，十大厂计划中应估计到沽、宁两厂受敌人破坏的严重程度和建设其他工厂的巨额经费。永利早已囊中空空，债台高筑；即使政府有可能资助，条件也未必能为永利所接受；国内金融界的高额利息也是永利所不堪忍受的。范旭东希望侯德榜利用永利在美国的独特条件和影响，利用华昌贸易公司和李国钦的关系，尽量探索开发民间贷款的渠道，把十大厂建设的雄心，建立在资金来源落实可靠的基础上。

　　侯德榜看完范旭东这封未雨绸缪、深谋远虑的信，非常敬佩他的眼力和精辟的分析，同时也深深感到自己肩上的担子之重。为了战后十大厂的建设，侯德榜在美国开始了新的探索。1944 年，他在美发表了《中国的战后建设与美国的合作》一文，指出中国的工业在被战争破坏蹂躏之余，欲发展较战前更为广泛之范畴，财力势难应付，而亿万人民生活必需品之巨，又极易见。在此期间，经济、技术、管理非有待外来之援助不可。能荷此重任之同盟国，就目前而论，可谓无有较美国更合适者。[①]接着他从 5 个方面分析这种合作与援助之可能性，并着重指出这种合作是互利的。在文章结尾时侯德榜谈到："就美国自身而言，欲在战后国际中完成其重要任务，亦必先对友邦如中国者，致其有效之匡助为先鞭。"侯德榜的文章在美国经济界、工商界引起强烈反响，也为后来永利与美国之间达成贷款协议，奠定了舆论基础。

　　第二次世界大战自斯大林格勒保卫战的胜利，盟军在诺曼底登陆后，

---

　　① 侯德榜：《中国战后工业发展与美国之合作》，《海王》第 16 年 26 期，民国 33 年（1944）5 月 30 日。

德、意法西斯军队全线崩溃，东方战场的日寇也节节败退，战争形势迅速
变化。工业复兴的计划，再不容有一刻迟缓。这时候侯德榜在美洽谈战后
援助之事已初见端倪，急待范旭东赴美商议决定。1944 年 11 月在美国太
平洋城举行战后国际通商会议，[①]范旭东被举为中国工商界代表团成员。

　　1944 年 10 月，范旭东与上海银行总经理陈光甫、民生实业公司总经
理卢作孚、中央银行副总经理贝祖诒、金融专家张家璈、李铭等 6 人，经
国民政府批准组成中国工商代表团，持外交使团护照赴会。范旭东聘在美
的侯德榜和解寿缙作为私人顾问列席会议。

　　范旭东来美对侯德榜来说是十分欢欣的，他可以直接取得范旭东的指
导来共筹永利战后复兴的大计。所以，在国际通商会议后，他们立即投入
筹划永利战后复兴的工作。侯德榜极愿范旭东乘机在美多待一段时间，多
考察美国的工业体系和管理制度，以利于发展战后的中国工业及永利的事
业。范、侯在这段时间工作十分紧张，对此，《海王》第 17 年 12 期（1945
年 1 月 10 日）曾有如下报道：

　　　　范先生在美公务大忙，通商会议一结束，即与侯德榜先生、解先
　　生去华盛顿，一夜赶回；越日飞芝加哥，住一天又返纽约。他们极看
　　重时间，一刻不敢放松，各地会谈都事先约定时间、地点，谈话扼要
　　简单，生怕断送时间与机会。侯先生说："忙不会忙死人。"而他们的
　　身体更具健适了，尤其是范先生，他比在国内还健啖健步，赛得过壮
　　年、青年朋友们。

　　1945 年 1 月，范旭东在给余啸秋的信中谈到他在美的工作以及他对当
时二战进行和对国内工作的希望，"所计划之事，仍在进行中，也是性急不
了的，但望国内同人将局面撑住，此间能将新局面打开，即算万幸。战局
已见好转，以后必愈加吃力，希望亦愈加明朗。真是千载良机，值得重
视……"[②]

　　侯德榜借范旭东来美之机，竭力向美国各界推荐范旭东，宣扬他从事
永利、久大、黄海事业的成就和创业功绩，扩大了"永久黄"团体在美国

---

　　① 又说是"工商国际开发会议"。

　　② 胡迅雷：《中国工业巨子范旭东》（291），北京：中国青年出版社，1991 年。

的影响。范旭东进一步确定，战后永利的发展应从技术、经济、管理方面开阔视野、沟通渠道，与世界各国开展技术交流，开拓经济合作。侯德榜为此多方接洽、疏通、协调，使范旭东在美参观了很多的现代化工厂，获得很多新鲜知识，取得了各方面的支持，开阔了眼界和创新思维，尤其是美国企业的科学管理和高效率，给了他很大的触动。"美国人拼命往前赶，唯恐时间不够，而在中国似乎嫌时间多余，拼命浪费，（中美）相差太远，真不知从何谈起。"[1]在美国短暂的逗留，使他取得累累硕果。

在经济上，鉴于永利化学工业公司自创办以来信誉卓著，美国华盛顿出进口银行破例首次向中国私人企业直接贷款。在商谈贷款事宜时，范旭东规定宗旨，决不接受有损主权的条件，既不愿意以机器设备作抵押，更不答应债权人派代表驻厂参加管理，仅允提供国家担保，作为立约的唯一条件。美国人是很重现实的。他们对永利的成绩早有认识，也就接受了范旭东的主张。贷款额度为1600万美元，取息低微，且无抵押，只要中国政府同意担保，即可履行放款手续。1945年5月，信用贷款协定在美国签订。这笔借款的成功，可以说是国际社会对永利事业的认可，也是范旭东爱国热忱的回响。这一成功开中国工业界引进外资的先河，震动了中外视听。

在技术上，永利接受美国威斯康星大学赠予的最新合成硝酸的技术，还可在原址进行半工业化试验，一俟成功，即可移植国内，投入工业生产。永利还接受巴西政府所邀，帮助设计日产150吨的索尔维法制碱厂，并同意代为培训制碱技术人员，且负责开车。为此，1945年1月侯德榜、解寿绲赴巴西为设计工作进行厂址勘察和原料调查工作。范旭东又同意印度塔塔公司所请，协助塔塔公司米达浦碱厂进行技术改造。……对这种互相帮助，互相促进的技术交流，范旭东大有感触地说："我们是越走越远了，世界上竟有我们民族翱翔的余地。"[2]"我们居然显神通给世界人看，差强人意。"

通过这次美国之行，范旭东深感海王团体在新时代面前一定要有一个新的变化。"此次亟欲将海王团体事业，做整个打算，到战后大家才不致茫

---

① 《家常琐事》，《海王》第13年32期，民国30年（1941）7月30日。

② 1945年2月24日范旭东由纽约给阎幼甫的信，录自《范先生尺牍（三）》，《海王》第20年28期，民国37年（1948）6月20日。

然，再走旧路。国家吃了这样大的亏，即以团体而论也是九死一生。迈进一步是责任，也是义务。进行不能性急，目前为止（指在美国的工作进程）尚称顺利，不到最后关头，自然不能算成功，但当努力为之耳。"①

1945 年 5 月 4 日永利与美国出进口银行签订 1600 万美元信用贷款协定。②范旭东立即将这一情况报告给国民政府行政院和中国银行，请求担保。但迟迟得不到明确答复，范旭东怅然若失："借款案此间已是车齐马就，只等重庆认可即可放款。在小百姓看来，这件事可算是破天荒的举动，大人先生如何判断，只好听之，尽其在我而已。"③范旭东多次催促重庆当局尽快批准。但政府方面只是表示正在"积极进行"，实际上是徒托空言。为了尽快实现这一贷款协定，范旭东决定抓紧时间于 1945 年 6 月和侯德榜一起由美经英赴印回国，促请政府担保大事。

---

① 1945 年 1 月 19 日范旭东发自纽约给唐汉三的信。
② 天津碱厂志编修委员会：《天津碱厂志》（752），天津：天津人民出版社，1992 年。
③ 范旭东 1945 年 2 月 29 日发自纽约给阎幼甫的信，录自《范旭东尺牍（三）》，《海王》第 20 年 28 期，民国 37 年（1948）6 月 20 日。

胜利前后

　　1945 年 6 月 22 日，是一个阳光明媚的夏日。范旭东由美国回来，在重庆珊瑚坝机场受到朋友们的热烈欢迎。这次范旭东回来心情平和，身体也不错，眼看二次大战胜利在即，永利战后十大厂规划宏图待展，为了适应十大厂的建设，他还要对 20 多年来永利的管理和人事做一番新的改革，即"将海王团体事业，做整个打算"。可以说，范旭东对战后的复兴事业是充满希望和喜悦的。

　　早在 1937 年永利铵厂建成的时候，范旭东在谈到管理问题时曾说："目前这些成就，只算是掌握了初步的生产知识，要拿国际标准来衡量，差得还很远，焉敢自满自得？"至于说到管理，范旭东说："别说同英美先进国家比，就是国内有些单位也都要比我们强。"[1]通过 1940 年、1944 年两次对美国的考察，范旭东对管理问题在工业建设中的作用有了更进一步的认识。范旭东说："美国科技水平是世界一流的，可是把美国的机械设备照搬过来，绝不等于会产生另一个高效率的美国生产体系。印度也有够水平的工业基础（钢铁，纺织），还是处于贫困灾难之中。政治当然是主要因素，不过就事论事，为什么同样的技术条件，美国的劳动生产率就要比印度高得多？再以中国和日本的纱厂来比，日本人办的厂子总比中国人办的强一点，这中间存在一个管理问题。西方资本主义国家企业全是私人经营，祖祖辈辈相传，不能不归功于管理效率高，有效地调动了生产关系，启发了一定的主观能动性，走上了制度的境地。"[2]

　　范旭东经过 30 多年艰苦创业的历程，体察了社会的现象，通过对美

---

① 黄汉瑞：《回忆范先生》，《海王》第 18 年 21 期（122），民国 35 年（1946）3 月 30 日。

② 同上。

国的实地考察，并进行深入的对比，严肃地提出这样两个问题："工业家该不只是替国家建设工业的物质基础？""办工业只解决工程技术问题就够了吗？"[①]

范旭东在回顾创办"永久黄"事业经验时说："大凡一个事业的成功，不是偶然的，所以要看一个事业的前途，先得看他这组织精神的晶点，其次看他组织的合理程度，再次看他技术与管理的进展速度，最后才看到他每年盈亏。因为前三项是一件事业成功必具条件，而最后一项则有地机与环境关系，可以随时变迁。"[②]

范旭东 1944 年赴美，不仅首创从国外引进资金，更进一步要在战后十大厂的建设中引进人才，引进管理。回国后他兴致勃勃地和黄汉瑞说："我想在十大厂中拿两个厂来试试，凡是有机器可用的一律不用劳力，做个最高机械化。还有，从厂长起，这两个示范厂的职员，预备全找外国人，看看效率应该有多大！"[③]这位 63 岁的工业斗士，充满着创新的精神，试验的精神，时时努力着向时代的先进行列靠拢。

事业的真正基础是人才，战后兴办十大化工厂，人才问题是范旭东思虑颇多的一个问题。

范旭东在抗战中期（1940），就对"永久黄"团体的人才结构进行过深刻分析，已有"才难"之感："团体中人数不少，个个英豪，局部努力者不乏其人。但能顾全大局，克己为全局设想者仍不多见，此固弟调理未周使然，时代未成熟不可与言大业，当亦不为无因。……我个人的意见，最好还是从青年方面拔选人才出来，加以培植，比较稳当，我们把过去的做法，耳提面命的传授给他，只要他能消化，新生命一定可以造得出来。永久如此，黄海亦如此。"[④]在范旭东给唐汉三的信中也语重心长地道出了培养新人的决心："我们这批老人的学识、经验、才能，到底能不能适应此种环境，我们都宜反省，应根除一切倚老卖老的态度，而坦白愉快地接受后

① 徐盈：《范旭东及"永久黄"工业团体发展小史》，录自《天津文史资料选辑》23 辑（35—50），天津：天津人民出版社，1983 年。

② 刘福存：《弘扬四大信条宗旨拓展红三角事》，录自《红三角的辉煌》（199—208），天津：新华通讯社天津分社，1997 年。

③ 黄汉瑞：《回忆范旭东》（续），《海王》第 18 年 22 期，民国 35 年（1946）4 月 10 日。

④ 范旭东在越南海防不保时给孙学悟的信。

来居上的新知能，同时我们必须引进多数奋发有为的新人物，以为新陈代谢的准备。"①

范旭东的意见，得到"永久黄"团体老一辈领导人的支持，通过多次研讨，拟对在工厂工作多年、有一定经验的青年人，如许腾八、鲁波、李祉川、郭炳瑜、林仲藩、刘嘉树、姜圣阶等人进行重点培养，部分人员将送国外培训。②

1941 年春范旭东从美国公干回来，在香港给孙学悟的信中谈到他考察中所得印象时，再次提道"人"在事业中的重要性："以弟观察所得印象，物质方面，我们虽万万不如他们，我不大惊奇。他们对于做人的意义，的确比我们高明，我有点自愧，这绝不是一代两代就能养成的。没有那样做人的意义，老兄叫我多参考人家的制度，我以为是白饶的，因为无论制度如何好，要人去应用啊！"③

为了培养人才，1944 年永利积极支持一批技术人员报考经济部组织的赴美工矿实习生，其中有张燕刚、谢光巨、郭炳渝、刘嘉树、刘福远、章维中等。黄海化学工业研究社也派遣人员到美国普渡大学进修，吴冰颜学物理化学，魏文德学有机化学，孙继商学化学工程，赵博泉学分析化学。这两批留学人员在抗战胜利后、新中国成立前后，分批陆续回国，无一人留居国外或脱离"永久黄"团体而另攀高枝的，他们后来成为新中国化工科研和生产的中坚力量，为我国化学工业的发展做出了卓越的贡献。

1944 年 10 月范旭东第二次赴美前夕，对"永久黄"团体的事业有封恳切的信给同事，其中还着重谈到人事问题："至于人事，在本团体原无根本问题，因以事业为前提之习惯早已养成。其所以仍不免议论纷纷，未能和洽者，实因各人个性固执，未能为团体生活着想之故。对公事或者以为不置可否，不与人辩论是非，遇事圆滑退让，认为可以消弭争论，其实适得其反，极宜开诚布公，除去固执之病根，以期各方心安理得，公私两方始有交代。又或只持一端，不究全局得失，遇事则下不良批评，逞口而出，

① 张同义．《范旭东传》（137），长沙．湖南人民出版社，1987 年。
② 同上。
③ 范旭东 1941 年春自美国回来在香港给孙学悟的信，录自孙学悟《追念范兄》，《海王》第 19 年 4 期，民国 35 年（1946）10 月 20 日。

致勇于进取者，忧谗畏讥，业务陷于麻木，徒唤奈何。而放纵者不思自检，拘谨者则只求独善，其实都不应该，所牺牲者只是公事，言之痛心。中国迄今少像这样的事业（指"永久黄"团体），本团体责任重大，如其内容不健全，如今环境逼人，生存不易，即在平时，真值得反省，同人各素有则改过、无则加勉之心情，盼能互谅、互助、互励是幸！"①

对于团体内高级职员的教育，范旭东一贯是开诚布公，以殷殷之情，拳拳之心，谆谆之嘱。他1944年8月7日发自沙坪坝给唐汉三的信就是最好的例证："今日老兄是有权有责的，只需申而明之，运用权责，命部下权责分明的做下去，效能就会高起来，而决非自己天天在公事房做例行公事所能做到的。幼甫兄主'无为'，我以为一定是指这个而言。做首领的人，不着重运用头脑，促进全局，而运用手脚，料理日常公事，效能必不会提高，必须注意，'劳于用人，逸于治事'。故兄之'勤'，若换过一个新的着力点，其结果必然勤而有效。一得之见，敬迄指示，尤望继续推敲。吾等自问为人必须做到：着一分力，有一分效，否则'我志未酬人亦苦'未免公私两失。"②说得殷切、感人。

直到1945年9月范旭东还在坚持他一贯主张的"事在人为"和"提拔年轻人"的信念，"中国民族必得有一班蠢伙子，行其所信，把风气转过来，才能真正得效。"③"有班青年，居然也想到了老头儿们有用，想把他们搁在身边……有味。大局略略澄清之后，一切都得来过一套。"④

这次从美国回来，范旭东心里最着急的还是贷款的担保问题。所以，一到重庆就马不停蹄，急匆匆地到处打听有关贷款担保的批复问题，催促政府核准美国贷款协议，可是呈文迟迟未复。范旭东和侯德榜亲访财政部部长孔祥熙和中国银行总裁宋子文，可是这两位财神，彼此推诿，不做正面答复，却滔滔不绝于永利的经济困难和事业的远大前程。宋子文言词间流露出，如能同意由宋出任永利的董事长，则此项对外合同，可立即由中

---

① 《家常琐事》，《海王》第17年4期，民国34年（1945）10月20日。
② 唐汉三：《学习范先生工作精神》，《海王》第20年17期，民国37年（1948）3月1日。
③ 范旭东1945年9月2日在沙坪坝给孙学悟的信，录自孙学悟《追念范兄》，《海王》第19年4期，民国35年（1946）10月20日。
④ 范旭东1945年10月2日在沙坪坝给孙学悟的信，录自孙学悟《追念范兄》，《海王》第19年4期，民国35年（1946）10月20日。

国银行总行指令纽约分行签署担保，①共同复兴化工事业。

　　范旭东对宋、孔有深刻了解，认为："一是官僚，一是买办，孔祥熙字庸之，名副其实，他倒是真够庸的。宋看不起中国人，和他讲话要讲外语，讲中国话的人，找他谈不了几分钟，他就看表，示人以走。高鼻子哪怕是瘪三，都能和他长时间混。他看不起中国人，但他弄的都是中国人的钱，外国鬼子的钱，他一个也弄不来。他弄了中国的钱，还存在国外，到国外去置办产业；他不相信中国人，认为中国人靠不住，不保险，让这种人管理国家还会好吗？"②范旭东深知国民党官僚涉足永利、鲸吞民族工业的险恶用心，始终认为宋、孔只会搜刮民脂民膏，不会振兴工业。他们插手永利是成事不足，败事有余。于是和往常一样婉言谢辞了宋、孔的要求。孔祥熙瞬时拉下笑脸，说了声："那以后再说罢！"就端茶送客了。宋、孔之流一心发展私人势力，视国家民族事业如儿戏，给了满腔热情复兴战后工业的范旭东兜头一盆冷水。

　　胜利了！人们日夜企盼的胜利终于来临了。云开日出，日本无条件投降的喜讯越过千山万水，在山城重庆扩散。人们奔走相告。"抗战胜利了！"这一振奋人心的消息，令沙坪坝的街道上，南园湖边小道上，到处是欢呼雀跃的人群。其中有白发苍苍的老人，也有睡眼惺忪的孩子，还有饱经忧患的中年人和生气勃勃的青年学生。有人欣喜若狂，有人拍手称快，有人号啕大哭。山城沸腾了，家家户户拉出电灯，震耳欲聋的鞭炮声、锣鼓声，到处是明晃晃的灯笼、火把；有唱花鼓戏的，有耍杂耍的，有踩高跷的；有的在慷慨激昂地演说，有的把散发着浓烈油墨味的号外和用花彩纸印着庆祝抗战胜利标语、口号的传单撒得满天飞舞。通宵达旦，彻夜无眠。

　　范旭东参加狂欢几至落泪，他异常兴奋地对同人说："局势急转，万分兴奋。抗战以来，我们大方向未错，私衷尤畅。以后一切当注重在复兴。"③"吾辈得见今日，夫复何言，此后有生之日，必再为国家苦干一

---

① 章执中：《爱国实业家范旭东》，录自《化工先导范旭东》（44），北京：中国文史出版社，1987年。

② 薛献之，《久大永利迁川之后》，录自《红三角的辉煌》（154—158），天津：新华通讯社天津分社，1997年。

③ 范旭东 1945 年 8 月 11 日寄自沙坪坝给余啸秋的信，录自胡迅雷《中国工业巨子范旭东》（293），北京：中国青年出版社，1991 年。

番。"①范旭东还让赴昆明参加中国化学会昆明年会的成员转达自己的思想——"战事虽告结束，尚非扬眉吐气之时，吾人须以新的精神，迎接这一新的时代，为国家求建设，求进步。"②"抗战胜利了，建国则任重道远，尚有待全国人民共同奋斗。"

侯德榜一觉醒来，还在回味昨夜倾城狂欢的情景。这突然来临的胜利，立即使他想到战后的工业复兴和十大厂建设的计划，脑际却不祥地浮现出宋子文那副在笑眯眯的眼睛背后藏着的阴森毒辣的面孔，心里好像压了一块巨大的石头，使他透不过气来。手中握着的十大厂的蓝图仿佛成了稍纵即逝的海市蜃楼。这位从来不知疲倦的科学家，面对这不如人意的现实感到莫名的困惑。正在这时，范旭东发来急电，让他即刻赴渝，说有要事相商。

范旭东和"永久黄"团体的领导人，由于胜利的突然来临，决定准备立即派先遣队前往塘沽和南京接收碱、铵两厂，组织恢复生产，同时着手执行十大厂计划，全力以赴争取美国贷款的实现。

关于美国贷款问题，范旭东郑重向大家报告："自从呈请政府核准，至今已两个多月了，团体的老同志也分别走了不少门路，找到行政院长，也是拖延时日，不予批复。时至今日仍是石沉大海。看来，对待永利事业，宋、孔是穿一条裤子的。"③范旭东对政府扼杀民族工业的行为愤慨不已，他说："若不是为了国家、民族，我才不受他们的挟持、欺压呢！要是为了吃饭、享福，把永利、久大收拾收拾，够我享受几辈子的。而今天为了十大厂计划的实现，我们不得不去当孙子，去向那些老爷求情。我们一定要争取在不丧失永利权利的前提下，让他们在保证书上签字。"④

1945 年 8 月 19 日范旭东为抗战胜利有一通公函昭告永"久黄团"体人士。节录如下：

> 八年抗战，吾同胞死伤流离不下数千万，北自黑龙江，南至海南岛，凡属险要膏腴之国土，尽陷敌手，仅剩西南山区，同胞赖以生息

① 李金沂：《范旭东生平事略》，《海王》第 18 年 17—19 期，民国 35 年（1946）3 月 20 日。

② 张洪沅：《我所知道的范旭东先生》，《科学》28 卷（1946）5 期（234）。

③ 李祉川、陈歆文：《侯德榜》（166），石家庄，河北教育出版社，2001 年。

④ 同上。

教养。诚有史以来之浩劫，刻骨之痛，永世难忘。现暴敌降服，所谓万世一系之神圣天皇，只得屈服于盟军统帅之前，听受指挥矣。吾辈不应自骄，更不必为他可惜，切记没有中国的积弱，绝对不能培养日本之富强，互为因果，至堪痛心！此次中国从死里逃生，可谓侥幸，今后万万不能再不振作，不能再贫再弱了。在战时要靠将士英勇救国，和平告成，其责任全在有司之人，不论所司大小，必得各自贡献一份。

本团体自（民国）27 年（1938）来初到华西，当即郑重声明，不存逃难而来之念，必得借此机会有所建树；在抗战期间，因国际路线中断，吾等志愿未获实现，大势所迫，不无怅然！今后仍当贯彻主张不可移易，久大、永利、黄海三个主要机关决不外迁，且当力求发扬光大，确立华西化工基地。[1]

范旭东谈到胜利后对国家的关心，认为"接收沦陷区，安定秩序，一切一切的复员措施都是顶复杂、不易办之事，办得好不好，关系建国的根本。"[2]他劝国人"缚紧肚带，耐劳耐苦去硬干，不可偷懒取巧。""目前中国最迫切需要的是安定秩序，团结一气，意向不能分歧，力量不能拆散，先从复员做起，切避骚扰。从而调整金融，加紧教育、创建工业，尤其要注重科学与工业发展。……专在人事纠纷中滚来滚去，中国是得不到出路的。""同胞们！请各自警觉着：我国物资太贫乏，战时衣食住行不能满足的痛苦，最近的将来还是无法解除的，要安定，要忍耐，要努力，要自爱，才能慢慢地轻松，才能和列强并起并坐。"[3]

"永久黄"团体在重庆的庆祝会上，范旭东慷慨致辞："……现在我们毕竟胜利了，今年我已 63 岁，50 年来几乎没有一天不是在受到日本人的狂暴迫害，做我一生的死敌。毕竟也在我们这一代眼看着敌人倒下去，真让我有无限的感想，从未有过的快慰。"[4]"我们每个人生活在现代，都应该为国家做一番事业，不单单是我们这个团体，推开广大到我们这个国家，而且已经成为世界民主国家一员，我们有更艰重的责任，有更多的事要做。

[1]《海王二十年》，《海王》第 20 年 1 期，民国 36 年（1947）9 月 20 日。
[2] 同上。
[3] 同上。
[4] 于扬善：《渝永久黄同人应祝胜利》，《海王》第 17 年 36 期，民国 34 年（1945）9 月 10 日。

为了我们的下一代，更要自强自立起来，去发展化工，把我们的工业民族化，世界化。希望'永久黄'同仁，在今天庆祝胜利的时候，准备更新的任务，建立更新的事业，把眼光放大一点，不以我们过去小小的荣誉为满足，我们应该不辜负已往的一点历史，去创造发挥更新的未来！"[①]"复员工作头绪纷繁……复员是建国的起点，安定秩序，使人民安居乐业，是复员的第一着。政府对于这一点须用全力做到，国民也要就这些方面用力协助政府成功。责任每人一份，不可放弃，也不容许放弃！"[②]

范旭东清楚地意识到战争灾难在战后几年的恶性影响，并忠告国人，"今后的若干年，国人一定还要大大的吃苦，还要加倍努力奋斗，大势不容许同战前一样苟安。发财、享福的一切旧习，痛痛快快地根本革除，代以责任、守法、廉洁、勤劳的新生活。各人自己求得新的生命，开辟新的出路，然后才配说建设新的国家。在复员开始的今天，敬请大家注意下面两句话：打起精神做人，集中力量建国。"[③]

随着胜利的钟声一天天远去，范旭东欢乐的心情又日渐为忧虑所代替，他眼看那班国民党的接收大员，急于出川抢夺胜利的果实，达官贵人急不可待地奔赴各地，大搞"五子登科"（五子：金子、房子、车子、女子、票子），心里充满了愤恨。他说："近因胜利，看见许多高官厚爵的老朋友，伸长两臂向空中乱抓，实在过意不去，但若此辈乐此不疲，则民族休矣！"[④]范旭东心里焦虑的是抗战胜利后的国民党政府对中国工业的发展究竟取什么态度，因为30多年来办工业的经验，使他深知，一个国家工业的发展和国家对发展工业所采取的政策是有密切关系的。他说："永利的事业和进步的国策是并行的。国策逆行，活该她（永久团体）倒霉；除非世局进步，或是她有力量转移国策，否则她只好做国策的牺牲。……不可不做胜利之后，国策应该矫正之望。所以，我安心俟着，一面自己切着准备。"[⑤]范旭东焦心忧虑的国策是指政府发展经济的政策。他关心经济政策，

①　于扬善：《渝永久黄同人应祝胜利》，《海王》第17年36期，民国34年（1945）9月10日。

②　同上。

③　范旭东：《论复员》，《海王》第17年36期，民国34年（1945）9月10日。

④　范旭东1945年9月2日自沙坪坝给孙学悟的信，录自孙学悟《追念范兄》，《海王》第19年4期，民国36年（1947）10月20日。

⑤　范旭东1945年8、9月间寄自沙坪坝给黄汉瑞的信。

绝不是单纯的考虑永久事业，而时时刻刻念及的是国家建设前途。①

复员有大量工作急待处理，寿乐、杨子南、边光远已纷纷顺江而下，去接收沿海的工厂，而范旭东为取得美元贷款协议的担保文书，不得不没完没了地耽在重庆，像被一根无形的绳索捆绑住了一样，简直没法活动，心里焦灼万分。

1945 年 7 月，抗战胜利已是曙光初现的时候，国民参政会上参政员陈庚雅在会上提出要求政府严办孔祥熙、吕咸等上下结伙贪污美券罪行。这一要求轰动了参政院。8 月，孔祥熙"咎由自取，辞职获准"。在抗战胜利前夕，国民党上层做了一些改组，由宋子文取代了以贪污闻名的孔祥熙。宋子文为了便于战后美国商品的倾销，主张停建内地民办工业，说是这样才能"稳定物价"。这一切都成了批准为永利美元贷款协议担保的障碍。

有人告诉范旭东，为了取得担保，一定要打通宋子文这一关节。可范旭东对宋子文是深知其人，犹豫再三，迟迟下不了决心。宋子文垂涎永利久矣！宋子文是范旭东最不愿见的官场人物之一，一见他就头皮发麻，更何况是低声下气去乞求，这滋味他早就尝够了。但是为了战后十大厂的事业，为了尽早取得政府担保，范旭东即使再不愿意，也还得去。

在宋子文家的客厅里，范旭东、侯德榜正在等待接见，秘书皮笑肉不笑地从内厅走出来说："宋院长正在处理重要公务，请两位稍候片刻。"范、侯两人等了一会儿，忽然听得从内厅传来一阵阵热闹的女人的嬉笑声和洗牌声，中间还夹杂着宋子文带着浓厚洋味的话语。范、侯两人受此轻慢，气愤之下，不辞而别。

1945 年 8 月 28 日毛泽东亲临重庆与蒋介石举行和平谈判。这一行动顺从了全国人民的和平愿望，挫败了国民党反动派的阴谋，充分显示了毛主席无产阶级革命家的伟大胸怀和无畏气概。长期在国民党统治下的重庆人民和各界爱国人士，齐声颂扬毛主席带来了新中国的曙光，永利元老李烛尘冒着风险在《大公报》和《新华日报》公开发表文章，"欢迎毛泽东来重庆"。毛主席到重庆后一边参加谈判，一边广泛接触重庆各界。9 月 17 日，毛主席在桂园举行茶会招待产业界人士，范旭东、李烛尘代表"永久

---

① 黄汉瑞：《回忆范先生》，《海王》第 18 年 20 期，民国 35 年（1946）3 月 30 日。

黄"团体出席会议，会上毛主席高度赞扬范旭东的爱国敬业精神，以及他为发展中国的化学工业所做的贡献，还向范旭东表示，在国内实现和平后，欢迎他到解放区办工厂。

9月下旬毛泽东、周恩来、王若飞在重庆曾家岩50号中共驻渝办事处召开工商界团体负责人座谈会。会上毛主席介绍了中共提供和平谈判方案的要点11条，还介绍了中国共产党第七次全国代表大会确定的对民族资本的方针政策。毛主席说："我们要建立的是一个以全国绝大多数人民为基础，在工人阶级领导之下的统一战线的民主联盟的国家制度，我们把这样的国家制度称之为新民主主义的国家制度。"

范旭东接着提问："在这种制度里，我们这些实业界人士处于什么位置？"

毛主席和蔼地回答："有人认为中国共产党不赞成发展个性，不赞成发展私人资本主义，其实是不对的。

"民族压迫和封建压迫残酷地束缚着中国人民的个性发展，束缚着私人资本主义的发展和破坏着人民的财产。

"我们主张的新民主主义制度的任务正是解除这些束缚，停止这种破坏，保障广大人民群众能够自由发展他们在共同生活中的个性，能够自由发展，那些不是操纵国民生计，而是有益于国民生计的私人资本主义，保障一切正当的私有财产。

"今天在座的各位先生，应该说是资本家，但各位是民族资本家，是新民主主义制度的积极力量。目前我们的资本家是太少了，比方说，范旭东先生就可以任新政府的经济部长，来管理整个社会的经济，发展一下资本主义。"

范旭东受宠若惊："我一向不问政治，具体地管一个企业还行，领导国家经济，非我所能。毛主席果真想物色经济部长人选，我倒可以推荐一个，就是这位李烛尘先生。"①

30多年的社会实践，使范旭东对国民党的黑暗统治和贪污腐败现象深恶痛绝。他曾两次拒绝蒋介石邀他出任政府部长（1935年邀他出任实业部

---

① 冯捷：《盐碱大王李烛尘》，北京：解放军出版社，1996年。

部长，1942 年邀他出任经济部部长）。①自称毕生从事实业，决不做官。但从抗日战争以来，在参政会上或通过私人关系他与重庆的共产党代表周恩来、林伯渠、董必武有过多次来往，对共产党人士那种实事求是的态度和真诚的爱国热忱深感敬佩。1943 年通过久大老职员萧豹文的介绍，和中共地下党员龚饮冰有了联系，合作创办建业银行。1944 年范旭东综合了对中共的种种印象，深有感触地说："中国的未来看来只有靠共产党才有希望。"②通过这两次和毛主席的会见，更进一步加深了范旭东对共产党的信任和尊敬。1945 年 9 月中旬，范旭东通过李烛尘约请周恩来在沙坪坝南园做了一次内容广泛的谈话，谈话中范旭东虚心倾听了周恩来对国共合作和战后复兴工业等问题的意见，也畅谈了自己十大厂的计划。他瞻望前途，满怀希望地说："等不久，我们复员了，我们要做的工作可多啦。以前，我们常说中国是地大物博，这当然是优越的条件。更可贵的是，从辽东到岭南我们绵延几千里的海岸线，这无边的海洋，才是真正的宝库。目前认识这宝库的人还不多，而向这个宝库进军的人就更有限了。我是深信中国的未来在海洋啊！"③在这以后他精神变得异常的好，每天吃完晚饭，还常到南渝中学的广场和莫愁湖边散步。

日复一日的等待，范旭东望眼欲穿的行政院批示公函终于下达了。全文仅"未予批准"四字。这轻描淡写的四个字，无疑使范旭东在美国的半年努力功亏一篑，封杀了梦寐以求的十大厂计划，把范旭东战后工业复兴的宏伟蓝图毁于一旦。可事情还没有到此为止。不久社会上风言风语流传出范旭东在抗战期间，对他的企业"当毁不毁（碱厂），当迁不迁（铵厂），当建不建（川厂）"的流言，并说这次美元贷款协议担保的"未予批准"和这些事情有相当关系。这纯属是恶意中伤，完全是为了达到这些官僚不可告人的目的，而无中生有编造的谣言。范旭东这位在中国苦战了 30 多年的工业斗士，受尽了日本鬼子几十年的迫害始终没有屈服，屡踬屡起，再接再厉，坚韧不拔地在战斗中前进。他对祖国、对人民、对事业的一片赤胆

①　章执中：《爱国实业家范旭东》，录自《化工先导范旭东》（32—49），北京：中国文史出版社，1987 年。

②　同上。

③　黄汉瑞：《回忆范旭东先生》，录自《文史资料选辑》80 辑（38—45），北京：文史资料出版社，1982 年。

忠心，天地可鉴，日月可昭。他一辈子没有承受过这样恶毒的攻击和欲加之罪，一股无名的烈焰在他心里燃烧，煎熬着他，在这沉重的打击面前，这位坚强的战士，心力交瘁，忧愤成疾，于 10 月 2 日突感不适。[1]

范旭东平日生活极有规律，年高而无疾，体力甚健，病前无任何症兆，这次一病就是高烧。请来一位年轻的德国医生，他说："不甚要紧。"开了点退烧药就走了。范旭东还坚持着给孙学悟写回信，深情地写道："秋天的塘沽，令人怀想，吾等可结伴而行了！"[2]信中充满了对中国化工圣地——塘沽的深情和热爱。

病进展很快，越来越严重，发高烧、昏迷、眼部、脸部泛出可怕的黄色，不断地呓语，米水不进，呼吸短促……"永久黄"同人获悉，惊恐万状，纷纷从四面八方赶来探望，看到这种危急状况，都束手无策。范旭东昏迷中慢慢睁开眼睛，看着守候在身旁的李烛尘、侯德榜、孙学悟、傅冰芝、余啸秋、阎幼甫……这些共同奋斗了几十年的同人，范旭东不禁老泪纵横，启齿艰难，声音微弱，断断续续地说："齐心合德，努力前进！"[3]

当中央大学医学院胡启勋教授匆匆赶来南园时，这位终生为发展中国化学工业而奋斗的坚强战士，已于 1945 年 10 月 4 日下午 3 时，带着一生辛劳，一腔悲愤，枕着战后十大厂的建设蓝图，在"嘉陵江波涛呜咽，沙坪坝万鸟哀鸣"声中含恨黯然离开了人间。

---

[1] 胡迅雷：《中国工业巨子范旭东》（301），北京：中国青年出版社，1991 年。

[2] 范旭东 1945 年 10 月 2 日在沙坪坝给孙学悟的信，录自孙学悟《追念范兄》，《海王》第 19 年 4 期，民国 35 年（1946）10 月 20 日。

[3] 李金沂：《范旭东生平事略》，《海王》第 18 年 17－19 期，民国 35 年（1946）3 月 20 日。

哀 荣

范旭东病仅两日遽而逝世，"永久黄"团体顿失重心，上下沉浸在深深的悲痛之中，也引起社会各界的巨大反响。10月6日重庆《新华日报》发表题为《我国民族工业巨子范旭东先生逝世，工业界人士筹备举行追悼》的消息。

> △本市消息　我国化工巨子，久大、永利公司的创办人范旭东先生，突于四日因患胆化脓症不治，在沙坪坝寓邸逝世。因为范氏前四五天尚无显著的病象，消息传出后，各方都很震惊，尤其是工业界人士，特别感觉悲痛。范氏于今夏由美归国，因在美借款成功，精神颇为愉快，惟回国后因当局对借款事，迟迟未予批准，致郁郁不乐。西南实业协会现正拟联合其他工业团体，筹备追悼大会。（H）

范旭东死得太突然，社会上对他的死因，议论纷纷。在上海的李侗夫也写信来探问情况。从10月11日余啸秋给李侗夫的复信中透露了一些背景资料"……范病据医说，黄疸病不过为一症象，实系急性肝缩症……患此症者，初期完全和黄疸病一样，一转肝缩症（肝在人体机构中专司消毒，此症即肝本身变质，化为别汁，并且缩小）即无法治。……究由何得此，尚不明白。弟私意应是借款政府不准，刺激所致。前日行政院会议对于经济部所提统筹与规定外国借款未通过，但于永利与民生公司两项借款认为制订在前，宋在会议席上说：'可作专案办理'。侯兄到后，弟与鸿兄三人拟同往谒宋。宋会后并说：'范某是个好人，惜脾气坏一点。'于今我们遵政府意旨去做，应可顺利了。……"①

范旭东追悼会于 10 月 21 日下午 3 时在重庆沙坪坝南开中学"午晴堂"举行。灵堂正中悬挂着范旭东遗像，遗像上披挂着用素绢结扎的花球，祭台上素烛高烧，香烟缭绕。灵堂内挽联成林，鲜花如云，整个大厅哀乐声声，庄严肃穆。吊唁的人们络绎不绝，来到范旭东灵前痛悼的约有 500 人左右，周恩来代表毛主席亲赴南园吊唁。行礼时由江庸主祭，"永久黄"团体领导人侯德榜、李烛尘、孙学悟、范鸿畴、余啸秋、傅冰芝、阎幼甫等陪祭。张群、王世杰、朱家骅、张伯苓、王若飞、任鸿隽出席。读祭文时侯德榜不禁潸然泪下。②

挂在遗像上面的是国民政府主席蒋介石的"力行至用"四字挽匾；毛泽东的挽联为"工业先导，功在中华"悬挂在遗像对面。③

侯德榜敬挽的素幛是"此痛岂能言，廿六年勠力同心，大业粗成兄竟去；其谋堪大用，一百日倦飞赍志，长材凋谢我何依"。

周恩来、王若飞两同志的挽联是"奋斗垂卅载，独创永利久大，遗恨渤海留残业；和平正开始，方期协力建设，深痛中国失先生"；朱德、彭德怀的挽联是"民族工业悲痛丧失老斗士；经济战线仿佛犹闻海洋歌"；《新华日报》的挽联是"绩业早惊环宇内；壮怀时在化工中"。

1945 年 10 月 21 日《新华日报》发表经济学家许涤新的文章《悼范旭东先生》，说范旭东之死"不仅是工业界的损失，也是国家民族的损失"。"范先生的一生是为中国的化学工业而尽瘁的。""范先生这卅年的奋斗，是中国民族工业的缩影。""范先生的半生坎坷，证明了这一点，全国产业界人士也必定是深深体会这一点的。假如先生的心血是灌溉在民主国家的土壤里，我知道他的果实一定比现在来得更丰硕，更美丽。""我们感到无限的悲痛，悲痛中国失去一位产业界的战士，悲痛我们失去一位可以携手合作为中国的经济建设而奋斗的友人。"

追悼会后，重庆各界余哀未息，由 22 个团体再次联合发起组织范旭

---

① 余啸秋 1945 年 12 月 11 日自沙坪坝致李侗夫信，录自胡迅雷《中国工业巨子——范旭东》（306—307），北京：中国青年出版社，1991 年。
② 重庆《大公报》1945 年 10 月 22 日。
③《遗恨渤海留残业，陪都各界追悼范旭东》，《新华日报》1945 年 10 月 22 日。

东的追悼会，受到当局的阻力，这些民间人士终于冲破阻力，于 1945 年
11 月 13 日上午 9 时在重庆七星岗江苏同乡会召开"陪都工业、文化界人
士痛悼范旭东先生大会"。[①]参加追悼会的数百人士中有吴蕴初、侯德榜、
阎幼甫、郭沫若、沈钧儒、章乃器、胡厥文等工业界和文化界著名人士。
大会由素有"南吴北范"之称的化工界天字号系统的实业家吴蕴初主持。
阎幼甫报告范先生生平经历，特别强调他为创办民族化工事业的献身精神
和他的民主平等作风。侯德榜在悼文中悲痛地说："呜呼！泰山可崩，大地
可裂，范先生何以死耶？先生乃工业斗士，建设导师，不仅是公司领导，
实民族之英雄。先生当此紧急关头，又何以死耶？岂造物忌才，文章惜命
欤？"[②]"范先生做了 31 年的总经理，但是自己没有盖过一所房子，私人
没有一辆车子，死后两袖清风，甚至目前范夫人的生活都成问题……"[③]侯
德榜讲到最后涕泣失声"同人继承先生遗志，遵范先生之计划进行一切无
变动，将来若有小成就，非同人之力，乃先生擘画之功，若无所成就，非
先生计划之不善，唯予等小子无良。"[④]

郭沫若先生也沉痛地说："范先生的事业，其目的在于使老有所终，
幼有所长，建国要靠和平，要靠自己的学问和生产能力，不能靠人家的飞
机大炮。范先生虽然死了，每个工业界人士，都要追随范先生先苦后乐、
粉身碎骨、百折不回的精神，站在自己的岗位上奋斗下去。"[⑤]

章乃器接着发言，回忆在国民参政会上，关于国营和民营问题的讨论
时，范先生的一段发言："假若中国能进步到英、美一样，我范旭东将是第
一个把自己全部工业完全交给国家的人。"[⑥]

郭沫若的挽联是"老有所终，壮有所用，幼有所长；天不能死，地不
能埋，世不能语"。[⑦]胡厥文的挽联是"建国方新，忍看工业有心人溘然长

①《陪都工业界文化界人士昨痛悼范旭东先生》，《新华日报》1945 年 11 月 14 日 3 版。

② 侯德榜：《追悼范旭东先生》，《科学》28 卷 5 期，1946 年 10 月。

③ 同上。

④ 同上。

⑤《陪都工业界文化界人士昨痛悼范旭东先生》，《新华日报》，1945 年 11 月 4 日 3 版。

⑥ 章执中：《我所知道的爱国实业家范旭东》，录自《湖南文史资料选辑》17 辑，长沙：湖南人
民出版社。

⑦《陪都工业界文化界人士昨痛悼范旭东先生》，《新华日报》，1945 年 11 月 4 日 3 版。

逝；隐忧未已，何图生产实行者究竟全功"。①还有一位女工送的挽词是"你死了，我们工人永远不会忘记你。"②短短的 14 个字却浸透了这位女工对范旭东的一片深情。

著名教育家陶行知先生在悼文中称范旭东"在千灾万难中百折不挠地树立起他伟大的事业""是一位优秀的企业家""中国新兴工业的一颗光辉的巨星。"

追悼会后著名历史学家、北京大学教授杨人梗在《工业发展与现实政治》一文中写道："当工业界极负盛名的范旭东先生逝世时，国内若干人士都在表示深沉的叹息，认为范旭东之死是中国工业界的巨大损失。""范先生的毕生精力完全用在中国工业的发展上，他极力想在中国工业的苗圃里，培植出若干鲜丽的葩卉，他那百折不挠的坚毅精神，曾经不知感化了多少后进青年来为幼稚的中国工业努力，范先生终于没有见到中国工业的成长溘然辞世。据笔者闻，范先生的死，是当时政治红人对企业家的麻痹所间接促成的。这种不见血的对工业家的政治扼杀，到今天仍使我们无法缄默。当我们看到今日遍枯贫血的工业惨况，就会追念到范先生的苦干精神。对不合理的政治现状，不能不表悲愤。"③

永利技师李金沂先生沉痛地说："公一生从事工业，励己待人一贯书生本色，神志清明，澹泊名利，公私行为明朗公正，生平不置产业，物质上毫无欲望，仅在天津备有寓所安顿家室，往来平、津、沪、港间皆寄居旅舍，其清廉崇高，实足以移风振俗，令人景仰。公生平律己至严，每晨五点起床治事，数十年如一日。公一生为中国化工事业奋斗，从不稍懈，逝世前二日，犹函电各部门指示复兴方针，以公三十年之努力已将中国化工幼苗养成，使登臻世界水准，今后之发扬，端在国人之努力矣！"④

1946 年 2 月 1 日国民政府下令褒奖范旭东。全文如下：

> 国民参政会参政员范锐，早岁游学东瀛，精研化学。旋派赴欧及南洋考察，归国后创办大规模之化学基础工业，至今卅年，成绩昭著。

---

① 《陪都工业界文化界人士昨痛悼范旭东先生》，《新华日报》，1945 年 11 月 4 日 3 版。
② 同上。
③ 杨人梗：《工业发展与现实政治》，《海王》第 20 年。
④ 李金沂：《范公旭乐生平事略》，《海王》第 18 年 17—19 期，民国 35 年（1946）3 月 20 日。

抗战以来，四次膺选参政员，拥护国策，尤多贡献。兹闻溘逝，悼惜哀深！应予明令褒扬，用彰忠哲。此令[①]

　　1947 年 6 月，范旭东的灵柩由追随范先生 30 年的李振岭先生护灵，从重庆沿江东下迁葬北平。6 月 16 日南京铵厂二号码头，竖起一座松柏牌楼，横额用的布上书写了"通化存神"四个大字，这是孙学悟先生对老朋友的挽辞。17 日晨 6 点，永利号渡轮出发，溯江而上，船上载着傅冰芝厂长夫妇、孙颖川社长、外籍顾问德利先生夫妇、李佐华先生，以及章怀西、杨运珊、刘本慈、侯敬思、周自求、孙洪恩、屈义洵、萧志明等 8 位致祭代表。一阵汽笛声，震惊了人们，载着范公灵柩的民本轮已遥遥在望了。在民本轮上举行了简单而严肃、隆重的致哀仪式，静默 3 分钟，各代表敬献花圈。铵厂美籍顾问花圈的缎带上写着"Farewell to Our Beloved Departed Friend and Chief"代表 3 位外国朋友对范先生人格的钦敬。"他们肯倾全力来协助中国建设化工，也就是受到范先生人格的感召。今天参加致祭是他们自发的，这种可贵的友谊将来会在永利的事业上开出灿烂的花朵。"[②]

　　下午 5 时，起锚顺江而下。船过八卦洲的尖端时，工厂的远景，清晰在望。永利号发出致敬的信号，工厂的汽笛立刻长声哀鸣，民本轮沿江而下。看到北岸站满了员工和家属，上千人默默地站在晚风里，肃立致哀，厂内鞭炮齐鸣，敬送范公灵柩过厂。民本轮驶过铵厂厂区后，缓缓顺流而下。永利号静静地追随在后，直护送十里之外，才恋恋不舍地掉转船头。

　　灵柩到上海，换海轮由范先生的女婿陈炳森上船和李振岭先生一起护灵柩到塘沽。范先生灵柩抵塘沽，所有迎灵、致祭、灵堂布置工作早已完备，执拂人众之整齐，极为外界所赞许。范先生灵柩由塘沽码头经新街抵体育场，沿途路祭不断，足见范公遗爱感人之深！在悼念大会上有范旭东巨幅相片，两旁挂有挽词"三十载勤劳英名不朽，十厂计划伟业空前"，横批为"仪范犹存"。[③]在塘沽致祭 3 日，第四天由塘沽换火车赴北平。津处同人借天津东站致祭，各界闻知莅临与祭者有李尔康、周寰轩、胡政之、金城夫、严仁颖、资跃华诸先生等 200 余人。

---

　　① 《海王》第 19 年 2 期，民国 35 年（1946）10 月 4 日。

　　② 言襄：《永别了，领袖》，《海王》第 19 年 3 期，民国 36 年（1947）7 月 20 日。

　　③ 郭炳瑜：《永利创建中国酸碱历史简述》（22），1984 年。

19 日胡适之先生等登报发起，于 20 日在北平公祭范旭东先生。虽时间仓促，但经一昼夜之努力，公祭之日居然职各有司，事各有责，秩序井然，有条不紊。李烛尘、赵显斋、许治安、许巽安诸先生均先范先生葬期到北平。公祭之日李烛尘先生任宾主客，胡适之、鲍国定、萧一山、胡步曾，李嗣聪诸先生莅临致祭。

范公发引，汽车延绵长达一二里，道旁观者摩肩累迹，感叹仪仗甚盛。陈炳森、李振岭两位直送至香山安葬，沿途备受辛劳极为尽心。陈炳森更宿山一日，督完墓工，堪称极尽子婿情谊。①

1947 年在塘沽永利新村院内，花木松柏丛中，耸立着一座洁白如玉的大理石范旭东先生纪念碑，上面镌刻着由范旭东先生手订、侯德榜博士敬书的四大信条（此碑在 1966 年"文革"间被毁）。②

1948 年 10 月，范旭东铜像在永利铵厂落成（铜像在"文革"中被毁）。③

范旭东先生虽死犹生，他一直活在中国人民的心里。1949 年天津解放不久，中共中央领导刘少奇亲临塘沽永利碱厂视察时曾说："范旭东先生之作风，令人备极仰佩。"1953 年 3 月毛主席在和黄炎培、李烛尘的一次谈话中提道："谈中国的化学工业不应忘记范旭东。"南京化学工业公司（前永利南京铵厂）为永久纪念范旭东先生于 1984 年 10 月 5 日庆祝建厂 50 周年厂庆时，为范旭东先生汉白玉半身塑像举行揭幕典礼；1987 年 11 月 24 日天津碱厂（前永利碱厂）在庆祝建厂 70 周年纪念会上，为范旭东先生铜像隆重举行揭幕典礼，以示两厂职工对范先生的缅怀和敬仰之忱。④

1996 年化学工业部命名"天津碱厂范旭东铜像"处和南京化学工业公司"范旭东塑像"处为全国化工行业第一批爱国主义教育基地之一。

---

① 《家常琐事》，《海王》第 19 年 35 期，民国 36 年（1947）8 月 30 日。

② 刘存福：《弘扬四大信条拓展红三角事业》，录自《红三角的辉煌》（199），天津：新华通讯社天津分社，1997 年。

③ 南京化学工业（集团）公司《南化志》编委会：《南化志》（11），北京：中华书局，1994 年。

④ 陈歆文：《范旭东》，录自《中国现代科学家传记》（第 6 集）。北京科学出版社，1994 年。

以身作则　身体力行

范旭东创办主持几个大的企业，当了 30 多年的总经理，他孜孜以求的不是个人发财致富，而是"实业救国"。1915 年 4 月 18 日，后久大精盐公司第一次股东大会上，范旭东提出以"公私行为务求明朗公正"作为办事准则。1918 年在陈调甫赴美前，范旭东说："欲使事业成功必须做到'吃苦清廉'四字。"在创办久大、永利时范旭东曾为自己规定了三个处世原则：[①]

一、不利用公司的钱财来谋个人利益。

二、不利用公司的地位来图私人利益。

三、不利用公司的时间来办私人事务。

30 多年的实践证明，范旭东对自己的诺言，处处身体力行，堪为楷模。

一般人认为，范旭东是"永久黄"团体的总经理，当然是有资产的富翁。事实却不然。若以他的地位来讲，未尝不能聚积可观的私人财产，但他绝没有这样做。他将按照公司章程应分得的酬劳金全部捐给了黄海化学工业研究社。

抗战期间，他常要为两个在美留学的女儿的生活费节衣缩食，死后并没有为亲属留下什么财产；夫人的生活费一直靠久大、永利两公司按范先生生前月薪发给来维持的，直至新中国成立后两公司公私合营为止。[②]

范旭东出身贫苦，一介寒士，生活俭朴，不尚豪华。身为 30 多年总经理不置汽车，不营私宅，在天津、上海、南京、香港每天出入，或步行

---

① 张同义，《范旭东传》（75），长沙：湖南人民出版社，1987 年。

② 章执中：《爱国实业家范旭东》，录自《化工先导范旭东》（46），北京：中国文史出版社，1987 年。

或乘公共车辆，他常说："人生两条腿，不走还行？"住的都是一般中产阶级所能租住的房屋。他要求家里清洁、安宁、井井有条，别无他求。他家里的家具都是老式的，陈设简便。

在金钱方面，范旭东公私分明，每次出远门，夫人总是事先把钱一包一包地分好，记明用处，私事决不动用公款。1939 年春天他去新塘沽川厂办事，经成都回重庆，恰巧张岳军（群）有要事飞渝，便邀范先生搭机同行，可范旭东下飞机回公司后，立刻派人捐 105 元作赈灾，而这 105 元正是当时蓉渝的航空票价。范先生说："我们不愿政府有苛捐杂税，难道我们应该对公家揩油沾便宜么？"[①]

1940 年范旭东第一次赴美国，在置装过程中煞费心计，最后还是将 1912 年去欧洲考察盐政时的衣服拿出来翻改一下，成为赴美的礼服。在个人生活上讲卫生，他外出公干，怕不卫生，从不在外吃饭，而是自带饼干、花生米充饥。[②]在家饮食也力求清洁、简单。范旭东不抽烟、不喝酒、不喜欢应酬，他说："饮食本为维持生命，时下以此作为应酬，豪饮饕餐，觥筹交错，烟雾缭绕，不计时间，简直在浪费生命，小弟绝不干。"抗战期间为抢运物资到昆明时，当地名人闻范旭东来到纷纷备柬邀请者，皆被婉谢之。久大、永利在昆明皆设有机构，本可通过应酬巧与周旋以利业务发展，而先生则磊磊自持，我行我素，不为俗习所累。[③]在范旭东 60 岁生日的那天，几个很亲近的朋友，想给他凑个热闹，上他家去讨杯寿酒喝，可是他竟连自己的生日都忘了，一杯酒都没有准备，家里吃的似乎比平日更清淡。

范旭东夫人许馥早年在日本就是先进妇女。许馥几十年来看着范先生以一个穷书生为中国化工开辟新天地，她分担了他的多少欢乐和忧愁。为了工作，范旭东一年是难得在家住三两个月的，家务重担都由范夫人一肩担起；他们相敬如宾，家庭总是充满了宁静和平，富有乐趣。范旭东常说，一个家庭能弄得卫生安静，而有规律节制，便是幸福。他们的家庭确实就是如此。范先生也很爱自己的妻子，把妻子视作自己人生航程中宁静的港

---

① 黄汉瑞：《回忆范先生》，《海王》第 18 年 20 期，民国 35 年（1946）3 月 30 日。
② 许腾八：《回忆范旭东先生》，《纯碱工业》，1984 年增刊之二（11－14）。
③ 薛献之：《久大永利迁川以后》，录自《红三角的辉煌》（154－158），天津：新华社天津分社，1997 年。

湾。他每受挫折，在他人面前可以不动声色，照旧从容镇定，似乎没有吞不下的痛苦和困难，但只要回到许馥的身边，他就掩饰不住一切，急不可耐地诉说自己的苦恼和怨恨，诉说自己的软弱与错误。

范旭东的一位知己朋友同他闲谈时曾说过："假如说你是成功了，这分数应该是作三股算，一股属于你自己的才智努力；一股属于社会友好及公司同人的辛劳和帮助；还有一股应属于你的夫人。"他听后笑了，说："自己不能占这么多分数，究竟这分数应该怎么算，姑且不去论，但无论如何夫人是应有相当成绩的，我想可无问题。"①

在"永久黄"团体的信条中有"我们在精神上以能服务社会为最大光荣"，这一点在范旭东身上体现得特别明显。随着范旭东的事业逐步发展取得成功，他在社会上的兼职也日益增多。30 年来他多次参加政府和社会各机构的服务，兼职有碍本职工作的效率，兼薪在他看来更是不合理。他认为，工作是义务，也是快乐，人生在世上是要替社会做事的。至于生活所需，以劳动的结果，当可换得应有的报酬，无论你的职业是什么，报酬有多少，既替国家服务便是国家养你。所以在范旭东的心中，一切属于国家、属于社会、属于大众。

从久大初创起直到抗战，所有永、久两公司的重要文件全是他一手亲拟。勇于负责的精神是范旭东的最大长处。果断、坚决而又敏捷，从不积压公事，照例每天黎明即起，就在屋里办公，等他打开门去散步或是用早餐时，已经是把当天的重要公事办妥之后了。处理一切工作，他都经过冷静的分析来寻找答案，"我们不可有成见，随处应当取实验态度"。他很讲究自强自立，凡事都先求诸己，遇着比较艰难危险的事，更绝不要委托他人。在北京和南京，向政府办交涉全是他出席。这个连坐长途车都晕吐的人，抗战中为事业的需要两次出国长征，历尽辛苦；当重庆遭到日军大轰炸时，他正在香港，闻讯后立即搭机飞渝，给饱受惊慌、灾难的同人以无限的鼓励和安慰！香港失守，他历尽千辛万苦辗转跋涉回到重庆；在海防失守后，国际运输的重心移到仰光，他便亲去缅甸，不避炎热，督导抢运物资，冒着生命危险，指挥若定。那种自强不息、勇猛拼搏、战胜困难的

———————

① 黄汉瑞：《回忆范先生》，《海王》第 18 年 21 期，民国 35 年（1946）4 月 10 日。

精神在范旭东身上体现得很突出。

范旭东相貌清秀文静，略带几分书生气，说起话来既从容、委婉、诚恳而又充满感情，教化的气氛非常浓厚。公司里年轻人往往为琐事不满，十分激愤地去告"老总"，经他一席谈话之后，控诉的人多变得心平气和。范旭东对同事非常宽厚，无论厂里高级或低级的职员、有技术与无技术工人，均一视同人。职工有经济困难时，他动辄解囊相助，而不以告人，即使其太太亦不知之。范旭东待人以恕，处己以谦，身居总经理之职，无论老幼称人曰兄，自称曰弟。其熏陶同人之法，则常邀人外出散步，详谈情形，交换意见，用讨论方法达其训诲目的；遇事功归于人，过归于己。[1]

范旭东经常外出常与广大同胞来往，看见那些贫穷无告的人，他总要责问自己"我们知识分子应该怎样的努力才能帮助这些善良的同胞？"永利铵厂要开工的时候，他有个志愿，想再办个小型药厂，免费发给来买硫酸铵的农民，要帮助农民有好肥料、好收获，还要农民得到卫生和医药的常识，他常说："一个进步的工业人，要信科学真理，还要多血多泪。"[2]范旭东说的"多血多泪"是表示感情丰富、悲天悯人，这不是讲伤感，温情或慈善，而是把热情渗透于理智的做法。因为有理智，所以对事不对人，因为有热情，所以有仁爱而不冷酷。

范先生一生热心文化教育事业。在抗战时期，张伯苓先生想在重庆办南开分校时，范旭东马上答应捐赠全部的生物理化实验仪器。重庆大学校长张洪沅先生苦于没有经费购买办学设备，范旭东立即请张校长提出计划，准备赞助。不论是湖南隐储女校还是中国化工学会、中国化学工程学会等学术团体，只要有所请托，他总是尽力而为，从不推辞，古道热肠，一片真诚。

许馥有侄子许杏村，大学毕业后在碱厂当会计。范旭东对许杏村一向严格要求，而年轻的许杏村经不起污浊势力的诱惑，以至发展到利用公款和唐山商人解连弟合伙做买卖，赚了钱在天津吃、喝、嫖女人。一来二去，这件事情慢慢传到范旭东耳边，他找来视察长，命令他三天内把全部情况查清。三天后视察长送来报告，称情况属实。范旭东为此大动肝火。不久

① 侯德榜：《追悼范旭东先生》，《科学》第 28 卷（1946）5 期。
② 黄汉瑞：《回忆范先生（续）》，《海王》第 18 年 21 期，民国 35 年（1946）4 月 10 日。

许杏村接到调令，范旭东免去他永利碱厂会计职务，派他到汉口经理处"任经理"。接到调令后，许杏村打点行装，向姑父姑母告别。许馥像母亲一样嘱咐许杏村到汉口后好好干，不要辜负姑父的期望，而范旭东则一反常态，在旁沉默不语。许杏村即日乘船赴汉口。船行至中途，许杏村突然接到范旭东的一封电报，大意是汉口经理处已另派他人，永利碱厂许杏村已无职，让他自谋生路。许杏村这才知道事已败露。他抱头痛哭，但悔之晚矣！

事后，有人问起范旭东，这事情处理得是否合适。范旭东说："我与许馥是患难夫妻，许馥与许杏村感情甚浓，况且，许家对我办事业帮助巨大，没有办法，只能这样做。"①范旭东曾对孙学悟说："我个人由于职位关系，不免经常站在我们团体视线的集中点，因而一举一动偶有疏略，就易被众目察看出来，为了事业的发展，首先我要做个样子。"②

当时有些不了解范旭东性格的人，暗地里骂他是"希特勒"，说他搞家长式的独裁。有一位同人听后感慨地说："殊不知，在那堕落的社会，人们却习惯于随俗沉浮、得过且过、迁延复迁延的作风，如果没有敢于这样负责的人，可能长此光阴虚度，卒至一事无成。"③

---

① 张同义：《范旭东传》（78），长沙：湖南人民出版社，1987 年。

② 同上。

③ 《永利厂史资料》第一卷。

祖国　事业　科学　人才

石上渠先生说:"范先生一生奋斗的主旨是为国家创事业。"[①]

孙学悟先生说:"世人只见范先生平生致力化工建设,却少有人知其目的何在。他常喜欢引用'尔爱其羊,我爱其礼'一句话,以表示他的心意之别有所在,不同凡近。……旭东先生的生命源头处究竟安在?为何他可以自强不息,发动若大作用,那闲话之间,动辄以国家民族当前提。其气魄之雄伟,风骨之高亢,可以说与其体力恰成反比例。""'知耻',恐怕是范先生终身处世执事的基础,耻之于人大矣哉!不耻不若人,何若人有。知耻近乎勇。社会无耻不立,国家无耻将亡,这是范先生一生的信念。""旭东先生一生以知耻为其人生哲学根本,以基本化工为其转移风气的工具,更依之培植科学研究,以其灌输科学精神于吾人日常生活,而进国家民族于富强之道。"[②]

这是两位永利老职工对范先生一生最简略、精辟的概括。

一颗炎黄子孙的心

在强敌入侵、国势日衰、民族危机深重的岁月,很多中国青年东渡日本求学,寻求救国救民的真理。1900 年在哥哥范源濂带领下,范旭东也同行赴日求学。在日本,范旭东专心学习,他看到日本强盛的国势,而回顾祖国政治腐败、列强欺凌的情况,经常探索反帝救国之道。他当时在一张照片背后写道:"我愿从今以后,寡言力行,摄像立誓为证。"又加旁注:

---

① 石上渠:《学学范先生》,《海王》第 19 年 2 期,民国 35 年(1946)10 月 4 日。

② 孙学悟:《追念范兄》,《海王》第 19 年 4 期,民国 35 年(1946)10 月 20 日。

"时方中原不靖，安危一发，有感而记此。男儿男儿其勿忘之。"在岗山第六高等学堂时，范旭东为树"习兵救国"之志，找校长请教。日本校长对他说："俟君学成，中国早亡矣！"这种轻蔑的言论，深深地刺伤了这位热血男儿的心，他认为这是永远不可忘记的耻辱，因而更发愤学习，立志为祖国的富强而奋斗终生。

1922 年盛夏，永利制碱公司正在建筑厂房，安装设备过程中，范旭东因筹款去庐山访友，恰好卜内门洋碱公司的经理李德立也在避暑，两人不期而遇，李德立拍拍范的肩膀说："碱对贵国确是非常重要，只可惜办得早了一点儿，就条件来说，再候 30 年不晚。"范旭东立即反击："恨不早办 30 年，好在事在人为，今日急起直追还不算晚。"说罢相对一笑，拂袖而去。

1925 年春正当永利公司刚刚出碱，处在量少质次、经济困难时期，卜内门伦敦总行营业首脑尼可逊来到中国视察，一再表示要和范旭东晤谈，范旭东同意在大连会谈，偕侯德榜、余啸秋一同赴会。尼可逊出于并吞中国碱业的目的，一再表示愿投入资金和技术与永利合作。尽管当时永利经济万分困难，迫切需要外援，但范旭东始终为保持主权一再婉辞，推说公司章程规定，股东以享有中国国籍者为限，无可变通。尼可逊无可奈何黯然离去。

1933 年春，范旭东到上海，住在华安大楼（现金门大酒店），恰遇日本常驻永裕盐业公司商务代表也寓该处。这个日本人进入范旭东的房间搭讪，说："满洲国已成立了，'九一八'事变是地方事件，现在无碍两国邦交了。"范旭东当即以日语怒斥道："你欺人太甚！侮辱我的国家和民族，你我势不两立，给我滚出去！"随即将这个日本人推出房间。

1933 年初，国民党政府与日寇谈判达成丧权辱国的《塘沽协定》。他们本想借黄海化学工业研究社新落成的图书馆为签字地点，范旭东和孙学悟义愤填膺，一口坚拒提供进行辱国勾当的场所。

永利化学工业公司筹建硫酸铵厂时，要向世界各国订购大量设备，侯德榜提出订购时一定要从"质量、速度、价格"三方面综合考虑，择优而行。由于当时日本帝国主义已侵入我国东三省，范旭东提出"对于日本货即使符合优质、迅速、廉价三条，也不要，不能贪小利而失大义"。

在日本占领塘沽初期，卜内门华行总经理吉勒理派华董孙仲立向永利建议将塘沽碱厂改为中英合办，挂英国旗，以对抗日本，英方愿以其日行押金 30 万元抵作资本，意在一面保全押金，一面乘机参加永利投资，以此作战后合作的根据。范旭东洞悉其用意所在，认为这样等同"前门拒虎，后门进狼"，坚予拒绝。

硝酸是军用原料，永利生产硝酸的设备是当时亚洲一流的，日本发动"七七"事变后，几次派汉奸和日本商人向范旭东表示："只要愿合作，工厂的安全就可以保证。"范旭东毅然拒绝，指示南北各厂负责人："宁举丧，不受奠仪。"范旭东这种宁为玉碎，不为瓦全的高尚情操，充分体现了他对祖国、对民族深厚的爱和对侵略者的刻骨仇恨。

在汉口为保持民族大义，他和多年老友、最大的债权人吵翻了天，他说："民族和国家都灭亡了，还谈什么保护企业利益！"[①]

1938 年，为解决四川制碱新工艺问题，范旭东派侯德榜赴德考察，准备购买察安法制碱专利。当时德国已与日本暗中勾结，敌视中国，在谈判中百般刁难，除索要高额专利费外，还提出专利产品不准在东三省销售的无理要求。范旭东当即电告代表团："有辱国权，不再购买察安法专利。"他说："东北三省是中国的领土，今后产品不仅要销到东北，甚至要向世界各地销售。"侯德榜也大声疾呼："难道黄头发、绿眼珠能搞出来，我们黑头发、黑眼珠的人就办不到吗？"[②]

抗战期间永利川厂选择犍为县五通桥道士观为厂址，范旭东怀念已被日寇占领的中国化工发祥地塘沽，遂改道士观为"新塘沽"。在重庆的永利、久大办事处，范旭东在他办公室墙上，挂了一幅塘沽碱厂的照片，并亲自在照片上题了"燕云在望，以志不忘"八个字，他对人说："我们一定要打回去的。"

范旭东一生在事业上为维护民族尊严和国家主权而与欺辱中国的洋人、敌人做殊死拼搏的事例俯拾皆是。他那颗永远跳动着的赤诚的炎黄子孙的心，那种爱国主义情操，是值得我们称赞和学习的。

---

① 黄汉瑞：《回忆范旭东先生》，录自《文史资料选辑》第 80 辑（38—43）。北京：文史资料出版社，1982 年。

② 李祉川、陈歆文：《"侯氏碱法"的诞生和发展》，《化学通报》，1982 年第 8 期。

在事业上积极发展实业

范旭东在日本时深刻认识到，日本的强盛和工业的发展有密切关系。为了挽救积弱积贫的祖国，他立志"工业救国"。

"创业难，带有革命性的创业尤难！"这是范旭东一生发展实业的经验之谈。范旭东从事实业每走一步几乎都是在革命性的创业中行进的。他从不贪图既成的坦途，而"总是在荆棘丛生的荒野中奋身挺进！"

1912 年范旭东从日本学成归国。他亲见中国盐源丰富，盐政腐败，食盐不洁，洋盐盈市，决心从事改革。在考察欧洲盐政时，看到外国食盐洁白、卫生，在工业上也用途广泛，回国后就着手改革盐政。范旭东冒着风险，冲破统治中国盐政近千年"引岸制"的藩篱。1914 年，他在塘沽荒凉的盐滩上，集资 5 万元创办久大精盐公司，迈出了开创盐化工的第一步。久大精盐在生产上采用科学方法，经营上自产自销，事业上得到迅速发展，获利丰厚。

1914 年第一次世界大战爆发，欧亚交通梗阻，我国肥皂、造纸、玻璃、印染、食品、药物等工业所需的原料来源断绝，国计民生受到很大影响。英国卜内门洋碱公司却囤积居奇，存货不放，致使碱价暴涨。范旭东眼见长芦盐区内席盖泥封的盐坨到处都是，而盐民苦于没有销路。他在欧洲考察时，参观过德国的盐碱工厂，也了解过比利时索尔维制碱法。丰盐缺碱的现实和以盐制碱的技术，唤起范旭东创办中国制碱工业的决心。一次他在和陈调甫的谈话中表示："为了这件大事虽粉身碎骨，我也要硬干出来。"足见他对民族工业的热情和勃勃雄心。1918 年他和景韬白、张弧、李穆、陈调甫、王小徐等十几人集资 40 万元成立制碱公司，建树了由盐化工业进入到基础化学工业的里程碑。

索尔维制碱技术在当时已有近 60 年历史，但各国对其细节都严守秘密。在一个工业落后的国家要从事碱业，既无导师，又无技术，确实是困难重重。但范旭东振兴实业矢志不移，创办过程历时 10 年，他呕心沥血，艰苦奋斗。在技术上靠侯德榜、孙学悟、李佐华等人的努力；经济上借助久大和金城银行的支持；经营管理上则由李烛尘、余啸秋、陈调甫等人的奋力从事；市场上经过艰苦的斗争，战胜了卜内门的渗透、倾销、威胁和利诱。最终克服了无数技术、设备、经营、金融上的困难，度过了三次濒临倒闭的难关，苦撑着，坚持着，直到1927年才稍见顺畅。

久大成功了！永利成功了！范旭东这位不知疲倦的实业家，并未踌躇满志地去过安乐尊荣的生活，他的创业思想在化工战线的另一翼又展翅高飞了。20世纪30年代初，我国农村利用硫酸铵作肥料的风气很盛，而硫酸铵全依赖进口，进口量每年达20万吨，支付外汇2500万元。为了争回利权，范旭东在政府与英、德商议合办硫酸铵厂的谈判破裂后，主动申请承办硫酸铵厂，他说："与其受洋人挟制，还不如干脆自己干！"他的主张得到国民政府的准许。范旭东1934年改组永利制碱公司为永利化学工业公司，筹建永利硫酸铵厂。在范旭东统筹规划下，派侯德榜率领永利、黄海的6名专家去美国负责设计、采购设备等工作。国内外的永利同人经过30个月昼夜奋战，一座远东第一流的包括合成氨、硫酸、硫酸铵、硝酸等产品的大型化工厂在南京长江对岸的卸甲甸（今江北新区）矗立起来。1937年2月，全厂正式出货，范旭东喜悦地说："中国基本化工的两翼——酸与碱已经长成，任凭中国化工翱翔，不再怕基本原料缺乏的恐慌了。"

南京铵厂开工不到半年，日寇铁蹄入侵华北，塘沽盐、碱两厂先后沦敌。战火逼近南京，范旭东心急如焚。爱国心在呼唤他，应立即拆除工厂；而事业心又使他不忍把自己用心血灌溉起来的工厂毁于一旦。在工厂遭敌人三次轰炸之后，范旭东才率众携带重要机件和图纸撤往汉口。

日本的侵略使范旭东的事业受到极大的挫折，精神上遭到不可名状的苦楚。在香港，汉奸围攻他，以归还工厂当钓饵企图诱使他变节投敌；在后方，有人紧锣密鼓地对他进行中伤，国民党官僚资本则在收买"永久"团体不成之后，对他进行恶毒攻击。范旭东以极大的忍耐力，摆脱了这些诱引、中伤和攻击，以在华西地区艰苦的环境下建设新永利、新久大、新黄海的事实，回击了汉奸、反动派的进攻和无耻谰言。

当时在四川建设现代化的工业，条件十分艰苦。范旭东不畏艰难、不灰心，积极组织人员，自行开矿凿井，寻找资源。为了适应新的环境，他积极支持新工艺——"侯氏碱法"的开发工作。当五通桥的氨厂、硫酸厂、碱厂正在加速兴建时，珍珠港事件发生了。滇缅公路阻塞使建厂所需的大量器材、设备被阻隔在仰光，工作不得不停顿下来。在这种情况下，范旭东仍不气馁，他率领在川人员，因陋就简，建设路布兰法碱厂、植物油炼油厂、砖瓦厂、陶瓷厂、发电厂、化工厂和煤矿，继续打深井，开采黑卤以支援大后方军需民用，为我们多灾多难的民族做出自己最大的贡献。

抗战接近尾声，云开日出的时候即将来临，范旭东壮心不已，制订战后化工十大厂的建设计划，要迅速恢复战前南北两厂和完成川厂新建侯氏碱法厂、炼焦厂、玻璃厂、水泥厂、威斯康新法硝酸厂、株洲硫酸铵厂等。为此他到国外奔走，寻找资金来源，期待战事一平息立即着手实现他筹划已久的宏大规划，为中国化工事业大干一番。

1933年至1934年间美国汽车大王福特为争夺我国汽车市场，拟在我国开设一个汽车装配总厂，由美国运来零件，利用我国的廉价劳力进行组装。福特提出与范旭东合作，只要肯投入少量资金，就请他出任这一合营企业的总经理。范旭东不肯背弃他自力更生创办实业的一贯主张，为了民族和团体的利益，而以本身业务繁忙婉言辞谢。①

1935年范旭东在南京办了一个中国工业服务社，聘毛五云为社长，其宗旨是："协助有志于兴办工业的团体或私人，为其提出的工业生产项目，共同进行调查研究，如资源、厂址、技术工艺、设备要求和投资计划及市场需要等。"抗战前范旭东与金城银行合资，在上海筹办过一个麻纺厂，从印度、巴基斯坦进口黄麻，纺织麻袋，供久大、永利包装盐、纯碱、硫酸铵之用，该厂曾得到刘鸿生赞助，后因抗战爆发而停建，抗战胜利后该厂终于建成投产。范旭东生前还有一自营内河航运计划，即用自己的轮船将久大食盐和永利的纯碱、硫酸铵由产地经长江运到鄂、湘两省，并将永利在湖南宁乡所建的清溪煤矿的烟煤运回南京，供应合成氨厂，以省运费。范旭东在筹建战后十大化工厂时着眼全国，提出过一个建设我国化学工业基地的宏伟规划，除永利塘沽碱厂、南京硫酸铵厂、永利川厂、湘厂等四大基地外，准备在兰州、郑州（或开封）、广州、温州及上海等地再建设一批化工厂。范旭东的这些宏大计划，随着范旭东遽尔病逝全化为乌有。但新中国成立后，在党和政府的领导下，我国化学工业的发展规模和速度远

① 章执中：《爱国实业家范旭东》，录自《化工先导范旭东》（32—49），北京：中国文史出版社，1987年。

远超过范旭东的设想，如范旭东九泉下有知，一定会欣慰的。

工业的基础在科学

1935 年"永久黄"团体订立四项信条，作为全体同人的行为准则，内容为：①我们在原则上绝对相信科学；②我们在事业上积极发展实业；③我们在行动上宁愿牺牲个人顾全团体；④我们在精神上以能服务社会为最大光荣。范旭东在执行信条方面身体力行，堪称"永久黄"团体同人的楷模。

范旭东不仅绝对相信科学，而且为发展我国科学事业奋斗终生。他是一个实业家，但他深知："中国今日若不注重科学，中国有何希望？"

1914 年在他创办久大精盐公司之前，就在北京黄孟曦家里从事科学研究工作，躬身试验，用铁锅熬盐，利用再结晶法制精盐。他既是久大的经理，又是久大第一个技师。在他的办公室里有张带折翼的办公桌，白天在上面办公、做实验，晚上则作睡榻。在久大精盐公司开张营业时，他着手建立久大实验室，进行海盐综合利用的研究。在创办永利制碱公司前，曾和陈调甫、王小徐三人在天津日租界太和里住宅进行过索尔维法海盐制碱的模型试验，在试验取得初步成功之后，才开始积聚力量组织永利制碱公司。范旭东每创办一项事业，总要认真钻研，使事业建筑在科学的基础上，决不贸然进行。

创立永利之后，范旭东认为如果不用科学方法来提高效益，将会因为成本过高和技术落后而在竞争中被洋货淘汰。为此，1922 年他决定在原久大实验室的基础上，成立黄海化学工业研究社，从事精盐副产品的研究，并对永利的原料分析、成品检查、分析规程的确定，工艺操作指标的规定，新技术的研究和采用，做了很多工作。实践证明，黄海社的建立，为久大、永利的生产和技术的发展做出了重要贡献。

创办黄海社时，永利尚处在建设过程中，经济十分困难，但范旭东还是咬紧牙关，拨巨款建设黄海社。别人都说他有点儿傻气，可是范旭东力排众议，坚持把黄海社建起来，并把他在久大、永利应得的创办人酬金，捐献给黄海社作为日常性开支。

1927 年为了纪念其兄范源濂（静生），范旭东在北京发起创办静生生物调查所，并将石驸马大街的住宅捐给该所作为所址，在北京西郊设种植园，作为培育我国各种良种树木、花卉的基地，聘请著名植物学家胡先骕主持其事。

为了打破索尔维集团的技术垄断，在永利获得成功后范旭东大力支持侯德榜撰写《制碱》一书，为推动世界科技发展，向全世界公开制碱技术。

在抗战期间为了探索新的适应华西的制碱新工艺。范旭东不惜人力、物力全力支持侯德榜进行新的研究，终于发明了"侯氏碱法"，将世界制碱技术推向一个新的高峰。

1943 年"三一化学制品厂"成立，专门生产经过试验室研究所得结果，认为有可能进行大量生产的，先在该厂进行半工业试验，成功后再用到生产上，免得中途发生危险，贻累无穷。[①]入川后范旭东益感海洋的重要，他常说："中国的生命在海洋，海洋中有无尽宝藏，不仅得盐，且可取镁、碘、溴各副产品，可谓取之不尽，用之不竭。"[②]1944 年在久大成立 30 周年时，范旭东为久大成立"海洋化工研究室"，专门研究从海水中汲取宝藏。这为我国海洋化工的研究开创了新局面。范旭东说："我们把自己的研究机构定名叫'黄海'，说明了我们对海洋的深情，我深信中国的未来在海洋。"可见他对开发我国海洋宝库的殷切心情。

范旭东在研究工作中对理论和实践关系的认识也很可取。他认为："近世工业非学术无以立其基，而学术非研究无以探其蕴，是以研究一事尤为最先之要务也。""欲中国工业学术之发达，莫要于使研究有密接于工业之机会，而其研究之目的物，即为工业上之某种用材，如是则致力不虚而成效乃著。当为事之确然无疑者。"在学术研究中他不仅注重研究，又要联系具体的生产实践，而且也反对在研究中重应用而轻视理论的观点。在总结黄海社 20 年工作时，他说："20 年来也有人责备学术研究工作的，他们只注重目前利益，常常听到冷言批评，说某人某社不顾民生疾苦，这个时候还在实验室里搞洋八股。这种论调实在是错的，他们硬把学理和应用分作

---

① 范旭东：《由实验室至半工业试验之重要》，《海王》第 15 年 29 期，民国 32 年（1943）6 月 30 日。

② 范旭东：《创设海洋研究室缘起》，《海王》第 16 年 30 期，民国 33 年（1944）7 月 20 日。

两起，要先应用而后学理，凡是研究学理的就被误认为纸上谈兵、不切实用。"①范旭东不仅积极兴办各种研究机构，以促进事业发展，而且对科学社团的活动也积极参加。他曾被选为中华化学工业会副会长，中国化学会理事长，担任中国自然科学社的理事近 30 年，受中央研究院之聘，任评议员达十余年之久，范旭东对学会与科学出版事业在经费上的支持也是不遗余力的。

1932 年化学命名原则公布后，经过讨论，一些分歧意见逐渐统一。唯氨命名为阿摩尼亚，硫酸铵命名为硫酸阿摩尼亚一节，因工商界已用惯硫酸铵之名，社会上也极通用，以致工商界都不愿采用新名，僵持不下。为此，范旭东在 1945 年 6 月 6 日工程师节，给中国化学工程学会写的《何谓重化工业》一文中明白宣布："今后永利组织中不称硫酸铵厂，而称硫酸铵厂，其商品中将无硫酸铵，而只有硫酸铵。"于是阿摩尼亚定名为氨自此统一。可见范旭东对科学事业无论巨细，只要符合科学道理，有益于科学事业的发展，他总是绝对相信，坚决服从，坚决支持的。

事业的真正基础是人才

办事业，人才、资金、技术、管理是四大要素。范旭东深知，"事业的真正基础是人才"。1922 年在庐山和李德立交锋时就说，"好在事在人为，今日急起直追不算晚"。后又说，"凡事待人而兴"。由于范旭东对人在开创事业中的作用有较深的认识，因此，在 30 多年的创业中，在他周围结集和成长了一批管理和技术人员，有力地促进了事业的成功。

在永利制碱公司筹备时，范旭东就对人才问题格外重视。1918 年派陈调甫赴美考察时，就委托他就近物色人才。陈在美经华昌贸易公司经理李国钦介绍，认识了侯德榜。陈把卜内门公司在中国横行霸道，索尔维集团技术垄断，国内需碱急切，范旭东待人真诚的情况一一向侯德榜介绍。侯德榜深感范旭东推重之诚，觉得"应将制碱有关技术方面，勉力一肩担起"，于是欣然接受了范旭东的聘请，通过陈调甫的努力，在美国还物色到 G. T.

---

① 范旭东：《黄海二十周年纪念词》，《海王》第 14 年 32 期，民国 31 年（1942）8 月 10 日。

李、刘树杞、吴承洛、徐允钟、李德庸等几位高级技术人员。陈回国后范旭东异常兴奋，对陈说："你为人很好，荐贤应受上赏。"

范旭东在国内广开才路，李烛尘、孙学悟、傅冰芝、余啸秋、阎幼甫等一批有真才实学的实干家，先后被范旭东罗致到"永久黄"团体之中，成为事业的中坚。永利制碱公司成立不久，范旭东派陈调甫到各高等学校去物色优秀毕业生，又汇集到一批如吴览庵、张佐汤、许腾八、佟翕然、郭锡彤、郭炳瑜等有为青年，这样从国内外招聘来的两批人才，形成"永久黄"团体管理和技术力量的骨干。

范旭东一方面到处延揽人才，另一方面着力于自己培养人才。为此，1934年8月永利碱厂成立了艺徒班，由李烛尘、陈调甫去招收各职业学校和高级中学的毕业生，用半工半读的方式进行培训。三年后又培养出了一批技术人员，其中不少人后来都成了工程师，优秀者升为总工程师的也不乏其人。为了事业的需要，范旭东还屡屡集资，通过考试选拔，先后资助"永久黄"团体中优秀的工程技术人员出国深造。在抗战期间，"永久黄"团体经济处于绝境状态，范旭东还勒紧裤带集资选拔一批人员赴美学习，作为战后复兴工业的技术储备，难能可贵。由于范旭东在罗致和培养人才上花费了不少工夫，因此为"永久黄"团体事业的成功奠定了基础。

永利制碱公司开工初期，毛病百出，生产迟迟不能正常运行，工厂几度濒临倒闭，财政极度困难，股东们意见纷纷，要求另聘外国专家，来代替侯德榜。但范旭东深深体会到"创业难，带有革命性创业尤难"。他自己承担全部责任，要求大家不要去干扰侯德榜的工作，让他专心从事制碱技术攻关工作。范旭东很信任和支持侯德榜，从此侯德榜更是"一意从事死拼，以谋技术问题的解决"，认为"万一功亏一篑，使国人从此不敢再提化学工业，则吾人成为中国之罪人"。经过一段时期的奋斗，侯德榜终于取得了成功。

傅冰芝品端学粹，为当时中国科技人士所敬仰。傅冰芝学成回国后有人请他到某省去当教育厅厅长或大学校长，但傅冰芝都先后谢绝了。傅有感于范旭东创办中国基础化工事业的魄力和伟大的人格魅力，欣然担任了永利机修车间主任，而且忠于职守，努力钻研，工作得有声有色，对碱业的发展起到了很大的推动作用。

永利初创时期，范旭东倚重于陈调甫、侯德榜、李烛尘、余啸秋、傅冰芝等人，不仅使事业克服了不少困难，取得了稳固而迅速的发展，也更加深了他对人才在事业中作用的认识。抗日战争爆发，沽、宁两厂相继沦敌，范旭东明确指示，技术人员和熟练技工一定要积极转移。抗战八年，永利基本上没有多少收入，靠借债度日，可范旭东深知造就人才非一朝一夕之功，坚决不让人员离散，采取全部养起来的政策，即使别的企业想向永利要人，他也是"借用可以，人权不放"，以备来日复兴之用。而全体职工也是和永利同舟共济，积极工作，共度国难，离职他就者鲜见。最使人感动的是，一次范旭东到五通桥考察职工幼儿园，问及孩子们有没有牛奶喝，工作人员回答，现在生活这样困难，哪谈得上牛奶。范旭东很激动地说："孩子是我们的未来，我们苦一点没关系，一定要让孩子们有一个健康的身体。"[①]他让工作人员打一个预算，无论如何要保证孩子们一天有半斤奶喝。可见他对培养下一代的关心。

范旭东对同事十分敬重。侯德榜说："范旭东遇事功归于人，过归于己。"当以侯德榜为首的技术人员突破技术上的难关，确立了联合生产纯碱和氯化铵的新工艺流程后，范旭东深受感动，在永利川厂厂务会议上亲自提议命名这一新制碱工艺为"侯氏碱法"。任可毅加入永利时，范旭东为得到这样一位得力干部而特意修改章程，在原有两名秘书之上，添设秘书长一席。范旭东在人事问题上的这些做法是很感人的。侯德榜曾表示，"吾人今日只有前进！赴汤蹈火，亦所弗顾"，"只知责任所在，拼命为之而已"。李烛尘也说："我们都愿意跟随范先生。"任可毅激动地说："旭东先生以诚待我，我也以诚答他，投我木瓜，报之以琼琚"。正因为这样，所以侯德榜能做到日夜食宿在厂，身先士卒，埋头苦干，先后三四年连家眷都顾不得接来，全力为事业而奋斗。任可毅能做到"每早七点开始工作，晚十点前后还能继续工作"。抗战胜利后，永利职工出川复员。当时碱厂、硫酸铵厂都已被日寇破坏得满目疮痍，但经永利职工不分昼夜积极抢修，更不知有周休，费日不多就使两厂先后开工，并迅速恢复生产，创造了振奋人心的奇迹。

---

① 录自永利老职工刘潜阳的回忆。

范旭东不仅在"永久黄"团体内着力培养人才，对社会上的教育事业也极为关心。在战前范旭东是张伯苓所创办的南开大学和许黄莹桔创办的湖南隐储女校的校董。他给南开大学化工系（现化学学院）和经济研究所捐赠奖学金，鼓励优秀学生深造，对隐储女校曾多次给予经济上的支持。抗战期间，我国化工界老前辈张洪沅先生在四川和范旭东偶尔谈起："学校中拟置化学实验设备，惟以苦于经费，不易进行。"范先生当即询问详细计划，并允予以捐助。张先生为此不胜感慨，当时永利经济处境极端困难，且在借贷中维持，但仍不忘扶助科学教育事业的发展，"实觉其信仰科学之坚，眼光之远大，好义之风，非一般人所可比拟。"

新中国成立后，"永久黄"团体在国外的技术人员纷纷回来，报效祖国。"永久黄"团体在范旭东几十年的努力下，培养了一批有为的化工人才，尤其在公私合营后，有大批的科技人员投身到社会主义建设的洪流中，为社会主义建设做出了重大贡献。由"永久黄"团体向国家输送的技术干部在党的培养下任工程师者有几十人，总工程师十几人，院、所、厂、司、局长八九人，副部长两人，部长一人，任全国人大代表和全国政协委员的总计有十几人。周恩来总理对"永久黄"团体在造就人才问题上评价说："永利是一个技术篓子。"这个篓子就像摇篮一样，为我国的化工事业培养了大批建设人才。

第三部分

勉为其难

范旭东之死使"永久黄"团体如失重心，上上下下沉浸在深深的悲痛之中。永利董事会忍痛节哀，于 10 月 22 日，公推侯德榜继任范旭东的永利化学工业公司总经理之职。侯德榜深感自己一介书生，不胜此任，在屡辞不允的情况下，勉为其难，挑起此任。

侯德榜两手空空，面对着接收两厂、上千人的复员、十大厂的计划，这一百废待兴的局面，深感责任重大，困难重重。可是，每当他看见范旭东目光炯炯的遗像和灵堂里那幅写着"燕云在望，以志不忘"的"新塘沽"照片时，睹物思人，不能自已。他忆范先生几十年来，为创建中国基础化学工业，百折不挠，艰苦奋斗的精神；想到自己每逢困难和挫折时，总能及时得到范先生的支持和爱护。目前永利纵有千难万险，但和 20 世纪 20 年代初期相比，已有天壤之别，今日如有分毫退缩，怎么对得起范先生的在天之灵，怎么对得起董事会的信任和职工们的期望？！侯德榜感到责无旁贷，耳边不断回响起范旭东低沉而坚定的呼声："齐心合德，努力前进！齐心合德，努力前进！"他终于擦干眼泪、挺起腰杆，挑起永利化学工业公司这副沉重的担子，继续在黑暗的旧中国崎岖小道上挣扎着前进。

侯德榜沉浸在对刚亡故的老师、兄长和战友深切的怀念和沉痛的哀悼之中。范旭东为国为民的一腔热血，披荆斩棘、勇往直前、开创事业的气魄，高瞻远瞩的眼力，薄己厚人、宽厚仁爱的长者之心……一直在他脑际萦回。侯德榜多想在范先生的身边多待一会儿呀，但总经理的重担迫使他急速东下，去主持沽、宁两厂的接收和复员工作。临行前，侯德榜再次来到沙坪坝南开中学南园，在范旭东灵前献上鲜花，深深地鞠了 3 个躬，向范夫人道了珍重，告辞东下。

他在南京下关登上了过江的渡轮。船过八卦洲，那阔别 8 年、绵延几千米的铵厂，已历历在望了。侯德榜思绪万千。8 年前，一个风雨凄凄的冬夜，侯德榜和最后一批永利同人乘"黄浦号"撤离时，曾对天誓志："我们一定会回来的！"今天，不是真的实现了吗？历史就是如此公正而不留情面。

铵厂经历 8 年的摧残，早已面目全非。硝酸厂只剩下一所破楼，所有设备全被拆盗到日本九州的大牟田去了；冷水塔原来是用最好的美国红木做的，现在变成劣质的日本木材；6 个深井仅一个完好，其余不是全坏就是半废了；各厂的屋顶则漏如破筛，硫酸渗入地下，地面隆起，墙壁歪斜，破败不堪，满目疮痍。

侯德榜视察铵厂后，又匆匆直奔塘沽视察劫后的碱厂。

华北沦陷以后，对碱厂觊觎已久的敌人派了个学电气的外行当厂长；7 年中全厂都未曾整修，未曾清扫，整个碱厂千疮百孔。碳化塔损坏严重，有一台还被拆除了；石灰窑结了瘤；蒸馏塔的菌帽被全部拆除；吸氨塔中有一座已被拆掉一半；冷却排管已腐烂锈蚀，不堪使用；滤碱机的错气门已锈死；5 台煅烧炉烧坏 3 台；发电机的汽缸被打坏，发电能力仅及当年的一半；锅炉内结了厚厚的水垢，原有的 735 千瓦的动力设备，也只剩下367 千瓦了。

当侯德榜看到自己亲手创建的工厂在日寇的践踏下，被破坏得七零八落的惨状时，心如刀割。然而，这一切并没有使他丧失信心和斗志。在碱厂的欢迎会上，他坚定地说："我们的工厂虽失落日寇手中多年，备受践踏蹂躏，但我们不怕，因为我们人还在！光复后，我们有能力重建家园，把我们的工厂建设得更好！"他的话极大地鼓舞了全体员工的情绪，为加快修复开工起到推动作用。

复原后两厂的技职人员和工人，在经济困难和设备短缺的情况下，同仇敌忾，埋头苦干，一心为了早日复工而努力着。一位从四川复员的老技工拉着侯德榜的手说："工厂是我们中国人的了。我们现在的困难是最后关头的困难，只要熬过这一关，恢复生产，我们就有生路。"短短几句话极大地触动了侯德榜，坚定了他克服困难、进行复工战斗的勇气和信心。侯德榜向全体永利同人发出呼吁，要大家用后死者的肩头代替已故总经理的巨手！"齐心合德，克服种种困难，努力把事业推向前进！"以最短的时间，恢复生产。

两厂职工怀着对侵略者的满腔愤怒，在范总经理艰苦创业精神的鼓舞下，不分昼夜，减薪苦干。1946年2月22日下午，塘沽碱厂开工产碱。铵厂则由于损坏严重，修复任务繁重，费时10个月，耗资数10亿法币，也终于在1946年8月下旬开工生产。

1937年12月，南京沦陷后，永利南京铵厂被三井财阀系的三井物产和东洋高压两会社吞并，改组为永礼化学工业株式会社，原计划利用该厂硝酸设备添设火药制造部，后因所要增加的设备供应不上而没能实现。1942年，硝酸设备被拆运到日本，安装在九州大牟田东洋高压会社横须工厂。

抗战胜利后，永利接收南京铵厂，发现硝酸厂只剩空楼一座。迭经追问，日本负责人玉置丰助及守田等人，才含糊交代在1942年已将设备盗运至日本。侯德榜、李烛尘得知，立即向政府申请要求前往日本拆运，让日本归还原物。但国民党政府对向日本追还劫物表现消极，托辞由驻日盟军总司令部统一处理赔偿，致使问题久悬不决。

后来，李烛尘利用参议员身份向蒋介石当面交涉，陈述索回永利铵厂的硝酸设备不是赔偿，而是归还劫物，还指出这套设备日本目前仍在使用。

侯德榜在《大公报》发表题为《向日本拆回被劫去的硝酸装置》一文，得到社会舆论的共鸣，国民党政府才勉强准予办理。他又向驻日盟军总司令部多次交涉，迟至1946年7月才获复函，谓：该项设备已经查明，并已命令日本政府妥为保管，准备归还，要永利派人赴日处理。

永利化学工业公司即派谢为杰、鲁波和赵如晏在东京设办事处，并赴大牟田进行实地考察，发现设备完好可用。但设备中原有部件在日本使用期间损坏者，已另行配置，所以装置已非旧观。当向盟总物资保管组要求拆迁时，该组的美国负责人竭力袒护日本，节外生枝提出：对原有设备的归还毫无异议，但不同意归还在日本修配的部分。永利驻东京办事处当即提出报告，向盟总进行交涉，提出：一、永利公司被日本劫去的设备是整套全新的，这一点可由日本占领期间《永礼会社史志》的记载证明。日方另行装备的机件设备是更新，而非增设，归还应保持完整可使用的水平；二、化工生产的设备是一个整体，缺少任何一部分，都将使整套设备失去作用；三、远东委员会考虑到被劫物资的归还旨在补偿被害国的损失，这类化学工业设备必须整套归还，才有意义。同时中国驻日代表团也将经过情形呈报外交部，请在远东委员会上力争。

侯德榜为了争取劫物归还，于 1947 年 7 月 7 日亲赴日本，找到盟军总司令麦克阿瑟，并与远东经济委员会几度据理力争，两次和盟军总部的工业专家同到大牟田东洋高压会社视察。对于美国只让拆还原件而不许拆走日本更换过的配件的意见，侯德榜严正宣布："这是不可能的，我们不允许这样做。譬如说，日本拆迁了我们的一辆汽车，拆走时是能行驶的，到归还时，不论他们更换了轮胎，还是别的零件，也总得是一辆能开动的汽车才行，否则我们收回来做什么！"经过多次交涉，美方自知理亏，才勉强同意在大牟田的硝酸设备整套归还。看到这套设备，侯德榜不胜感慨地说："我们的新机器经过他们这么多年的折磨，已经弄得如此憔悴不堪！"

在拆迁工作中，当时国际会议决定在日本口岸交货。侯德榜认为这个决定不合情理，他说："失去的东西还要到盗贼的聚赃处去拉，这是不对的。"为此他又向盟总交涉，力争之下，例外地允许这套设备改为"利用日本船只回空吨位，或者是分配中国使用的船只，担负永利硝酸设备归还的运输任务，目的地为上海"。

侯德榜一介书生，为了永利的利益，为了民族的利益，居然在日本和拥有雄兵百万的盟军司令麦克阿瑟无所畏惧地直面对仗，不屈不挠地力争，终获全胜而归。为此，他在日本耽搁了 7 周之久。在离开日本时，他说："麦帅已经下令给日本政府，由日本政府再转令九州地方政府，转令大牟田东洋高压会社，限 9 月起在两个月内拆卸、包装。"盟总也在 1947 年 9 月 18 日复文我国政府，同意将现有全套设备归还原主。

实际的拆迁工作自 10 月下旬才开始，至 1948 年 1 月上旬全部完成。3 月 27 日，除铂金网以外的 1482 件，重 550 吨设备由"海鄂号"装载返国。4 月 11 日到达南京铵厂码头。

在设备的拆迁、运输过程中，事故迭起。在拆卸时，钢丝绳无故折断，致使吸收塔的耐酸砖受到严重损坏；货到盟总码头，清点时又发现贵重的白金网被窃。我方办事处谢为杰、鲁波、赵如晏等人立即通报盟总，提请核实查处。经多次交涉，才由盟总转敕日本政府负责，照原有规格制作新白金网偿还。这套直径 1980 毫米，重 2.29 公斤，价值 4 万美元的白金网直至 1948 年 10 月才制成，空运到上海交货，至此历经 2 年 8 个月的交涉，被日寇劫走的硝酸设备全部归还。

1947 年 9 月，侯德榜从日本交涉回来，向报界发表谈话，痛斥国民党政府追随美国扶植日本的政策，他说："中国驻日代表团工作非常努力。但是，政府中一部分人却嫌日本的器械不好，运输困难，装配不易，还不如从美国买新机器经济。这种论调传到日本，使中国代表团的工作陷入困境。"侯德榜接着说："说要日本赔偿，就一定要日本归还与赔偿，即使是破铜、烂铁，也有价值，何况是各种机器，政府不要，可以卖给民间，总是属于人民、属于国家的财产。"

日本的东洋碱厂，原是准备给中国作为工业赔偿的。可是政府有些人认为，接收这样一个大厂，在拆迁、重建，甚至在技术上都会添许多麻烦，经济力量也够不上，示意不如要些小厂来。对此，侯德榜直接向行政院的王云五副院长严正指出："这是不可思议的。东洋碱厂要回来，国家可以派人接管，我也可以协助一切，不然给永利代管，我们是可以接受的。总之，我希望不论归谁，要把它弄回中国来。"对于赔偿，侯德榜一再强调："要注意，这些赔偿来的东西是我们 8 年流血换来的结果。我们不能宽大到这种程度，留给他们作为报复的资本。即使是破铜烂铁，只要到了中国，就是我们的收获。"

在要求日本赔偿和归还劫物的斗争中，侯德榜为了国家和民族的利益，不论是对外如美国、日本，还是对内如国民党政府的反动势力，他都针锋相对，据理力争，充分体现了他热爱祖国、热爱人民的一片赤子之心。

五赴印度

塔塔先生是印度的爱国资本家，为了反抗帝国主义的殖民统治，他集资创办钢铁、水泥、纺织、水电、航空、旅馆等产业。由于英国人办的饭店歧视印度人，不让印度人使用，他就开办高级饭店，专门接待印度人。塔塔财团经营的子公司有几十家之多，塔塔米达浦碱厂属于塔塔化学公司（1938 年创建）。

塔塔化学公司初期经营制盐、盐的副产品和电解食盐制烧碱、漂白粉。20 世纪 40 年代初开始办碱厂，由一位盐厂的老工程师主持，他也是印度的爱国者。碱厂初创时，也和永利一样，想请外国人设计，但没有找到，他们就按侯德榜的《制碱》进行模仿。当时这位老工程师没有找到侯德榜，就自己干起来，所以毛病百出。碱厂还未建成，他就不幸去世了。1942 年《制碱》第二版出版。1943 年侯德榜又荣获英国皇家学会化工学会名誉会员，在国际化工界声誉日隆。塔塔公司于是派人到纽约拜访侯德榜，请求技术援助。

1945 年 6 月，侯德榜从纽约回国，顺道去印度改进纯碱工业。在侯到达米达浦碱厂前，该厂已开工多时，但产量迟迟上不去。侯德榜仔细察看碱厂，多次和技术人员座谈，详细解答了印方提出的 280 多个问题。侯德榜在厂 18 天，没有改动任何生产设备，仅部分调整了操作条件，就使产量骤增 50%。侯德榜手到病除的高超技术和在技术上毫无保留的无私精神，使印度技术人员惊叹不已。他们由衷地赞扬道："名不虚传的专家，真诚友好的援助。"当时因为侯急于回国处理紧急事务，临行前在应邀出席的技术讨论会上，侯德榜对该厂的改进又提出不少建议。

印度的技术人员按侯德榜留下的意见，认真修改工艺和操作条件，5

个月后于 1946 年元旦再度开车，产量又获提高。但是开车两个半月后，产品仍带红色，只能充作烧碱的原料。

因此，侯德榜二次应邀前来。3 月 12 日到达米达浦碱厂，住厂 3 个星期，考察了盐场、副产品厂、精盐厂、电解烧碱厂、碱厂，提出尽量不大改动设备的修改意见，由塔塔的技术人员据此绘制修改施工图，再经侯德榜审核签署，总计完成修改图纸 32 张。

在临离开印度前，塔塔总公司董事长 J. R. D. 塔塔会见侯德榜，详细征询改进工厂的意见和设想，两人开诚相见。侯德榜坦率地指出，这两次改进都是在保留原有设计的基础上采取的治表措施。如果要充分发挥设备潜力，在经济上获更大效益，必须对部分设备重新设计，一步加强技术力量和提高管理水平。侯德榜表示，永利将继承已故总经理范旭东的遗志，坚持反对技术垄断，愿对塔塔公司提供积极的技术援助。

塔塔董事长对侯德榜的坦诚相助，十分感谢，当即表示愿聘侯德榜为化学公司最高顾问，负责修改全厂设备。塔塔购买永利制碱设备专利，并邀侯德榜每年来厂做一次指导……侯德榜因有重任赴美，未做久留，双方议定先按图纸修改，长期合作协定待双方认真考虑后来年再定。

1947 年 3 月，侯德榜履行诺言，从美国第三次来印度。米达浦碱厂已按侯德榜留下的意见改进，将纯碱日产量提高到 50 吨，烧碱日产 20 吨，纯碱质量也有提高。塔塔公司对侯德榜的学问、为人更加钦佩，当即聘侯德榜为总工程师，年薪 10 万美元。侯德榜却郑重回答："10 万美元的年俸，不可谓不厚。但我之所以协助塔塔是承范旭东先生生前的旨意，我们两大国多少年来同受帝国主义的欺压，而永利和塔塔都具爱国反帝之心、实业救国之志。为此，范先生对塔塔先生十分敬仰。在制碱问题上，永利和塔塔又都受国际索尔维集团技术封锁之苦、市场垄断之害。现今永利虽已充分掌握纯碱技术，我们决不愿他人再受垄断之苦。在 20 世纪 30 年代我们已著书将此技术公之于世。永利也曾以技术支援南非、巴西等国。1945 年即开始以制碱技术和塔塔公司合作。开展技术合作是我公司的一贯主张。科学没有国界，但是科学家是有祖国的。我是永利化学工业公司总经理，我的祖国需要振兴工业，发展经济，我的事业在永利，我决不能离开自己的国家和 20 多年来苦乐与共的事业留在印度，碍难接受你们的好意，请原谅。"

塔塔公司总经理听完侯德榜慷慨激昂、入情入理的话，深为感动，当即提议改聘侯德榜为公司最高技术顾问；主持全厂技术，并负责指导今后米达浦碱厂的一切技术工作，厂方愿以 11 万美元购买永利制碱专利和整套图纸，并希望侯德榜立即以最高技术顾问身份行使职权。

侯德榜在米达浦碱厂停留 10 天，详细检查了蒸汽、动力的平衡程度，提出改进意见，并明确规定各主要生产岗位的工艺控制指标，要求严格执行。他还找在厂的 3 位美国制碱技师 H. G. 布林克列、H. A. 哈米尔顿和 W. R. 希尔顿谈话，考核他们的技术和经验，然后分派他们负责清理维护压缩机、过滤机和煅烧炉。离厂前他又召集全厂技师讨论生产和改进办法。

1947 年 4 月，侯德榜返回孟买，和塔塔总公司的董事长、常务董事和总经理 3 人商定协议细节。4 月 7 日晚，协议草案签字。协议要点如下：永利化学工业公司为塔塔公司米达浦碱厂改进设计，增加产量，商定以 4 年为期，目标为日产纯碱 125 吨；塔塔公司以 11 万美元购买永利碱厂全套图纸；塔塔公司聘侯德榜为不驻厂顾问总工程师，协议期间每年来厂一次；侯德榜不在厂期间，由永利另派两名驻厂工程师指导米达浦碱厂工作。

侯德榜全面完成了第三次赴印的工作。两公司技术合作协议草案的签订，开了中印两国民间技术合作的先河。同时，侯德榜也清楚地意识到肩上的担子更重了。

1947 年 12 月 31 日，侯德榜率刘嘉树、张燕刚、郭保国 3 位工程师第四次赴印，由美国飞抵孟买，赴米达浦碱厂执行协议。1948 年 2 月初，侯德榜由印返国。在印 1 个月，侯德榜帮助 3 位中国工程师熟悉碱厂情况，并提出如下三方面的改进意见。

工艺方面：煅烧炉生产不正常，适当增加返碱量即可改善；煅烧炉产量无法提高，主要因温度上不去，建议改烧煤气为重油。执行这两项改进措施后纯碱生产趋于稳定，产量也得到提高。

设备方面：由于原设计是东拼西凑的，不配套，尤其是蒸氨塔生产能力过低，直接影响产量的提高。这次修改蒸氨塔出气管道的尺寸，提高了产量。在厂期间，侯德榜每天由厂方人员陪同到各车间检查，发现问题随时提出改进意见，由厂方组织人员绘成图纸，次日再交侯审签，1 个月中共审图纸百张。

管理方面：印度当时工业落后，连普通的水泵之类小型设备也靠进口。侯德榜按照永利经验，建议成立翻砂厂，每月生产备件和设备 60 吨，由永利提供图纸，生产各类泵、阀门、管道等，为工厂的技术改造服务。

侯德榜离印后，即由刘嘉树负责生产技术管理，张燕刚承担基建改造任务，郭保国负责设计出图（郭在印半年即完成任务，后赴美进修）。在这一年中刘、张两人和印度技术人员一起，按照侯德榜留下的意见，进行设备的改造和生产的改进，使每吨纯碱的硫酸铵消耗降至 3628.8 克，解决了盐卤精制工段氢氧化镁的沉淀问题……米达浦碱厂在一年里，纯碱日产量增加到 80 吨。

侯德榜第五次到印度是在 1949 年 4 月 5 日。他率张佐汤和侯虞簏两位工程师来替换刘嘉树和张燕刚。侯德榜住厂 1 个月，完成任务后，又留下许多改进意见。由于国内解放战争全面胜利，侯德榜归心似箭，即同刘、张两人一道回国。此后，他承担新中国的建设重任，不克分身；又因经过张佐汤、侯虞簏两位工程师一年多的努力，米达浦碱厂的生产更趋稳定，本厂技术人员经过几年实践也已成长起来，碱厂产量已达规定指标，日产 125 吨纯碱，所以印方并不坚持要求永利继续执行协议，经双方协商，同意解除协议。

5 年来，侯德榜不辞劳苦，为米达浦碱厂做出了很大贡献。这是中印两国民间技术合作成功的范例，也是我国工程技术人员继《制碱》的出版、支援南非和巴西之后，又一次以技术输出的方式打破了索尔维集团的技术封锁。永利工程技术人员长期驻厂，促进了米达浦碱厂实现技术改造，支持了反帝爱国的塔塔公司事业的成长。

永利对塔塔的技术转让，表明永利的技术支援是无私的。永利价售的碱厂设计图纸，并不是建厂时的原图，而是在侯德榜领导下 20 多年艰苦奋斗的结晶，是永利技术改造的总结，是无价之宝。图中的许多设备都经过多次改进，可以保证生产顺利进行。1937 年华北形势危急时，永利即指派李祉川工程师带领十几名技术人员，按照现场情况全面修改塘沽厂原图，有的还是现场测绘图。全部图纸均完全符合实际情况。抗战爆发后，在大津李祉川又继续绘制了 4 个月，后携图经香港转重庆抵五通桥又工作了 1

年，最后由李祉川在美国全面整理全套图纸，并由侯德榜对每张图纸进行审核签署。交给印度塔塔的图纸就是这套图纸的复制品。永利在美国的全套图纸底稿，1951 年由李祉川克服重重困难，完好无损地带回祖国。这套倾注着永利技术人员心血的图纸像一颗闪光的种子，满含中国人民的深情厚谊，在印度的国土上开花结果。永利从塔塔得到的报酬，包括价售图纸和聘用技术人员的全部酬金，总计近 20 万美元。除去少量开支外，尚余十几万美元。永利和侯德榜个人分文不取，全部转赠黄海化学工业研究社作为基金。

侯德榜援印，为增进两国人民的友谊做出重大贡献，为祖国赢得了荣誉。米达浦碱厂的领导人、技术员和工人对侯德榜非常尊重，对其他中国工程师也十分友好。中华人民共和国成立后，印度尼赫鲁总理访华时还援引永利和塔塔的交往事例，作为印中两国人民友谊的例证。塔塔公司也多次表示，竭诚欢迎侯德榜再次前往米达浦碱厂指导工作。

1949 年是中国人民解放战争进展神速的一年。1 月，解放军以迅雷不及掩耳之势取得了淮海、平津两大战役的胜利，迫使战犯求和，蒋介石退居幕后，李宗仁以“代总统”名义“接管”国民党政府，开始进行两党和谈。

1949 年 1 月 31 日，李宗仁到沪，通过邵力子的介绍，分别与颜惠庆、章士钊、江庸等会晤，商谈联系组织各界知名人士北上试探和平问题。2 月 5 日，李宗仁接到报告，决定由颜惠庆、章士钊、江庸、凌宪扬、欧元怀、侯德榜等 6 人组团前往。但凌宪扬、欧元怀、侯德榜等 3 人不愿被国民党利用，以技术人员不过问政治为由，退出代表团。侯德榜并在 1949 年 2 月 20 日的《海王》旬刊上发表《和平与安全为中国科学发展之条件》一文，提出国家要有和平的环境，科学家要有安全的人身保证，这是发展中国科学事业的基本条件，同时提出科学家要绝对超然于政治的主张，作为他不参加为战犯求和做敲门砖的注释。

中国工程师学会 1949 年 3 月在上海召开董事会，会上推选侯德榜、赵祖康、茅以升、恽震、顾毓琇等 5 人为代表，去南京向国民党政府呼吁和平。会后由 5 位代表草拟了一份《请愿书》，内容有：一、国共双方停止军事行动，尽快达成全面和平；二、在和平没有实现以前，不以工矿地区为作战据点；三、不破坏工矿、交通、公用事业；四、不准士兵进入工厂、矿场，损坏或迁走工厂设备；五、保证工厂的交通运输，并允许粮食、原料和燃料等运人工厂，以维持生产，稳定社会秩序。3 月 25 日，代表团离沪去南京，3 月 27 日在南京伪总统府面见李代总统，并递交了请愿书，当时，李宗仁表示对 5 条要求可以考虑。见到李宗仁后，侯德榜又邀约代表把给毛泽东的《请求信》修改一遍，信中措辞比较尊重和婉转。当时，国民党和平代表团即将赴北平，侯德榜便请和谈代表邵力子将此信转呈毛泽东。

随着政治风云的突变，旧中国资产阶级和上层知识分子也迅速激烈分化。二三十年来侯德榜一直埋头研究技术，跟随范旭东发展永利事业，希冀科学救国、工业救国，一贯主张科学工作者对政治要绝对"超然"。

不管这位老科学家嘴里怎么说超然，社会毕竟发生了这么大的变化，他绝不可能对此超然处之了，因为他毕竟身处其间。塘沽碱厂早在 1 月份就解放了，南京铵厂也因电源中断，在 1948 年冬就长期停产，他守着空洞的永利化学工业公司上海总办事处，不知该怎么办？

侯德榜为祖国、民族的利益，和英国人、德国人、日本人、美国人都大义凛然地进行过斗争，即使历尽千辛万苦，也在所不辞。然而，今天他面临的却是一场中华民族的内战，他坚决反对跑到国外去流浪，而盼望中国强盛起来，国家的科学、工业得到发展，人民安居乐业。他渴求有一个和平与安全的环境，能好好地从事工业建设。几十年的经验和现实使他对国民党已不抱任何希望。多少年来，国民党一直进行着反动宣传，虽然他对这种宣传一向是抱着超然态度的，但是共产党的真实情况，他确实又一无所知。

他深深感到自己对于国内政治问题知之甚少，致使今日像陷入迷途的羔羊。正在他无所适从的时候，印度的塔塔公司和永利驻塔塔的刘嘉树、张燕刚函电频频，催他尽早去印度执行协议。

这些函电提醒他，从印度回来已 1 年多，米达浦碱厂的任务还没有完成，刘、张两位工程师原定是 1 年替换的，现早已超期了。在这种情况下，如果失信于印度，将来交涉起来恐怕会有损国家体面，他毅然下了决心，带领张佐汤、侯虞簏两位工程师前往印度。临行前，他一再告诫永利总办事处的人，要把有关沽、宁两厂的真实情况随时告诉他。1949 年 4 月 5 日他们启程飞赴印度，也即五赴印度。

侯德榜在印度紧张地工作之余，急切地等待国内的函电。一天，他接到来自上海的航信。信中告诉侯德榜，自他走后社会上流传侯德榜逃往国外的谣言。侯德榜一生从事科技工作，几十年来养就了勤奋、刻苦、严谨、实事求是的科学态度，不管对自己还是别人，特别不能容忍欺骗、撒谎、造谣等卑劣行径。听到这些言他所未言、未想的谣言，他感到震惊和愤怒。他意识到，这是有人要用谣言来堵绝他返回祖国的道路，对这种卑劣的行径他感到气愤。

这件事从反面教育了侯德榜，使他认识到，在这时代的大动荡中，想超然于政治是不现实的，你不想介入政治，政治也不会让你超然。这谣言不是最好的证明吗？他猛然醒悟到，以前他对国民党破坏共产党声誉的种种谣言，取漠然态度是错误的。

过了几天，侯德榜正埋头公务，突然有一位老友来访。原来这位老友在香港也听到"侯德榜携子外逃"的谣言，特意跑来试探侯德榜的态度。侯德榜开诚相见，谈了自己出国的情况，主要怕出国不便，无法完成和塔塔公司的协议，会损害国家和永利的信誉。所以，乘碱、铵两厂消息不明，在上海又无所作为的时候，赶紧到印度料理公事，绝无外逃之意，而虞簋同行，是因为公司在半年前就决定侯虞簋和张佐汤去印度替换刘嘉树、张燕刚任驻厂工程师的。

至此，这两位老友对国民党真是不抱任何幻想了。只是对共产党的政策还心中无数，一旦共产党的政策真像国民党所宣传的那样，岂不糟糕？对此，侯德榜坦率地说："目前我们只能说对国民党有所了解，因为我们在他们的统治下生活了 20 多年。对共产党我只能说一无所知，至于共产党、共产主义究竟好还是不好，也要在实践中才能得出结论。"谈到出路，侯德榜说："这次是内战，和抗战截然不同，不论国共哪一方取胜，我们总是中国人。所以，我不主张出洋。这里的事完了，我马上就回去。我的家在上海，永利的事业在国内。永利是我们奋斗了几十年创办起来的，现在范旭东先生过世了，永利的责任在我身上。就像为了对协议负责，我一定要来印度一样，为了总经理的责任，我也一定要回到永利的事业中去。"紧接着，侯德榜收到了上海解放的电报，又收到电报说塘沽解放时，解放军入厂保护，秋毫无犯，碱厂已于 2 月 11 日开工生产，南京解放时铵厂完好无损……报平安的消息频频传来，侯德榜忐忑不安的心终于释然了。

　　1949 年 5 月下旬，他收到塘沽佟翕然厂长的一封英文电报，告知中共中央副主席刘少奇亲临塘沽碱厂视察。刘副主席对永利事业非常关心，表示愿意帮助永利度过目前的困难，希望永利和国家携手合作，共同为建设新中国而努力。刘副主席恳切地说："侯德榜是中国的米丘林，新中国的建设需要他，人民需要他。""愿与侯德榜、孙学悟会晤，共商国家化工大计。"还说："范旭东先生之作风，令人备极仰佩，侯德榜先生也十分令人敬重。国家有大事情和他商量，并请他做。请侯先生赶快回华北来。"

　　这份电报使他久久不能平静，没想到共产党对永利、对范先生、对自己评价这样高。侯德榜着急了，真想赶快回国亲眼看看永利的近况，真切地了解一下共产党对工商界的态度。所以，当他结束了米达浦碱厂的公务后，便带领刘嘉树和张燕刚急速离开印度。

　　从加尔各答飞往中国香港，路过泰国时，当局在国民党政府的授意下，对侯德榜一行进行刁难，认为护照是国民党政府签署的，目的地是上海。而这时国民党对上海已失去控制，意欲废除护照。为此，侯德榜亲往交涉，认为目前上海由谁控制，这是中国内政，不容外国干涉。结果，泰方自觉无理，不得不放行。

　　到香港时，侯德榜受到永利毛云五的接待。当时要从香港到上海和天津都不行，既没有船，也没有通行证。侯德榜提出只要能到解放区去，走哪一条路都行。在中国香港期间，国民党通过各种说客对侯德榜进行拉拢、恐吓、刁难，蓄意要侯德榜去美、留中国香港。可是侯德榜一心想回到祖国内地，回到永利和上海的家中，执意不为所动。在中国香港，侯德榜见到了永利董事长周作民、董事李国钦，他们希望侯德榜及早回内地了解共产党对资本家和美国的态度。侯德榜还见到了资源委员会的孙越琦和黄海社的孙顺潮（方成）等熟人。殊不知在港 40 余日，先后 3 次试行未果。最后，侯德榜和人民政府接上了头，曾致电毛主席拟与李国钦先生出资包机直飞北京，但组织上认为"江南战火未熄，恐与安全不利"，乃作罢。后拿到通行证，在组织的安排下，他登上从中国香港开往仁川的英国船北上。

　　船刚到仁川，韩国方面就有人上船来敦请侯德榜上岸"参观指导"，并以重金相聘，"礼请"他留在韩国帮助他们建设化工事业。侯德榜深知当前的政治形势非常复杂，在中国香港、泰国所受到的种种刁难，使他对周围的情况有足够的警惕，这里的人怎么会知道自己在船上？侯德榜意识到很可能还是国民党从中作梗。为了安全，他只有坚持寸步不离轮船，韩国当局便对他毫无办法。于是他婉言谢绝来者，坚持 7 天 7 夜没有上岸。

　　这样，侯德榜从印度的孟买到加尔各答，经泰国到中国香港并转仁川，冲破重重阻碍，历时 50 多天，最后终于平安地回到了祖国的怀抱，在天津上岸时受到天津市市长黄敬和各界代表的热烈欢迎。

啊！新中国

侯德榜留津数日，即赴北平。当时的北平市市长聂荣臻亲到车站欢迎。

几天后，侯德榜接到毛主席要接见他的通知。他见到毛主席后呈上一份《备忘录》，要求政府帮助永利川、沽、宁厂解决生产上的困难，帮助实现发展永利十大厂的计划……毛主席详细听取了侯德榜对复兴工业的意见和范旭东十大化工企业的设想，对设想表示赞赏。谈话中侯德榜向毛主席提出："希望能以中国银行名义担保利用美国贷款，发展永利事业。"毛主席告诉他："美国不会同意的，不要指望。""关于永利目前的一些具体困难，周恩来同志会和你一起解决的，只要有利于生产发展的事，我们一定全力相助。"最后毛主席对侯德榜提出殷切的期望："革命是我们的事业，工业建设要看你们的了！希望共同努力建设一个繁荣富强的新中国。"侯德榜和毛主席的交谈在亲切诚挚的气氛中持续了3小时之久。

侯德榜正在北平东四七条16号永利办事处伏案办公，一辆吉普车从院外悄然而至，出人意料的是，从车上下来的竟是周恩来总理。他是专程来看望侯德榜的。

在开国大典前夕，日理万机、分秒必争的周恩来总理，轻车简从来看望这位驰名中外的科学家，这是侯德榜所始料不及的。回国以来，他一直备受关怀。侯德榜回来一踏上天津码头，就受到天津党政负责人的热情接待，到达北平时聂荣臻同志亲赴车站迎接，今天周总理又亲临探望。党和政府的温暖，使侯德榜感激万分。

周恩来总理亲切热情地同侯德榜握手问好，祝贺他克服重重困难，胜利回到祖国。周恩来总理十分赞扬侯德榜的爱国主义精神，风趣地说："国民党特务以为你真的会去台湾，想不到侯先生摆了个迷魂阵，来到了北平。"

说他回来得非常及时，永利公司需要他回来主持工作，新中国的建设事业需要他参与设计。周总理还高度赞扬永利公司前任总经理范旭东先生为开拓和发展祖国的民族化工事业所建树的丰功伟绩，并对范先生的逝世深表惋惜和悼念。侯德榜万没想到周恩来总理对永利事业如此了解，如此爱惜知识分子和人才，他激动得热泪盈眶，久久说不出话来。

周恩来总理又说："我们想请您参加中国人民政治协商会议，共商国是，设计建设新中国的蓝图。""这次新政协在'永久黄'团体中不只请您，还请了李烛尘和李承干两位参加。"又讲道："永利是一个技术篓子，荟萃了很多的人才，新中国就要成立了。我相信凡是从这只篓子里出去的人，都会很快回来的。这些人才在新中国的建设中是极其可贵的。"

当周恩来总理询问侯德榜有什么困难需要解决时，侯德榜坦率地说，永利沽、宁两厂当前的主要困难是原料供应不足，产品销路不广，资金周转迟滞。纯碱每袋成本 4 万元（旧币制），卖价仅及一半；硫酸铵每吨成本 99 万，售价 50 万，生产越多，累赔越大。对此周恩来总理建议："永利产品不要急于脱手，暂时可向政府贷款维持生产，待全国战事平停，交通恢复，生产发展了，价格合理时再售不晚，这样就不会拖垮企业。"又说："原料问题，待交通恢复后一定尽力帮助。"并表示："只要对发展生产有利，不管什么问题，希望随时相告，政府一定会全力解决。"

周恩来总理和侯德榜边谈边解决问题，气氛融洽，话语亲切自然，时间长达两个半小时。

接着人民政府在战事发展迅速、经济相当困难的情况下，给永利 12 亿贷款（旧币制），帮助永利度过难关。当时银行一般是按折实单位计算还本付息。由于物价并不稳定，若照折实计息则公司负担太重，为了照顾永利，谈成按月息计算。在旧社会民族工业备受打击摧残之苦，而今得到政府如此关怀扶持，怎不使侯德榜感铭万分！

1949 年 7 月 9 日，侯德榜突然收到来自南京铵厂的电报，得知在刘伯承同志（时任南京市市长）亲自关怀下，淮河大桥修复后的第一列通过大桥的货车满载的是国家支援永利铵厂所急需的焦炭。这种雪中送炭的情意，深深触动了这位花甲老人。他手持电文，心潮澎湃，百感交集。在旧社会，永利受尽帝国主义技术、经济的欺压，国民党政府又屡次要鲸吞永利，范旭东先生就是在他们的欺压下忧愤而死的。自从回国以来，侯德榜亲眼看到新中国成立前濒临破产的永利事业，在原料供给、资金周转等方面得到人民政府的大力支持，逐渐恢复了生机。周总理在东四永利办事处所说的"原料问题，待交通恢复后，一定尽力帮助"，而今，果然言信行果……

在京期间，侯德榜结合自己从事化工建设 30 年的经验、教训，给中央写了一份《中国工业发展的意见书》，阐述对我国工业发展的意见，提出要在落后的条件下发展工业，一定要注意引进国外的先进技术和设备，要大力引进人才。这样不仅可以省钱，而且可以洋为中用，加快我国工业的发展……刘少奇、周恩来、陈云等中央领导对侯德榜的这些主张都很赞赏。

8 月，侯德榜、李四光、梁希 3 人作为科技界筹备组的负责人参加了中国人民政治协商会议的筹备工作；9 月 21 日参加了在北平中南海怀仁堂隆重召开的中国人民政治协商会议。

怀仁堂，以往这是封建帝皇镇压统治人民的殿堂，今天成了人民共商国是的议事厅，真是翻天覆地的变化。在人民解放军进行曲和隆隆的礼炮声中，中国人民政治协商会议庄严开幕。毛主席的报告是《中国人民站起来了》。他宣告："我们的工作将写在人类历史上，它将表明：占人类总数四分之一的中国人民从此站起来了。"长时间、热烈的掌声使侯德榜沉浸在自豪、幸福之中，不能自己。

这是他一生中的大事。过去的 60 年，他一直埋头科技工作，对政治很少涉足，这回是他第一次以国家主人的身份和各界代表一起，在这里共商创建新中国的大事，这真是他过去连想都不敢想的事。

会议期间，侯德榜学习了共产党所提出的各项政治主张；看到共产党对各党派人士平等、团结的态度；感受到了共产党人在处理各种分歧意见时，实事求是的精神和谦让、尊重、民主协商的作风……这些使侯德榜深信：共产党所做的一切，都是为了新中国的繁荣富强，是为人民服务的。

近 10 天的会议，每天都有大量的新事物出现在侯德榜的面前，冲击着他旧有的思想体系。侯德榜认识到：自己在旧中国受国民党反动宣传的欺骗很深。今天，他知道共产党人要建设一个强大的新中国的殷切希望和他所期盼的一样，在会上侯德榜热情地颂扬新中国的诞生，他回忆说："范先生在世时曾说过，待到中国政治清明时，一定把全部工厂交给国家。现在新中国政通人和，正是范先生生前所期望的好环境，我一定要实现范先生的遗愿，把企业交给国家，支援国家建设。"侯德榜的发言得到与会者的高度评价。

1949 年 10 月 1 日，他和全体政协委员一起登上天安门城楼参加了开国大典，亲眼看到毛主席亲手启动的五星红旗在天安门广场的上空冉冉升起，他深深感到作为一个新中国公民的自尊和光荣。

开国大典后才一个月，侯德榜即受陈云同志委托，组成包括佟翕然、鲁波、谢为杰、刘嘉树等十几位同志在内的代表团，去东北参观。政府希望这些专家通过考察，提出恢复东北化学工业的意见。

自 11 月 7 日到 12 月 13 日总计 37 天，代表团前后参观了大连、鞍山、沈阳、四平、抚顺、锦州、锦西等地的几十个工厂。所到之处，他们都受到地方党政领导的热情接待，各地也为代表团的工作提供了极大的方便。在参观大连化学厂后的总结会上，侯德榜说："对于现在已为我们所有的工业，不但要搞，而且要搞好。只有把工业搞好了，社会主义建设才有基础。虽然现在这里的化学厂图纸残缺，机器破损，水泥建筑露了钢筋，但我们一定要恢复它，而且要远远超过日本人经营时的最高产量。我们一定向永利董事会建议，向职工会同人反映，相信他们会同意把永利历年来的心得和专利特权，点点滴滴都拿出来，贡献给国家，把我们的国营工业真正树起来！"

通过这简短的发言，可以看出，才回国四五个月的侯德榜，开始从为之奋斗了几十年的永利圈子中解放出来，把永利利益和国家利益联系起来考虑了。

通过 37 天的参观，侯德榜和他的参观团的成员们获得了丰硕的成果。他们集中了专家的意见，对每个工厂提出了详细的修复、改造的建议，编写了几百页的东北参观长篇报告：对大连化学厂的恢复提供了两套方案，并详述每一个方案的利弊；对已投产的远东电业曹达工厂在工艺、设备、操作上提出很多改进建议，直接促进了该厂的发展；对抚顺液化煤炭制造汽油的工程做了高度评价，并阐述了这一工程在军事、经济、技术上的重要性，对欲将该厂改造成生产甲醇的意见认为是不妥的；对引进德国的低温法技术生产人造汽油的锦州工厂认为有保留价值，建议克服一切技术和物资上的困难，进行修复，让其投入生产。这些意见对当时东北化学工业的恢复和建设起到了指导作用。

1950年，党和政府为了让侯德榜的才能在新中国的建设中发挥更大的作用，决定任命他为中央财经委员会委员和重工业部化工局顾问。这是对侯德榜极大的信任。

为了促进永利铵厂生产的发展，1950年春，侯德榜致函周总理和陈云，提出"正值农耕需肥，农民无力购买肥田粉，可否由农业部大量收购，办理农贷"。人民政府对侯德榜的来信非常重视，当年就和永利签订了统购统销合同，收购了21700多吨肥田粉，占铵厂当年产量的74%，大大缓解了铵厂资金短缺的困难。侯德榜还致函贸易部代部长姚依林，请求按月调拨焦炭、硫铁矿等主要原料。这些都得到了满足，使困难重重的铵厂很快实现了产销两旺。

一件件的新鲜事，日夜在侯德榜脑际复映、萦回，又通过和李烛尘、孙学悟几次为永久集团出路问题的倾心交谈，使侯德榜深切感到今后的永利事业，只有在国营经济的领导下，纳入国家计划经济的轨道，才是利国、利民，有利于永利同人的道路，也是实现范旭东"在国家政治清明时，就把工厂全交给国家"遗愿的最好办法。侯德榜的想法在征得董事会同意后，于1950年8月28日和久大盐业公司总经理李烛尘一起联名向人民政府申请公私合营，开我国工商界申请公私合营之先河。

为了坚持真理

作为侯德榜杰作之一的"侯氏碱法"，1943 年虽在四川已有日产几十公斤规模、封闭循环、连续运转的试验结果，但由于当时日寇侵占印度、中国等国，入川的海口均被封锁，永利川厂的建设受到严重阻碍，"侯氏碱法"的生产试验和建设工作被迫停止。抗战胜利后永利职工全力投入沽、宁两厂的接收和恢复工作。国民党政府则热衷于掠夺式接收和发动反革命内战，根本不关心这项具有世界水平的科研工作。"侯氏碱法"就这样在档案柜里沉睡了 6 年。

新中国刚成立，1949 年 11 月，侯德榜受中央财经委员会和重工业部的委托，到东北进行工业考察。他与谢为杰、刘嘉树在大连参观建新公司所属的大连化学厂和中苏合营远东电业曹达工厂时，发现这两个厂南碱北氨，相距咫尺，隔墙为邻，是发展"侯氏碱法"的理想的地方。当即向建新公司张珍经理详细介绍了"侯氏碱法"的具体内容，主张在大连化学厂恢复试验，过程中建立"侯氏碱法"的生产试验车间。这一建议得到张珍经理的支持。在侯德榜回津后，张经理即派厂长秦仲达赴京，具体洽谈设计"侯氏碱法"日产 10 吨的试验车间。侯德榜一口允诺，并积极组织和指导贺兆祥、殷筱龙等技术人员进行设计。

在日产 10 吨的试验装置正进行设计、制作和安装的同时，1951 年大连化学厂组织由孙庆震、陆冠钰负责的室内实验小组，全面进行"侯氏碱法"在不同温度、氨和二氧化碳不同浓度时平衡点的相图研究，并进行工艺最优条件的选择试验。通过试验，"侯氏碱法"的技术和理论在深度和广度上都得到了发展。

建国初期，国家财力虽很困难，但为取得大厂设计必需的工程数据，重工业部仍立即拨款作为中间试验的经费，并将大连化学厂原有的制造亚硫酸铵的设备拆除，利用其金属结构厂房为中间试验厂厂址，费时仅1年，中间厂即建成。1952年10月1日，"侯氏碱法"日产10吨的试验装置在方汉彬、方志文带领下投入全流程试验。试验进行顺利，并发现母液平衡、碳化塔清洗、结晶器结疤等关键问题，他们准备继续深入研究。

中央工商行政管理局为"侯氏制碱法"签发证书

　　1953年7月1日，中央工商行政管理局局长许涤新为"侯氏碱法"签发"发字第一号"发明证书，发明人为侯德榜，给予自1953年7月1日至1958年6月30日的5年发明权。

　　这时，主管部门传达苏联专家组组长马林科夫的意见："氯化铵的肥效有问题，苏联不以氯化铵为肥料，也不搞联合制碱。"于是，部分中国专家和有关领导也开始对"侯氏碱法"有了顾虑。有的对"侯氏碱法"本来就有不同看法；有的采取明哲保身的态度，随声附和外国专家的意见；有的说氯化铵的肥效在我国没有确定；有的说我国农民不习惯使用氯化铵，发展氯化铵销路会成问题……总之，外国专家的意见在主管部门占了上风，试验工作陷于停顿。

　　"侯氏碱法"自确立以来，在战火纷飞的岁月，10年多没有获得什么进展，现在有了可以使它健康成长的土壤和气候，半道里却又杀出了一个足以使它致命的肥效问题，这使侯德榜很着急。过去，他注重在"侯氏碱法"的工艺方面的研究，对肥效虽也有过考虑，并早在 1950 年就买日本的氯化铵在华北进行肥效试验，但缺少系统的研究。侯德榜深知，持不同意见的外国专家不论在政治上还是在学术上所处的地位，是不允许自己在没有充分证据的情况下提出异议的，但又可惜"侯氏碱法"在即将取得工业化成果的时候，被人轻易地否定掉。

侯德榜清楚地记得，1947 年他为拆迁被侵略者劫去的硝酸设备而赴日时，曾考察过日本很多的碱厂。那时日本的碱厂全用索尔维法进行生产。到 1950 年，日本的旭硝子、宇部曹达、德山曹达三个厂都先后生产了氯化铵。这又是为什么？为了搞清这一系列问题，他着手进行氯化铵肥效和市场问题的研究。

原来在第二次世界大战前，德国和朝鲜就生产氯化铵用作肥料。战后，日本着手开发类似"侯氏碱法"的新制碱法。1950 年起，日本开始将原来有的氨碱厂逐渐改成新法制碱，所生产的氯化铵大多用作肥料，在市场上反映良好。关于氯化铵的肥效，早在 1943 年英国的罗萨默斯特（Rothamsted）农业试验场就曾用氯化铵的混合物作为氮肥使用，肥效显著。尤其是用在大麦上，产量比使用等氮量的硫酸铵高。日本的肥效试验也指出，氯化铵用于水稻的肥效比硫酸铵有过之而无不及。苏联在 20 世纪 50 年代初出版的《农业化学》与《无机肥料生产》等书中，对氯化铵的肥效和使用范围也都有详细记载，都充分肯定了氯化铵的作用。在日本侵占时期，我国东北的公主岭农业试验场和东北北部其他地区，都进行过氯化铵肥效的试验，尤其是北平的华北农业科学研究所，曾在旱田进行连续 10 年的氯化铵肥效试验，指出氯化铵肥效在很多场合下比硫酸铵高。1950 年全国土壤肥料会议中，化肥组提出："请农业部向有关方面建议制造氯化铵以代替硫酸铵。"为此，农业部于 1952 年 7 月 25 日以农粮字第 528 号文通知化工局，文中写道："氯化铵作为肥料，从理论及实际试验中已经证实其肥效价值，且在使用技术上并不复杂，在有使用硫酸铵习惯的地区，可以逐步推广。因此，我部不宜再进行试验，你局可根据设备条件正式生产。"全国供销合作总社二局也反映："在河北、山东部分地区的农民有使用氯化铵的习惯。因我们自己不能生产，每年还进口大量日本的氯化铵供应农民。由于氯化铵价格便宜，农民都乐于使用。我们也未听到施用氯化铵有什么不良影响。"

通过调查，侯德榜对氯化铵的肥效已深信不疑。使他奇怪的是他所搜集的材料全来自很容易得到的教科书、手册、科研报告及业务文件，这些材料几乎是一致肯定氯化铵的肥效，其中有大量的数据还出自我国。更奇怪的是在我国一方面说农民不习惯使用氯化铵，怕将来氯化铵没有销路而取消了"侯氏碱法"的生产试验；另一方面则因为农民的需要，而向日本进口大量的氯化铵，从而促进了日本氯化铵生产的发展。难道参加决策的中外专家和领导，谁也没有看到过这些材料？那些外国专家连他们自己国家科学院院士的名著《农业化学》一书也没有看过？难道这都是偶然的吗？这一连串出乎常情的问题，使侯德榜迷惑不已。他深深感到，一些人在思考某些科学问题或决定某项政策时，往往用一种官僚主义的态度和主观主义的思想方法，来代替大量的调查研究和实事求是的科学态度，个别人则是人云亦云、明哲保身。所以，对这样一个显而易见的问题武断地做出了错误的决定。

侯德榜认为，如果都用这种态度来处理问题，我们国家的建设事业和科学事业就不可能取得迅速的发展。他打算把有关"侯氏碱法"技术上的先进性、在工业上实现的可行性、氯化铵肥效试验和实际使用情况，向部党组写一份详细的报告，用以澄清对氯化铵的不正确看法，明确要求恢复并加速日产 10 吨的"侯氏碱法"试验，准备在大生产上应用。当时有人劝他要谨慎，认为这是按照外国专家的意见由主管部门做出的决定，很不容易得到纠正，弄不好可能会引起意想不到的麻烦。

对此，侯德榜做了明确的答复。他说："第一，我是一个科学家。坚持科学真理，这是科学家的基本信念。第二，我目前虽然还不是一个共产党员，但我已申请入党，我应该用共产党员的标准来要求自己，坚持辩证唯物主义，这是一个党员的基本信念。我写报告的目的无非是为了坚持真理。"

侯德榜找到彭涛部长，把有关"侯氏碱法"试验的情况、氯化铵肥效问题的争论和自己对这些问题的看法及打算，做了详细、坦率、认真、严肃的长谈。尤其在谈到对外国专家意见的看法时，他认为专家的意见应该尊重，但不能人云亦云。难道能因为有的外国人不吃大米，就可以说在中国发展水稻生产是一种错误？！

1956 年 5 月化工部刚成立，彭部长一来对技术工作就抓得很紧。在听到有关"侯氏碱法"的各种意见后，就安排科技司对氯化铵肥效问题进行调查。潘光籍同志到农业部门进行详细调查，写成《纯碱厂应与合成氨厂联合生产纯碱与氯化铵》一文在 1957 年第一期的《化学工业》上发表。彭部长对通过调查研究而得出的结论感到满意。如今又听了侯德榜这一席肺腑之言，深被他对科学真理信念的诚笃，对党的事业的赤胆忠心所感动。他颇有感触地说："是啊！学习外国不能是教条主义的，不能因为外国不搞，我们就不能搞。"他让侯德榜把有关问题写一份材料，以便党组织议决。

事隔不久，彭部长满怀喜悦地找到侯德榜，兴奋地告诉他："侯老，好消息！周总理刚才来电话，说部党组的报告和您的信都收到了。中央讨论了这个问题，同意您的意见，支持您继续把在大连的试验搞下去，希望早日成功。周总理还让我转告您，说您年纪大了，要多加保重！"侯德榜听了这番暖人心田的话，激动得说不出话来，只是紧紧地握着彭部长的手一个劲儿地摇，热泪夺眶而出。

1957 年 7 月，侯德榜随彭涛部长又一次来到大连。他认真听取了有关试验工作的详细汇报，根据需要对试验的计划、力量配备等问题重新进行布置，选派段志骥、刘汉峰、杨盛烈、孔德坚、傅孟嘉、卢作德等充实试验研究力量，并加强了对这项工作的领导，使试验工作得以顺利进行。仅用一年时间先后完成了一次碳化、二次碳化、一次加盐、二次加盐等各种结晶器的性能试验，氯化铵干燥、盐干燥、蒸汽煅烧炉、碳化塔等十几项试验。侯德榜对这些试验极其关心，尤其对我国自行设计的蒸汽煅烧炉研制工作的进展最为关切。自 20 世纪 20 年代以来，我国一直沿用外热式回转煅烧炉，没有进行过重大改革，这种炉子有容积利用系数低、能量利用率低、劳动条件差等缺点。20 世纪 40 年代以来，国外已逐渐用蒸汽煅烧炉来代替这种炉子。李祉川在国外时已初步掌握了这项技术，这次在侯德榜的支持下，决定在"侯氏碱法"的大生产中使用，所以，特别安排了蒸汽煅烧炉的中间试验工作。侯德榜经常在来信中询问此事，且每次来大连总要详细了解试验进展情况。

通过这些试验，更具体地确定了"侯氏碱法"的流程、工艺指标、设备选型，为大生产的设计提供了较完善的工程数据，为大生产装置的设计奠定了基础。

为了使"侯氏碱法"早日投产，1957年化工部设计院派李祉川、王楚负责进行大型"侯氏碱法"生产车间的设计工作，组成由徐义满、刘嘉树、李祉川、冯新全、王楚、李世昌、刘季芳等参加的工程技术队伍，并立即开始工作。

正当工程进展迅速的时候，突降天灾人祸。特大自然灾害、外援突然撤销和由于"大跃进"而引起的国民经济比例失调，像一团巨大的阴云笼罩上空，前途难卜。这时"侯氏碱法"生产车间的工程正全面上马，所需资金、物资浩繁，侯德榜为此忐忑不安。正在这时，化工部领导又一次找到侯德榜，告诉他，目前国家确实很困难，资金、物资奇缺，不少基建工程被迫下马。考虑到大连的"侯氏碱法"大生产车间有中国的特色，技术又具有世界水平，完全是由我国自己开发、设计、制造设备和安装的，它的建成对我国今后工农业的建设有重大意义。国家认为这个项目不仅要搞，还要搞好！关于资金问题，中央说了，"我们再困难也要支持，即使'当裤子'，'侯氏碱法'也要搞上去。您就安心干吧！"

年近古稀的侯德榜听到这番话，心情久久不能平静，他没想到党和国家会把这项工程放到这样重要的位置，给予这样的坚决支持。侯德榜深感责任重大。次日，他匆匆赶赴大连，亲自把党和国家支持这项工程的情况，转告给正在参加工程建设的同志们。这极大地鼓舞了大家的斗志，使"侯氏碱法"又扬起了风帆。

光荣归宿

在长夜难明的旧社会，侯德榜长期从事技术工作，对政治不感兴趣。在国民党长期反动宣传的毒害下，他对中国共产党的认识也很模糊。

抗战期间，永利有些老朋友的子女去延安求学，他对这样的革命行动没有什么认识，也不加以鼓励。1949年初，蒋介石为了求得暂时的喘息，放出和平烟幕弹。侯德榜在上海的一次科技工作者集会上演说："科学工作者对政治应保持冷静和超然的态度。"所以，李宗仁策划组织上海人民和平代表团到北平和中国共产党进行非正式接触时，原拟代表团名单中有侯德榜，因侯不同意而没有列入。在塘沽、南京解放时，侯德榜对沽、宁两厂的前途顾虑重重。1949年4月，他行色匆匆前往印度。在印度期间不断接到来自沽、宁两厂的平安家信后，他的情绪才稳定下来，尤其是接到沽厂佟翕然厂长传达刘少奇副主席代表党和人民殷切希望他早日回来，共商国是的电报后，才疑虑顿消，克服重重困难回到祖国。

回国后，侯德榜看到新中国百废待兴、蒸蒸日上的景象，从心里感到共产党的英明、伟大，但对一切新事物，他也有一个认识和接受的过程。

首先，他很难接受我国政府对美国采取的政策。新中国成立前，他先后在美国生活了20多年，对美国先进的科学技术、管理水平和办事效率都很赞赏。在抗战胜利前，他就认为抗战后可利用苏联的经验和美国的科学技术、物资设备及资金来复兴中国的工业，现在新中国成立了，要在一个"烂摊子"上进行建设，他幻想利用美、苏两方面的优势来为我国建设服务。所以，对"一边倒"的口号有抵触情绪。

在思想改造运动中，有人在报上批判那种用英文写书、写文章在外国发表的做法，说这是洋奴思想，是崇洋媚外。他感到很委屈，认为这是强加于人的大帽子。

抗美援朝初期，他感到美国军队力量强大，怕我们贸然参战会遭到损兵折将的结局，所以，对抗美援朝缺乏必胜信心。

这些都真实地反映了解放初期侯德榜思想的一个侧面。

侯德榜认识虽有偏差，头脑依然清醒。他没有停滞在茫然失措之中，这些矛盾和苦恼的症结何在？他像要弄清技术上的难题一样，求教于书本，并开始接触政治理论，看报纸杂志学习。他还经常把自己思想上的矛盾，同在一起工作的何长工、赖际发等领导同志坦率交谈，使侯德榜高兴的是，每次都能得到他们热情而诚恳的帮助。

他们耐心引导侯德榜弄清美国人民、美国的大资产阶级及美国政府的区别。如果不能把美国政府和美国人民区分开来，那就很难从思想上、感情上接受党对美国的政策。赖际发同志希望他多学一点马列主义的基本理论，还特别指出一定不要机械地用分析、观察自然现象的方法来分析和观察社会问题，这样容易引起思想上的混乱。

1950 年，美国侵略者发动侵朝战争，屠杀朝鲜人民，残忍地使用细菌武器，麦克阿瑟饮马鸭绿江边，轰炸我国安东（现丹东），炸毁鸭绿江大桥，使我国人民的生命财产遭到了严重威胁。侯德榜对此义愤填膺，坚决支持派志愿军过江作战。起初他对出兵朝鲜、抗美援朝，从实力上考虑，确有不少顾虑。但是他看到全国人民在党和毛主席的号召下，万众一心、同仇敌忾，尤其当他作为慰问团副团长亲临朝鲜战场以后，看到中朝兄弟部队紧密配合、奋勇杀敌的英雄事迹，看到凶狠残暴的美帝在人民力量的打击下节节败退的狼狈样，他心中的顾虑也就烟消云散了。

事实教育了侯德榜，使他看到了在党的领导下人民力量的伟大，并清楚地认识到只有和党的事业融合在一起，个人的力量和智慧才能得到最大限度的发挥。抗美援朝对侯德榜的教育是深刻的，在他的心灵中留下了不可磨灭的印象。

1951 年底，党和政府为了击退资产阶级的猖狂进攻，依靠工人阶级发动了"三反五反"运动。运动在发动初期，波及不少永利的高级干部，同时也波及侯德榜本人，使他对领导运动的干部产生了抵触情绪，认为这样做过火了。他认为自己根本不是资本家而是职员，股票是永利给的奖金，自己从未干过违法的事，没什么好交代的。他认为永利是民族资本，工业救国是有功于国家的，没有两面性问题。所以，在运动高潮时，他表现消沉，甚至写信给沽厂的佟翕然厂长，要他"站稳"，对运动不要理睬，不要惧怕。

领导察觉到侯德榜的抵触情绪，及时帮助他。报上揭发出大量给国家建设和人民生活带来严重危害的"五毒"罪行，使侯德榜触目惊心。侯德榜认识到"三反五反"运动的必要性，并通过学习，消除了顾虑，认真投入了运动。

侯德榜的思想和社会现实会产生这样那样的矛盾，主要是他的个人经历使然。可贵的是，在这些矛盾面前，他能坚持实事求是的思想和方法，认真学习党的方针政策，并虚心向党内同志请教。组织上也积极为他创造条件，让他在土地改革、抗美援朝、"三反五反"运动的第一线接受教育，经受锻炼。在这个过程中，侯德榜经过复杂、曲折、艰苦的思想斗争，终于认识到社会主义道路是中国的必由之路，并决心在有生之年为这一伟大的事业奋斗到底。1952 年当永利化学工业公司批准公私合营不久，他便写信向公方代表表明了自己的心愿：要求党组织帮助他，培养他，考验他，使他早日成为一名光荣的共产主义战士。1955 年，他正式向党组织递交了入党申请书。

对侯德榜的入党要求，组织上始终采取认真严肃的态度。有的人认为侯德榜是永利化学工业公司的副董事长、总经理，有股票，应划为资本家，不能发展这样的人入党。但多数人还是历史地、实事求是地从发展的观点，全面评价侯德榜，认为侯德榜是一位在科学技术上做出杰出贡献的科学家，他确实有过永利的股票，这是永利给他的奖金，但他主要是靠劳动所得为生，况且当他认识到这一问题后，一直依靠组织，积极参加各项运动，努力改造思想，要求进步，对党所给予的各项任务都能出色完成，应该肯定他的进步。化工部党组在全面审查了侯德榜的报告后，1957 年 9 月经过认真讨论，批准了侯德榜的入党申请，并在化工部全体大会上由吴亮平副部长宣布了这一决定。

这一激动人心的时刻令侯德榜终生难忘。他在旧社会奔波 60 年，在工业救国、科学救国的道路上历尽坎坷。祖国在共产党的领导下获得新生，侯德榜也在新的时代里找到了知音。他相信党、依靠党、热爱党，积极要求参加党组织。今天他终于达到这一目的了，这位 67 岁的"新兵"，把入党作为革命工作的一个新起点。在为共产主义奋斗的历程中，他精神抖擞地前进在共产党员的行列中。

夫妻情深

范旭东 1943 年介绍侯德榜时曾说过："侯先生年岁不高，身体健康，且有贤内助为之治家教子，使他无内顾之忧，相信今后的成就必更伟大。"侯德榜一生事业得人和之利，外有范旭东为之遮风挡雨，内有爱妻张淑春做坚强后盾。

侯德榜是世界著名科学家，对我国的化学工业做出了卓越贡献，是英国化工学会的名誉会员和哥伦比亚大学少有的双学位博士。可是，很难想象，与他患难与共的妻子，竟是福建乡村的一位农家妇女。不管侯德榜一生中学术和社会地位怎样升迁，他们之间始终恩恩爱爱、相敬如宾，感情炽烈而又忠贞，历经 50 多年而不衰，可谓糟糠之妻白首偕老。

1904 年，才 14 岁的侯德榜奉父母之命、媒妁之言，与福州西门外洪山桥坡下村农民出身的张淑春结婚。自 1903 年到福州读书起，侯德榜由南到北 10 年寒窗，留学美国八易寒暑，整整 18 年在外。侯德榜父亲中年病逝，剩下母亲一人。侯家上有高堂老祖父母，下有长子虞箑。因而张淑春就成了老少四代之家的顶梁大柱。家里无劳力，里里外外全靠侯夫人一人操持，上要侍奉老人，下要抚育小儿，外要下田劳动，内要忙吃忙穿。但这位善良贤惠的女人，总是含辛茹苦，任劳任怨。为支持丈夫的学业，她默默地孤守空房，度过青春时光。侯夫人心灵纯洁，思想单纯。只要丈夫肯努力，求上进，自己甘愿为他奉献一切。婚后，侯德榜自福州到上海，自蚌埠而北京，直至万里以外的美国，随着学业阶梯的上升，他俩之间的地理距离越来越远。1922 年侯德榜虽学成归来，但因就任永利碱厂技师长，为了解决碱厂技术上的问题，他日夜寝食在厂，也无法回家接眷，直到 1925 年才在塘沽安下家。到塘沽后，侯德榜为了永利事业，又曾 3 次前往美国，前后在美国居住达四五年之久。即使在国内，他也是南来北往，犹如行云流水。南京铵厂建成后，生活刚刚安定下来，抗日战争爆发。侯德榜又随工厂辗转东西，接着为设计川厂、研究新法制碱和着手采购设备……又长期居住在美国，8 年流离，天各一方。

有人做过粗略统计，自 1904 年侯德榜夫妇结婚到 1949 年侯德榜从印度归国，45 年中，侯德榜总计出国 13 次，时间长达 21 年，加上在福州、上海、北京念书的 8 年和回国后在塘沽的三四年，总计有 33 年的分居时间，这还没有把在国内穿梭旅行的时间计算在内。在侯德榜 60 岁之前，夫妻不在一起的时间占四分之三多。由于张淑春识字不多，他们之间又不可能鸿雁传书，交流彼此的感情。是一种最纯朴、最真挚、相互信赖、相互敬爱的高尚情操，使这对夫妻始终心心相印、情深似海。

每次侯德榜从国外回来，夫人总是安详地替他接风洗尘，道一声辛苦，细述家里的一切，很少听到她吐露过一句怨言。每当侯德榜离家，她总是含情脉脉地送上一程，祝他一路顺风，愿他在外珍重。她常为丈夫在外风尘漂泊，自己不能随从侍候而感到内疚。侯德榜每次回来看到家里大人、孩子平安康泰，生活井井有条，心里对淑春也是无限的感激，抱歉自己没有尽到做儿孙、做丈夫、做父亲的责任。

1922 年春天，侯德榜在美国获得博士学位。载誉归来，他把自己的博士方帽作为珍贵礼物赠给淑春。侯德榜深切感到，自己在学习上的些微进步，和淑春的辛苦分不开，应该把成就归功于这位任劳负重的夫人。侯夫人虽然不懂得这既不能吃、又不能用的方帽的价值，但她深知这是丈夫花了半辈子的心血，日夜苦读换来的。她珍视这重似九鼎、情深似海的礼物。这一对老夫妻很少相对长谈，但彼此之间心有灵犀，互敬互重。

新中国成立后，生活安定下来，老夫妻才一起过了几年安适的生活。但是由于几十年的辛苦，侯夫人积劳成疾，患了严重的肺气肿症。侯德榜每次出差回来，总是坚持陪她去医院看病，翁妪相搀扶，关心体贴，无微不至。他多次恳切诚挚地请求医生尽力治疗老伴的病。他千方百计设法减轻老伴的痛苦，当听说按摩对医治夫人的病有效时，便不惜重金，请大夫来家为夫人治疗。

1958 年元月，侯德榜正率领中国化工代表团在日本考察，夫人病逝的噩耗传来，侯德榜悲痛欲绝。在我国驻日办事处的帮助下，在大阪设立了灵堂，侯德榜庄重、恭敬、至诚地向夫人淑春的遗像鞠躬致哀，越过重洋遥致心灵深处的哀思。

访日归来，他抱着侯夫人的骨灰盒，颤巍巍地移放到自己的卧房里，以寄托思念之情。亡故夫人的骨灰盒和他相伴16年，直到他去世。

侯德榜在晚年时常思念他的爱妻。1963年，有人因他身体日渐衰弱，生活上需要照看，劝他续弦，谁知这更触动了他心灵深处的痛楚，他夜不成眠，情由衷来，裹衣而起，含着满眶的热泪，写下3首情深意切、哀婉沉痛的悼亡诗，以诗明志，终不再娶，并有序言。

> 老年丧偶，死别5年，至今于怀，念念不已。淑春与我17岁结婚，我时出国。她死于70岁时，我适访问日本。灵前事，有赖亲友去办。婚后生活，至她死时，已过金婚之期，我未有丝毫表示。念她一生苦守家园，抚育子女，使我安心国外，给了我不少帮助。总结54年的婚姻生活，充满了生离死别之情。

> 十七来家结缡时，金婚七十已逾期。
> 惟将白发守空房，报答半生死别离。

> 婚后离家几十年，死时见面也无缘。
> 誓于晚岁勤研究，答谢平生内助贤。

> 秉性刚强意志坚，一人做事一身肩。
> 丈夫儿女勤防护，慈母贤妻两自兼。

在"四人帮"猖獗之时，侯德榜的卧房内始终没有任何标语、条幅、画像等装饰。唯在书桌旁的白墙上，可以举目平视之处，有一张10厘米（4英寸）的妇人相片，这就是侯德榜日夜思念、久久萦怀在心的侯夫人张淑春。

热心社团　培育人才

　　1958 年侯德榜在中国科学技术协会的第一次代表大会上当选为副主席，他在大会上发言："要以有生余年为社会主义建设做出贡献。"他的发言赢得热烈的掌声。会后老科学家们纷纷对他说："你说出了我们的心里话。"

　　侯德榜是我国科技社团当之无愧的领袖之一。他很早就认识到，要振兴中华绝非少数人孤立地自我奋斗所能成功，必须团结广大科技工作者共同奋斗。因此，他积极参与并组织科技社团活动。1916 年参加美国化学工程学会（A. S. Ch. E）。1921 年他由于学习成绩优异，被接纳为美国 Sigma Xi 科学会会员和美国 Phi Lambds Upsilon 化学会会员。1923 年成为美国机械学会（A. S. M. E.）最早的会员之一。他是我国最早的科技社团——中国科学社最老的成员之一。1932 年在美国和张洪源、顾毓珍等人发起组织中国化学工程学会，并先后担任过中华化学工业会、中国化学会、中国化学工程学会、中国工程师协会、中国化工学会、中国化学化工学会、中华全国自然科学联合会、中国科技协会的主要领导职务。侯德榜热心参加学术团体的各种活动，为团结广大科技人员，推进我国科技事业的发展，做出了不懈的努力和无私的贡献。他的大多数论文或在这些社团举办的学术报告会上宣读，或在这些社团出版的书刊中发表，首先公之于世。

　　侯德榜新中国成立前在美国和印度工作时，曾有一些私人进款，他把这些收入分别捐赠给黄海化学工业研究社和为中国化学会购置房产，把荣获的范旭东奖金悉数转赠中华化学工业会图书馆，供其添置图书用。他另有一笔外汇存入中国银行，保持本金不动，利息分赠中苏友好协会天津分会和中国化学会，每年用来购置国外科技文献，以推进中苏友好和学术发展。侯德榜对科技社团的深情厚谊，深深地印刻在广大科技人员的心中。

他对社团的责任心极强，即使在最艰难的"文革"期间，他也仍念念不忘要向在美国的机械工程学会缴纳会费。当时由于社会混乱，他和学会联系不上，但仍千方百计和在美国的老友张荣善取得联系，谆谆叮嘱："一定为我按时代缴会费，并和学会保持联系。"

侯德榜用他的智慧、汗水、心血乃至生命为中国化工事业的发展做出了巨大的贡献，并且推动了世界化工技术的进步。为了表彰他的功绩，国内外学术团体给了他许多崇高的荣誉：1923 年被评为美国化工学会积极分子；1930 年美国哥伦比亚大学授予他一级奖章；1931 年被评为美国机械工程学会积极分子；1935 年中国工程师协会授予他首届荣誉金牌；1943 年英国皇家学会化工学会授予他名誉会员殊荣；1944 年哥伦比亚大学授予他荣誉科学博士学位；1948 年 3 月他被选为"中央研究院"院士，同年接受范旭东纪念奖；1955 年被聘为中国科学院学部委员；1973 年接受美国机械工程学会 50 年荣誉会员称号，来函赞扬他 50 年来所做出的贡献，并寄来荣誉会员纪念章……

侯德榜是闻名世界的制碱专家，是我国成就卓著、出类拔萃的学者。他回顾自己成才的经历，深刻体会到范旭东所说"人才是事业的基础"这句话有多么正确，因而他非常勤奋地在培养人才的园地里耕耘播种。他十分注意用自己的行动来教育永利青年一代技术人员。他提倡的"勤能补拙""一追到底""萦思""寓创于学""自由的学术争论"等一系列优良学风，给永利的青年技术人员以深刻的影响。永利有这样一位学识渊博、刻苦虚心、治学严谨的总工程师，为后来的人才辈出奠定了雄厚的基础。

永利对技术人员的录用是严格的，一进永利就要缴验学业成绩单，并要由侯德榜等高级技术人员亲自谈话和书面考试，经过半年实习考查，才能决定录用与否。对青年技术人员，侯德榜经常查阅他们的业余学习笔记，认真指出学习中的问题。永利的老一代技术人员在侯德榜带领下，在工作中对青年技术人员既严又帮，有力地促进了青年技术人员的成长。在这方面萧志明、郭炳瑜留下的印象特别深刻。萧志明是学机械的，入厂时对制碱工艺并不熟悉。侯德榜得知此事，主动送他待出版的《制碱》英文原稿，供其学习。萧志明非常感动，庆幸自己在这个尔虞我诈的旧社会里，能遇到这样的恩师。

　　侯德榜自己一生勤奋，也特别钟爱勤于学习的青年。有个服务员没有文化，但勤奋好学，侯德榜经常抽空帮他学文化，后又送他到化验室给郭锡彤当助手。在郭锡彤的耐心帮助下，他认真做每一项试验，还善于积累资料，凡做过的试验，从分析方法、步骤、计算到注意事项……全仔细记在小本上。后来他竟然能独立完成很多艰难的分析项目，被提升为工程师。1936年进厂的姜圣阶，在铵厂跟英国派来的工程师一起安装锅炉。安装工程完毕后，英国工程师向侯德榜汇报工作时提道："姜工作负责，又能吃苦，是个好青年。"侯听后很高兴，以后就对姜着意培养。1947年送他去美国进修，进修期间他成绩优异，得到几项奖学金，回国后便主持生产并担负其他重任，为国家做出了贡献。1964年姜圣阶出版了《合成氨工学》一书，侯德榜应邀作序，颇多推荐。在永利，凡是兢兢业业、有才能且进取心强的人，总会受到侯德榜的重用和培养。培养方法多种多样，有派送出国留学的，有一起参加设计、研究的，有到国外进行技术服务的，等等。仅1938—1948年的10年间，由永利派出去留学或进修的就有20多人。仅"侯氏碱法"这一专题前后总计培养了几十名专家。

　　侯德榜经常对技术人员讲："要当一员称职的化学工程师，至少对电器、机械、建筑要内行。"他也是这样要求自己的。他精通制革、制碱、制酸、合成氨及有机化工方面的知识，对电器、机械、土木，甚至原子能工业、营养学、植物学造诣都很深。他对学习各种新知识有浓厚的兴趣，虽年过古稀对学习仍孜孜不倦。他同样要求技术人员有广博的基础知识和精深的专业学问。在永利，凡是当值班技师的（相当于现在的总调度），一定要先在各个车间熟悉情况，然后才可能被任命。对于搞生产的，不仅要求他们精通工艺、设备、调度，还要求会设计、研究；对于搞科研的，也要求他们熟悉设计、生产。例如，搞机械的只会计算、画图不行，一定要跟着去制造、安装。侯德榜以这种对工作"负责到底"的精神为原则，要求技术人员对专业有较深的基础和广泛的知识，迫使他们去刻苦学习和钻研技术，同时也就加速了技术人员的成长。

　　20世纪三四十年代侯德榜在美国时，不管是和外商洽谈，还是处理生活问题，在经济上总是精打细算。可是对培养青年技术人员，他从来不计较学费、车费的多少。李又新初到美国时，英语会话还不熟练，侯德榜特意为他找业余学校进行补习，还介绍他到哥伦比亚大学学习化学工程。二次大战期间，因采购工作不太忙，侯德榜又鼓励他进纽约大学研究生院攻读机械工程专业。侯德榜还介绍黄鸿宁、李又新、童世泰到加拿大威廉姆化学公司、美国 T. V. A、欧查克、杰哈克等化肥厂实习；安排黄鸿宁在赛米索尔维公司设计室实习。当永利接受美国国际农作物公司的新法空气制氮技术后，侯德榜又派黄鸿宁在威斯康星州麦德森大学试验室继续工作，黄鸿宁因这一试验取得进展而获得了博士学位。

侯德榜始终认为，钱一定要花在刀刃上。在个人生活上，他厉行节约是人所共知的，而在人才培养上，不论于公于私花钱他是在所不惜的。从他一开始工作，就全力资助侯敬思（侯德榜的弟弟）去美学习，后来又送大儿侯虞簏赴美留学。新中国成立前家乡来信说要办学校，希望他捐一点土地和钱，他一口允诺。侯夫人的三个侄儿上进心切，希望有机会学习，侯德榜也全力支持。国民党时期，物价飞涨，侯德榜一发工资就急于兑换成外汇，以便给在国外求学的后辈寄生活费，即使因此而影响到自己的生活，也始终不悔。

侯德榜认为，有利于人才成长的事情，不论巨细，都应该努力去做。他一生花费大量时间给素不相识的求教者复信，帮助修改稿件，审阅发明建议，解答疑难问题，甚至倾听对方诉说人生苦乐……这一切，他都视为分内事。有一次，为了给一个青年解答关于化学动力学的问题，他特意到北京图书馆查阅最新资料，给青年以满意的答复。事后，侯德榜高兴地说："青年人的问题解决了，老年人的知识也增长了。"

人才的培养有多种形式，侯德榜十分注意在教学中培养人才。在建设永利塘沽碱厂初期，他经常结合工作给技术人员讲课。1929 年夏，谢为杰在侯德榜指导下做毕业论文。当时侯德榜是碱厂厂长兼总工程师，工作很忙，但仍认真仔细地指导谢为杰，谆谆教诲，使他受益很大。直到半个世纪以后，谢为杰还说："这次论文为我毕生的事业打下了基础。"20 世纪 30 年代初，侯德榜曾应邀在北洋大学兼课，着力培养一代化工人才。后来在国外期间，他不仅自己抓紧时间坚持业余学习，还带动在美国办事处的同事不懈地学习，有时还为他们做专题讲课，开阔了大家的眼界，培养了好学的风尚。

新中国成立后，侯德榜每逢去永利碱厂，只要条件允许，总要为技术人员讲课，介绍新知识、新技术。有一次，他给南京铵厂的同事讲原子能应用的知识，他学识的广博令听众十分惊讶。20 世纪 60 年代在一次设计的审查中，他发现参加审查工作的一些人对尿素流程不太熟悉，影响了工作进度，于是他给大家足足上了 7 个小时的课，使同事们受益匪浅。即使"文化大革命"期间赋闲在家，他也抓紧时间为一个愿意学习外语的青年单独授课。甚至在病重住院时，侯德榜仍不忘帮助一个学外语的病友练习口语。

侯德榜在永利几十年，对青年技术人员始终严要求、勤教诲，身体力行，树立了治学立业的榜样，为新一代专家的迅速成长创造了有利条件。在旧中国，永利堪称专家荟萃、行家竞芳的人才摇篮。据资料记载，仅永利硫酸铵厂技术人员之具有大学毕业程度者就有 80 余人，其中曾留学国外的有高级工程学位者 20 多人，有博士学位者 10 人。这不仅在国内工厂少见，就是与国内当时任何一个大学的化工系相比也略胜一筹。这与侯德榜在培养人才、延揽人才上所付出的辛劳是分不开的。

1949 年，侯德榜刚从国外回来，周总理亲访北京永利办事处时，赞扬永利是一个"技术篓子"。在公私合营后，永利的所有制发生根本变化，大批技术人员投身到伟大祖国社会主义建设的洪流之中，攻克难关，发挥技术骨干的作用，为社会主义建设做出了重大贡献。永利还向国家输送了许多技术干部，其中，在党的培养下，有十几人成为总工程师，担任厂、所、院、司、局级领导职务的有八九人，副部长 2 人（侯德榜、姜圣阶），部长 1 人（李烛尘）。这些同志有的已为社会主义事业贡献了毕生的精力，有的还在老当益壮地为"四化"建设继续奋斗。

丰碑之五

20 世纪 50 年代中期，翻身解放的亿万农民发展农业生产的积极性空前高涨，迫切需要化肥来支援农业生产。当时我国化肥进口遭到封锁，技术和设备也被禁运，使正在起飞的农业受到一定的影响。为了适应农业发展的需要，毛主席号召自力更生，党中央、国务院发出快速建设化肥工业的指示。1957 年初，化工部彭涛部长提出遍地开花办小化肥的战略构想，并召集专家开技术讨论会，会上研讨小型氮肥装置的工艺路线，氨加工的品种和发展规划等问题。讨论会的意见很快集中到氨加工品种选择这个关键问题上。考虑到当时国内外氨加工品种，不是硫酸铵、硝酸铵，就是尿素，制硫酸铵要用大量铅材，制硝酸铵要用不锈钢，制尿素也要用特殊钢材，这些材料在我国都是紧缺物资，如果还走老路，化肥工业的发展速度一定会受到很大限制。

在讨论过程中，化工部领导提出："在出国人员的汇报中曾提道欧洲有些国家在试验碳酸氢铵的肥效问题，说明在欧洲有使用碳铵作为肥料的意向。请考虑碳酸氢铵在我国是否也可作为氮肥的一个品种？碳铵的生产是否也需要各种我国紧缺的材料？听说大连碱厂刘嘉树总工程师在去年（1956）已搞了食用碳酸氢铵的生产。农科院土肥所陈尚瑾同志也使用大连生产的碳酸氢铵做过肥效试验，结果也不错。大家可去大连看看。"

侯德榜敏感地意识到这一问题的重大意义，很赞同化工部领导的这些想法，于是立即投入工作。1957 年 7 月和彭部长一起到大连考察"侯氏碱法"的科研工作时，他也着重看了碳酸氢铵的生产装置，在碱厂碳化塔旁建了一个小塔，用氨水作循环母液，通入石灰窑气，常压下生产食用碳酸氢铵。他认为这一方法流程简单，操作方便，也不需用特殊材料，常压法生产碳铵工艺和设备不会有什么问题。但对一个勇于进取的科学家来说，他并不满足这一简单的答案，那些天他一直反复思考，大连化工厂采用的这一方法生产食用碳酸氢铵，是小规模生产。现在碳酸氢铵要作为氨加工产品，所以新的工艺一定要和合成氨生产有机地联系起来，不能再用石灰窑气。他运用"侯氏碱法"的思路，进一步提出把碳酸氢铵生产融入合成氨生产之中的方法。侯德榜设想，将合成氨原料气中的水洗脱碳改为氨水洗脱碳，用合成氨车间生产的氨制成氨水，代替水，吸收变换气中的二氧化碳，在净化合成氨原料气的同时生产碳酸氢铵，使脱碳和氨加工合二为一。这种工艺既不需要特殊材料，又能大幅度降低氮肥厂的投资、能耗和产品成本；搞小型装置，不仅设备制造、安装及生产操作管理的难度降低了，而且产品可以就近使用，减少分解损失，节约包装运输费用。这些优点将能从多方面弥补碳酸氢铵作为化肥的缺点。这可能是目前情况下遍地开花、大办化肥，实现彭部长构想的希望所在。

在返京途中，侯德榜在车上就这一设想和随行人员进行了认真的讨论，越讨论越增强他的信心。回京后，他立即向彭部长提出这项建议，很快得到化工部领导和广大技术人员的支持。随后，由侯德榜直接领导科研人员进一步深入研究，提出"碳化法合成氨流程制碳酸氢铵"工艺和初步设计方案。方案经化工部领导批准，要求尽快编出设计方案，并在北京建设化工实验厂。同时决定首先利用上海化工研究院已有的合成氨车间加以改造，作为年产 2000 吨合成氨、8000 吨碳酸氢铵的县级小氮肥示范试验装置。

1958 年初，化工部决定组织以侯德榜为首，由谢为杰、李又新、李星晰、王子善、郁祖梧、王孛、孙为敏、沈潆及大连化工设计研究院的段志骁、卢作德等同志参加的工作组。3 月初，侯德榜便率工作组赴上海进行试验、设计及试生产。

中央和化工部对这项工作抓得很紧，要求在 5 月 1 日见到设计、建厂、试验三方面的成果。为了节省时间，加快进度，68 岁的侯德榜和全组同志同吃、同住、同干，一样挑灯夜战，眼睛熬得通红。同志们劝他休息，他说："你们不休息，我怎么能休息？"当时在到处提倡"解放思想，打破条条框框"的形势下，他对技术问题还是一丝不苟，要求设计人员结合国情，在保证质量的前提下，为工程节省每一元投资和每一公斤钢材，对所有图纸仍要校对到每一个尺寸，待全部改完才逐张签字。4月初，工作组完成了第一版设计。

为了降低设备制造难度，使没有大型水压机的省级机械厂也能制造全套设备，侯德榜特别注意革新制造工艺。其中，对采用铸钢工艺取代锻造工艺制造高压容器（包括合成塔、碱洗塔、铜液塔等重要设备）问题，他一方面积极倡导，大力支持；另一方面，再三组织上海机电系统的有关人员，研讨落实方案的可行性、可靠性及相应措施。还亲自找当时在上海工作的德国机械专家孔歇尔教授讨论，对证核实无误之后，才确定进行试制和试验。

一般小合成氨厂的高压容器要在320个大气压和高温条件下工作。为了确保安全，在制造过程中要能经受5倍以上工作压力的考验，也就是说设备要能承受1500以上大气压的考验才能安全使用。为慎重起见，侯德榜亲自参加在江湾靶子场进行的爆破试验，经过50多小时的奋战，当压力到1500个大气压时，在现场已经两天没睡的侯德榜继续发令："要坚持，再坚持两三小时！"压力表在颤抖，每前进一步都十分艰难，又经过两个多小时的加压，"轰"的一声，经受了近1700个气压的高压容器终于爆破了。这时侯德榜才放下心来，同意采用新的工艺来制作高压容器。

在试车期间，他始终坚守在生产第一线，现场指挥，随时解决技术问题。他不顾年迈体弱，亲自爬到20多米高的塔上去调查设备运转情况。侯德榜这种身先士卒、身体力行、实事求是的作风，极大地鼓舞了全体同志，有力地推动了工作进程。

1958年5月1日，第一座小氮肥示范厂按计划开车试工，晚上7点制出了第一批碳酸氢铵。化工部彭涛部长特地为示范厂开车成功发了贺电。侯德榜在《解放日报》发表《化学肥料工业的大跃进》一文，阐述了为了适应农业发展的需要，要动员全民力量来兴办化肥工业，力争在短时期内见成效。文中还从设计、设备、培训等方面对推广这种县级化肥厂的问题做了介绍，不但介绍了碳酸氢铵的肥效问题，还简要介绍了它的生产新工艺：将合成氨和氨加工有机地结合起来，使氨加工过程中的关键设备——碳化塔，既用来进行氨加工生产碳酸氢铵，又完成合成氨生产过程中的脱碳工序。这样既在氨加工过程中充分利用了合成氨生产中的废二氧化碳，又节省了合成氨生产过程中所需的高压水洗设备及电力；在设备方面为了适应我国的情况采用铸钢工艺制造铜液塔、碱液塔、合成塔等高压设备。这篇文章在化工界产生了很大反响，有力地促进了我国小化肥工业的发展。

　　接着，在化工部安排下，由部分省、市采用定型设计和统一制造的设备，陆续建设了 13 套县级氮肥厂试验装置，从煤、焦造气直到产出化肥，进一步试验这种新工艺的广泛适应性，并通过试验充分暴露问题，解决问题，积累经验，以便大面积推广。由于各地条件不尽相同，这 13 套装置投入试验后出现不少差异，情况十分复杂，其中，关于二氧化碳与氨的平衡问题，众说纷纭，莫衷一是，影响很大。为了防止不平衡对全流程的影响，上海化工研究院开启电解水装置来补充氢气，以增加合成氨产量；有的厂在流程中又增加了高压水洗，回收高浓度的二氧化碳，用以提高碳化效率，调节平衡；有的主张增加低压水洗来实现平衡。这些方法对解决氨和二氧化碳的平衡是有利的。但新工艺的许多优点经这么一改也就不复存在了。

　　侯德榜对新工艺抓得很紧，在困难面前力主前进，绝不后退。对待氨与二氧化碳平衡问题，他一面查阅资料，组织测试、计算、试验；一面深入各试验现场，调查研究，总结经验。他提出吸氨与碳化影响稳产高产的主要操作条件和适宜参数指导各地搞好试验。1960 年 10 月，丹阳化肥厂建成，该厂坚持"碳化法合成氨流程制碳酸氢铵"新工艺的试验，重点抓二氧化碳与氨的平衡的试验研究，侯德榜对此特别关心，曾同彭涛部长一起亲临指导，向江苏省化工厅主持该厂试验的陈东总工程师布置任务，提出要求；又亲自七下丹阳，与职工一起研究问题，攻关夺坚。丹阳化肥厂一方面组织广大职工针对投产后出现的问题，认真观察，摸清流程中各处的氨损失，分析总结，及时清除设备上出现的缺陷，并不断完善生产工艺指标和操作规程；另一方面在工艺上也进行改革。为稳妥起见，先使变换气通过厂里已有的低压脱碳装置，然后在操作过程中将送水洗塔的变换气量逐步减少，送入氨水塔的变换气量逐步加大，最后做到变换气全部不送水洗，只送氨洗。通过两年的艰苦奋斗，1962 年实现全流程氨和二氧化碳的平衡，做到高产、稳产、低能耗，"碳化法合成氨流程制碳酸氢铵"新工艺终于通过了技术关。1963 年产量达到设计水平，扭亏为盈，闯过经济关，为小型氮肥厂实现工业化生产提供了宝贵的经验。

1964年，上海、江苏等省市办有小型氮肥厂的一些县大部分成了粮食亩产千斤县。1965年"碳化法合成氨流程制碳酸氢铵"新工艺通过国家鉴定，经国家科委审定，该项目为重大发明。10月10日，国家科委为化学工业部侯德榜和谢为杰、江苏省化工厅陈东、北京化工设计院、丹阳化肥厂、上海化工研究院、北京化工实验厂等个人和单位颁发了发明证书和奖金，给予表彰。

此后，全国各地都推广了这种工艺，先后建厂一千多家。从20世纪70年代中期开始，这种氮肥厂的产量占全国氮肥总产量一半以上，为我国化肥工业和农业的发展做出了不可磨灭的贡献，这也在侯德榜人生的征途中竖起了向祖国奉献的第五块丰碑。

鸿篇巨著

　　1942 年，侯德榜《制碱》英文第二版问世后，深得各国学者欢迎。1948年苏联将该书译成俄文出版，苏联的制碱工作者都以能获得此书为幸事。欧美各国专家在得到《制碱》第二版后，不少学者认为制碱的学问是向中国的侯博士学到的，便自称为侯德榜的学生，要求侯德榜去他们国家援助制碱的也纷至沓来。

　　这种例子不胜枚举。如 20 世纪 50 年代初，侯德榜来大连考察化学工业，当时中苏合营的大连甘井子曹达厂厂长阿芳拉谢也夫手捧侯德榜《制碱》的俄译本高兴地说："我们以拥有《制碱》一书为幸事，我们都是从这本书中获得制碱真知的，侯德榜是我们尊敬的老师。"1968 年，德国专家E. 兰特所著的《索尔维制碱》一书中，引用 1942 年版《制碱》一书的观点、数据，多达百处以上，对侯德榜极表仰佩之情。又如 1985 年，天津化工考察团出访美国，在一次招待会上，团员拿出侯德榜任永利塘沽碱厂厂长时的照片，一位美国技术人员看了大喜，说："侯博士所著《制碱》一书，我一直珍藏着，因为我们把它当作制碱工作者的《圣经》看待，许多人都得益于它。"

　　新中国成立以来，制碱工业发展迅速，大批青年技术人员急切需要掌握制碱技术。永利塘沽厂曾将英文《制碱》第二版译成中文供职工学习。国内的一些化工院校为培养制碱专业人才，也以此译本为教材。对此侯德榜深感不安。他认为英文第二版的材料都是十几年前的资料，现在时过境迁，用中文根据现状对第二版的《制碱》进行修订、补充，以适应我国纯碱工业的发展和培养人才的需要。此外在抗日战争期间，侯德榜和永利同事在 1938—1943 年研究成功的联合生产纯碱和氯化铵的"侯氏碱法"技术，也是广大读者迫切希望知道的。侯德榜曾多次想从事这项写作，但由于繁忙的公务和身体等原因，使他未能如愿。这是侯德榜引以为憾的心事。尤其是在 20 世纪 50 年代中期，侯德榜出访资本主义国家时，原打算参观碱厂，结果仍像 30 多年前一样，被借故拒绝，未曾看到一个厂。可见资本主义国家企图垄断技术的态度不减当年。这更促使侯德榜下决心将自己几十年来从事制碱理论与技术研究的经验进行系统总结，用来推动我国制碱工业的发展和促进国际学术交流，促进亚非拉各国建立自己的制碱工业和化学工业。

1958 年，侯德榜因常年操劳，疾病缠身，血压高到威胁生命的程度。在周总理的关怀下，化工部领导安排他到青岛和北京的小汤山两地休养。可他却认为这是千载难逢的好机会，在休养所，他为实现多年来想写一本《制碱工学》的愿望而争分夺秒地辛勤劳动着，置生死病痛于外。休养所的服务人员看他整天在那里整理资料、伏案执笔、全神贯注，很少有时间休息，怕累坏了这位老科学家，劝他注意劳逸结合。侯德榜风趣地说："全国人民都在日夜奋战，我怎能安心在这里休养？我要充分利用这里的好条件，实现我多年来的夙愿，为祖国的化工事业再贡献一份力量。"

在休养所他将英文版的《制碱》逐段进行修改，补充了大量近年来中、外制碱工业的资料。他一生的得意之作——"侯氏碱法"也在书中首次被公之于世。

四五个月过去了，他没有光顾过青岛海滨的旖旎风光。在风清月明之夜，北京小汤山芬芳幽静的小道上也没有留下他漫步的足迹。在他的书桌上却渐渐堆起一大沓书稿，这些书稿的每一页都凝聚了这位老科学家的心血，浸透了他的汗水。经过数月日夜辛劳，侯德榜终于以惊人的毅力，抱病完成了这部在他心中孕育了多年的鸿篇巨制《制碱工学》。

《制碱工学》分上、下两册，共 54 章，另有重要附录 12 则，全书近 80 万字。它对英文第二版的《制碱》在内容上进行了全面刷新，篇幅增加一倍以上。新书在 1959 年国庆 10 周年前夕，作为献礼，在北京出版。中国科学院院长郭沫若亲自作序并题字，这为《制碱工学》一书增添了光彩。《制碱工学》一书的出版在国内学术界、化工界引起热烈反响。后来，《制碱工学》一书又在莱比锡国际图书博览会上展出，受到与会学者的热烈欢迎和赞扬。

《制碱工学》主要阐述有关纯碱和苛性碱制造中的理论和操作技术。它始终遵循理论联系实际的原则，深入浅出，不做过多的纯理论探讨，以阐明生产技术原理为目的。在操作上，侯德榜将自己的经验所得，毫无保留地介绍给读者。书中特别详细讨论了纯碱生产中各车间的制造技术，并涉及与制碱工业有关的制盐工业、纯碱厂废物的综合利用及氯气工业等方面的问题。为了使读者对世界各国制碱工业的历史与现状有较全面的了解，书中还提供了大量珍贵的资料。

侯德榜在数十年如一日的科学技术活动中，不仅精湛地运用索尔维制碱法从事生产实践，还领导永利化学工业公司的同人对氨碱法进行补充和完善，成功地将合成氨和纯碱两大工业联合起来，开发了"侯氏碱法"新工艺。侯德榜像26年前打破索尔维技术垄断一样，在《制碱工学》一书中，真诚地将联合制取纯碱与氯化铵的新工艺奉献给读者。他用30页的篇幅详细阐述这一新型制碱工艺的起因、历史沿革、理论基础、流程、操作要点及氯化铵的肥效等问题，使读者对这一新的制碱工艺有了清晰的了解。《制碱工学》由于增加了"氨碱法的基本改进和发展——侯氏碱法（纯碱与氯化铵的联合生产法）"一章，全书在科学水平上，较英文第二版的《制碱》有更进一步的提高。

《制碱工学》是一本内容翔实、叙述严谨的科学著作，也是作者一生从事制碱科学实践的结晶，是制碱行业中不可多得的好书。出版部门破例在卷首将作者和他的著作向国内外的制碱工作者、无机化学工业工作者和其他读者做了郑重推荐。

著作出版后，他将两万元稿费全部作为当月的党费交给组织，表现了这位入党不久的老科学家对组织的一片赤诚之心。

历史的巧合

1961 年 4 月，大连一座年产 8 万吨的"侯氏碱法"生产车间投入试生产，由江志贤负责。在 3 年试生产期间，侯德榜不仅函电交驰，还先后十几次赴大连现场指导工作。他一贯反对繁文缛节，对迎送礼仪毫不在乎，下车就投入工作。他每次来大连总是先用极少的时间听取工作汇报，随后就深入现场进行调查研究，再召集有关人员一起讨论解决问题的方法，定出近期工作的目标，下次来就按这些要求检查工作进度与效果，一丝不苟。

"侯氏碱法"试生产初期，侯德榜到车间视察，车间负责人向他呈上当班的分析报表，他说："先不看，要先看化验室的分析方法和操作。"一进化验室就是 2 个小时，从采样地点、分析方法、样品稀释、指示剂选择、终点判断到计算方法，逐一仔细检查，直到认为都合格后，才看分析数字。他说："方法不对，看数字有什么用？"侯德榜这种严谨的治学态度，给年轻一代的科技人员很深刻的教育。这种办事认真作风的流传和发扬成为我们行业的传统。

为了及时掌握试生产的进程，他制定一种表格，要求逐项填写工作进程及试生产情况，3 日一报，由填表人、车间、厂部、公司负责人逐级审报签发，使各级领导对试生产情况都有所了解，并加强责任心。报表上有一项操作指标通常是 47 滴度左右，一次填表人员误写成 74。侯德榜见后立即打电话询问。经核实才知道是由于填写人员的疏忽。对此，侯德榜指出："填写人员的疏忽应该教育他加强责任心。而后面三级签字的人，对此为什么一个都没有发现？"这件小事，说明侯德榜在工作中对干部的要求是很严的。从此，大连化学工业公司经理办公室专设一本《联碱试生产》记事册，要求负责试生产的同志每天去汇报问题，促进了工作的开展。

1962 年 5 月，侯德榜在给负责"侯氏碱法"生产车间设计工作的李祉川的信中说："关于联碱，日本年产已达 37.5 万吨，使人伤心。他们研究联合制碱后我 10 年，现在却跑在我们前面。这给了我们一个好教训，促使我们奋起直追，时不可失。"这道出了侯德榜想早日把"侯氏碱法"大生产搞上去的急切心情。接着，他于一周后重返大连，发现试生产中产量上不去的原因是洗盐供不上。他召集技术人员询问，都说是洗盐吊斗不好用，可是谁也没有深入考虑过为什么。72 岁高龄的侯德榜到现场，从 1 楼走到 6 楼，一段一段仔细检查，发现问题很简单，只是接料的舌头短了点。检修后，产量上去了。侯德榜这种深入实际、实事求是解决问题的事例数不胜数。他不仅解决了很多试生产过程中出现的技术问题，而且还以自己优良的工作作风，教育和培养了技术人员。侯德榜严于律己也是有口皆碑的。试生产的每一次失误，他总是首先承担责任，然后带领大家去调查研究，一起商讨解决问题的办法，从不诿过于人。

在试生产中，车间发现冷析结晶器取出的产品纯度相当好，各项指标已达到溶解再结晶法生产的氯化铵水平，随后发现结晶器的生产潜力还很大。这些情况向侯德榜汇报时，他十分高兴地说："我们的联碱有一套先进的生产控制指标，有生产强度很高的氯化铵结晶器，有冷、热固化树脂和衬胶等一套防腐技术，即将还有比较先进的蒸汽煅烧炉，再加上冷析出精铵的路子。这几条组成了中国联碱的鲜明特点，比起日本来毫无逊色，大家要继续努力才行！"侯德榜那种不甘落后、不断进取、务实求新的精神给了后辈以极大的鼓舞。

3 年的试生产工作，总结出一整套行之有效的防腐蚀经验，积累了大量操作数据，为大生产培养了大批熟练的技术人员；还研究了氯化铵结晶与过饱和度之间以及氯化铵结晶的成长速度，液体悬浮流速和氯化铵结晶之间的关系，以及冷析、盐析、喷射吸氨、造粒等技术问题；为促进大生产过关起到了积极的作用，也使"侯氏碱法"的技术更臻完善。

1963 年夏，经过生产第一线职工的努力，联碱的日产量突破了 240 吨（单系列 120 吨）。侯德榜按捺不住内心的喜悦，请假离开了正在参加的会议，从哈尔滨赶到大连，一下火车就叫李世昌和傅孟嘉速到大连宾馆汇报。他听了汇报后十分高兴。可没过几天，侯德榜又把这两位技术人员招来，严肃地说，"我给你们定了三个目标，也可以叫作'三八'目标。即，这套装置首先要达到 8 万吨；氯化铵冷析结晶器温度不超过 8℃；将来经过努力，力争把循环母液当量降至 8 立方米/双吨。做到这三条，就比日本强多了。"在以后的工作中，他又相继提出"联碱过关的 4 个要素为连续、质量、产量、成本，要稳扎稳打，逐步解决"，"争取原盐进结晶器，甩掉洗盐"，"要抓跑、冒、滴、漏，争取穿布底鞋进现场"等一系列重要指示。这些指示成为相当长一段时间内大连化学工业公司和全国联碱行业奋斗的目标。事实证明，这些指示都是十分重要和正确的。

化工界的技术讨论会可追溯至塘沽时期。遇到生产上有问题或出了事故，大家总是先调查情况，收集第一手资料，再一起讨论。侯德榜在这种讨论会上，经常以他个人丰富的知识，结合大家的智慧，提出切合实际的改进措施。在侯德榜的倡导下，这种技术讨论会在化工界流传至今。侯德榜是化工界的权威，可在这样的讨论会上，他从不以权威自居。他常说："在学术面前只有正确与错误、全面与片面之别，没有什么高低贵贱之分，真理面前人人平等。"在讨论会上他提倡多思，要大家好好想问题，讨论时他和大家一起辩论，直抒己见，讲道理。化工界的前辈章用中老总常说："在讨论中他经常纠正年轻技术人员的一些不准确的发言，但他对有新颖见解的发言，不论这些意见是技术人员还是工人提出的，他都以热情的态度详细询问，甚至即刻笔录。侯德榜参加讨论会从不轻易放弃自己的观点，他的长处在于，讨论过程中非常善于吸收别人意见中的有益部分，来充实、完善和修改自己的意见。

1964 年《人民画报》派一位女记者随侯德榜来大连，准备以"科学家侯德榜在基层"为题拍一套照片发表，记者也参加了例行的技术讨论会。参加会议的有年逾古稀的侯德榜，有五六十岁的我国第二代制碱专家，也有三十来岁正在第一线实干的工程师。这三代人各有所长。所以，会上争论得很激烈，有的甚至站起来大声疾呼，侯德榜也参与其间，热烈发言。女记者从未见过一个部长到基层开会有这样的场面，感到不安，捅捅坐在她边上的一位工程师，轻声问道："你们这样行吗？"这位工程师回答得很干脆："没问题，这是技术讨论会，在会上要得到的是一个技术问题的科学解决，而不是别的。"

　　正在这时候，侯德榜摆了摆手，让大家静下来说："现在休会，回去好好想，吃过饭再议。"女记者抓住这个机会采访侯德榜，问他："你们是经常这样开会的吗？"侯德榜说："技术讨论会我们经常是这样开的。会上你可以看到每个人智慧的闪光，这是一种不可多得的学习机会，人们的争论都是有道理的，每一种意见都有理论和大量经验做根据，这不就是集思广益吗？我们这些同事都这样，争论问题时，往往都把意见相同的、部分按下不谈，专说些不同的意见。这样，从不掌握实情的人看来，似乎争论得很激烈，矛盾很尖锐。我看刚才的争论就是在一种特殊形式下的相互补充。打个比喻，讨论好像化工生产中的'搅拌'，通过激烈的'搅拌'，可使反应进行得更充分，更完全。现在休会就是让大家冷静下来好好想一想，进行取长补短，这一过程在化工上叫'澄清'。事情'澄清'了，结论就脱颖而出。不信？你试试看，饭后的会再开一会儿，意见就统一了。"说得女记者不断点头称是。

　　通过 3 年的试生产，"侯氏碱法"大生产车间已达到设备运转正常、生产操作稳定的要求，两种产品均达到日产 240 吨的水平，纯碱质量达到部颁一级品标准，氨耗、电耗和氯化铵结晶器的利用系数也都达到和超过国际先进水平，全面实现了国家规定的各项技术经济指标，1993 年已有盈利。侯德榜激动地说："联碱工程 20% 是在新中国成立前打的基础，绝大部分是在新中国成立后完成的。自 1951 年至 1964 年先后出了 74 篇研究报告，设计上前后做过两次大的修改，在试车过程中的顺调、小改不计其数……花这么多的投资和人力，在新中国成立前是完全不可想象的。"

　　自 1961 年投入试生产至 1964 年国家鉴定前夕，侯德榜不辞劳苦前后 16 次来大连指导生产，解决各种技术问题，为"侯氏碱法"的发展做出了他应有的贡献。国家科委对"侯氏碱法"大生产的成功非常重视，准备进行国家级技术鉴定。侯德榜又一次赴大连检查工作并做好鉴定的准备工作。侯德榜对准备工作布置得非常细致，连在会上做报告的人选都有明确要求，要求报告人对鉴定内容有全面的、清楚的了解，要熟悉现场情况，并告诉对该肯定的地方不能含糊其词，要强调立足国内，也要说清今后改进的意见，还要求用普通话报告，使效果更佳。"侯氏碱法"23 年前（指 1941 年命名）已在中华大地开出鲜艳的花朵，由于历史的原因，迟至今日才结出丰硕的果实，为此付出过辛勤劳动的侯德榜怎能不感慨万千！在旧社会，他和永利同人在同内外辗转奋战、历尽艰辛，终于研究出一套崭新的工艺。1949 年 1 月虽在国民党政府的工商部申请得到专利，但于国于民都未产生丝毫的经济效益。新中国成立后，这一工作立即得到人民政府的大力支持，经过深度开发，虽然其间也曾一度停顿，但组织上对这一新工艺的开发始终寄予厚望，前后投入近 4000 万元资金和近万吨钢材，即使在国民经济最困难的 3 年，化工部也始终把这一项目列为重点。只有在党的支持和扶植下，在千百人的辛勤努力下，才有今日的成果。眼看这一成果即将通过鉴定交付使用，侯德榜心里的酸甜苦辣真是一言难尽。

1964 年 12 月 10 日，一个晴朗的冬日，太阳照得人暖烘烘的。滨海之城大连，空气清新、湿润。侯德榜兴致勃勃地来到坐落在中山广场南侧的大连宾馆参加鉴定会。大连宾馆，他很熟悉，几十年来，他曾十几次在这里小住。他喜欢这里宁静的环境，宽敞的住房，鲜美的海味和热情的服务。然而今天他情绪激动，却完全不是为了这些。昨晚在来大连途中，他和永利的几位老人一同回忆，往事历历在目……

1925 年春天，卜内门总经理尼可逊与范旭东的会谈就在大连宾馆进行。当时，尼可逊图谋以经济"援助"鲸吞永利。范旭东和侯德榜、孙学悟、余啸秋紧密配合，力克顽凶。历史是这样的公正、无情，又是这样的巧合。40 年后的今天，侯德榜又来到这里，参加完全由我国自己创造的、有世界水平的联合制碱生产流程和生产技术、蒸汽煅烧炉、联碱防腐蚀等 3 项成果的鉴定会。祖国已成为屹立在世界东方的巨人，侯德榜则因对制碱技术的贡献而誉满全球。此情此景怎不使侯德榜热血沸腾，心潮澎湃！

1964 年 12 月 11 日国家科委组成鉴定委员会，对联合制碱生产车间进行技术鉴定。这一车间最后采用二次吸氨、一次加盐、一次碳化、母Ⅱ调盐的流程及冷和盐吸结晶器、循环外冷器、蒸汽煅烧炉等新设备，提请鉴定。

鉴定会由国家科委副主任张有瑄主持。经过化工专家认真审议，认为"侯氏碱法"新工艺技术成熟，原料利用充分，经济合理。它采用的新工艺会促进我国制碱工业和化肥工业的发展，是制碱工业中一项重大技术革新，且具有世界水平。蒸汽煅烧炉设备先进，结构合理，节省能耗。这两项成果可以在全国范围内推广使用。

1964 年夏，在准备"侯氏碱法"鉴定的过程中，侯德榜反复考虑，认为新中国成立后，国家不提倡以个人名字命名城市、街道和工厂，一个工业方法也不应用个人名义命名。他认为自己不过是在新的流程中在工艺上有点创新，有些关键性的奥妙我们解决了，这一流程在国外也有人做过，有的早已投入大生产。另外自 1938 年以来，我国工程技术人员有几十人参与这一工作，为此呕心沥血，深感再沿用"侯氏碱法"一名甚为不妥，为此他诚恳建议在大生产中不用"侯氏碱法"这一名称。建议通过大连化学工业公司章用中总工程师反映给化工部，化工部采纳了侯德榜的建议，遂在鉴定会上正式改"侯氏碱法"为"联合制碱法"。

会议快结束的时候，侯德榜眼里闪烁着激动的泪花，在热烈的掌声中走上讲台。他说："26 年前，我和永利的同事，为了适应战时工业的需要，一起开发了制碱新流程，经过多少艰辛，多少曲折。今天，在周总理的关怀和部党组的大力支持下，克服了重重困难，度过了经济困难时期，经过多少技术人员、工人和老一代专家的辛勤劳动，才功砥于成。我由衷地感到中国式的联合制碱的成果来之不易，它是祖国的一项宝贵财富，愿我们大家爱惜它，珍视它，使它日臻完善，更上一层楼。在我们的前面还有很多工作要做，任重道远。我愿与诸君一起努力……"他诚挚的感情，简洁、精辟的发言引起大家的共鸣，热烈的掌声久久萦绕在会议大厅……

霜重色愈浓

　　光阴荏苒，年逾古稀的侯德榜，已是两鬓染霜、疾病缠身，但强烈的责任感、紧迫感促使他还在思索怎样利用有生之年为国多做贡献。

　　纯碱工业现有的两个大厂和正在兴建的青岛化肥厂全设在沿海。这 3 个厂纯碱产量占全国总产量 90% 以上。我国幅员辽阔，碱的用途又广泛，万一发生战争，定会因为碱的问题给国计民生带来很多困难。第一次世界大战和抗日战争期间，我国因缺碱而损失惨重，对此侯德榜是记忆犹新的。现在应该做好长远规划，调整纯碱工业的布局。

　　侯德榜一直很关心天然碱资源的开发利用。他建议全面勘测天然碱资源。1958 年他还亲临内蒙古考察天然碱资源，以便加强天然碱资源开发的研究工作，并有一个长远的开发计划。侯德榜还认为，必须寻找合理的加工工艺，设立综合利用天然碱资源的加工厂。另外，我国内地有储量丰富的芒硝，是发展内地制碱工业的物质基础。要攻克天然碱的加工和芒硝制碱的许多技术难题，还要花大力气研究探索。

　　随着世界科学技术的发展，侯德榜深感索尔维法本身不论工艺、设备及自动化程度，都有不少可改进的地方。索尔维法也应该不断用新技术、新设备来进行装备，使它焕发青春。

　　"侯氏碱法"1961 年投入试生产后，暴露出严重的腐蚀问题，使整个系统的母液均呈红色，氯化铵结晶也是红的，仅外冷器一项自 1961—1962 年间就报废 8 台，每台使用寿命仅半年，消耗钢材 320 吨。各种母液泵的腐蚀更严重，一般只能使用 7 至 12 天。由于腐蚀问题，使试生产时断时续，只能一边生产，一边着力研究，形成很大浪费。这件事给侯德榜的教育很深。

　　总之，不论是开发新工艺，还是改进索尔维法，发展"侯氏碱法"，要前进就要做很多的工作。这一大堆问题，使侯德榜应接不暇。一天，他正在办公室思考这些问题，想从中理出一个头绪来。这时，化工部领导进来和他商量问题，看他心事重重的样子，就问他怎么回事？侯德榜简要地说了自己的想法。部长听后，一股敬佩之情油然而生，坐下来和他谈心："您已年过古稀，还这样关心事业，实在是我们的榜样。不过，您年纪这么大了，老想这些具体问题，那在您的有生之年，还能解决多少问题？剩下的问题又怎么办？我想给您一点建议，今后您是不是可以运用几十年在化工方面的经验和学识，多考虑一些化工战线上的战略问题。《史记·项羽本纪》中说：'剑敌一人，不足学，学万人敌。'这'万人敌'就是战略问题。有高超的战略，那好多具体问题就不一定要您去焦思苦虑，就会有成千上万的人和您去一起攻关夺坚，这样不仅问题可迎刃而解，就是我们百年之后，所留下的事业也能后继有人。"

　　侯德榜思索良苦的问题，通过部长这一席谈，给点得通明透亮，茅塞顿开。这些年来，他老忙着这里开会、那里视察，好多问题事必躬亲，忙得席不暇暖。但总感到要办的事反而越来越多，尤其是近些年来，体力日衰，确有力不从心之感。看来自己是"学剑"有余，"学万人敌"不足。

　　一次，侯德榜身体不适，在家休息。一位当年黄海化学工业研究社的老友来访。老朋友在一起总爱回首往事，提道永利初创时，黄海在解决永利的各种技术问题中所起的作用，不论是红黑碱问题、返碱问题、结疤问题，还是碳化塔稳定和提高产量问题……几乎所有技术问题的解决，都渗透着黄海社同人的辛苦和汗水。谈得起劲的时候，侯德榜随口说了一句："今天如果有个专门研究制碱问题的机构该多好！"

　　老友走后，侯德榜辗转床头，心情怎么也平静不下来。刚才无意中脱口而出的一句话，倒使他认真地思考起成立这样一个研究所的必要性和可能性，甚至还为这个研究所勾勒出一个大致的轮廓和主攻方向。联想到前些日子化工部领导所说的"万人敌"问题，他心想，如果能设法把制碱研究所搞起来，那确是发展我国制碱工业的长远之计。

　　可是，目前世界上很少有专业研究制碱的机构，自己这种想法不会是一种奢望吗？前几年国家在联碱工程上投入了大量资金，现在困难时期刚过，马上又要成立新的研究机构是否合适？……这一系列的问题，又使他犹豫了。结论是："过段时间再说吧！"

机会终于来了，1964年化工部对部属的一些设计研究院所进行调整。化工部大连设计研究分院中的设计部分，按计划迁到四川，成立化工部第八设计院。对研究部分的归属，当时有两种意见：一种主张并入大连化学工业公司，一种则主张成立独立的化工研究所。侯德榜认为这样一支研究队伍，并入工厂是不合适的，应该另立一个研究所。基于这支队伍中有相当一部分人员是研究制碱的，他就向化工部党组建议，以这部分人员为基础，成立一个以制碱为中心的研究所，负责有关制碱的重大课题的开发和有全国意义的革新项目的研究，并命名为大连制碱工业研究所。他的建议很快得到化工部党组的同意。

在组建大连制碱工业研究所的过程中，侯德榜为今后一段时间内该所的研究方向提出了指导性意见：开展天然碱加工和含钠盐制碱的研究工作；开展以降低钢铁消耗为目的，联碱和氨碱的腐蚀与防腐蚀的研究；改革索尔维法的工艺和设备，开展制碱工业的新设备和高效设备的研究；开展制碱工业基础理论的研究……

1965年5月，化工部正式批准成立大连制碱工业研究所。

侯德榜一心希望中国的制碱工业在技术上有一个新的突破，在这个问题上他对制碱所寄予殷切的希望。他特别重视制碱所的专业方向。在讨论研究范围时，当时大连化学工业公司由于没有研究机构，提出希望制碱所兼顾氮肥工业的研究。对此，侯德榜毫不犹豫地答复："可以。但制碱所一定要以研究制碱为中心。"他谆谆告诫制碱所的领导："要努力把这支队伍带好，把制碱的研究工作搞上去。一定要为科研人员创造下厂的条件，到工厂既可进行技术服务，又可进行调查研究，还可从生产中带回课题，进行深入的研究。"

我国卓越的科学家侯德榜就是这样，在耄耋之年，还满腔热情地为开展我国制碱科研工作、创建制碱工业研究所，贡献着自己的力量。

1966年早春，纯碱技术革命会战的战鼓，在我国纯碱工业的发祥地塘沽擂响。纯碱行业老少四代精英荟萃，他们齐心合力，决心向纯碱行业的

"高、大、笨、费、长"①发动进攻，把我国的纯碱技术推向新的高峰。

当时侯德榜正在兰州参加会议，因路途遥远未及赶回。但他始终挂念这件事，频频来函，谆谆告诫要开好这次会，订好会战规划，组织好会战队伍。他认真阅读有关会战的报道、纪要、战报，从中看到我国纯碱行业人才辈出的科技队伍，在党的领导下，以所向披靡的勇气、踏踏实实的作风去夺取胜利，感到无限欣慰。正当他以喜悦的心情期待着会战胜利成果的时候，一场史无前例的"文化大革命"在中华大地席卷而来。

侯德榜置身在这场"革命"中，感到茫然。新中国成立以来的17年，用这场"革命"的标准来衡量，似乎全是错的！而他就是在这17年中，投身到党领导的社会主义建设的大事业中，遇到了知音，有了用武之地。他结交了很多共产党人和爱国科学家，在他们的帮助下提高了觉悟，成为了一名共产党员。这17年对他来说确是一段如锦似绣的历程。而今，什么"反革命修正主义、资产阶级反动路线、反党集团、黑帮、叛徒、特务、走资派"，比比皆是。自己平时尊敬、爱戴的领导一个个都变成"反革命"了，几十年共事的朋友几乎全成了"反动技术权威"，今天揪出一批，明天挖出一伙。到处是红色的海洋，五颜六色的标语，铺天盖地的大字报，一队队的"牛鬼蛇神"，抄家、批斗……这场"革命"来势这样猛，凭他年近八旬、身经三个历史时代的经验，搞不清到底是怎么回事。

就在他茫然失措的时候，化工部大院里"反动资本家""反动学术权威""里通外国"……一顶顶吓人的大帽子在这位老科学家的头上飞舞起来。侯德榜忧心忡忡，整天提心吊胆地等着造反派来给他挂牌，牵去批斗。他想：几十年出生入死的老革命都背时了，何况我这旧社会"永利"的总经理，这个"臭知识分子"……可是，挨批斗的事久久也没有来临，他又纳闷儿了。后来才有人悄悄给他传话，说是由于周总理的干涉，才使他这位名扬中外的老科学家幸免于这场人格上的羞辱和皮肉上的痛苦。

虽然在中央和周总理的保护下，侯德榜在这场急风暴雨中有一块遮风避雨的地方，可这样的处境并没有解除他内心的疑惑和忧虑。作为追求了一辈子科学真理的侯德榜，一个党员干部的侯副部长，面对这场"革命"，

---

① 设备高大笨重，原料浪费，工艺流程长。

的确存在着"真理何在"的疑问。在这样的形势下，他能向哪一位领导去请教，去探讨？他们之中又有谁的处境比他更好些？他每天阅读《人民日报》和《红旗》杂志，想从中得到解答。他也在并不受人欢迎的情况下，去参加化工部两派群众组织召开的各种会议，想到那里去寻找真理。在那里他看到了一派"当今世界舍我其谁"的气概，听到了一片粗鲁得不堪入耳的谩骂，目睹挂牌、殴打、蛮不讲理的攻击和一顶顶满天飞舞的政治大帽……在这里，一个有良心的科学家，一个有党性的副部长能找到什么样的真理？！但是，这一切是"革命"的潮流，是"大方向"，顺之者存，逆之者亡。做人真难啊！侯德榜一生亲历的考场何止百种千种，事业上经受的磨难何止十次百次，可从来没有一次使他这样的为难，这样的犹豫不决。他再也无路可走了。

不管他用什么样的方法学习，也不管他学些什么，在这场"革命"中，他既没有决心否认自己 17 年来走过的道路，更没有勇气来否认这场"革命"。他为此感到苦恼，矛盾重重。他找不到真理，也找不到出路。最后，他沉默了。

"抓革命，促生产"，这是他在"文化大革命"中，比较容易接受的一条口号。对"抓革命"，他明白自己所处的地位，当然不敢问津。但"促生产"可是实打实的东西，生产活动是一切社会赖以生存的基础，没有生产活动社会就会停顿、瘫痪。在生产上只要允许我干，就要尽力去做，这才是真正对人民负责。

一接触生产技术，这位苦恼消沉的副部长的精神又振作起来了。可是好景不长，他很快发现，由于各地都在轰轰烈烈地"抓革命"，都在造"走资派"的反，生产秩序打乱了，发展的趋势停滞了……侯德榜原来天真地想："我不能抓革命，就拼命促生产吧！"可是没想到"革命"已经深入到生产上来了，旧的条条框框要砸烂，束缚人的规章制度要破除。有些厂里"革命"的领导干部竟提出："什么工艺？什么流程？这全是臭知识分子唬人的那一套。难道没有工艺、没有流程就不能生产？今天我们非破了它不可！"当侯德榜听到这些无知谰言时，心痛欲裂，气得简直要晕倒。

1967 年 6 月是"革命"的高潮期间，纯碱技术革命会战部分成果鉴定会在大连召开。当时全国交通已处于半瘫痪的混乱状态，出乎意料的是侯德榜还是按时前来出席会议。当时组织会议的戎寿昌同志很高兴，要侯德榜亲自主持会议，侯德榜却语重心长地说："你分管会战工作，还是你主持好，我帮助你。"在开会时他一如既往对每一项报告及各种数据的介绍都听得十分认真，而且及时提出问题，还帮助解答种种疑难问题。

这次会议主要是对热法氯化铵（为四川自贡鸿鹤镇化工总厂而作）扩大试验进行技术鉴定和对热法芒硝试验方案进行安排。侯德榜对当时用自贡岩卤水作原料，因卤水中含有一定量的氯化钾使产品氯化铵中含有 5%的氯化钾，对农作物施用极有利，很支持这项工作。

在会议进行中，我国于 6 月 17 日进行第一次氢弹空中爆炸，试验成功。18 日代表们从广播中得知这一消息后无不感到振奋。侯德榜也非常兴奋，他首先建议大家热烈鼓掌以示庆祝，然后他做了即席发言，从技术角度对氢弹与原子弹的区别，氢弹爆炸在技术上的难点等问题，做了深入浅出的介绍。他满怀喜悦地说："氢弹的试验成功，标志着我国的核工业和核武器进入了新的历史时期。"

就在这次会议期间，侯德榜为了就近参加会议，决定不住市里的宾馆，而住大连化工厂的招待所。会议的组织者为他向市里申请一点细粮，照顾这位年近八旬的部长。可是得到的答复竟是："住宾馆可以，要照顾没有！"侯德榜知道这件事后说："没有细粮，吃粗粮也行，不用再麻烦了。"于是他就和工厂的职工一起在大食堂排长队买饭吃。他年岁大了，手、脚、眼都不灵便，又不习惯排长队买饭，经常是买了饭忘了买菜，有时则买到菜又忘了买饭，只得再排一次长队。吃饭问题简直成了他的负担，厂里决定让食堂的人给他送饭。他们才送了几次，就给化工学院下厂串联的造反派知道了，造反派为此事给厂里下了最后通牒："侯德榜是反动资本家，还要人送饭？"提出："今晚如还继续送饭，就要贴出大字报。"在这种逼人的"革命"形势下，送饭被取消了，侯德榜只好和参加会议的人一起天天到附近的小饭馆去吃饭，一直坚持到会议开完。

1967 年夏，侯德榜靠边站了。徐今强部长便安排他到石家庄化肥厂去现场指导。这时正值石家庄化肥厂进行"三触媒"新流程试车。77 岁的侯德榜不顾自己以前因骨折而左脚胫上镶有一根不锈钢管而造成的不便，仍坚持登上 28 米高的平台，观察合成氨废热锅炉和脱硫再生塔的运行情况，帮助分析，研究对策。

他对厂里采用加压 G-V 脱硫工艺非常重视，为了确保脱硫效果，侯德榜认为喷头结构、喷淋状况对吸收效率影响很大。为此提出做压力、流量、溶液分布的模拟试验，加工了十几个不锈钢喷头，并按照吸收塔的直径制做了木格子，用消防水做喷射试验，亲自参与，一次不成两次……直到符合要求为止。

在石家庄化肥厂时，厂里由于施工不慎，焊接饱和热水塔时引起了火灾。侯德榜一定要察看火灾现场，厂里领导劝阻无效，只得派两个年轻人扶他上去。他又看又问，回来后说："一个工程技术人员，不能人云亦云，必须亲自调查，才能做出自己的判断。"

侯德榜这种深入实际、实事求是的作风给石家庄化肥厂的工作人员留下了深刻的印象。

侯德榜到厂后，厂领导要给他安排吃小灶，按照从大连得来的经验，他坚决不同意。一日三餐都在职工大食堂就餐，人们每天都可看见，他和秘书一前一后排队买饭，买了饭就随便找一个地方坐下和旁边的工人边吃边聊，神态宁静，毫无怨言。

随着"革命"的深入，侯德榜的专用汽车被"革"掉，他每天就挤无轨电车上班。公文包拿不动，就拎个小包，中午在办公室休息。后来他的办公室也被占用，一切书籍和午休用具被勒令搬走。这时他被真正地停职靠边，连最后一点儿象征性的工作也被剥夺了。为此他苦闷、伤心，时常一个人坐在房里出神。他对人说："最痛心的是失去工作的权利。"但当他冷静下来的时候，还是伏在书桌上看呀，写呀，算呀，似乎一切烦恼都烟消云散了。

1970 年，这场"革命"还在这位老科学家身上劲吹秋风。林彪一号通令下达后，北京开始大疏散，在燃料化工部下放人员的名单中，80 岁的侯德榜名字赫然在列。燃料化工部军管会派一个姓王的连长，到侯德榜家通知他去泰康干校。家里人因侯德榜年迈，腿脚不好，又有病，提出请求，希望得到照顾。这下可惹恼了这位王连长，他双目圆睁，拍着桌子说："这是党中央的关心、照顾。腿不好，拿担架抬也得走。不走就是对党中央的态度问题。"侯德榜全家联名向中南海写信申诉。燃料化工部军管会这才不再坚持让他去泰康，后来又要他去金华。侯德榜准备好行李书籍，临走前他总是翻来覆去地检查，看看是否带够了东西。侯德榜因年迈，单独生活不便，要求和年逾花甲的大儿子侯虞篯一起去。可当时侯虞篯挨批的"任务"还没有完成，要过两个月才能走。这可急坏了侯德榜，他说："我求求你们，让我走，在这里我没法待下去！"在等待下放的日子里，他还不时打听，要去的地方附近有没有工厂，交通情况好不好，因为他时刻还想着在下放的时候，要用他的技术为工厂服务。正当侯德榜在等待侯虞篯一起下放的时候，燃料化工部军管会最后又宣布："由于党中央的关心、照顾，决定不让他下乡了。"这真叫侯德榜无所适从。

"停职靠边"不就是不让当官吗？侯德榜是辛勤劳动了一辈子的学者，对当不当官从不在乎。如果是不让他工作，他可要恼火了。幸好，当时的"革命"者对侯德榜的兴趣是"停职靠边"，停职就是不让当官，其次，是靠边站着，免得碍手碍脚。

侯德榜就充分利用这段时间在家看书学习，一有看书机会，就淡化了他眼前的种种苦恼，可谓迷入书乡，乐而忘返。都80岁的人了，仍和年轻时一样，整天埋头读书。他有满满一屋子的藏书。这些书中很少有他没读过的"装饰品"，确是一位名不虚传"读书破万卷"的学者。由于他勤奋学习、刻苦积累，且具有惊人的记忆力，直到晚年，仍对那些常用的化学、化工方面的公式、数据记得一清二楚，只要偶一提及，他便脱口而出，从无差错。一天他和女儿虞华讨论天才和勤奋的问题，侯德榜说："就天赋而论，我不算聪明。我深知'勤能补拙'的道理。我一生所以有些许成就，除许多客观条件外，主观上就要归功于勤奋。"

整天看书决满足不了已经勤奋为社会服务一辈子的侯德榜的欲望。当他知道邻居家有一位青年，竟然在这场"革命"中，还有学习英语的志向，对此，他十分赞赏，答应为他单独开课，还认真地安排教学计划。即使只有一个学生，他也是那样认真严肃，一丝不苟。有一次，一位多年不见的老朋友来访，侯德榜正在授课，他竟把这位老朋友挡驾在会客室，坚持要"课上完了再见"。

在侯德榜住院治疗期间，他还抽暇教一个一起住院的外语学院的学生练习口语。看到青年人有志气、好学习，他心里非常高兴。他把自己内心的苦闷、烦恼消融在这些微小的为社会服务的事情之中。

1971年"九一三事件"后，在周总理的干预下，侯德榜的处境才开始有所改善。燃料化工部派一名技术人员作为侯德榜与部里的联络人，有些问题也听取他的意见。这位老科学家对这样一点象征性的工作，也十分认真地对待。他梦魂萦绕的就是我国化学工业的发展，要求联络人经常把有关化工的生产、科研、规划、基建情况及时告诉他。他对所知道的情况，直言不讳地提出自己的意见。

当侯德榜听说我国要进口13套大型化肥生产设备时，他说："我国是一个穷国，进口设备最多进一套、两套，或只引进关键设备及技术软件，其他可以复制，一下子进十几套是不合适的。"由于"四人帮"横行，我国化肥生产遭到破坏，国家每年要用大量外汇进口化肥。他听到这一情况后，很沉痛地说："我没有为国家尽到力量，叫外国人赚我们的钱。让我在有生之年多做点工作吧！"

他对"文化大革命"期间取消科普工作也很不满，曾说："科普工作很重要，现在取消了，我们应当担起担子，写点科普书。"他利用停职靠边的机会，带病和胡先庚一起，把1965年所写的《四酸三碱》一书，修改成科普读物《酸与碱》。直到去世前不久，他还在关心这本书的出版情况。

也许侯德榜感到来日无多，因此他要求工作的愿望更强烈了。1973年他83岁，虽身患重病，行动不能自理，大小便失禁，但还一心想着国家、想着工作。他曾多次要求医生开证明，证明他可以工作。医生深受感动，对服务人员说："这位老科学家真了不起！"在工作得不到满足的情况下，他就要求到现场视察，解决生产问题，侯德榜多次要求去大连化工厂、北京化工实验厂、北京化工四厂……当时组织上考虑他的病还需要经常到医院去治疗，劝他暂时不要去现场，尤其是不要去大连和一些较远的工厂，需要什么资料可以请厂里的同志送来，或请他们来家里谈。但他一再表示："我需要亲自去看，我已经六七年没有去大连了，应该到现场实地调查。"还说："我是政协委员、人大代表，应该到基层去考察……政协、人大告诉我们可以到基层考察。"家属也婉言相劝，他回答道："活着就要工作。没有用了，活着还有什么意思？"去大连视察的事，最后在周总理以国务院名义劝阻下，才未成行。为了满足他要求工作的愿望，领导同意他去附近的工厂视察。1973 年 5 月，侯德榜来到北京化工实验厂。他下车间，上岗位，还一定要亲自看看联碱车间碳化塔的工作情况。谁料这竟是他最后一次下厂视察。

侯德榜对我国在 20 世纪 70 年代初发展起来的一批小联碱厂十分关心，经常了解小联碱的建设和生产情况，对在生产建设中存在的问题，提出具体的解决办法。他在家里对小联碱存在的母液不平衡问题，做了详细的计算，对逆料流程做了权衡，对沸腾煅烧的工艺、设备做了可行性研究，提出了许多建设性意见。

为了使小联碱的工艺不断完善，生产不断发展，在他多次提议下，1973 年 6 月下旬，在北京他家里，召开了有各地专家参加的第一次以小联碱和天然碱开发为主题的技术座谈会，会议期间侯德榜对这两项工作谈了很多建设性的意见，最后又汇总了专家们的意见向徐今强部长做了汇报。

1973 年 10 月 19 日侯德榜第二次在家里主持召开年产 1 万吨小联碱定型设计审议会。到会的有：羡书锦、李祉川、谢为杰、刘嘉树、范柏林、段志骙、王楚、李世昌、边立本、吴佩文、戎寿昌、张侃若、叶铁林、罗蜀生等人。侯德榜在病重情况下，每天坚持参加 6 小时的会议。他明确指出："小联碱'过两关，打一仗'是紧迫任务，尤其是防腐这一仗，过去在大联碱有过深刻的教训，也积累了不少经验，千万不能重蹈覆辙。"在会上他肯定了加压碳化的成果，并对有关加压碳化的工艺及设备提出了改进意见，着重指出加压碳化的工艺压力一定要控制在 8 公斤／厘米 ^{2} 以上；提出沸腾煅烧有不少优点，但汽耗降不下来则不能推广。侯德榜还严肃指出，一定要完善小联碱工艺，不能卖重碱，以重碱为最后产品是没有出路的。另外对小联碱的生产规模、质量都提出了明确的意见。在管理上，侯德榜提出了"过四关"的要求。这些意见对小联碱的发展和完善都起到了积极的作用。

1973 年 11 月 23 日，侯德榜已重病缠身，自知不久于人世。他用病得颤抖的手给周总理写信：

> ……德榜年迈，体弱多病，恐亦不久于人世。一生蒙党和国家栽培，送外国留学，至今无以为报，拟于百岁之后，将家中所存国内较

少有的参考书籍贡献给国家。请总理指定届时移存北京图书馆或中国
科学院图书馆……①

这是侯德榜给我们留下的最后一块攀登科技高峰的基石。

1973 年严冬，侯德榜接到一本关于磷肥生产的书稿。这是江西磷肥厂
一位素不相识的技术员寄来请他校审的。当时他视力已减退，手不能执笔，
又无助手。但他还是说："我国的磷肥生产应当有一本书做指导，如果有人
帮助就好了。"他勉强看了这本书，感到需要修改的地方很多，他坚持写完
修改意见，甚至连封面设计都想好了。有人看他这样抱病拼命工作，劝他
别干了。他毫不在意地说："我是马命，马是站着死的。只要一息尚存就要
工作。"听他言辞这样坚决，劝他的人也就不便多说了。在侯德榜病重住院
时，他还带着这本书的稿子和修改计划，直到逝世前不久，他还为未能改
完这本书而遗憾。

还是 1973 年，大洋彼岸的美国机械工程学会通知侯德榜，授予他美
国机械工程学会 50 年荣誉会员的光荣称号，赞扬他 50 年来所做出的贡献，
并寄来了荣誉会员纪念章。侯德榜又一次为国家赢得了荣誉。

1973 年，这位身处逆境、病魔缠身的 83 岁老人，世界著名的科学家
侯德榜，在他生命的最后时刻，用自己的行动表明了他对我们伟大的社会
主义祖国、对党、对人民的一片赤子之心。他的一言一行，不由使我们想
起陈毅同志在《题西山红叶》中的诗句："西山红叶好，霜重色愈浓。"

20 世纪 60 年代后期，侯德榜收到山东一个化工厂技术员寄来的一包
高粱饴，里面附了一封发自肺腑的信：

　　……我从没见过您，可我打心眼儿里热爱您、尊敬您。在中学的
化学课本上，我第一次见到您的照片，知道您卓越的贡献。我的化学
老师热情洋溢地介绍过您的事迹，说您自幼刻苦学习，为祖国的化工
事业历尽艰辛，在世界上为祖国争来了荣誉，祖国为有您这样的儿子
感到骄傲。老师要我们以您为榜样，将来为建设社会主义祖国做出贡

---

① 1979 年，子女遵嘱，已将《美国化学工业百科全书》《最新化学工业大全》及美国肯特氏《机
械工业手册》、日本数胜敏朗氏《高压工业技术》等书，敬赠北京图书馆；1984 年又将一批图书敬赠
北京化工学院。

献，这是一堂我终生难忘的化学课。从此我立下了学化学、学化工的志向。而今万万没想到，您一夜之间竟成"罪人"！当听到年近八旬的您，我国化工界的元老现今的处境时，我心如刀割，泪如雨下。这决不仅是您个人的不幸，而是我们民族的不幸！

高粱饴是用最普通的原料制成的，但它是甜的。请收下您学生的学生一份菲薄的心意，人民的心是向着您的。侯老，您要珍重啊！

我国报界著名的老记者徐盈，在 1972 年春天，利用干校给他的几天假，回北京去外交部街探望家门前还贴着"里通外国分子"标语的侯德榜。侯德榜形容憔悴，面目枯槁。他对徐盈说："小侯（虞箴）还在天津挨斗。单位里又不给工作做，我要抗议！"侯德榜接着说："我要缴党费，他们也不收！"侯德榜问徐盈："到哪里可找到周总理？"对这一问题，当时身在干校的徐盈无可奈何地摇摇头。

侯德榜用颤抖的手，摸摸索索拿出范旭东的夫人和女儿从上海寄来的几封信。信上只寥寥几句话："部长同志，你能不能为我们孤儿寡母想点办法？"信上说，红卫兵抄走了她家的全部存款，还继续逼索，范先生的手稿和日记散失殆尽……信中言辞真切，寄全部希望和信任在侯德榜身上。侯德榜虽身处逆境，但他还是竭力想帮助范夫人，因此今天向徐盈打听周总理。两位同病相怜的老人，只能互诉衷肠，别无他法。侯德榜长叹一声说："范先生辛苦了一辈子，他应得的酬劳金全部都缴回事业了。范夫人手里的那笔钱，是范先生死后永利公司董事会送给她们的。范先生说自己是'书生本色'，这一点也不假。"

1973 年深秋，侯德榜正在家里看书，进来一位 70 多岁的老人。老人很恭敬地向侯德榜问好，接着就问："侯先生，还认识我吗？"侯德榜看着来者，似曾相识，可一时又记不起来。正在回忆时，老人提示了一句："我是锅炉房的李……"话音未落，侯德榜一下全回忆起来了，抢着说："是啊！是啊！您是李师傅！唉！日子过得真快，50 年前永利还处在红黑碱时期，我忙得经常在厂里住，不就在您锅炉房住了两个月吗？想当年你那个虎劲儿，推煤，一口气就推二二十车，常常干得浑身湿透，确实是虎虎有生气。这好像都是眼前的事，一瞬间你已白发苍苍了！你好吗？老伴孩子都好？"

李师傅说："都好！谢谢您！我早就退休了，现在什么都不愁。过去您当部长，工作忙，我们都知道您顺心，也就不挂念。可"文革"以来，心里老惦着您，总想来北京看看，怕您吃苦，有闪失。这下看到了，心里踏实了。您好啊！"侯德榜听了这位老师傅的话，心里一热，止不住老泪纵横，呜咽地说："好！好啊！要不是党中央、周总理的关怀，那就不堪设想了！谢谢您！谢谢您还常惦着我，这么大老远的来看我，谢谢您这雪里送炭的情意！"侯德榜激动得再也说不下去了。

三九天，虽然高空中仍是寒意滚滚，可侯德榜已经从人民的心底里接触到地气的微热，在已经有点聋的耳膜中感受到人民的心声。这不是大地快要回春的征候吗？是啊！严冬已经来了，春天还会远吗？一想到春天，侯德榜的脸上又绽开了一丝旁人难以觉察的微笑。

跨进 84 岁门槛的侯德榜，病更重了。春节那天，在北京工人体育场召开的万人评法批儒大会，使侯德榜多年的抑郁心情，又增添了几分烦恼和忧愤。他虽然不清楚这场紧锣密鼓、迫不及待要在春节这一天开台的戏是针对谁，要达到什么目的，但他深信这绝不是兴国振邦之举，对此只能"一言不发，漠然处之"。可是，他心里有话要说啊！当时，他早已当选为四届人大的代表，对人民代表大会寄予很大希望。他说："人代会是人民当家做主、行使权力的最高机构。"他不止一次要服务人员打听什么时候召开第四届人大会，他说："我有很多的话，要在人代会上说，不说不行，放在心里憋得很。"可是，第四届人大会由于种种原因一拖再拖，直到侯德榜去世也没开成。这位老科学家就这样憋着一肚子的心里话，黯然离开了人间。

侯德榜病重得不行了，非住院不可；可离家时他还带着要修改的关于磷肥生产的书稿。在北京和各地的老朋友知道他住院，都跑来看他。侯德榜带着疑惑的目光，审视着自己身边发生的一切。他回顾自己为国家、为科学、为事业拼死苦斗的一生，他想起毛主席的亲切接见，周总理的多次长谈，刘少奇、朱德、陈云、李富春、贺龙、聂荣臻等党和国家领导人的关怀和重托，想到培养他入党的何长工、赖际发同志，支持他工作的彭部长和化工部其他领导同志。他一心一意要把全部的热情和智慧，贡献给党和国家的科技事业，但今天不仅是他，还有那么多他所熟悉、敬爱的中央领导同志，也一起被推下万丈深渊。他始终不理解这一切究竟是为什么。

　　侯德榜躺在病床上，人已经非常衰弱了，但他的思维仍很活跃。一个老科学家，一个共产党员，用严谨的态度在追溯、审视、剖析自己的一生，面对来探视他的老朋友倾吐自己的心声。他深切感到，这一辈子自己确是为人民、为祖国的化工事业做了一些应该做的工作，党和人民、国内外的学术团体给了自己很多的荣誉。但很少有人知道自己在工作中也曾有过不少的失误。他想起新中国刚成立时，到大连化学厂参观、考察，针对工厂的改造自己提出将该厂合成气的液氮洗改成自己熟悉的铜洗的建议，给工厂的改造带来了欲改不能、不改不成的麻烦。这一失误的造成其实有许多原因，主要是由于在第二次世界大战前，德国林德公司对用液氮来精洗合成气的技术绝对保密。侯德榜在美国见不到这种装置和有关资料，在没有实际经验的情况下，贸然提出了那种片面和不切实际的建议，对生产造成了影响；20 世纪 50 年代我国在讨论硫酸工业的技术路线时，对"酸洗"和"水洗"有过不少争论。当时，侯德榜起初不同意采用文氏管水洗流程的，后来他经过对水洗流程的深入了解，又做了详细的技术、经济分析，结果还是同意采纳"水洗"流程，认为这一流程对我国硫酸工业的建设能起推动作用，修改了自己的观点。可实际上"水洗"流程虽减少了基建投资，但却给环境带来了严重的污染，不少采用"水洗"流程的工厂又再改成"酸洗"，反而给国家造成了损失，侯德榜一直为由于自己看问题的片面给国家造成了损失而自责；在联合制碱开发过程的设计中由于缺少调查研究，迫使设计方案进行多次修改。在试生产过程中由于对设备的防腐问题措施失当，一方面延误了试生产的时间，另一方面又浪费了国家大量的物力和财力……末了他又指着枕边《磷肥生产》的书稿对老朋友说："现在我已没有能力来帮助修改《磷肥生产》这本书了，心里不得劲儿。可我更不能安宁的是搞了一辈子碱，却没有把碱搞上去，现在每年还要从外国进口纯碱，我有愧于国家。特别是我没有为家乡福建办一个碱厂，现在那里吃碱、用碱都很困难，我有愧于他们，对不起福建的父老乡亲……"

　　1974 年 8 月 26 日，世界著名的科学家，一代化工巨人——侯德榜同志因患白血病、脑出血，医治无效，与世长辞。

　　这位为中华民族的化工事业奋斗终生的科学家、党员、副部长，在他告别人间时，虽已盖棺，却还没有定论。

侯德榜在晚年（1957 年，67 岁）加入了中国共产党，并以此为荣，把全部心血倾注在党的事业上。在党内他有很强的组织观念，凡是党的决定，他都全心全意地贯彻执行，同党保持一致；只要在单位，他都按时参加党小组活动，认真向党组织汇报自己的思想，经常向党组织提出关于技术、科研和生产方面的意见和建议；对党组织的意见，他都认真考虑，积极贯彻执行。侯德榜为人耿直、心怀坦荡、待人诚笃，是一个为党内外所尊重的又红又专的好党员。"文化大革命"中他的党员身份被剥夺，在他逝世之时也没有被重新确认。

1974 年 9 月 3 日，在八宝山革命公墓礼堂举行侯德榜的追悼会。党和国家领导人朱德、周恩来、叶剑英、郭沫若及有关单位送了花圈，聂荣臻副委员长、全国人大和政协的代表、侯德榜生前好友及家属参加了追悼会。

侯德榜逝世 5 年后，在党的十一届三中全会精神的指引下，侯德榜共产党员的身份才被重新确认。

1979 年 8 月，在八宝山举行为侯德榜同志骨灰覆盖党旗的仪式，化工部部长孙敬文、副部长秦仲达、化工部其他领导及侯德榜同志的家属参加了仪式。会场庄严肃穆，侯德榜同志骨灰盒周围簇拥着鲜花。孙敬文部长在侯德榜同志的骨灰盒上庄重地覆盖上一面鲜艳的中国共产党党旗，并在会上讲话，对侯德榜同志的一生做了公正的评价。

附录一　范旭东年表

1883 年（1 岁）

源让，字明俊，湖南湘阴人，世居长沙。1883 年 10 月 24 日（清光绪九年，九月二十四日）①生于长沙东乡。

1888 年（6 岁）

由父亲范琛启蒙，学《三字经》《百家姓》《神童诗》。

1889 年（7 岁）

父亲去世，家境破落。姑母工诗文，童年所读《诗经》《左传》皆姑母所授。

1890 年（8 岁）

随母迁居长沙城里的慈善机构——保节堂。生活靠母亲做针线活、兄长范源濂干杂活维持。

1892 年（10 岁）

范源濂教私塾，家境略有好转，范源让始入私塾学习。

1894 年（12 岁）

2 月，中日甲午战争爆发。湖南巡抚吴大澂率湘军出关抗敌。范源让在长沙吴镜蓉馆学做八股试贴。

1895 年（13 岁）

2 月，湘军于牛庄大败，举国震惊。

4 月 17 日，清政府被迫签订《马关条约》。

5 月，康有为联合各省入京会试举人上书，要求"拒和""迁都""变法"。

---

① 永利碱厂文件定每年 10 月 24 日为厂庆纪念日，时日为范旭东先生诞生日，以纪念范旭东先生。永利化学工业公司秘书处通知见《海王》20 年 12 月，民国 37 年（1948）1 月 10 日。

　　吴大澂回湘令岳麓、城南、求忠三书院诸生卧薪尝胆，奋发自强。改招贤馆为求贤书院，提倡中西学术并举，培养人才。

　　时范源让常到求贤书院阅读报章杂志，谈论时事，接受新学。

1898 年（16 岁）

　　维新运动风靡全国，湖南得风气之先，主张新政人士在长沙组织南学会，梁启超任时务学堂总教习。范源濂以郴州文案投考时务学堂，工读兼顾，师从梁启超，品学兼优，出类拔萃。范源让随兄来往于新进人士之间，目睹耳闻，思想上受到很大影响。戊戌变法失败，维新人士惨遭杀害，湘中形势急转直下。

1899 年（17 岁）

　　范源濂避居上海，与蔡锷、唐才常一起考入南洋公学，后应梁启超之邀去日本求学。

　　范源濂出走后，常有暗探到家寻衅，源让不得安宁，重返吴镜蓉馆攻读。

1900 年（18 岁）

　　义和团运动，八国联军入侵。

　　革命党人在长江流域活动兴起，范源濂从日本潜回湖南，策应唐才常举义，事泄失败，幸得友人陈少芝相助，范源濂携弟范源让藏匿于客轮舱底，经汉口、上海转赴日本。源让从此改名锐，字旭东。

1901 年（19 岁）

　　范旭东在日本清华学堂学日语，并接受系统教育。

1902 年（20 岁）

　　入日本和歌山中学。时梁启超在日办《新民丛报》，范旭东常往请教，受益良多，参与友人杨笃生所办《游学译编》工作，鼓吹革命。

1903 年（21 岁）

　　范旭东为寻求救国之道，曾游历大阪、熊本、神户、横滨、西冈、冈山等城镇。

1905 年（23 岁）

　　毕业于和歌山中学，同年考入冈山第六高等学校学习医学。在校深得校长酒井佐保赏识，又饱受酒井佐保蔑视中华的刺激，决心走"工业救国""科学救国"之路。

1908 年（26 岁）

考入日本京都帝国大学学应用化学。

1910 年（28 岁）

范旭东毕业于日本京都帝大，留校任专科助教。同年和湖南老乡许馥女士结婚。

1911 年（29 岁）

10 月 10 日武昌起义，辛亥革命爆发，清政府被推翻。国内革命形势发展迅猛，范旭东心情激荡，报国之心急切。寒假获准离校。

1912 年（30 岁）

春，回国。任职财政部。秋，参加四人考察团，赴欧考察盐专卖法和盐业技术、盐的工业应用。

1913 年（31 岁）

秋，考察回国。

任财政部造币厂稽查，参加黄孟曦组织的币制考察团，并与友人同创大振熔罐公司，准备以坩埚熔银。后目睹官僚政府积弊深重，改革无望而辞职。

在景韬白、黄孟曦、李宾四、范源濂等人的支持下，范旭东着手创办精盐事业。

1914 年（32 岁）

7 月，久大精盐公司在天津成立，设厂于塘沽；7 月 20 日北京盐务署批令准予立案，精制食盐。成立年限自批准之日起暂定 20 年。在百里以内他人不得另设精盐厂。

9 月，范旭东在塘沽制精盐试验成功。

11 月 29 日，在天津召开第一次筹备会议，得到张謇、梁启超、范源濂、蔡锷等名士的支持，决定筹股 5 万元作为久大精盐公司资金。

12 月，久大精盐公司在塘沽购地 13.5 亩。

1915 年（33 岁）

4 月 18 日，久大精盐公司召开第一次股东大会选出董事。

4 月 25 日，久大精盐公司召开第二次股东大会，推选景韬白为董事长，范旭东为总经理。制订"久人精盐公司章程"。

10 月 30 日，塘沽工厂设备安装全部竣工。

12 月 1 日，呈报开始制盐。12 月 7 日，获准，久大精盐公司正式投产。

积极参加反对"洪宪"运动，在"护法运动"初期，梁启超写了一篇震惊中外的大文章《异哉所谓国体问题者》，此文就是由范旭东间道秘送上海在报章上发表的。

1916 年（34 岁）

4 月 6 日，久大精盐公司产品商标为"海王星"获准。

9 月，在天津东马路设经营处开始营业，受到民众欢迎。因遭旧盐商反对，粗盐供应不足，生产遇到困难。但精盐事业得到新盐商的支持，原盐问题又得到解决，生产大进。时年梁启超出任财政总长和盐务督办，有利于久大精盐的发展。营业范围扩大到淮南四岸。由于久大精盐质优价廉（售价仅与粗盐等值）营业畅顺，获利丰厚。

冬，范旭东得识吴次伯、王小徐、陈调甫于天津。

1917 年（35 岁）

5 月 20 日，久大动工兴建第二工场，11 月投入生产。

11 月，范旭东得景韬白、张岱杉、李宾四等支持在天津筹备永利制碱公司，集资五千元与吴次伯、王小徐、陈调甫等在天津太和里范宅试验海盐制碱成功，获碱 9 公斤，大受鼓舞，决定筹集资金，设厂于塘沽。

1918 年（36 岁）

5 月，永利制碱公司在塘沽购地 300 亩，为碱厂厂址。

范旭东把汉口的 18 家精盐商号组合为汉口精盐公司，实现"精盐联营"。并发动湖南、湖北各县商会向省议会请愿，要求运精盐济湘济鄂，为久大精盐打开新市场。8 月，从日本留学归国的李烛尘经景韬白介绍与范旭东结识，并接受范旭东聘请加入久大。

11 月，在天津召开永利制碱公司成立大会，定资本为 40 万元。

12 月，久大新建第三、四工场。

冬，陈调甫因用盐免税问题久拖不决，由王小徐介绍赴美伊利诺伊大学进修。在用盐免税问题解决后，范旭东即委其在美物色人才，进行碱厂设计和定购设备。

1919 年（37 岁）

2 月久大正式生产了牙粉、牙膏、漱口水，碳酸镁等副产品。

永利制碱公司破土动工,同时筹建小型铁工厂。

冬,陈调甫携碱厂设计图纸回国。

1920 年（38 岁）

5月9日,永利制碱公司召开第一届股东会,选出董事7人（范旭东、景韬白、张弧、李穆、周作民、聂云台、陈栋材）组成董事会,由董事会推选周作民为董事长,范旭东为总经理。

范旭东在九江组织精盐公会,巩固淮南四岸的销售基地。9月,农商部批准"永利制碱公司"以475号批令注册。以索尔维法制碱。资本总额定为40万元。特许工业用盐免税,凡在塘沽周围百里以内不得再建碱厂,并规定公司股东以享有中国国籍者为限。

9月20日,永利制碱公司"红三角"牌商标,经商标局注册,证号16510号。

久大、永利两厂联合建立永久医院。

久大、永利两厂联合建立工人室。

1921 年（39 岁）

3月27日久大、永利工人读书班成立。

4月17日,久大股东会上景韬白当选为董事长,范旭东为副董事长。

美国技师 G. T. Lee 应聘来永利帮助建设。

永利在美订购的设备先后到厂开始安装,厂房基本建成,蒸吸厂房11层47米高耸入云,被称为亚洲第一高楼。

侯德榜在美受聘为永利总工程师,暂时留美考察制碱工业,并验收永利在美订购的设备,年末回国。

1922 年（40 岁）

春,侯德榜到塘沽参加永利碱厂的建设工作。

2月4日,中日鲁案规定"青岛盐场中国备价收回"。范旭东和山东盐商联合以300万元收购全部盐产（其中80万元收购盐场）组织永裕盐业公司。永裕盐业公司下设永大、裕大两厂,永大承办19所制盐厂,裕大承办回收的盐田。

8月15日,黄海化学工业研究社在塘沽成立,聘化学博上孙学悟（颖川）为社长,张子丰为副社长。

1923 年（41 岁）

永利出碱在即，英国大使为保护卜内门公司在华利益，指使盐务署稽核所韦礼敦会办制订"工业用盐征税条例"，规定工业用盐每百斤纳税两角，以此打击中国民族工业。

秋，范旭东在塘沽召开永利股东会，会上决议将永利发起人所应得的酬劳金全部捐赠黄海化学工业研究社作研究费用。

范旭东请商李国钦调用华昌公司驻津负责人余啸秋任永利总管理处中英文秘书，处理会计、商业事务。久大精盐公司在天津市旧法租界 32 号路（今赤峰道）自置地基，兴工建楼，作为总公司所在地。

1924 年（42 岁）

4 月 20 日，在久大股东会上范旭东当选为董事长。

范旭东向平政院控告财政部盐务署背信违法擅布"工业用盐征税条例"。经财政部出面协商，始改前令"条例"缓行一年。

4 月当选为中华化学工业会副会长。

8 月 13 日，永利开工生产纯碱，揭开东亚制碱史新篇章，但产品质次量少。

为有利于永利度过难关，在董事会提议公司赠 5000 元股金给李烛尘，使李烛尘得以进入永利董事会。

北洋政府特令：永利在国内行销纯碱免纳关税厘金。

永裕盐业公司接收青岛制盐及青盐出口权。

1925 年（43 岁）

2 月 18 日，久大永利联合建立明星小学校。

春，范旭东率侯德榜、余啸秋在大连和卜内门进行业务谈判，首次击败卜内门鲸吞永利的目的。

3 月，永利船式干燥锅全部烧毁，被迫停产。

为解决永利困难范旭东提出三项紧急措施：①派侯德榜、G. T. Lee 赴美考察制碱工业，寻找永利制碱失败的原因，谋求技术问题的解决；②继续借用久大精盐公司资金，并向金城银行扩大透支，解决经济困难；③裁减职员和工人半数，节省开支以渡难关。

"五卅运动"爆发，永利景韬白在上海英文《大陆报》发表"请看英人摧残国货毒辣手段"，披露工业用盐征税全过程，公开谴责盐务稽核所洋会办。洋会办慑于舆情，被迫同意延期五年再行征税。

8 月，河北督军李景林绑架范旭东，勒索久大银洋 8 万元始获释。

1926 年（44 岁）

由久大发起，在北京成立全国精盐总会，计有会员 13 家。

6 月 29 日，永利碱厂再次开车，生产出优质纯碱。

8 月，永利"红三角"牌纯碱在美国费城举办的万国博览会上荣获金奖，并得"中国工业进步的象征"之评语。

兄源濂先生于北京逝世。

聘李烛尘、侯德榜为永利制碱公司轮值厂长。

1927 年（45 岁）

2 月 28 日，永利碱厂实行 8 小时工作制，成为全国最早实现 8 小时工作制工厂之一。

卜内门以降价竞销，企图扼杀永利纯碱，独霸中国纯碱市场。

6 月 1 日，永利为对付卜内门的减价竞销，委托日本三井津行在日本代销永利"红三角"纯碱，有效期一年。

永利生产小苏打（洁碱）为国内首家。

为纪念范源濂，范旭东在北平创办静生生物调查所。

永利生产日趋稳定，日产平均达 36 吨。

1928 年（46 岁）

6 月 1 日，三井代销期满，永利与卜内门在大连会谈订立协议，由卜内门在日本独家经销"红三角"纯碱，为期三年，卜内门付银洋 30 万元作为押金。

9 月 14 日，久大盐精公司设恒丰堂，经营管理房地产。

9 月 20 日，范旭东创立海王社，发行《海王》旬刊。《海王》为永利、久大、黄海三团体的喉舌，是国内第一家私营企业的刊物。

12 月 6 日，在久大股东会上，范旭东再次当选为董事长。

12 月 1 日，范母弃养于天津小孟庄，享年 74 岁。

1929 年（47 岁）

春，永利呈报政府，申请以 2000 万元创办酸碱工业（其中 600 万元扩大碱厂；800 万元建硝酸厂，600 万元建硫酸厂）。

永利制碱公司股东会决议资本总额增至银洋 200 万元。

8 月，永利制碱公司呈准国民政府实业部注册。

久大精盐打进上海酱油市场。范旭东投资 5 万元在南京创设全华酱油公司，拟制固体酱油行销全国。

10 月 22 日，工商部奉行政院训令以工字第 1687 号训令转至永利，谓：国家拟拨公款加入永利制碱公司，实现基本化工一案。

1929 年 11 月，久大建设职员住宅——新村。

1930 年（48 岁）

永利用小锅试生产苛化法烧碱 2 吨，为国内首创。

5 月 21 日，奉财政部关字第 12823 号批令，核准永利制碱公司之产品及原料（盐、石灰石、焦炭）自 1930 年起免税三十年。

永利"红三角"纯碱在比利时工商国际博览会荣获金质奖章。

范旭东在加入官股无望的情况下，以永利制碱公司全部财产担保发行"永利债券"200 万银圆。委托中国、浙江兴业、盐业、金城、中南、大陆等六家银行经理推销及还本付息事宜，实售金额为 100.6 万元。

1931 年（49 岁）

永利用 4 口锅生产烧碱，年产 81 吨。

6 月 30 日，范旭东经 G. T. Lee 介绍，在天津认识美国氮气工程公司白斯脱，后该公司经理蒲柏来华表示愿为中国建设氮肥厂出力。

9 月 18 日，日寇发动侵占东北事件。同日，范旭东就任实业部筹办的氮气公司筹备委员之职，介入中国氮气公司创建事项。范又推荐陈调甫为委员，参加实际工作。

黄海化学工业研究社改进社务，成立菌学研究室，并开始出版各种研究报告。

久大、永利成立上海联合办事处。

1932 年（50 岁）

6 月 1 日，永利、久大、黄海三机构成立塘沽联合办事处，闫幼甫为主任。

陈公博任实业部长，聘永利的黄汉瑞为秘书，参与氮气公司设厂机密。

全国进行盐务改革，"引岸"制废除，从此久大精盐可行销全国。

永利在港、澳建立销售机构，在重庆、长沙设经销处，公司营业向南方发展，并开始向南洋、新加坡、苏门答腊、婆罗洲、爪哇等地派代表从事推销。

9月海王社由天津迁塘沽，《海王》旬刊由4开4版改16开装订本，9月20日《海王》旬刊第5年第1期始行。

1933年（51岁）

年初，严词拒绝当局欲借用新落成的黄海图书馆作签订卖国《塘沽协定》会场要求。

在范旭东支持下侯德榜在纽约出版《制碱》一书，打破索尔维集团对纯碱制造技术的垄断，在国际化工界产生巨大影响。

6月，范旭东在天津与美国氮气工程公司白斯脱（W. H. Baxter）正式接触，洽谈建设氮肥厂工程有关问题。

10月，国民政府实业部英、德两国合作兴办氮气工业公司（硫酸铵厂）的谈判，因洋人所提条件苛刻、无法接受而破裂。

久大精盐公司由永裕职员王文达出面向淮商购得盐票在汉口成立鼎昌盐号，取得盐商权利承销粗盐。

11月2日，永利范旭东呈文实业部备案，请求承办硫酸铵厂。

12月8日，实业部转发行政院第136次会议审议公决，批准永利制碱公司总经理承办硫酸铵厂，限动工后两年半内建成。

1934年（52岁）

3月，侯德榜、陈调甫对硫酸铵厂厂址进行复查，决定设厂在长江南京下游北岸的六合县卸甲甸。

3月28日，永利制碱公司在天津召开临时股东会，通过两项决议：①将永利制碱公司改组为永利化学工业公司；②增加资本总额至550万元，兴建硫酸铵厂。

永利制碱公司提前赎还1930年发行的"公司债债券"。

3月30日，永利化学工业公司在天津成立。

4月8日，侯德榜率张子丰、章怀西、许奎俊、杨运珊、侯敬思赴美进行硫酸铵厂设计审查、设备采购、人员培训等工作。

8 月，永利碱厂特种艺徒班成立。招具有高中毕业和技术学校毕业学历的学生为学员，半工半读，三年为期，自力培养技术人才。

9 月 20 日，范旭东通过《海王》旬刊广泛征求职工意见，制定永利、久大、黄海三团体的"四大信条"。

12 月，永利化学工业公司颁布新的组织机构和人事任命：范旭东为总经理，李烛尘为副总经理，侯德榜为总工程师兼碱、铵两厂厂长。

12 月，范旭东与中国、上海商业、浙江兴业、中南、金城等 5 家银行组成的银团订立抵押透支借贷协定，总额为银圆 550 万元，专备永利兴办铵厂购地、建屋、购机并一切设备之用，年息 7 厘，每年分两次支付，定期 3 年。

永利碱厂生产逐年增长，本年平均日产 103 吨。

1935 年（53 岁）

1 月，永利化学工业公司总管理处在天津成立。

10 月，范旭东在南京成立中国工业服务社，承担代理工业设计等任务，社长毛五云。

永利铵厂基建进展迅速，国外订货陆续到厂，并进行安装；全钢浮码头建成，贮气柜、液氨罐、硫酸贮罐、铁工厂、翻砂厂建成。

1936 年（54 岁）

3 月 24 日，侯德榜由美回国就任永利铵厂厂长兼总工程师，主持安装工作。

9 月，永利铵厂炼焦厂、压缩部、合成部、精炼部建成。

10 月，久大在津召开临时股东会，为适应形势需要决定久大精盐公司改为久大盐业股份有限公司；在淮北设立大浦分厂；将久大总店由天津迁往上海，选周作民为董事长。

12 月，永利铵厂基建工程全部竣工。设计规模为日产合成氨 39 吨、硫酸 120 吨、硫酸铵 150 吨、硝酸 10 吨，是中国第一家硫酸铵厂。
永利碱厂全年平均日产纯碱 152 吨，烧碱 12.2 吨。

永利与中国水泥厂、上海商业银行合资建立永新麻袋厂，厂址设在上海。

1937 年（55 岁）

1 月 26 日，永利铵厂硫酸装置建成投产，生产出合格硫酸。

1月31日，合成氨装置投产，纯度99.9%的液氨开始生产。

2月5日，硫酸铵装置投产，生产出我国第一包"红三角"牌硫酸铵。硝酸装置也建成投产。

5月12日，永利与卜内门订立配销协定，以中国内地和中国香港为范围分销纯碱、烧碱、洁碱三种碱品，永利占55%，卜内门占45%，定期三年。至此，永利已全面战胜卜内门垄断我国纯碱市场的局面。

7月7日，抗日战争爆发，27日日军占领天津。范旭东发布"宁举丧，不受奠仪"的原则立场。

8月4日，永利碱厂被迫停工，职工除留守者外，分四批退出塘沽。

8月7日，塘沽沦陷。

9月1日，日军侵占永利天津经理处河北仓库。8月21日，9月27日，10月21日，永利铵厂遭日本侵略者三次轰炸，共受弹39枚，氧化部房屋和机件全部被炸毁。厂方宣布时局紧张，开始疏散。

12月5日，侯德榜率最后一批铵厂职工，携带图纸、仪表乘英商太古公司"黄浦号"轮西撤。

12月9日，日军强占永利碱厂。

12月11日，范旭东严拒与敌"合作"，电令碱厂全体职工撤离塘沽。

12月12日，碱厂重要图纸由李祉川等押运南下。

12月17日，日本侵略军海军陆战队侵占永利铵厂。

1938年（56岁）

1月，日本侵略军派三井财阀系统的三井特产株式会社和东洋高压株式会社代表侵占永利铵厂。

1月，久大盐厂、永利碱厂、永利铵厂同人先后经汉口迁入四川。准备在华西重建中国基本化工基地。永利在重庆成立驻渝办事处，傅冰芝任主任。并于沙坪坝设机械厂。

3月21日，永利选定五通桥为川厂厂址。久大选定自流井为厂址。

7月，范旭东在汉口被聘为国民参政会参政员（连续担任四届参政员，共八），建议恢复化工重工业，如议通过。

8月，天津永利总管理处迁香港。范旭东派侯德榜等四位工程师赴德，为永利进行新碱厂设计考察察安法专利，因德方要求条件苛刻，未成。侯德榜等转美国准备自行研制。

8月，黄海化学工业研究社迁五通桥，海王社迁乐山。

1938年（57岁）

2月26日，范旭东为纪念塘沽，将永利川厂所在地"道士观"改名"新塘沽"以志不忘国耻，追求光复。

永利在五通桥新辟化工基地，宁、沽全体技术人员一律留用，不使一人失业，为将来复员做准备。

5月，久大为节省能源创设晒卤台（筱架）。

久大在自流井立足，第一年产盐17800担。

12月，范旭东与中央、中国、交通、农民等四家银行订立法币2000万元，复兴基本化工借款协定，在华西建设铵、焦两厂。

1940年（58岁）

6月20日，久大、永利两公司天津总管理处房屋被日军宪兵队支部侵占。

永利自美国进口的器材都经由越南海防输入国内。8月，日军封锁越南海防，使永利设备遭到严重损失。改道缅甸输入，成立仰光办事处。

10月27日，范旭东从香港出发，经马尼拉赴美订购永利川厂深井工程、新法制碱所需设备和运输车辆。

任中国科学社理事。

1941年（59岁）

1月，范旭东自美回国，成立畹町运输处，着手扩充运输部，准备将器材尽快运川，早日完成川厂建设。

3月15日，永利川厂召开厂务会议，会上范旭东提议命名新法制碱为"侯氏碱法"，以为公司永久纪念。

12月8日，日本向英美宣战，香港陷落。范旭东被困香港，永利总经理处停止活动，另立总管理处重庆分处，永利华西办事处，执行总经理指示，处理业务。

任中国化学会副会长。

1942年（60岁）

3月2日，范旭东从香港脱险回渝，即赴缅甸视察，就地规划，指挥抢运器材。

缅甸运输线被日军封锁，仰光陷落。在仰光待运的物资尽陷敌手，损失惨重。腊戍器材极力抢运，由于日寇轰炸保山惠通桥，凡在桥南未及北运者，为免资敌，全部自行炸毁。其余从美东运的器材全指令改道印度。8 月 15 日，黄海化学工业研究社在五通桥纪念建社 20 周年。

为供应后方军需民用，永利用路布兰法小量生产纯碱，同时创办鼎锅山煤矿、裂化汽油厂、陶瓷厂等以供后方急需。

1943 年（61 岁）

春，与龚再僧、何廉等合作筹备建业银行。

范旭东亲自拟订战后建设十大化工厂计划，以求振兴中国化工。在参政会上建议成立经济参谋部，以制定战后建设计划纲领。

在自流井设立三一化学制品厂，于 6 月 10 日投产生产氯化钾、硼酸、硼砂、溴素。

7 月，永利五通桥深井卒至成功发现黑卤。

12 月 28 日，奉财政部批准成立建业银行。

1944 年（62 岁）

3 月 1 日，久大、永利与龚再僧等投资合办建业银行，召开一届首次董事会，6 月 1 日在重庆开业。汪代玺为董事长，范鸿畴任总经理，何廉为总顾问。

3 月 31 日中国化工学会五通桥分会在"新塘沽"成立，选举许腾八、孙学悟等七人为理事，会后参观了永利川厂。

久大成立 30 周年，范旭东发起创立海洋研究室。

10 月，范旭东赴美出席 11 月 11 日在太平洋城举行的国际商业会议。范为中国工商界代表，范旭东聘侯德榜为私人顾问，解寿缙为助理。

巴西政府拟筹办碱厂，范旭东在美接受巴西政府之请，派侯德榜、解寿缙代为勘察厂址、设计碱厂。范旭东接受印度塔塔公司之请，代为改进该公司碱厂的生产。

范旭东在美接受威斯康星大学制硝酸新法的技术，并在美建实验室着手进一步实验。

在中国化学会第十三届（昆明）年会上范旭东当选为中国化学会理事长。

1945 年（63 岁）

1 月 19 日，获国民政府五等景星勋章。

5 月 4 日，永利与美国进出口银行签订 1600 万美元的低息信用贷款协定。

6 月，范旭东，侯德榜途经英国、印度返国。侯德榜在印度时为塔塔公司修改米达浦碱厂。

8 月，日本战败，宣布无条件投降。

9 月，永利、永大分批派技术人员赴宁、沽两地接收工厂，准备复工。碱厂佟翕然为代厂长，佟于 11 月抵塘沽。

9 月 11 日应邀参加毛泽东在重庆桂园召开的招待产业界人士的茶会，毛主席高度赞扬范旭东的爱国敬业精神。

9 月下旬出席毛泽东、周恩来、王若飞在重庆曾家岩 50 号中共驻渝办事处召开的重庆工商界团体负责人座谈会。

10 月 4 日下午 2 点，范旭东积劳成疾，病逝于重庆沙坪坝南园，遗言"齐心合德，努力前进"。

10 月 21 日，陪都各界联合召开范旭东先生追悼大会，江庸主祭，侯德榜等陪祭。

10 月 22 日，永利化学工业公司董事会在重庆召开，公推侯德榜继任总经理，李烛尘为副总经理。

11 月 13 日，陪都工业、文化界二十余团体再次召开痛悼范旭东先生大会，吴蕴初主祭，阎幼甫报告范先生生平。

1946 年

2 月 1 日，国民政府颁发命令褒扬范先生。

1947 年

8 月，范旭东灵柩由重庆水运途经南京到上海，转海运至塘沽，再转火车到北平，安葬在西郊香山。范旭东纪念碑于塘沽永利新村建成（1966 年夏被捣毁）。

1948 年

设立旭东先生纪念荣誉奖章及奖金。组织评议委员会主持，第一届获奖者为侯德榜。

10 月范旭东全身铜像在永利铵厂建成（1966 年夏被破坏）。

1949 年

5 月，刘少奇在参观永利碱厂时，对范旭东给予充分肯定说："范旭东先生的精神令人备极仰佩。"

1953 年

3 月，毛主席在一次接见黄炎培、李烛尘谈到中国工业发展时说："在中国讲重工业不能忘记张之洞，讲化学工业不能忘记范旭东，讲交通运输不能忘记卢作孚；讲轻工业不能忘记张謇。"

1984 年

10 月 5 日，永利铵厂创始人范旭东汉白玉半身塑像在南化公司氮肥厂俱乐部前揭幕。

1987 年

11 月 24 日，天津碱厂范旭东半身铜像揭幕。

1996 年

化学工业部命名全国化工行业第一批爱国主义教育基地的决定［化办发（1996）842 号］中有"天津碱厂范旭东铜像""南京化学工业公司范旭东塑像"。

附录二　侯德榜年表

1890 年

8 月 9 日（光绪十六年，农历六月二十四日），生于福建闽侯坡尾乡（即长沙村）。

1896 年

随祖父侯昌霖在乡间读书。

1903 年

入福州仓前山鹤岭英华书院读书。

1904 年

与张淑春结婚。

1906 年

因参加反美罢课，被开除出校。后入福州耆绅陈宝琛所办中学学习。

1907 年

入上海闽皖铁路学堂（上海虹口沈家湾）学习。

1910 年

毕业于上海闽皖铁路学堂。后在津浦铁路符离集站为工程练习生 3 个月。

1911 年

年初，考入清华留美预备学堂。

3 月，在北京复试，正式录取入清华留美预备学堂高等科第三班。长子侯虞簏生于福建闽侯。

11 月，学堂因辛亥革命爆发后经费无着落而停课，学生四散，回福建老家。

1912 年

5 月，清华学堂更名清华学校。回北京复学。

1913 年

以特优成绩在清华学校毕业，派赴美国麻省理工学院（M. I. T.）学习化工科。

1916 年

6 月，毕业于麻省理工学院，获学士学位。毕业后在美国东部的水泥、硫酸、染料、炼焦、电化各厂实习 6 个月。

参加美国化学工程学会（A. S. Ch. E.）。

1917 年

入纽约市卜洛克林的普拉特专科学院（Pratt Institute），学制革化学。

1918 年

在普拉特专科学院毕业，获制革化学师证书，旋入美国新泽西州制革厂实习 3 个月。

秋，入哥伦比亚大学研究院研究制革。

11 月，永利制碱公司在天津召开创立会。陈调甫自费赴美学习，兼为永利制碱公司考察制碱工业，招聘人才，寻求设计部门，并订购设备。

1919 年

春，陈调甫在美国通过范源廉结识李国钦，又由李国钦介绍认识侯德榜。

在哥伦比亚大学获硕士学位，并继续留校攻读博士学位。

暑假与徐允钟、刘树杞、吴承洛、李得庸几位在美留学生一起协助法国人杜瓦尔为永利制碱公司设计。

与陈调甫、刘树杞 3 人在纽约化学师俱乐部与孟德签订设计合同。

年底陈调甫与徐允钟携图回国。陈调甫回国后向范旭东推荐侯德榜来永利制碱公司工作。

1921 年

6 月，在哥伦比亚大学完成"铁盐鞣革"研究，获哲学博士学位。学成后在美受永利制碱公司之聘为工程师，暂留美考察纯碱工业和为永利验收在美订购的制碱设备。

10 月，离美返国。

1922 年

年初，侯德榜至塘沽投入永利制碱公司的建厂工作。这时，部分机器已经安装，有的正单机试车。

1923 年

年初，侯德榜被任命为总工程师兼制造部长，负责技术指导工作。加入美国机械工程学会（A. S. M. E.）。

为美国化工学会（A. S. Ch. E.）积极分子（Aetive Member）。

永利制碱公司开始试车，毛病百出，全厂设备急需调整之处极多。

1924 年

8 月 13 日，永利经历盐税事件后正式开车生产。又因红黑碱事件，有人要求撤换侯德榜另聘外国技师。范旭东力排众议，竭力支持侯德榜的工作。

1925 年

3 月，永利的 4 台船式煅烧炉全部烧坏，生产无法维持，宣布停产。侯德榜奉派赴美考察制碱技术，寻找永利失败的原因。

范旭东于同年派 G. T. 李回美国，协助侯德榜解决设计和采购煅烧炉问题。

1926 年

6 月 29 日，永利重新开工，产品洁白，碳酸钠含量达 99% 以上。范旭东因产品纯洁，称为"纯碱"，以与"洋碱"区别。时永利为世界第 31 家采用索尔维法制碱，亚洲则为第一家。

8 月，与永利同人历尽艰辛，生产出"红三角"纯碱，参加美国费城庆祝美国建国 150 周年的万国博览会，获金质奖，得"中国近代工业进步的象征"评语。

女儿侯虞华生于塘沽。

1927 年

任永利制碱公司塘沽碱厂厂长（与李烛尘轮流值），兼总工程师、制造部长。

1928 年

幼子侯虞钦生于塘沽。

1930 年

哥伦比亚大学因侯德榜在中国工作成绩优异，授予其一级奖章。

"红三角"纯碱在比利时工商博览会获金质奖。

在塘沽撰写《制碱》一书。

1931 年

接受北平"中华文化教育基金委员会"以研究奖提供的费用，赴美密执安大学化工系任客座研究员，继续调查研究化学工业，并整理修订在国内已基本完稿的英文《制碱》。

被评为美国机械工程学会（A. S. M. E.）积极分子。

1932 年

在美国和张洪源、顾毓珍等发起组织中国化学工程学会。

1933 年

《制碱》（"Maufacture of Soda" Monograph Series No. 65）在美国出版，打破国际索尔维集团对纯碱技术垄断 70 年之久的局面。

1934 年

3 月 28 日，永利制碱公司在天津召开临时股东会议，成立永利化学工业公司。

4 月 8 日，为筹建永利铵厂率塘沽（永利、黄海）娴熟技术人员张子丰、章怀西、许奎俊、杨作冰、侯启萱等 5 人到纽约，执行有关铵厂设计、设备订购等任务。

11 月 26 日，在天津总公司召开业务会议，任命侯德榜为公司总工程师和碱、铵两厂厂长。

1935 年

8 月，中国工程师协会在南宁首次颁发的荣誉金牌授予侯德榜。

1936 年

3 月 24 日，回国主持永利南京铵厂安装工程，任铵厂厂长兼总工程师。

1937 年

2 月 5 日，开始生产合成氨、硫酸、硫酸铵、硝酸。

12 月 5 日，率最后一批永利铵厂职工、家属，携仪表、图纸，乘英商太古公司黄浦号轮撤离南京。

1938 年

任永利川厂厂长兼总工程师。8 月，率林文彪、张子丹、寿乐、侯虞簏等赴德考察察安法制碱流程并购买专利。因谈判不成，转而赴美研究新法制碱。

1939 年

在美为永利川厂采购设备，同时指导新法制碱的室内试验。

1940 年

2 月，永利战时组织法公布，侯德榜为首席协理兼设计部、化工研究部部长。

应南非联邦之请去南非代为考察设厂条件，历时半年。

1941 年

3 月 15 日，永利川厂厂务会议正式命名制碱新法为"侯氏碱法"。

1942 年

《制碱》修订版在纽约出版。

1943 年

10 月 22 日，在美国接受英国皇家学会化工学会名誉会员荣衔（全世界国外会员仅 12 名，亚洲唯中、日两国各 1 名）。

12 月，中国化学会第十一届年会在四川乐山召开，"侯氏碱法"首次与学术界见面。

1944 年

6 月 6 日，获纽约哥伦比亚大学荣誉科学博士学位。

11 月 11 日，以中国代表团顾问身份出席在纽约召开的国际商业会议。

12 月 24 日，由美赴巴西。为援建巴西纯碱工业进行考察。

1945 年

1 月，应巴西政府之邀，与解寿缙赴巴西协助筹建碱厂。

2 月，回纽约。C. C. Furnas 编《Roger's Industrial Chernistry》第六版出版，其中"碱与氯产品"一章由侯德榜应邀编写。

6 月，随范旭东由美回国。途经印度，协助塔塔公司改进纯碱生产。

10 月 4 日，范旭东逝世。10 月 22 日，侯德榜被永利化学工业公司董事会选为公司总经理。

1946 年

3 月，由重庆赴印度，帮助塔塔公司改进碱厂技术，增加产量。

4 月，由印度赴美国解决 1600 万美元贷款问题。

1947 年

6 月，在印度签订永利与塔塔公司的技术协作协定，在 4 年的协议期间侯德榜任塔塔公司顾问总工程师，每年去印度一次。

6 月 22 日，永利召开战后第一次股东大会，侯德榜再次当选为董事。会议一致否决国民党政府将抗战时期给永利的补助金和借款改为永利股金的议案。

7—9 月，赴日本洽谈归还永利硝酸厂设备事宜，并考察日本化学工业。

1948 年

3 月，由"中央研究院"第二届第五次会议选为院士，为终身荣誉职称。

8 月，接受范旭东先生纪念奖（奖金值 200 吨硫酸铵，侯谦辞未受，转赠中华化学工业会图书馆）。

《制碱》俄文版在苏联出版。

捐赠 8 万美元给黄海化学工业研究所为购屋资金。

1949 年

1 月 17 日，国民党政府以京工（38）字第 1056 号通知核准"侯氏碱法"专利 10 年。

3 月 25 日，参加上海工程界赴南京请愿呼吁和平代表团。

4 月，由沪赴印度，履行永利为塔塔公司改善其碱厂之任务。

5 月下旬，上海解放。侯德榜在完成印度驻厂任务后急速返回。

6 月，取道香港回国，屡遭威胁利诱，经 3 次试行未成，最后搭乘英船去仁川，转天津，于 7 月平安到达北京，受到毛主席、周总理的热烈欢迎。

7 月，出席中华全国第一次自然科学工作者代表大会筹备委员会，被选为筹委会副主任，并当选为参加新政协的代表。

9 月，出席中国人民政治协商会议，当选为政协全国委员。

11 月，中央人民政府重工业部组织侯德榜等参观东北化学工业。

1950 年

8 月，出席全国第一次自然科学工作者代表会议，会上产生中华全国自然科学专门学会联合会和中华全国科学普及协会。当选为中华全国自然科学专门学会联合会副主席。

任中央财经委员会委员。

任政务院重工业部化工局顾问。

8 月 28 日，永利总管理处侯德榜、久大总管理处李烛尘联名向政府申请两公司公私合营。

1951 年

任中国化学会理事长（1951—1955）。

1952 年

永利化学工业公司公私合营，侯德榜再任总经理。

1953 年

7 月 1 日，中央工商行政管理局许涤新签署"发字第一号"文批准"侯氏碱法"专利 5 年。

私款购置北京东四二条房产作为中国化学会会址。

加入民主建国会。

10 月 1 日，日产 10 吨的"侯氏碱法"工业性试验在大连展开。

10 月 4 日，离京赴朝，参加中国人民赴朝慰问团，任第一分团副团长。

1954 年

出席第二届中国人民政治协商会议，并当选为常务委员。

9 月 1 日，当选为第一届全国人民代表大会代表。

1955 年

1 月 1 日，久大、永利两公司奉命合并为"公私合营永利久大化学工业公司"。1 月 2 日，赴印度巴罗达，参加印度第四十二次科学年会，发表论文《关于纯碱和氯化铵联合制造新法》。

6 月 1 日，受聘为中国科学院技术科学部委员。

11 月 8 日，受聘为中国科学院奖金委员会委员。

当选为中国民主建国会中央委员会常务委员。

1956 年

任中国文化代表团团长，赴法国参观访问。

5 月，主持编制"化学工业科研 12 年（1956—1967）长远规划"。

6 月，任中国化工学会筹委会主任。

1957 年

5 月 31 日，化工部成立化学工业技术委员会，侯德榜任主任。

7 月，和化工部彭涛部长到大连检查"侯氏碱法"中试情况。为便于发展"侯氏碱法"，决定将大连化学厂、大连碱厂合并，成立大连化工厂。并在大连组织"侯氏碱法"大生产的设计工作。

9 月，由何长工、赖际发介绍加入中国共产党。

化学工业出版社出版《从化学家观点谈原子能》。

12 月，率中国化工考察团赴日本考察。行前，周恩来总理接见了考察团，并做了重要指示。

1958 年

1 月，在日本考察期间，夫人张淑春因病逝世。

3 月初，率工作组赴上海开发碳酸氢铵新工艺。

3 月 7 日，国务院 8225 号任命书任命侯德榜为化学工业部副部长。

5 月 1 日，在上海化工研究院建成年产 2000 吨合成氨、8000 吨碳酸氢铵的示范性装置。

9 月，出席中国科学技术协会第一次代表大会，当选为中国科学技术协会副主席。

1959 年

1 月，当选为第二届全国人民代表大会代表。

春，视察内蒙古天然碱资源，并对资源开发工作提出重要建议。

4 月，出席第三届中国人民政治协商会议，当选为常务委员。出席第二届全国人民代表大会。

6 月，中国化学化工学会在上海成立，任中国化学化工学会理事长（1959—1962）。

8 月，《制碱工学》（上册）在化学工业出版社出版。

1960 年

2 月 26 日，视察丹阳化肥厂。

4 月，下旬专程赴丹阳化肥厂解决技术问题。

11 月，《制碱工学》（下册）出版。

1961 年

9 月，由我国自行开发、自己设计、自制设备，年产 8 万吨的大型"侯氏碱法"装置在大连投入试生产。

1962 年

8 月，主持"化学工业科研（1963—1972）长远规划"的编写工作。

12 月，《制碱工作者手册》由中国工业出版社出版。

1963 年

8 月，中国化工学会在哈尔滨召开年会，侯德榜当选为理事长。

11 月，在全国人民代表大会第二届四次会议上做题为《大力支援农业，多产钙镁磷肥》的发言。

1964 年

8 月，为出席 1964 年北京科学讨论会的中国代表团的特邀代表。

8 月 17 日，随李先念率领的中国党政代表团赴罗马尼亚参加罗解放 20 周年庆典。

9 月，率化工部访朝鲜考察团考察朝鲜化学工业。

12 月，出席第四届中国人民政治协商会议，并当选为常务委员。出席第三届全国人民代表大会。

12 月，参加国家科委主持在大连召开的"联合制碱生产流程与生产技术、蒸汽煅烧炉、联碱防腐蚀技术" 3 项成果鉴定会。

1965 年

9 月，在杭州主持召开全国农药工作会议，在会上提出 3 条对农药行业具有指导意义的意见，为我国农药工业的发展指明了方向。

10 月，碳化法合成氨流程制碳酸氢铵新工艺通过国家鉴定，并经国家科委审定为重大发明，颁发发明证书，侯德榜为第一发明人。

《四酸三碱》由科普出版社出版。

1967 年

6 月，赴大连视察联合制碱生产情况，并参加纯碱技术革命会战部分成果鉴定会。夏，赴石家庄化肥厂蹲点视察。

1972 年

当选为第四届全国人民代表大会代表。

1973 年

5 月，视察北京化工实验厂小联碱生产装置。

6 月，在北京家中召开小联碱、天然碱开发技术讨论会。

10 月，抱病在家召集纯碱工业技术干部讨论化肥与联碱工业发展规划，并审核万吨 / 年小联碱复用设计。会后向部党组提出有关发展纯碱与化肥工业的建议。

荣获美国机械工程学会 50 年荣誉会员称号。

11 月 23 日，写信给周总理，表示在百年之后要将家中珍藏的书籍献给国家。

1974 年

8 月 26 日，因患白血病、脑出血医治无效，在北京逝世。

9 月 3 日，追悼会在八宝山革命公墓举行，党和国家领导人送了花圈，聂荣臻副委员长参加了追悼会。

1979 年

8 月，为侯德榜骨灰盒覆盖党旗仪式在八宝山革命公墓隆重举行，化工部部长孙敬文为侯德榜骨灰盒覆盖党旗，并讲话，公正评价了侯德榜同志的一生。化工部副部长秦仲达主持仪式。

1980 年

8 月，《碱和酸》一书由科学出版社出版。

附录三 范旭东主要著作目录

		题名	署名	发表时间
		黄海化学工业研究社缘起	范旭东	民国 11 年（1922）8 月
《海王旬刊》				
年	期	题名	署名	发表时间
1	1	《海王》发刊词	范旭东	民国 17 年（1928）9 月 20 日
1	6	团体生活	范旭东	民国 17 年（1928）11 月 10 日
6	13	俄国之盐业与碱业	镜	民国 23 年（1934）1 月 20 日
6	14	钾之历史	镜	民国 23 年（1934）1 月 30 日
6	18	碱类输出地之参政	镜	民国 23 年（1934）3 月 10 日
6	19	为征集团体信条请同人发言	范旭东	民国 23 年（1934）3 月 20 日
6	25	范总经理在久大股东会上报告		民国 23 年（1944）5 月 20 日
6	27	永利化学工业公司成立会总经理之报告		民国 23 年（1934）6 月 10 日
6	35	我的国防设计观	劳人	民国 23 年（1934）8 月 30 日
7	10	范先生对于永利化学工业公司励行新组织之重要讲话	范旭东	民国 23 年（1934）12 月 20 日
7	31	久大二十周年纪念述怀	劳人	民国 24 年（1935）7 月 20 日
8	3	民国 24 年双十节述怀	范旭东	民国 24 年（1935）10 月 10 日
8	9	旅京杂感	范旭东	民国 24 年（1935）12 月 10 日
8	36	祝中国科学社等七科学团体联合年会	范旭东	民国 25 年（1936）9 月 10 日
9	1	《海王》第九年开始致辞		民国 25 年（1936）9 月 20 日
11	1	复刊词	劳人	民国 27 年（1938）7 月 7 日
11	1～36		问天	民国 27 年（1938）7 月 7 日至
12	1～7	闲穷究（1—24）		民国 28 年（1939）11 月 20 日
11	4	为今后中国工业建设进一言	范旭东	民国 27 年（1938）8 月 10 日

续表

年	期	题名	署名	发表时间
11	13—20	南国记游	空空	民国 28 年（1939）1 月 20 日至 3 月 30 日
11	30	我们初到华西	范旭东	民国 28 年（1939）7 月 7 日
11	36	《黄海》发刊的卷首语	范旭东	民国 28 年（1939）9 月 10 日
12	19	敬悼胡耕娱先生	范旭东	民国 29 年（1940）3 月 20 日
12	26—27	为促进学术文化进一言	心平	民国 29 年（1940）6 月 10 日
12	29	创建硫酸铵厂本末	范旭东	民国 29 年（1940）6 月 30 日
12	30	同它再拼三年	范旭东	民国 29 年（1940）7 月 10 日
12	30	创建硫酸铵厂本末（续完）	范旭东	民国 29 年（1940）7 月 10 日
12	33	敬祝中国化学会第八届年会		民国 29 年（1940）8 月 10 日
13	5—8	远征（一）	拙	民国 29 年（1940）11 月 30 日
13	9	远征（二）	拙	民国 29 年（1940）12 月 10 日
13	10	远征（三）	拙	民国 29 年（1940）12 月 20 日
13	11	远征（四）	拙	民国 29 年（1940）12 月 30 日
13	14	远征（五）	拙	民国 30 年（1941）1 月 30 日
13	15—16	远征（六）	拙	民国 30 年（1941）2 月 20 日
13	17	远征（七）	拙	民国 30 年（1941）2 月 28 日
13	21—22	如何完成国防化工	范旭东	民国 30 年（1941）4 月 20 日
13	27—28	昔我别巴黎	海译	民国 30 年（1941）6 月 20 日
13	29	南风（一）	竞	民国 30 年（1941）6 月 30 日
13	30	南风（二）	竞	民国 30 年（1941）7 月 10 日
13	31	南风（三）	竞	民国 30 年（1941）7 月 20 日
13	32	南风（四）	竞	民国 30 年（1941）7 月 30 日
14	3	南风（五）	竞	民国 30 年（1941）10 月 10 日
14	4—5	南风（六）	竞	民国 30 年（1941）10 月 30 日
14	6—7	南风（完）	竞	民国 30 年（1941）11 月 20 日
14	22—23	往事如尘（一）	阿三	民国 31 年（1942）4 月 30 日
14	24—25	往事如尘（二）	阿三	民国 31 年（1942）5 月 20 日
14	27—28	第五个七七纪念		民国 31 年（1942）6 月 20 日
14	32	《黄海》二十年纪念词	范旭东	民国 31 年（1942）7 月 30 日
15	1	往事如尘（三）	阿三	民国 31 年（1942）9 月 20 日
15	2	中国战后的工业问题		民国 31 年（1942）9 月 30 日

年	期	题名	署名	发表时间
15	3	往事如尘（四）	阿三	民国 31 年（1942）10 月 10 日
15	4	往事如尘（五）	阿三	民国 31 年（1942）10 月 20 日
15	15	永利总经理处致股东业务报告	范旭东	民国 32 年（1943）2 月 10 日
15	27	人毕竟是人	范旭东	民国 32 年（1943）6 月 10 日
15	28	人和物	阿三	民国 32 年（1943）6 月 20 日
15	29	由实验室至半工业试验之重要——范旭东先生在三一化学制品厂开幕演词	范旭东	民国 32 年（1943）6 月 30 日
15	36	理工和化工的联系		民国 32 年（1943）9 月 10 日
16	1	《海王》万岁	常青	民国 32 年（1943）9 月 20 日
16	2	人和物（续）	阿三	民国 32 年（1943）9 月 30 日
16	3	抗战中第七个双十国庆献词	范旭东	民国 32 年（1943）10 月 10 日
16	4	永利深井卒至成功了	范旭东	民国 32 年（1943）10 月 20 日
16	10	敬祝中国化学会第十一届年会	范旭东	民国 32 年（1943）12 月 20 日
16	11	中国化工界的伟人——侯博士	范旭东	民国 33 年（1944）1 月 1 日
16	31	创设海洋研究室缘起	范旭东	民国 33 年（1944）7 月 20 日
16	32	重庆耒阳来回一趟	阿三	民国 33 年（1944）7 月 30 日
17	1	祝中国化学会第十二届年会	范旭东	民国 33 年（1944）9 月 20 日
17	2	久大第一个三十年	范旭东	民国 33 年（1944）9 月 30 日
17	3	久大第一个三十年	范旭东	民国 33 年（1944）10 月 10 日
17	4	家常琐事	范旭东	民国 33 年（1944）10 月 20 日
17	30	何谓重化工业		民国 34 年（1945）7 月 10 日
17	35	祝中国化学会十三届年会		民国 34 年（1945）8 月 30 日
17	36	渝永久同人庆祝胜利	于扬善	民国 34 年（1945）9 月 10 日
17	36	论复员		民国 34 年（1945）9 月 10 日
19	4	追念范兄（其中内容主要是 1938～1945 年范旭东给孙学悟部分信件摘录）		民国 35 年（1946）10 月 20 日
20	17	学习范先生工作精神（其中主要内容是 1939～1945 年范旭东给唐汉三部分信件摘录）		民国 37 年（1948）3 月 1 日
20	21	管制日本工业之我见（遗著）	范旭东	民国 37 年（1948）4 月 10 日

年	期	题名	署名	发表时间
20	26	范旭东先生尺牍（一）（主要内容是1940～1945年范旭东给阎幼甫部分信件摘录）		民国37年（1948）5月30日
20	27	范旭东先生尺牍（二）（主要内容是1940～1945年范旭东给阎幼甫部分信件摘录）		民国37年（1948）6月10日
20	28	范旭东先生尺牍（三）（主要内容是1940～1945年范旭东给阎幼甫部分信件摘录）		民国37年（1948）6月20日

附录四　侯德榜主要著作目录[①]

专著目录

[1] *Manufacture of Soda*，T. P. Hou，Monograph Series N065，1933 年纽约初版，1942 年纽约修订增补版，1948 年俄文版。

[2] *Roger's Industrial Chemistry*，C. C. Funas 编，1942 年纽约修订版。侯德榜执笔写作其中第十章"碱和氯产品"。

[3]《从化学家观点谈原子能》，化学工业出版社，1957 年。

[4]《天然碱》，化学工业出版社，1959 年。

[5]《制碱工学》，化学工业出版社，1959 年上册，1960 年下册。

[6]《怎样使"小接硫"的生产进一步提高》，中国工业出版社，1961 年。

[7]《制碱工业工作者手册》，侯德榜、魏云昌编著，中国工业出版社，1962 年。

[8]《氯铵的肥效》，侯德榜、何熙曾编译，科学出版社，1964 年。

[9]《四酸三碱》，侯德榜、胡先庚著，科学普及出版社，1966 年。

[10]《酸和碱》，侯德榜、胡先庚著，科学出版社，1980 年。

论文目录

[1]炭化矽之制造：其理化的性质与实业上应用，《科学》，第三卷第十一、十二期，1917 年。

[2]科学与工业，《科学》，第四卷第一期，1918 年。

[3]中国油业之前途，《科学》，第四卷第五、六期，1918 年。

---

① 凡重复发表的文章，此处只刊一次。

[4]热能学详诠,《科学》,第五卷第三期,1920 年。

[5] Iron Tannage,"J. A. L. C. A" p16、63、139、202、229,1921 年。

[6]盐水之加氨提纯法(英文),W. C. Hsieh(谢为杰),E. O. Wilson,T. P. Hou(侯德榜),"Ind. Eng. Chem.",25. 165(1933)。

[7]永利承办硫酸铵厂的经过情形,《海王》,第六年第十三期,1934 年。

[8]六合县卸甲甸及关帝庙附近地址调查,《海王》,第六年第十八期,1934 年。

[9]海外见闻日记(1934 年 4 月 13 日至 5 月 11 日),《海王》,第六年第二十七、"三十二、三十三、三十四、三十五、三十六期连载,1934 年。

[10]太平洋船中赠某君(诗),《海王》,第六年第二十七期,1934 年(笔名"本")。

[11]在阿波尼医院割鼻因思前割痔事(诗),《海王》,第六年第二十七期,1934 年(笔名"本")。

[12]碱业之兴起(英文),牧秋译,《海王》,第十一年第二至七期连载,1938 年。

[13]为许俊奎先生之死进一言,《海王》,第十一年第五期,1938 年。

[14]许俊奎先生传略,《海王》,第十一年第五期,1938 年。

[15]欧游日记(1938 年 8 月 6 日至 9 月 14 日),《海王》,第十一年第八、十、十一、十二、二十一、二十二、二十三、二十四、二十五、二十六期连载,1938 至 1939 年。

[16]大鑫火砖厂参观记,《海王》,第十二年第十期,1939 年。

[17]太平洋飞航记,《海王》,第十二年第十一至十四期合刊、第十五期,1940 年。

[18]美国煤焦工业概况,《海王》,第十五年第三十六期,1943 年。

[19]美国煤焦工业概况,《海王》,第十六年第一期,1943 年。

[20]中国战后之重建,《海王》,第十六年第二、三期,1943 年。

[21]美国重化工业概况,《海王》,第十六年第八、十四、二十一、二十二、二十三期,1943 年至 1944 年。

[22]中国战后工业之发展与美国之合作,《海王》,第十六年第二十六

期，1944 年。

[23]合成氨法的新进展，《海王》，第十七年第三十五期，1945 年。

[24]向日本拆回被劫去的硝酸装置，《大公报》（天津），1945 年。

[25]赴印转美日记（致本），《海王》，第十八年第二十一、二十二期，第三十至三十二期，1946 年。

[26]追悼范旭东先生，《科学》，第二十八卷第五期，1946 年。

[27]由美经英赴印返国记（1947 年 3 月 14 日至 4 月 11 日），《海王》第十九年第二十、二十一期合刊（1947 年），第二十三、二十四期合刊（1947 年），第二十五期（1947 年），第二十六期（1947 年）。

[28]海洋里的化学工业，《化学世界》，第二卷第五期，1947 年。

[29]日本工业赔偿的开始，余爽①《大公报》（上海），1947 年，《海王》第二十年第六期转载（1947 年）。

[30]考察日本工业之观感，《海王》，第二十年第六期，1947 年。

[31]美国扶植下的日本工业，《海王》，第二十年第七期，1947 年。

[32]经亚拉斯加赴美记，《海王》，第二十年第九期，1947 年。

[33]哭傅冰芝兄，《海王》，第二十年第二十五期，1948 年。

[34]为李直卿（承干）先生加入本团体敬告同人书，《海王》，第二十年第三十三期，1948。

[35]在铵厂敬告同人，《海王》，第二十一年第二期，1948 年。

[36]为湘厂的动力泉源努力生产，《海王》，第二十一年第五期，1948 年。

[37]胜利后再度游日之观感，《海王》，第二十一年第十二期，1949 年。

[38]和平与安全为中国科学发展之条件，《海王》，第二十一年第十六期，1949 年。

[39]海洋矿产应是新中国无穷的富源，《化学通报》，第一期，1951 年。

[40]对《化学通报》的几点意见和希望，《化学通报》，第一期，1952 年。

[41]肥料应用述要，《化学通报》，第六期，1952 年。

---

① 这是 1947 年 9 月侯德榜赴日回国后向记者发表的谈话，记者 10 月 6 日追记发表在上海《大公报》上的文章，余爽即徐盈。

[42]合成氨制造通论，《化学通报》，第三期，1953年。

[43]介绍印度国营石膏法硫酸厂，《化学通报》，第五期，1953年。

[44]关于沥青有毒无毒问题，《化学通报》，第九期，1953年。

[45]合成氨制造中的几个较新近的技术数据，《化学通报》，第十一期，1953年。

[46]向北京大中学校教师介绍新法制碱——侯氏碱法，《化学通报》，第八期，1954年。

[47]光辉灿烂的1954年，《化学通报》，第十期，1954年。

[48]中国天然碱工业前途，《科学通报》，第十一期，1955年。

[49]聚酰胺纤维"丽绚"的制法与性能，《化工技术》第十期，1956年。

[50]法国合成氨工业中技术进展的一些情况，《化工技术》，第十一期，1956年。

[51]对《化工学报》的期望，《化工学报》，第一期，1957年。

[52]意大利制碱工业一瞥——欧洲之行特写，《化学工业》，第二期，1957年。

[53]德国制碱工业，《化学工业》，第六期，1957年。

[54]日本制碱工业，《化学工业》，第七期，1957年。

[55]苏联制碱工业新原料及其工艺流程，《化学工业》，第八期，1957年。

[56]印度和日本氯化铵工厂的设备和布置以及氯化铵肥效的试验，《化学工业》，第十期，1957年。

[57]制碱工业发展的新方向及新产品，《化学工业》，第十一期，1957年。

[58]化学肥料工业的大跃进，《解放日报》，5月11日，1958年。

[59]美国制碱工业，《化学工业》，1第九期、第十期，1958年。

[60]碱厂用的滤清机和离心机的比较，《化学工业》，第十七期，1958年。

[61]突飞猛进中的化学工业，光辉灿烂的科学技术成就，《化学工业》，第一期，1959年。

[62]科学研究工作如何为生产服务，《化学工业》，第四期，1959 年。

[63]让稻糠的综合利用大放光彩，《化学工业》，第十二期，1959 年。

[64]化工机械的特点和几个主要技术问题，《化学工业》，第二十四期，1959 年。

[65]化肥"石灰蛋"为什么会燃烧，《人民日报》，1964 年。

[66]活性炭的一种制备方法，《化学工业》，第二期，1965 年。

[67]中国化学会，中国化工学会聚氯乙烯学术讨论会开幕词，《化学通报》，第十二期，1965 年。